suhrkamp taschenbuch
wissenschaft 2249

Reichtum gilt als gut, sogar als begehrenswert. Selbst wer nicht nach ihm strebt, würde ihn kaum zurückweisen, und wer anderen ihren Reichtum nicht gönnt, gilt schnell als neidisch. Christian Neuhäuser stellt in seinem neuen Buch solche Selbstverständlichkeiten in Frage und behauptet: Man kann nicht nur reich, man kann auch *zu* reich sein. Er zeigt, dass das gesellschaftliche Streben nach immer mehr ein Zusammenleben in Würde gefährdet, und argumentiert für einen Umgang mit dem erreichten Wohlstand, der deutlich verantwortungsvoller ist als derjenige, den wir gegenwärtig pflegen.

Christian Neuhäuser ist Professor für Praktische Philosophie an der TU Dortmund. Er arbeitet zu Theorien der Würde und Verantwortung, zur Wirtschaftsphilosophie und zur Philosophie der internationalen Politik. Im Suhrkamp Verlag erschien zuletzt: *Unternehmen als moralische Akteure* (stw 1999).

Christian Neuhäuser

Reichtum als moralisches Problem

Suhrkamp

3. Auflage 2024

Erste Auflage 2018
suhrkamp taschenbuch wissenschaft 2249

Umschlag nach Entwürfen
von Willy Fleckhaus und Rolf Staudt
Druck und Bindung: C. H. Beck, Nördlingen
Printed in Germany
ISBN 978-3-518-29849-7

www.suhrkamp.de

Inhalt

Einleitung

Vor ungefähr zwanzig Jahren besuchte ich meine ersten Seminare an der Universität. Das war für mich eine sehr aufregende und geradezu magische Zeit. Ich stamme aus einer Arbeiterfamilie und hatte vor dem Beginn meines Studiums keine gute Vorstellung davon, was Universitäten sind und wie sie funktionieren. Weder hatte ich jemals eine Universität von innen gesehen, noch hatte ich eine Ahnung davon, was es bedeutet, solche Fächer wie Philosophie, Politikwissenschaft und Soziologie zu studieren. Magisch war die Zeit für mich vor allem deswegen, weil ich eine ziemlich naive – und vielleicht noch immer nicht ganz abgelegte – Vorstellung von diesen »Tempeln des Wissens« hatte. All die großen philosophischen Theorien, all die aufregenden und für mich neuen Ideen und Diskussionen hielt ich für von fundamentaler Bedeutung dafür, dass wir Menschen aus dieser Welt eine bessere, eine gerechtere Welt machen können.

Entsprechend schockierend war für mich ein Ereignis, das sich ziemlich am Beginn meines Studiums in einer meiner ersten Veranstaltungen ereignete. Es handelte sich um ein Seminar über die Klassiker der Soziologie, und es ging um einen Text von Georg Simmel. Aus irgendeinem Grund, an den ich mich nicht erinnern kann, meldete sich eine Kommilitonin höheren Semesters und sagte: »Eins ist doch vollkommen klar: Reich werden, das wollen wir alle.« Zu meinem großen Erstaunen blieb diese Aussage vollkommen unwidersprochen, auch von mir. Wie gesagt, ich war im ersten Semester und traute mich einfach nicht, etwas zu sagen – zumal die Kommilitonin schon zuvor durch ihre scharfsinnigen und gleichermaßen scharfzüngigen Redebeiträge aufgefallen war. Dennoch war ich mir sicher, dass sie Unrecht hatte. Ich zumindest wollte nicht reich werden, fand ich, und einige andere Mitstudierende bestimmt auch nicht. Gesagt hat das aber niemand.

Etwa 15 Jahre später hatte ich ein angeregtes Gespräch mit einem Kollegen an der Universität Luzern über die damals in der Schweiz laufende Volksinitiative »1:12 – für gerechte Löhne«. Die Idee dieser Initiative war, dass der bestbezahlte Job in einem Unternehmen höchstens zwölfmal so viel einbringen darf wie die am schlechtesten bezahlte Vollzeitstelle. Der Kollege meinte, dass er eigentlich auch für mehr soziale Gerechtigkeit sei; aber die Initiative sei ihm in dieser Form zu radikal. Als ich ihn fragte, warum die Vorstellung radikal sei, die Arbeit eines Menschen könne nicht mehr als zwölfmal so wertvoll sein wie die eines anderen, gab er eine erstaunliche Antwort. Das sei natürlich schon gerechter, befand er, aber einfach viel zu weit entfernt davon, wie unsere Gesellschaften tatsächlich funktionieren. Man hätte doch erst einmal mit 1:25 anfangen können.

Jenes Gespräch in der Schweiz, das Seminar zu Beginn meines Studiums und viele ähnliche Ereignisse haben mich letztlich dazu bewogen, dieses Buch zu schreiben. Reichtum ist ein wichtiges und auch viel diskutiertes Thema, aber philosophisch kaum untersucht, so ist mir irgendwann klargeworden. Die vorliegende Arbeit soll eine philosophische Annäherung an das Thema Reichtum liefern. Ihre zentrale These lautet, dass man nicht nur reich sein kann, sondern dass es auch möglich ist, *zu* reich zu sein. Das gilt meiner Ansicht nach für die reichsten Staaten und auch für die reichsten Unternehmen der Welt, und es gilt natürlich ebenso für die sogenannten Superreichen, also Multimillionäre und Milliardäre. Überraschender ist wahrscheinlich eine weiter gehende These: Es gilt nämlich auch für sehr viele Menschen, die sich selbst gar nicht für reich, sondern nur für wohlhabend halten. Reichtum ist nicht einfach nur gut und wünschenswert, sondern kann zu einem ernsthaften sozialen Problem werden. Er kann sogar ein Zusammenleben in Würde verhindern. Weil diese doch ziemlich unkonventionelle These im Zentrum des Buches steht, folgt es einer etwas ungewöhnlichen Methodik, die es zwischen zwei philosophische Stühle platziert.

Erstens handelt es sich bei diesem Buch nicht um eine Abhandlung, die sich ausschließlich an Fachkollegen richtet und die begrifflichen sowie normativen Argumente bis an die Grenze der leistbaren Begründbarkeit ausreizt. Beispielsweise wird zwar ein enger Zusammenhang zwischen Reichtum und Geld hergestellt, aber es wird keine umfassende Theorie des Geldes entwickelt. Zudem wird zwar mit einer bestimmten Theorie von Würde als Selbstachtung gearbeitet, um noch ein anderes Beispiel zu nennen, aber diese wird nicht gegen andere Theorien der Würde verteidigt. Stattdessen werden die begrifflichen und normativen Argumente stets nur so weit getrieben, wie es nötig ist, um die zentrale These des Buches vom Reichtum als moralischem Problem zu stützen. Das zentrale und immer noch ziemlich ehrgeizige Ziel besteht darin, die Idee eines moralisch problematischen Reichtums mit philosophischen Mitteln als im öffentlichen Streit ernstzunehmende These zu etablieren.

Der stark auf einen reflektierten öffentlichen Diskurs ausgerichtete Charakter des Buches unterscheidet es aber zweitens auch von solchen Publikationen, die häufig mit dem Begriff der Populärphilosophie belegt werden. Solche Texte beinhalten oft gut aufbereitete historische Überblicke, mehr oder weniger spannende Anekdoten und eingängig dargestelltes Überblickswissen. Diese Bücher sollen unterhalten und nähern sich im Ton schon Krimis, Thrillern oder historischen Romanen an. Negativ betrachtet verkaufen diese Bücher das gute Gefühl der Intellektualität. Positiv betrachtet bilden sie auf unterhaltsame Weise oder versuchen es zumindest. Das ist jedoch nicht das Anliegen dieses Buches. Es geht tatsächlich um die wissenschaftlich angemessen präzise Diskussion kontroverser Argumente und Begriffe von politischem Gewicht. Zwar bemühe ich mich um Klarheit in der Sprache, aber der Gegenstand der Untersuchung ist komplex.

Das Buch soll sich also weder nur an sehr wenige Spezialisten wenden noch will es ein unterhaltsam daherkommendes populärphilosophisches Buch sein. Vielmehr soll es sich an all diejenigen richten, die aufrichtig der Meinung sind, dass philosophische Reflexionen im öffentlichen und politischen Diskurs eine wichtige Rolle spielen. Es handelt sich also um ein philosophisches Essay, das in Buchlänge einen Gedanken und ein Argument verfolgt: Reichtum ist nicht nur gut, sondern auch ein moralisches Problem. Davon wird auch der Aufbau des Buches in acht Kapiteln geleitet.

In einem ersten Kapitel führe ich in die Thematik ein und zeige, warum die Idee eines moralisch problematischen Reichtums einige Anfangsplausibilität besitzt. Die Überlegungen laufen auf eine spezifische Perspektive auf Gerechtigkeitsfragen hinaus, die ich als *Grenztheorie der Gerechtigkeit* bezeichne. Eine gerechte Gesellschaft ist eine Gesellschaft, die allen Menschen ein Leben in Würde und Selbstachtung ermöglicht. In solch einer gerechten Gesellschaft gibt es nicht nur nach unten, sondern auch nach oben hin eine klare Grenze für erlaubte sozioökonomische Ungleichheit.

Im zweiten Kapitel erfolgt eine gewisse Zuspitzung der Untersuchung, indem der Reichtumsbegriff auf Geldreichtum eingeschränkt wird. Diese Einschränkung wird gegenüber einer weiteren Perspektive verteidigt, die auf Güter, Werte oder Fähigkeiten abstellt. Doch wann ist ein Akteur eigentlich reich? Darauf werde ich antworten, dass individuelle Akteure dann reich sind, wenn sie deutlich mehr Geld haben, als sie für ein Leben in Selbstachtung brauchen. Korporative Akteure sind dann reich, wenn sie deutlich mehr Geld haben, als sie brauchen, um ihren Beitrag zur Selbstachtung der Menschen beizutragen. Das gilt beispielsweise für solche Unternehmen wie Apple mit seinen Geldreserven von über 250 Milliarden Dollar.

Das dritte Kapitel führt diese Überlegungen weiter, indem es zunächst darstellt, wie sich Geldreichtum messbar machen lässt. Solch ein philosophisch gehaltvoller und sozialwissenschaftlich operabler Begriff von Reichtum eignet sich zudem, um den Zusammenhang von Reichtum und Macht sowie Reichtum und Status zu erhellen. Niemand bestreitet, dass solche Zusammenhänge bestehen. Es kommt jedoch darauf an, sie so zu beschreiben, dass die moralisch problematische Seite von Reichtum deutlich sichtbar wird. Das geschieht im dritten Kapitel auf der Grundlage des erarbeiteten Reichtumsbegriffs.

Im vierten Kapitel geht es dann um die Frage, welche Art von Kritik an Geldreichtum geübt werden sollte. Eine ethisch-ästhetische Kritik an Reichtum stellt darauf ab, dass Geldreichtum für das gute Leben der Reichen selbst zu einem Problem wird. Solch eine Kritik ist zwar häufig angemessen, aber sie eignet sich nicht für eine universelle gerechtigkeitstheoretische Perspektive. Ich komme daher auf den bereits verwendeten normativen Maßstab der Selbstachtung zurück und argumentiere, dass er nicht nur anzeigt, wann jemand reich ist. Er eignet sich auch, um anzugeben, wann jemand zu reich ist. Das ist nämlich genau dann der Fall, wenn dieser Reichtum auf systematische Weise mit der Selbstachtung anderer Menschen in einen Konflikt gerät. Dabei entsteht allerdings auch das Problem, dass für reiche Menschen ihr Reichtum selbst ein wesentlicher Bestandteil ihrer Selbstachtung sein kann. Ich werde argumentieren, dass sie dennoch keinen unbedingten Anspruch auf ihren Reichtum haben.

Im fünften und sechsten Kapitel diskutiere ich einige Bereiche, in denen sich deutlich zeigt, wie Geldreichtum für ein Zusammenleben in Würde zu einem Problem wird. Im fünften Kapitel geht es um Reichtumsprobleme in wohlhabenden Gesellschaften wie Deutschland, Österreich und der Schweiz. Diskutiert werden relative Armut, Arbeitslosigkeit und unanständige Arbeit sowie die demokratische Verfasstheit dieser Gesellschaften. In all diesen Bereichen verhindert Reichtum eine an der Selbstachtung aller Menschen orientierte Lösung von gravierenden Problemen. Im sechsten Kapitel wechsle ich dann auf die globale Ebene und argumentiere, dass der Reichtum auch hier effektive Lösungen so gravierender Probleme wie absolute Armut, Klimawandel und globale Wirtschaftskrisen verhindert.

Diese Einsichten laufen darauf hinaus, dass Reichtum in seiner moralisch problematischen Form eigentlich verboten werden sollte. Im siebten Kapitel werden drei grundsätzliche Einwände gegen solch eine doch ziemlich starke These diskutiert und entkräftet. Der erste Einwand besagt, dass es ein absolutes Eigentumsrecht gibt, das auch würdeverletzende Formen des Reichtums schützt. Ich werde argumentieren, dass sich so starke Eigentumsrechte nicht begründen lassen. Der zweite Einwand lautet, dass zumindest einige Reiche ihren Reichtum verdient haben. Hier werde ich auf die problematische Struktur und begrenzte Reichweite der Verdienstidee hinweisen. Der dritte Einwand stellt auf die wichtige Funktion von Reichtum für eine stabile und florierende Wirtschaft ab. In dieser grundlegenden Form weise ich diesen Einwand zurück, denn Wirtschaftssysteme können auch ohne Reichtum sehr gut funktionieren. Allerdings hat dieser Einwand unter den gegebenen Bedingungen durchaus einige Berechtigung: So wie unser Wirtschaftssystem tatsächlich funktioniert, könnte es auf Geldreichtum angewiesen sein.

Diesem Problem wende ich mich im achten und letzten Kapitel zu. Zuerst zeige ich, dass jede Reform die legitimen Interessen aller Akteure, auch der Reichen, angemessen berücksichtigen muss, was kleinschrittige Reformen erfordert. Wie sich dann zeigen wird, sind solche schrittweisen Reformen auch geeignet, um stabile und funktionale Marktwirtschaften aufzubauen, die ohne Reichtum auskommen. Dafür bedarf es lediglich eines schrittweise und langfristig aufzubauenden Steuersystems (sowie einiger weiterer flankierender Strukturmaßnahmen), das Reichtum unmöglich macht.

Abschließend wende ich mich der kritischen Frage zu, ob solch eine Politik derzeit eine Aussicht auf Erfolg besitzt, und komme zu dem skeptischen Urteil, dass dies – wenn überhaupt – nur auf europäischer Ebene gelingen kann. Dafür müsste sich allerdings eine tief in der Bevölkerung verwurzelte europäische Zivilgesellschaft herausbilden, die sich für ein Zusammenleben in Würde aller in Europa lebender Menschen einsetzt. Unmöglich ist das nicht, aber die Hoffnung darauf bedarf doch einer ziemlich optimistischen Haltung.

Trotz des skeptischen Ausblicks am Ende hoffe ich jetzt, dass diese kurze Zusammenfassung des Gedankengangs im Buch ein wenig Interesse an der Thematik geweckt hat. Reichtum bleibt schließlich auch dann ein moralisches Problem, wenn wir ihn im Moment noch nicht abschaffen können. Es muss noch mehr darüber nachgedacht werden, was zu tun ist, und am Ende muss tatsächlich auch etwas getan werden. Dafür soll das Buch eine Grundlage liefern. Zugleich möchte ich auf zwei Themen hinweisen, die man in solch einem Buch vielleicht erwarten würde, die aber keine besondere Rolle spielen, weil es vorrangig um eine strukturelle Reichtumsorientierung, also eine gesamtgesellschaftliche Ausrichtung auf mehr Reichtum, und die damit verbundenen Probleme geht.

Erstens gibt es keine systematische moralische Auseinandersetzung mit den Milliardären dieser Welt, deren Zahl sich in den letzten Jahrzehnten auf ungefähr 2000 verdoppelt hat. Bereits jetzt deuten sich neo-römische Tendenzen globalen Ausmaßes an, in Form einer von der normalen Bevölkerung völlig abgehobenen und extrem reichen Elite, die zentrale politische und soziale Fragen unter sich ausmacht.[1] Das durchaus wichtige Thema würde hier allerdings allzu leicht von der Tatsache ablenken, dass es ein strukturelles Reichtumsproblem auf gesamtgesellschaftlicher Ebene gibt. Da dieses Problem jedoch auch der Entwicklung dieser neuen Klasse der Superreichen sowie ihrer politischen und sozialen Macht zugrunde liegt, konzentriere ich mich auf die tiefer liegende strukturelle Ebene.

1 Vgl. Chrystia Freeland, *Die Superreichen. Aufstieg und Herrschaft einer neuen globalen Geldelite*, Frankfurt/M. 2013; Darell M West, *Billionaires. Reflections on the Upper Crust*, Washington D.C. 2014. Zu einer eingeschränkten Verteidigung: Ruchir Sharma, *The Rise and Fall of Nations. Forces of Change in the Post-Crisis World*, New York 2016, S. 110-115.

Aus einem ähnlichen Grund spielt eine Idee des »effektiven Altruismus« keine explizite Rolle, obwohl sie derzeit in philosophischen Kreisen und darüber hinaus intensiv diskutiert wird.[2] Sie lautet: einerseits durchaus viel Geld verdienen, aber andererseits relativ bescheiden leben, um möglichst viel des verdienten Geldes auf effektive Weise an besonders bedürftige Menschen weltweit spenden zu können. Diese Überlegung spielt hier deswegen keine Rolle, weil sie auf der individualethischen Ebene verbleibt und keine systemischen politischen Konsequenzen hat. Insofern sind die in diesem Buch diskutierten Überlegungen zu Reichtum als eines strukturellen moralischen Problems durchaus mit dieser Idee des effektiven Altruismus vereinbar. Wer so leben möchte, kann das durchaus tun. Je stärker die oben vorgeschlagenen strukturellen Maßnahmen greifen würden, umso weniger wäre das nötig.

Allerdings besteht aus zwei Gründen auch eine gewisse Spannung zwischen der hier verfolgten stärker politischen Perspektive und dem individualethischen Ansatz des effektiven Altruismus. Erstens ist nicht klar, dass von jedem einzelnen Menschen aus moralischer Sicht verlangt werden kann, als »effektiver Altruist« zu leben. Das ist eine sehr anspruchsvolle Forderung und könnte dazu führen, dass alle anderen individuellen Projekte und Vorstellungen vom guten Leben dahinter zurückstehen müssen. Wie später im Buch noch deutlich werden sollte, missachtet solch ein »Moralismus« möglicherweise selbst die persönliche Würde der angesprochenen Menschen. Denn diese Würde beruht auch darauf, dass Menschen ihre Vorstellung vom guten Leben realisieren können. Zweitens ist nicht klar, wie effektiv der effektive Altruismus tatsächlich ist. Die Selbstbezeichnung ist erst einmal nicht mehr als eine Zielformulierung für einzelne Akteure. Wie kann ich selbst als einzelner Mensch möglichst effektiv helfen? Das ist die zentrale Frage des effektiven Altruismus. Es kann durchaus sein, dass sich sehr viele Menschen davon bewegen lassen und der effektive Altruismus als soziale Bewegung viel bewirkt. Es kann aber auch sein, dass er allzu sehr von nötigen strukturellen Reformen ablenkt und dadurch viel effektivere Alternativen ver- oder zumindest behindert.

2 Vgl. Peter Singer, *Effektiver Altruismus. Eine Anleitung zum ethischen Leben*, Berlin 2016; William MacAskill, *Gutes besser tun. Wie wir mit effektivem Altruismus die Welt verändern können*, Berlin 2016.

Aus diesen Gründen richtet sich der Fokus dieses Buches auf Reichtum als strukturelles Problem aus Sicht einer politischen Ethik. Übermäßiger Reichtum ist ein politisches Problem, und die Grundbedingungen für die Möglichkeit eines Zusammenlebens in Würde sind politisch herzustellen. Das soll dieses Buch zeigen.

Viele Menschen haben zum Gelingen dieses Buches beigetragen. Ihnen allen gebührt mein aufrichtiger Dank. Explizit nennen möchte ich diejenigen, die Teile des Buches gelesen oder bestimmte Kapitel auf der Grundlage von Vorträgen ausführlich mit mir diskutiert haben. Das sind: Valentin Beck, Barbara Bleisch, Anne Burkhardt, Daniel Cabalzar, Andreas Cassee, Robin Celikates, Simon Derpmann, Franziska Dübgen, Meike Drees, Anna Goppel, Stefan Gosepath, Henning Hahn, Martin Hartmann, Martina Herrmann, Lisa Herzog, Sabine Hohl, Marc Hübscher, Daniel Jacob, Fabian Koberling, Felix Koch, Nora Kreft, Hannes Kuch, Corinna Mieth, Patrick Münch, Lukas Naegeli, Andreas Oldenbourg, Stefan Rederer, Bastian Ronge, Peter Schaber, Cord Schmelzle, Gottfried Schweiger, David Schweikard, Swaantje Siebke, Ralf Stoecker, Eva Weber-Guskar, Anna Wehofsits und Gabriel Wollner. Ohne die Hilfe dieser Philosophinnen und Philosophen wäre das Buch sehr viel – na ja, was wohl – ärmer geworden. Besonderer Dank gebührt Meike Drees und Martina Herrmann, die das gesamte Manuskript mit reichhaltigen Kommentaren versehen haben. Roya Sadaati hat das Manuskript vorlektoriert; auch ihr gebührt besonderer Dank. Besonderer Dank gilt auch den beiden Lektoren des Suhrkamp Verlages, Eva Gilmer und Jan-Erik Strasser. Insbesondere Jan-Erik Strasser hat durch seine hervorragende Arbeit und seine vielen hilfreichen Kommentare aus einem Manuskript ein Buch gemacht. Herzlichen Dank dafür. Ein wissenschaftliches Buch ohne solch ein professionelles Lektorat ist wie Fort Knox ohne Gold, wenn ich im Bild bleiben darf.

Danken möchte ich auch und wieder meiner Familie und insbesondere meiner Frau Monica Hang Ying Leung für ihre Unterstützung sowie für ihre Geduld und ihr Verständnis. Wenn jemand wie ich ein Buch über Reichtum schreibt, dann kann das unter Umständen für die nächsten Menschen sehr anstrengend werden. Sei es, weil dabei hin und wieder doch eine – mitunter wüste – moralistische Empörung über massive Ungerechtigkeiten, über Gier, über Neid und über die ungeheure Macht des schnöden Mammons hervorbricht. Sei es, weil zugleich manchmal eine seltsame und erstaunlich anhaltende Faszination dafür entsteht, dass ein mit Diamanten versehenes Mobiltelefon mehrere Millionen Euro kosten kann, dass die Welt der erlesenen Weine für einige hundert Euro in Wahrheit noch gar nicht die Welt der wirklich erlesenen Weine ist, dass wirklich protzige Yachten locker über 100 Millionen Euro kosten, dass zur Zeit und weltweit zehn Bilder mehr als 100 Millionen Euro und alle zehn zusammen 1,35 Milliarden Euro wert sind (wenn man ungesicherte Käufe weglässt), dass gegenwärtig pro Jahr etwa 10 000 Ferraris und Lamborghinis hergestellt werden und dass sich jeder der 1000 reichsten Menschen alle diese 10 000 sauteuren Autos auf einmal kaufen könnte, dass …

Kapitel 1:
Reichtum, Gerechtigkeit und Anständigkeit

Im Jahre 2014 betrug das Bruttoweltprodukt 71 830 Milliarden US-Dollar.[1] Das ist eine kaum vorstellbar große Zahl und jedenfalls ziemlich viel Geld. Sind wir, ist die Menschheit also reich? Vor 200 Jahren betrug das Bruttoweltprodukt nur etwa 175 Milliarden US-Dollar. Der Reichtum der Menschheit hat sich also vervierhundertfacht. Die frühen Ökonomen des klassischen Liberalismus haben davon geträumt, dass die Menschheit durch Reichtum das Problem der ökonomischen Knappheit überwinden wird. Ist dieser Traum in Erfüllung gegangen und endlich die Phase eines unvorstellbaren Überflusses eingetreten? Wenn das so ist, dann haben die meisten von uns das jedenfalls noch nicht so richtig bemerkt.[2] Zwar trifft es zu, dass es in den letzten 200 Jahren zu jenem rasanten ökonomischen Wachstum aufgrund einer enorm gesteigerten Produktivität gekommen ist, wie beispielsweise bereits Adam Smith gehofft hatte.[3] Allerdings gibt es auch eine lange Reihe von Problemen, die entweder bestehen blieben oder gerade neu entstanden sind. Noch immer leben sehr viele Menschen in absoluter oder relativer Armut. Einkommen sind weiterhin sehr und sogar zunehmend un-

1 Das Bruttoweltprodukt ist das Bruttoinlandsprodukt der ganzen Welt. Das Bruttoinlandsprodukt gibt den Wert aller Güter, also aller Waren und Dienstleistungen an, die innerhalb eines Jahres innerhalb eines Landes produziert werden. Das Bruttoweltprodukt gibt also den Wert der weltweiten Güterproduktion eines Jahres an.

2 Dass die Phase des Überflusses bereits eingetreten, aber noch unerkannt sei, hat John Kenneth Galbraith bereits 1958 in *The Affluent Society* mit Blick auf die USA festgestellt. Allerdings bestand für ihn das zentrale Problem darin, dass der Reichtum falsch verteilt sei (Kenneth Galbraith, *The Affluent Society*, New York 1998).

3 Adam Smith hat damit bereits 1776 das Grundthema der politischen Ökonomie vorgegeben (vgl. Adam Smith, *Der Wohlstand der Nationen. Eine Untersuchung seiner Natur und seiner Ursachen*, München 1974/2005). Tatsächlich ist unbestreitbar, dass die Industrialisierung zu einer enormen Produktionssteigerung und damit zu Wohlstand in diesem materiellen Sinne geführt hat (vgl. dazu die wirtschaftshistorischen Darstellungen von Nathan Rosenberg, L. E. Birdzell Jr., *How the West Grew Rich. The Economic Transformation of the Industrial World*, New York 1986, und David Landes, *Wohlstand und Armut der Nationen. Warum die einen reich und die anderen arm sind*, München 2009).

gleich verteilt. Viele Menschen finden überhaupt keine und noch mehr Menschen keine anständige Arbeit. Zahlreiche Länder sind nicht demokratisch verfasst, und selbst in Europa nimmt die vernünftige politische Selbstbestimmung der Bürger rasant ab. Märkte und insbesondere Finanzmärkte werden zunehmend instabil und unkontrollierbar, was desaströse Konsequenzen hat. Dem Klimawandel und seinen Folgen stehen wir trotz unserer großen materiellen Ressourcen ziemlich hilf- oder zumindest tatenlos gegenüber.

Man könnte auf diese Probleme mit dem Hinweis reagieren, dass wir eben noch nicht reich genug seien. Die etwas mehr als 70 000 Milliarden Dollar reichen eben einfach noch nicht aus. Die Wirtschaft muss noch weiter wachsen, das Bruttoweltprodukt noch größer werden. Erst dann werden wir in der Lage sein, die genannten Probleme auch zu lösen, so der Gedanke. Die zentrale wirtschaftspolitische Aufgabe bestünde dann weiterhin darin, mehr ökonomisches Wachstum zu organisieren. Alles andere wäre nachrangig. Man könnte demgegenüber aber auch auf die Idee kommen, dass die Menschheit insgesamt eigentlich schon reich genug ist und die genannten Probleme sich durch mehr Wachstum nicht mehr lösen lassen. Dann liegt die Wurzel dieser Schwierigkeiten möglicherweise eher in der ungleichen Verteilung des Reichtums, und die Wirtschaftspolitik müsste vor allem auf Umverteilung und nicht auf Wachstum ausgerichtet werden. Tatsächlich lassen sich in der gegenwärtigen Politiklandschaft und politischen Ökonomie beide Positionen finden, und beide haben offensichtlich einigen Einfluss auf die unterschiedlichen Programme verschiedener politischer Parteien.

Es gibt aber auch noch eine dritte Möglichkeit, die bis vor kurzem kaum ausgesprochen – an die kaum einmal gedacht wurde. Vielleicht sind wir ja sogar *zu* reich und haben *zu* viele materielle Güter. Dann wären mehr Wachstum und mehr Reichtum nicht nur wenig hilfreich, sondern sogar schädlich. Die Politik müsste dann für Postwachstum oder sogar für eine ökonomische Schrumpfung sorgen. Wir dürften folglich nicht noch reicher, sondern müssten sogar ärmer werden. Bescheidenheit wäre das neue Paradigma für Wirtschaft und Politik. Vor dem Hintergrund des Klimawandels, aber auch aufgrund der demographischen Entwicklung in vielen hochentwickelten Ländern, die zu einer schrumpfenden Bevölkerung und damit zu einer geringeren Arbeitsleistung führt, sowie der anhaltenden Konjunkturschwäche der Weltwirtschaft wird diese Position inzwischen tatsächlich diskutiert, auch wenn sie noch keine politische Wirkungsmacht entfaltet.[4] Kann es also stimmen? Sind wir vielleicht zu reich?

Reichtumsprobleme

Ist Reichtum ein moralisches Problem oder zumindest eine Quelle moralischer Probleme? Diese Frage klingt zunächst seltsam, haben wir doch üblicherweise eine äußerst positive Einstellung zum ökonomischen Reichtum. Wer will denn nicht reich sein? Oder ein klein wenig reicher zumindest? Unsere unreflektierten subjektiven Wünsche verraten natürlich wenig darüber, ob Reichtum objektiv betrachtet ein Problem darstellt oder nicht. Es gibt aber auch allgemeine Argumente für dessen positive Bewertung. Bereits Bernard Mandeville und Adam Smith haben wirtschaftliches Reichtumsstreben geradezu zur Bürgerpflicht erklärt, weil solch ein Streben das Allgemeinwohl in Form eines Wirtschaftswachstums besonders gut fördere.[5] Nicht zuletzt durch den Einfluss dieser Denker und ihrer Nachfolger ist eine gewisse Reichtumsorientierung und Reichtumskultur zum festen Bestandteil des kulturellen Selbstverständnisses der europäischen Länder und zum ideengeschichtlichen Exportschlager geworden.[6] Unsere subjektiven Einstellungen zu Reichtum sind stark von dieser inzwischen schon jahrhunder-

4 Für solch eine Position treten gegenwärtig z. B. ein: Nico Paech, *Befreiung vom Überfluss. Auf dem Weg in die Postwachstumsökonomie*, München 2012; Tim Jackson, *Wohlstand ohne Wachstum. Leben und Wirtschaften in einer endlichen Welt*, München 2013; Robert Skidelsky, Edward Skidelsky, *Wie viel ist genug? Vom Wachstumswahn zu einer Ökonomie des guten Lebens*, München 2013; Tomás Sedlácek, *Die Ökonomie von Gut und Böse*, München 2013; Serge Latouche, *Es reicht! Abrechnung mit dem Wachstumswahn*, München 2015.

5 Berühmt dafür ist *Die Bienenfabel* (1724) von Bernard Mandeville, in der nur egoistische Bienen fleißig sind und damit zum Wohlstand des gesamten Bienenstocks beitragen (vgl. Bernard Mandeville, *Die Bienenfabel oder Private Laster, öffentliche Vorteile*, Berlin 1980). Ohne mich in eine Smith-Exegese verstricken zu wollen, denke ich, dass man das vierte Buch von *Wohlstand der Nationen* in diesem Sinne interpretieren muss.

6 So argumentieren Daron Acemoglu und James Robinson (*Warum Nationen scheitern. Die Ursprünge von Macht, Wohlstand und Armut*, Frankfurt/M. 2013).

tealten Tradition geprägt. Dennoch wird es vielleicht Zeit, sie zu hinterfragen.

Eine positive Einstellung gegenüber Reichtum gibt es natürlich auch in anderen Kulturen und ihren Weltanschauungen, beispielsweise im Konfuzianismus.[7] Neu ist seit Smith eher die wissenschaftliche Beschäftigung mit der Frage, wie sich das Wirtschaftsleben besonders gut auf Reichtumssteigerung ausrichten lässt. Die positive Reichtumsorientierung hat so in Gestalt der politischen Ökonomie ein wissenschaftliches Fundament bekommen.[8] Das hat nicht nur zu einem enormen Wirtschaftswachstum geführt, sondern Reichtum auch noch fester in sozialen Strukturen verankert. Diese Verankerung erscheint mir inzwischen so fest zu sein, dass eine kritische Auseinandersetzung mit Reichtum lange Zeit kein Thema und fast schon ein Tabu war.[9] Natürlich war und ist es weiterhin möglich, einzelne Menschen für ihren obszönen Reichtum zu kritisieren. Zwar besteht die Reaktion auf solch eine Kritik häufig aus einer Gegenkritik in Form des Neidvorwurfes. Dennoch mehren sich in den letzten Jahren kritische Stimmen gegenüber den sogenannten Superreichen und finden zumindest in der kritischen Zivilgesellschaft auch Gehör.[10]

7 Zumindest, wenn man Max Weber glaubt (Max Weber, *Die Wirtschaftsethik der Weltreligionen. Konfuzianismus und Taoismus*, Schriften 1915-1920, Tübingen 1991; vgl. auch Martin Jacques, *When China Rules the World*, London 2009). Von Konfuzius stammt das berühmte Idiom: In einem gut regierten Land ist Armut eine Schande, in einem schlecht regierten Reichtum. Wörtlich: »Es ist eine schamvolle Sache, arm und gedemütigt zu sein, wenn in einem Staat der Weg eingehalten wird. Ebenso ist es eine schamvolle Sache, reich und nobel zu sein, wenn der Weg in einem Staat nicht eingehalten wird« (zitiert nach D. C. Lau, *Confucius. The Analects*, Hong Kong 1992, S. 73 [eigene Übersetzung]).

8 So argumentiert beispielsweise Karl Polanyi 1944 (vgl. Karl Polanyi, *The Great Transformation. Politische und ökonomische Ursprünge von Gesellschaften und Wirtschaftssystemen*, Frankfurt/M. 1978).

9 Wie Freud herausgearbeitet hat, besitzen Tabus eine Doppeldeutigkeit. Einerseits beschreiben sie etwas Heiliges und Geweihtes und andererseits etwas Verbotenes, Gefährliches und Unreines (Sigmund Freud, *Totem und Tabu. Einige Übereinstimmungen im Seelenleben der Wilden und der Neurotiker*, Frankfurt/M. 2000, S. 311). Mary Douglas beschreibt, wie Tabus nicht nur durch Grenzziehungen das Verhalten, sondern durch symbolische Schranken auch die Erfahrung der Menschen ordnen (Mary Douglas, *Ritual, Tabu und Körpersymbolik. Sozialanthropologische Studien in Industriegesellschaft und Stammeskultur*, Frankfurt/M. 1986, S. 74).

10 Vgl. Freeland, *Die Superreichen.*

Demgegenüber befindet sich eine breiter und fundierter angelegte Reichtumskritik mit Blick auf eine gesamtgesellschaftliche Reichtumsorientierung eher noch in der Anfangsphase. Dabei geht es nicht so sehr um einige Superreiche und die Frage, ob diese ihren Reichtum verdient haben oder nicht und ob es obszön ist, wenn einzelne Menschen mehrere Milliarden Dollar besitzen. Das sind alles wichtige Fragen, die in diesem Buch hin und wieder auch angesprochen werden. Aber sie haben nur eine begrenzte Reichweite und lenken von dem eigentlichen Problem allzu schnell ab. Die zentrale Frage lautet nämlich, ob und inwiefern die geradezu singuläre Orientierung von Wirtschaft und Politik auf die Steigerung des Bruttosozialproduktes durch Wachstum der Gütermenge auf fundamentale Weise problematisch und entsprechend kritikwürdig ist. Vor dem Hintergrund des drohenden Klimawandels entwickelt sich unter dem Stichwort *Postwachstum* allmählich eine Debatte zu dieser Thematik.[11] Dazu möchte ich einen philosophischen Beitrag leisten. Allerdings geht es mir tatsächlich ganz allgemein darum, danach zu fragen, ob ökonomischer Reichtum und unser Umgang mit Reichtum ein moralisches Problem darstellen.

Der Klimawandel ist wahrscheinlich das Beispiel, bei dem diese Fragestellung besonders schnell einleuchtet. Ich möchte ihn und andere Beispiele hier kurz vorstellen, um sie dann im fünften und sechsten Kapitel ausführlich zu diskutieren. Die gegenwärtige gesellschaftliche Reichtumsorientierung geht mit einem Primat des ökonomischen Wachstums einher. Denn nur durch Wirtschaftswachstum lässt sich ständig eine neue Pareto-Superiorität herstellen, so dass einige reicher und niemand ärmer wird.[12] Inzwischen zeigt sich aber sehr deutlich, dass eine große und zunehmende Wirtschaftsleistung aufgrund des Energie- und Ressourcenverbrauchs äußerst negative Effekte auf die Umwelt hat. Insbesondere

11 Vgl. Jackson, *Wohlstand ohne Wachstum*; Paech, *Befreiung vom Überfluss*; Rainer Klingholz, *Sklaven des Wachstums. Die Geschichte einer Befreiung*, Frankfurt/M. 2014.

12 Pareto-Effizienz heißt, dass »niemand durch eine andere Organisation der Produktion besser gestellt werden kann, ohne dass dadurch zugleich jemand anderer schlechter gestellt wird« (William D. Nordhaus, Paul. A. Samuelson, *Volkswirtschaftslehre. Das internationale Standardwerk der Makro- und Mikroökonomie*, München 2010, S. 249). Pareto-Superiorität bedeutet demgegenüber, dass jemand besser gestellt wird, ohne dass andere schlechter gestellt werden. Das ist offensichtlich nur dann möglich, wenn die Gütermenge insgesamt zunimmt.

wird das Klima stark belastet, weil unsere wirtschaftliche Tätigkeit mit einem Anstieg des Ausstoßes von Kohlenstoffdioxid und einem Rückgang der natürlichen Sauerstoffproduktion einhergeht. Das führt aufgrund sekundärer Effekte zu einer rasanten Erderwärmung und einem Anstieg des Meeresspiegels. Die damit verbundenen Gefahren sind allgemein bekannt.[13] Zwar gibt es inzwischen auch theoretische Modelle, die über eine Entkoppelung von wirtschaftlicher Leistung und Ressourcenverbrauch sowie Klimaschädigung nachdenken. Bisher ist es jedoch noch nicht gelungen zu zeigen, wie solch eine Entkoppelung gelingen kann.[14]

Um gravierende Schädigungen zu verhindern, müsste man wohl also entweder die globale Wirtschaftsleistung reduzieren – was nur möglich scheint, wenn entweder viele Menschen und Länder auf ihren Reichtum verzichten oder die armen Menschen und Länder arm bleiben oder noch ärmer werden – oder der Meinung sein, dass der Klimawandel ohnehin nicht mehr aufzuhalten ist und wir uns eher durch eine starke Wirtschaft darauf vorbereiten sollten.[15] Dann wäre nicht Wirtschaftswachstum per se das Problem. Aber auch dann wird die Anpassung an ein verändertes Klima große Geldmengen verschlucken und vielen Menschen einiges an Bescheidenheit abverlangen. Ich möchte an dieser Stelle noch keinen dieser beiden Wege bewerten, sondern nur darauf hinweisen, dass sich mit Blick auf den Klimawandel durchaus die Frage stellt, ob unser ökonomischer Reichtum ein Problem darstellt. Weniger offensichtlich ist das vielleicht bei den nun anzusprechenden Problemen, aber auch dort lässt sich ein enger Zusammenhang mit der allgemeinen gesellschaftlichen Orientierung an Reichtum zeigen.

Bei absoluter und relativer Armut erscheint es zunächst vielleicht so, als seien Reichtum und Wirtschaftswachstum die Lösung

13 Vgl. Nicholas Stern, *The Economics of Climate Change. The Stern Review*, Cambridge 2007; Jorgen Randers, *2052. Der neue Bericht an den Club of Rome. Eine globale Prognose für die nächsten 40 Jahre*, München 2012; Dominic Roser, Christian Seidel, *Ethik des Klimawandels. Eine Einführung*, Darmstadt 2013.

14 Vgl. Jackson, *Wohlstand ohne Wachstum*. Das gilt auch für eine relative Entkoppelung. Damit ist gemeint, dass die Wirtschaftstätigkeit zwar noch Ressourcen verbraucht, aber ohne schädigende Effekte (vgl. für die Verteidigung einer Entkoppelungsstrategie: Ralf Fücks, *Intelligent wachsen. Die grüne Revolution*, München 2013).

15 Vgl. Bjørn Lomborg, *Cool it! Warum wir trotz Klimawandels einen kühlen Kopf bewahren sollten*, München 2008.

und nicht Teil des Problems. Wenn die Menschheit insgesamt reicher wird, dann fällt ein wenig davon auch für die Armen ab, und sie werden ebenfalls reicher oder zumindest weniger arm, so der Gedanke.[16] Doch er ist falsch, wie ich im fünften und sechsten Kapitel argumentieren werde. Wenn die Reichen von der größeren Gütermenge proportional betrachtet noch mehr abbekommen als relativ arme Menschen, was sehr wahrscheinlich ist, dann nimmt auch die relative Armut zu. Selbst bei absoluter Armut kann es aufgrund der Relativität von Preisen zu einem ähnlichen Effekt kommen. Absolut arme Menschen haben dann etwas mehr Geld, aber nicht unbedingt mehr Kaufkraft, weil die Lebensmittel vielleicht teurer werden, denn alle anderen Menschen haben ja noch mehr, vielleicht sogar deutlich mehr Geld.[17] Man kann demgegenüber natürlich darauf hoffen, dass die Armen so viel mehr bekommen, dass es ihnen tatsächlich bessergeht. (Vielleicht weil die immer reicher werdenden Reichen irgendwann eher bereit sind, ihren Reichtum zu teilen.)

Doch sind wir oder die meisten von uns nicht schon längst so reich, dass noch mehr Reichtum nicht mehr so wichtig sein sollte? Selbst wenn man die Bevölkerungszunahme berücksichtigt, dann hat sich unser Reichtum in den letzten 200 Jahren, also seitdem die Industrialisierung in Gang gekommen ist, mehr als verfünfzigfacht.

16 Der Gedanke geht auf Adam Smith zurück, wurde jedoch von Thomas Malthus und David Ricardo abgelehnt (Smith, *Wohlstand der Nationen*, S. 212 f., 288; Thomas Malthus, *A Summary View on the Principle of Population*, Oxford 1999; David Ricardo, *On the Principles of Political Economy and Taxation*, New York 2004). Diese beiden Theoretiker waren der Meinung, dass die Arbeiterklasse, sich selbst überlassen, immer arm bleiben wird, weil ihre Reproduktionsrate stets das Wirtschaftswachstum überschreitet. John Stuart Mill hat 1871 dagegen argumentiert und darauf insistiert, dass die Arbeiterklasse durch Einsicht und die soziale Befreiung der Frauen ihr Reproduktionsverhalten ändern wird (John Stuart Mill, *Principles of Political Economy,* Oxford 1998). In jüngerer Zeit haben insbesondere Friedrich A. von Hayek und Milton Friedman den Gedanken der automatischen Wohlstandsdistribution durch ökonomisches Wachstum prominent vertreten (vgl. Friedrich A. von Hayek, *Der Weg zur Knechtschaft*, Tübingen 2004; ders., *Die Verfassung der Freiheit,* Tübingen 2005, und Milton Friedman, *Kapitalismus und Freiheit*, München 2004; ders., *Chancen, die ich meine. Ein persönliches Bekenntnis*, Berlin 1985. Vgl. auch Robert E. Lucas Jr., »The History and Future of Economic Growth«, in Brendan Miniter (Hg.), *The 4 % Solution. Unleashing the Economic Growth America Needs*, New York 2012, S. 27-41.

17 Vgl. Nordhaus/Samuelson, *Volkswirtschaftslehre,* S. 817.

Gegenwärtig stünden für jeden Menschen auf der Erde jährlich fast 10 000 US-Dollar zur Verfügung. Das klingt vielleicht nicht nach allzu viel, ist aber doch ein hinreichendes Einkommen. Denn man muss berücksichtigen, dass viele relative Preise beispielsweise für Wohnen, Kleidung und Lebensmittel viel niedriger wären, wenn die Einkommen gleichmäßiger verteilt wären, weil die Prämie auf den damit verbundenen Statuskonsum wegfallen würde. Alle Menschen könnten gut wohnen, sich gut kleiden und gut essen, wenn das Geld nur anders verteilt wäre. Es gäbe natürlich weniger Luxusgüter für Reiche, aber sollten wir als Menschheit insgesamt nicht bereit sein, diesen Preis zu zahlen? Wenn das stimmt, dann besteht unser Problem mit der Armut nicht darin, dass wir noch nicht reich genug sind. Egal wie viel reicher wir noch werden, es wird immer große Ungleichheit geben können, weil sich auch immer neue Luxusgüter finden lassen. Wie sich im Verlauf der Arbeit zeigen wird, besteht das Problem dann eher in unserer singulären Reichtumsorientierung und der mangelnden Bereitschaft, zugunsten der Armen ein wenig auf Reichtum und Luxus zu verzichten.

Ähnlich ist es bei der Arbeit und ihrer Entlohnung. Sehr viele Menschen werden für ihre Arbeit sehr schlecht bezahlt, und viele Menschen finden überhaupt keine Arbeit mehr. Freie Arbeitsmärkte schaffen es offensichtlich nicht, Arbeit so zu organisieren, dass so gut wie alle Menschen auch eine Arbeit finden *und* dass die Entlohnung für diese Arbeit vernünftigen Gerechtigkeitsvorstellungen entspricht.[18] In der Eurozone hatte im Jahre 2014 jeder zehnte Mensch keine Arbeit, in Griechenland und Spanien ist sogar jeder vierte Arbeitssuchende arbeitslos geblieben.[19] Das ist deswegen besonders seltsam, weil wir gerade in der Eurozone eigentlich reich genug sind, um jedem Menschen sinnvolle Arbeit zu geben. Zudem ist es ja auch nicht so, dass es nicht genug zu tun gäbe. Wir könnten unsere Kinder und Pflegebedürftigen besser betreuen, unsere Städte schöner gestalten, höherwertige Waren herstellen, für

18 Selbst Friedrich A. von Hayek hat das eingestanden, argumentiert aber, dass unregulierte Märkte im Vergleich zu allen Alternativen das kleinere Übel sind (Hayek, *Der Weg zur Knechtschaft*).

19 Vgl. Statista. Das Statistik-Portal, »Europäische Union. Arbeitslosenquoten in den Mitgliedsstaaten im März 2017«, in: ⟨http://de.statista.com/statistik/daten/studie/160142/umfrage/arbeitslosenquote-in-den-eu-laendern/⟩, letzter Zugriff 25.5.2017.

mehr Kunst und Bildung sorgen und vieles mehr.[20] Das Problem ist nur, dass Märkte das nicht organisieren können – zumindest nicht so, wie sie derzeit strukturiert sind. Hier könnte sich der singuläre Fokus auf Reichtum wieder als Problem herausstellen, weil er verhindert, dass wir unsere Arbeitsmärkte so umorganisieren, dass sie für mehr und besser verteilte Arbeit sorgen, auch wenn wir dadurch insgesamt nicht reicher werden.

Auch bei der gerechten Entlohnung versagen Märkte. Löhne bestimmen sich gegenwärtig vornehmlich durch Marktprozesse.[21] Diese müssen jedoch nicht mit relevanten Maßstäben der Gerechtigkeit übereinstimmen, bei denen Leistung, Talente und Bedürfnisse der Arbeitnehmerinnen berücksichtigt werden. Es kann ganz andere Gründe dafür geben, warum es für bestimmte Berufe ein hohes oder niedriges Gehalt gibt. Oft hat es mit regulierten Marktzugängen, Organisationshierarchien und Gestaltungsmacht zu tun. Kaum jemand bestreitet beispielsweise, dass eine Chefärztin mehr verdienen sollte als ein Krankenpfleger. Aber ist es wirklich angemessen, dass sie mit etwa 270 000 Euro im Jahr zehnmal so viel verdient? Leistet sie wirklich zehnmal so viel? Besitzt sie zehnmal so viel Talent? Oder ist sie aufgrund der Belastung ihrer Arbeit gar

20 Wir könnten natürlich auch die Arbeitszeit verkürzen und so gerechter verteilen. Dann gäbe es aber immer noch genug zu tun. Das Problem scheint eher zu sein, dass sich viele gesellschaftlich wertvolle Tätigkeiten rein marktförmig nicht gut organisieren lassen, weil sie entgegen klassisch ökonomischen Annahmen keinen besonderen privaten Profit ermöglichen, der die entsprechenden Investitionen rechtfertigen würde. Dafür hat sich stets André Gorz stark gemacht (vgl. André Gorz, *Wege ins Paradies. Thesen zur Krise, Automation und Zukunft der Arbeit*, Berlin 1983; ders., *Arbeit zwischen Misere und Utopie*, Berlin 2000).

21 Da auch Arbeit auf Märkten gehandelt wird, bestimmt sich ihr Preis aus Angebot und Nachfrage (Nordhaus/Samuelson, *Volkswirtschaftslehre*, S. 379-392). Allerdings gilt es zu beachten, dass Arbeitsmärkte sehr unvollkommene Märkte sind, weil es Machtstrukturen und institutionelle Zwänge gibt. Die meisten Menschen sind existentiell auf ihr Einkommen angewiesen (vgl. Gerald A. Cohen, »Capitalism, Freedom and the Proletariat«, in: Alan Ryan (Hg.), *The Idea of Freedom. Essays in Honor of Isaiah Berlin*, Oxford 1979, S. 9-25). Gleichzeitig besitzen auch einige Arbeitnehmer eine sehr große Verhandlungsmacht. Das gilt beispielsweise für Pilotinnen und Topmanager, die ihre Märkte in Form eines Quasi-Monopols beherrschen (vgl. Thomas Piketty u. a., »Optimal Taxation of Top Labor Incomes. A Tale of Three Elasticities«, in: The National Bureau of Economic Research, *Working Paper No. 17616*, November 2011, in: ⟨http://www.nber.org/papers/w17616⟩, letzter Zugriff 11. 5. 2017).

zehnmal so bedürftig? Wenn das nicht der Fall ist, dann besitzt sie am Arbeitsmarkt wahrscheinlich einfach eine viel bessere Verhandlungsposition und kann mehr Einkommen für sich herausholen. Auf die Vorstandsvorsitzenden großer Unternehmen mit ihren Jahresgehältern von 5 bis 15 Millionen Euro trifft das mit Sicherheit zu. Unabhängig davon, ob solch ein Reichtumsstreben den Angehörigen der gesellschaftlichen Elite individuell zum Vorwurf gemacht werden kann oder nicht, stellt die wachsende Einkommensungleichheit mit ziemlicher Sicherheit ein Gerechtigkeitsproblem dar. Hinzu kommt übrigens noch die Ungerechtigkeit von Kapitalerträgen, die oft gar nichts mit einer eigenen Leistung zu tun haben, beispielsweise wenn das Kapital geerbt wurde.[22]

Der zunehmende Reichtum einer kleinen Gruppe von Menschen, aber auch von korporativen Akteuren wie Unternehmen bringt noch eine andere Gefahr mit sich. Viele Autoren befürchten, dass der konzentrierte Reichtum die Demokratie unterhöhlen könnte oder es schon längst getan hat.[23] Auch diese Problematik gilt es zu überprüfen. Zwar gleicht die Lage in Deutschland nicht oder zumindest noch nicht derjenigen in den Vereinigten Staaten. Aufgrund des stark medialisierten Wahlkampfes scheint man dort nämlich mehrfacher Millionär sein zu müssen, um überhaupt in wichtige öffentliche Ämter gewählt werden zu können.[24] So ist es in Deutschland allerdings nicht. Aber in Politik, Medien und Wirtschaft gibt es inzwischen eine kleine Gruppe von sehr wohlhabenden Menschen, die überproportional Einfluss auf das öffentliche

22 Vgl. die Übersicht über die zukünftige Entwicklung von Erbschaften in Thomas Piketty, *Das Kapital im 21. Jahrhundert*, München 2014, S. 425; vgl. auch Jens Beckert, *Erben in der Leistungsgesellschaft*, Frankfurt/M. 2013.

23 Vgl. Ronald Dworkin, *Is Democracy Possible Here? Principles for a New Political Debate*, New Jersey 2008; Colin Crouch, *Postdemokratie*, Berlin 2008; ders., *Das befremdliche Überleben des Neoliberalismus*, Berlin 2011; Robert B. Reich, *Beyond Outrage. What Has Gone Wrong with Our Economy and Our Democracy, and How to Fix It*, New York 2012; Thad Williamson, »Is Property-Owning Democracy a Politically Viable Aspiration?«, in: Martin O'Neill, Thad Williamson (Hg.), *Property-Owning Democracy. Rawls and Beyond*, New Jersey 2014, S. 287-306; Gar Alperovitz, »The Pluralist Commonwealth and Property-Owning Democracy«, in: Martin O'Neill, Thad Williamson, *Property-Owning Democracy*, S. 266-286.

24 Joseph Stiglitz, *The Price of Inequality. How Today's Divided Society Endangers Our Future*, New York 2013, S. 150-172. Bekannt für ihre großen Wahlspenden sind die konservativen Koch-Brüder. Vgl. Thomas Piketty, *Die Schlacht um den Euro. Interventionen*, München 2015, S. 157.

Leben nehmen.[25] Vielleicht trifft es zu, dass diese Menschen erst durch ihre Ämter reich geworden sind und nicht bereits reich sein mussten, um an sie zu gelangen. Aber dennoch ist diese Entwicklung äußerst besorgniserregend, weil sie auf eine soziale Schließung der politischen Eliten hindeutet. Demokratie ist jedoch wesentlich darauf angewiesen, dass das öffentliche Leben nicht von einer kleinen Elite bestimmt wird, sondern alle gesellschaftlichen Gruppen möglichst repräsentativ und möglichst aktiv daran beteiligt sind.

Schließlich ist der ökonomische Reichtum sogar für seine eigene marktwirtschaftliche Grundlage zu einem Problem geworden und zeigt dabei selbstzerstörerische Tendenzen. Inzwischen hat sich so viel ungebundenes Kapital angehäuft, dass insbesondere die Finanzmärkte großen Schwankungen ausgesetzt sind. Sehr viel Kapital kann schnell in bestimmte Märkte hineingeschoben oder wieder aus ihnen abgezogen werden. Diese Kapitalbewegungen folgen nur noch beschränkt klaren ökonomischen Regeln und zunehmend den psychologischen Mechanismen eines Herdenverhaltens, das kaum vorhersagbar und noch schwerer zu kontrollieren ist. Diese Volatilität beeinträchtigt nicht nur die Stabilität der Finanzmärkte, sondern auch diejenige der daran gebundenen realwirtschaftlichen Märkte und sogar der von diesen Märkten abhängigen Gesellschaften.[26] Griechenland beispielsweise stand aufgrund der Staatsschuldenkrise 2010 am Rande des gesellschaftlichen Zusammenbruchs.[27] Selbst die Vereinigten Staaten haben die großen sozialen Probleme nach der Subprime-Krise 2007 kaum bewältigen können.[28] Hinzu kommt, dass es eher nicht der wohlhabende Teil der Bevölkerung der betroffenen Länder ist, der unter den sozialen Folgen dieser Krisen zu leiden hat. Arbeitslos, versicherungslos, arm und ausge-

25 Vgl. Michael Hartmann, »Eliten in Deutschland. Rekrutierungswege und Karrierepfade«, in: *Aus Politik und Zeitgeschichte* 10 (2004), S. 17-21, und Michael Hartmann, *Eliten und Macht in Europa. Ein internationaler Vergleich*, Frankfurt/M. 2007.

26 Vgl. Wolfgang Streeck, »A Crisis of Democratic Capitalism«, in: *New Left Review* 71 (2011), S. 1-25. Vgl. auch die an John M. Keynes orientierte Analyse von Robert Skidelsky, *Keynes. The Return of the Master*, New York 2009, Kap. 2.

27 Vgl. Adam Creighton, »Greece's Debt Crisis. The Price of Cheap Loans«, in: *A Journal of Public Policy and Ideas* 27/3 (2011), S. 10-14, und Maria Margaronis, »Greece in Debt, Eurozone in Crisis«, in: *The Nation*, July 18/25 (2011), S. 11-15.

28 Joseph Stiglitz, *Im freien Fall. Vom Versagen der Märkte und zur Neuordnung der Weltwirtschaft*, München 2011.

grenzt werden andere, nämlich zumeist die schwächsten Gesellschaftsmitglieder, obwohl es vor allem der Reichtum der Eliten oder zumindest der Besserverdiener war, der diese Probleme in Form von ungebundenem Kapital verursacht hat.

Sollte es zutreffen, dass die genannten Probleme damit zu tun haben, dass wir gesamtgesellschaftlich betrachtet zu reich geworden sind und mit den damit verbundenen Problemen nicht vernünftig umgehen können, dann hat das weitreichende Konsequenzen. Noch mehr Wirtschaftswachstum ist dann tatsächlich kein besonders kluges Ziel für eine ausgewogene Wirtschaftspolitik. Selbst das klassische Paradigma der Umverteilung durch Steuern liefert dann vielleicht nicht die richtige Lösung. Möglicherweise reicht dieser Ansatz einfach nicht aus, um die genannten Schwierigkeiten in den Griff zu bekommen. Vielleicht lassen sich einige Probleme nur lösen, wenn die Wirtschaftsleistung insgesamt sinkt und der absolute Reichtum abnimmt. Beim Klimawandel, der Instabilität von Märkten und der Entdemokratisierung könnte es so sein. Denn hier ist möglicherweise nicht nur seine Verteilung, sondern das Ausmaß des Reichtums selbst problematisch, wie ich im fünften und sechsten Kapitel diskutieren werde. Für andere Probleme reicht es hingegen wahrscheinlich hin, wenn der relative Reichtum einiger Akteure abnimmt. Aber vielleicht lässt sich solch eine Einschränkung nur durch eine Reduktion des absoluten Reichtums erreichen, weil nur dadurch der gegenwärtig in unseren Gesellschaften offensichtlich hohe Wert des Reichtums hinreichend zurechtgestutzt wird. Doch selbst wenn das nicht zutrifft, dann könnte sich progressive Besteuerung immer noch als ungeeignetes Mittel erweisen, um die mit relativem Reichtum zusammenhängenden Probleme in den Griff zu bekommen.

Es sollte inzwischen deutlich geworden sein, dass es beim Problem des Reichtums meiner Einschätzung nach nicht nur um Neid, Missgunst oder unerfüllte Wunschträume geht. Vielmehr spricht einiges dafür, dass Reichtum ein moralisches Problem von großer gesellschaftspolitischer Bedeutung ist. Zumindest möchte ich mich mit der Frage beschäftigen, ob es so ist oder nicht. Dabei gilt es natürlich auch die Argumente der Verteidiger des Reichtums zu berücksichtigen. So wird beispielsweise darauf hingewiesen, dass Ungleichheit ein notwendiger Motor für die Wirtschaft ist oder eine bedauerliche Folge unbedingt zu schützender persönlicher Freiheit.

Wenn sich demgegenüber Reichtum jedoch als moralisches Problem herausstellt, dann hat das allerdings wichtige Konsequenzen für gerechtigkeitstheoretische Überlegungen. Gerechtigkeitstheorien müssten dann dieses moralische Problem des Reichtums viel stärker in den Mittelpunkt ihrer Aufmerksamkeit rücken, als sie es bisher tun. Einen entsprechend ganz anderen Charakter bekämen auch die von ihnen ausgehenden gesellschaftspolitischen Reformvorschläge. Diese wären dann viel stärker darauf auszurichten, das Problem des Reichtums in den Griff zu bekommen.

Reichtum, Verteilung und Ungerechtigkeit

Um der gerade skizzierten Frage weiter nachgehen zu können, ob Reichtum ein moralisches Problem darstellt, scheint sich eine bestimmte gerechtigkeitstheoretische Perspektive anzubieten. Wenn Reichtum ein Problem ist, dann ist er ein Problem der Verteilungsgerechtigkeit, so die naheliegende Annahme.[29] Es geht dann um die Frage, ob die Verteilung von Wohlstand in dem Sinne gerecht ist, dass alle bekommen, was ihnen zusteht. Solch eine gerechtigkeitstheoretische Perspektive soll auch den Überlegungen in diesem Buch zugrunde liegen. Allerdings gilt das nur mit zwei wichtigen Einschränkungen. Erstens werde ich einen negativen Ansatz verfolgen. Keine umfassenden Vorstellungen von sozialer Gerechtigkeit, sondern zentrale Formen von Ungerechtigkeit werden den normativen Hintergrund der Überlegungen bilden. Zweitens soll die hier entwickelte Gerechtigkeitsperspektive substantiell durch eine bestimmte Vorstellung von Würde gestützt werden. Beide Punkte erscheinen mir notwendig, um Reichtum auf produktive Weise als Gerechtigkeitsproblem in den Blick nehmen zu können. Warum ist das so?

Amartya Sen hat gegenwärtige Theorien der Verteilungsgerechtigkeit zwar auf hilfreiche Weise in Suffizienztheorien, Prioritätstheorien und egalitaristische Theorien unterteilt.[30] Aber alle drei

29 Vgl. dazu Stefan Gosepath, *Gleiche Gerechtigkeit. Grundlagen eines liberalen Egalitarismus*, Berlin 2004, S. 352 f.

30 Vgl. Amartya Sen, *On Economic Inequality*, Oxford 1973, und ders., *Inequality Re-Examined*, Cambridge MA 1992. Peter Vallentyne nennt als weitere Typen, die von Sen nicht weiter untersucht werden: Verdienstheorien und Anspruchs-

Theorietypen bekommen das Problem des Reichtums nicht auf dic richtige Weise in den Blick. Vor diesem Hintergrund wird deutlich, warum es einer anderen Akzentuierung bedarf, um Reichtum als Gerechtigkeitsproblem angemessen untersuchen zu können. Die erste Gruppe der Suffizienztheorien ist darauf ausgerichtet, eine Untergrenze an Gütern zu bestimmen, die von allen Menschen erreicht werden muss, damit Gerechtigkeit herrscht. Beispielsweise lassen sich absolute Armutsgrenzen als Suffizienzschwellen dieser Art verstehen. Die Aufgabe der Gerechtigkeitstheorie besteht dann darin, diese Untergrenze zu bestimmen, um damit verbundene normative Ansprüche zu rechtfertigen und vielleicht der Politik noch Vorschläge zu machen, wie sich erreichen lässt, dass alle Menschen diese Untergrenze überschreiten.[31]

Suffizienztheorien eignen sich schon allein deswegen nicht für eine umfassende Auseinandersetzung mit Reichtum, weil sie auf eine Untergrenze an Gütern fixiert sind. Wenn alle Menschen diese Untergrenze überschritten haben, dann stellen sich aus dieser Perspektive keine Gerechtigkeitsfragen mehr. Wie stark die bleibenden Reichtumsunterschiede sind, ist hier einfach irrelevant. Bei einer absoluten Untergrenze wie der Schwelle für absolute Armut wird das besonders gut deutlich. Solange niemand absolut arm ist, stellt auch sehr ungleich verteilter Reichtum kein Problem dar. Es ist allerdings sehr kontraintuitiv, dass die Güterverteilung oberhalb der Untergrenze mit Gerechtigkeitsfragen gar nichts mehr zu tun haben soll.[32] So lässt sich etwa immer noch fragen, ob Gehälter den Kriterien der Leistungsgerechtigkeit entsprechen oder ob Güter hinreichend gerecht verteilt sind, um eine gleiche Teilhabe an demokratischen Prozessen zu ermöglichen. Das Problem der Suf-

theorien; Peter Vallentyne, »Equality, Efficiency, and Priority of the Worst Off«, in: *Economics and Philosophy* 16 (2000), S. 1-19. Diese unterscheiden sich jedoch von den drei von Amartya Sen untersuchten Theorien darin, dass sie nicht auf einen gerechten Verteilungsendzustand ausgerichtet sind. Der Begriff der Prioritätstheorie (»prioritanism«) stammt von Larry Temkin (*Inequality*, Oxford 1993).

31 Ein gutes Beispiel für eine suffizienztheoretische Perspektive ist der Ansatz von Harry Frankfurt, »Gleichheit und Achtung«, in: Angelika Krebs (Hg.), *Gleichheit oder Gerechtigkeit. Texte der neuen Egalitarismuskritik*, Frankfurt/M. 2000, S. 38-49; Harry G. Frankfurt, *Ungleichheit. Warum wir nicht alle gleich viel haben müssen*, Berlin 2016.

32 Vgl. Amartya Sen, *On Ethics and Economics*, New Jersey 1988; ders., *Rationality and Freedom*, Cambridge MA 2002.

fizienztheorie scheint darin zu liegen, dass sie Gerechtigkeitsfragen auf einen einzigen zugrunde liegenden Wert reduziert, nämlich die Sicherung von Grundbedürfnissen. Tatsächlich scheint Gerechtigkeit aber auch mit anderen Werten verbunden zu sein, beispielsweise mit Fairness und politischer Teilhabe.

Die zweite Gruppe der Gerechtigkeitstheorien, die Gruppe der sogenannten Prioritätsansätze, umgeht dieses Problem der Suffizienzansätze. Der Grundgedanke dieser Ansätze besteht darin, dass Veränderungen der gesellschaftlichen Grundstruktur dem Vorteil derjenigen Gesellschaftsmitglieder dienen müssen, die am schlechtesten dastehen.[33] Beispielsweise lässt sich meiner Einschätzung nach auch das Differenzprinzip von John Rawls so verstehen.[34] Demnach ist die institutionelle Grundstruktur einer Gesellschaft dann gerecht, wenn es ihren schlechtestgestellten Mitgliedern besser geht als in allen anderen herstellbaren Grundstrukturen. Wenn wir unsere institutionelle Grundstruktur in Deutschland also entweder so einrichten können, dass das dauerhafte Arbeitslosengeld entweder 400 oder 500 Euro beträgt, dann ist die zweite Möglichkeit vorzuziehen, ganz gleich, welche Auswirkungen das auf andere soziale Gruppen, beispielsweise die Mittelschicht, haben mag. Allerdings gibt es für die Anhebung von Sozialleistungen wie der Arbeitslosenhilfe auch eindeutige Grenzen. Wenn diese Sozialleistungen so viel Geld kosten, dass die Wirtschaftsleistung eines Landes insgesamt darunter leidet, dann kann es passieren, dass dieses Land solch hohe Sozialleistungen nicht mehr finanzieren kann und doch wieder kürzen muss. Dann geht es auch den Schlechtestgestellten nicht besser, sondern schlechter.

Der entscheidende Vorteil von Prioritätsansätzen gegenüber Suffizienzansätzen scheint darin zu bestehen, dass sie sich nicht auf

33 Vgl. dazu insbesondere die Positionen von Derek Parfit und Richard Arneson: Derik Parfit, »Gleichheit und Vorrangigkeit«, in: Angelika Krebs (Hg.), *Gleichheit oder Gerechtigkeit. Texte der neuen Egalitarismuskritik*, Frankfurt/M. 2000, S. 81-106; Richard Arneson, »Luck Egalitarianism and Prioritarianism«, in: *Ethics* 110/2 (2000), S. 339-349.

34 John Rawls schreibt über ökonomische Ungleichheiten: »[...] zweitens müssen sie den am wenigsten begünstigten Angehörigen der Gesellschaft den größten Vorteil bringen (Differenzprinzip) [...]« (John Rawls, *Gerechtigkeit als Fairness*, Berlin 2006, S. 78). Hier zeigt sich, dass die Besserstellung der Schlechtestgestellten klare Priorität vor der Gleichheit besitzt (vgl. Thomas Pogge, *John Rawls. His Life and Theory of Justice*, Oxford 2009, S. 106-120).

eine bestimmte Untergrenze konzentrieren, sondern die gesamte Güterverteilung innerhalb der Gesellschaft berücksichtigen. Allerdings sind diese Ansätze auch mit zwei Problemen behaftet. Erstens spielt für sie die Idee gerechtfertigter Ungleichheiten keine Rolle. Wenn sich eine Gesellschaft so verändern lässt, dass die ärmeren Menschen mehr bekommen, dann ist diese Veränderung gerecht. Das gilt auch dann, wenn die reicheren Menschen dadurch ärmer werden – und zwar unabhängig davon, wer etwa aufgrund seiner eigenen Leistung wie viel verdient hat.[35] Bei Prioritätsansätzen kommt Reichtum also bestenfalls nur indirekt ins Spiel, denn es wird nicht danach gefragt, ob er verdient ist oder nicht, weil das für Gerechtigkeit keine Rolle spielt. Zweitens und andersherum werden Reichtumsunterschiede auch nicht unmittelbar problematisiert, sondern es wird nur darauf geschaut, in welcher Gesellschaft die ärmsten Menschen am meisten Güter haben.

Damit wäre eine Gesellschaft, in der die ärmsten Menschen vielleicht 15 000 Euro im Jahr haben, aber alle anderen Menschen Millionäre sind, gerechter als eine Gesellschaft, in der die ärmsten Menschen nur 12 000 Euro haben, aber alle anderen nur etwas mehr besitzen. Prioritätstheoretiker verteidigen ihre Theorie häufig damit, dass den ärmeren Menschen ja auch nicht damit geholfen ist, wenn es anderen schlechter geht.[36] Sonst könnte man Gesellschaften einfach gerechter machen, indem man reichere Menschen ärmer macht, ohne ärmere Menschen reicher zu machen, so wenden sie insbesondere gegen egalitaristische Theorien ein. Ich denke jedoch, dass sie dabei vernachlässigen, dass Armut und Reichtum immer auch relative Größen sind und für die relative Verteilung

35 Allerdings gibt es auch Vertreter einer Prioritätstheorie, die diese mit einem Verdienstprinzip zu verbinden suchen. Das gilt beispielsweise für Richard Arneson, der sich dabei auf den »Luck-Egalitarismus« bezieht. Diese Theorie besagt, dass zufällige Entwicklungen nur dann zu einer ungleichen Verteilung führen dürfen, wenn sie auf eigene Entscheidungen der Akteure zurückgehen. Arneson, »Luck Egalitarianism and Prioritarianism«, S. 339-349; vgl. dazu Carl Knight, »Responsibility, Desert and Justice«, in: ders., Zofia Stemplowska (Hg.), *Responsibility and Distributive Justice*, Oxford, New York 2011, S. 152-173.

36 Derek Parfit hat diesen sogenannten Levelling-Down-Einwand geprägt. Parfit, »Gleichheit und Vorrangigkeit«, S. 81-196; vgl. auch Ben Saunders, »Parfit's Leveling Down Argument Against Egalitarianism«, in: Michael Bruce, Steven Barbone (Hg.), *Just the Arguments. 100 of the Most Important Arguments in Western Philosophy*, New Jersey 2011.

von Kaufkraft, aber auch so wichtige soziale Werte wie Macht und Status von großer Bedeutung sind. Zwar könnte man diese Erwägungen in eine Prioritätstheorie einbauen, nur dann wäre es eben keine Prioritätstheorie im traditionellen Sinne mehr, weil eine Reichtumsreduktion unmittelbar zum Vorteil der ärmeren Menschen führte.

Die Defizite der Suffizienz- und Prioritätstheorien scheinen dafür zu sprechen, eine kritische Beschäftigung mit Reichtum vom Standpunkt einer egalitaristischen Gerechtigkeitstheorie vorzunehmen. Egalitaristische Theorien gehen davon aus, dass es bei Verteilungsgerechtigkeit in irgendeinem Sinne um Gleichverteilung geht.[37] Sie fordern aber nicht, dass alle Güter in einer Gesellschaft tatsächlich gleich verteilt sein müssen, damit diese als gerecht gelten kann. Entweder reicht es, wenn nur ganz bestimmte Güter strikt gleich verteilt werden – bei John Rawls sind das beispielsweise die Grundfreiheiten[38] –, oder es reicht, wenn die relevanten Güter zu einem bestimmten Zeitpunkt bzw. in einer bestimmten Hinsicht gleich verteilt und ausgeglichen werden. So ist es beispielsweise in der Gerechtigkeitstheorie des so genannten Luck-Egalitarismus. Dort wird zwischen bloßen Zufällen (*brute luck*) und kalkulierten Risiken (*option luck*) unterschieden. Bloße Zufälle müssen ausgeglichen werden, kalkulierte Risiken allerdings nicht. In welche Familie ein Mensch hineingeboren wird, ist demnach bloßer Zufall; für welchen Karriereweg er sich hingegen entscheidet, eine Frage des kalkulierten Risikos.[39]

37 Eine im deutschen Sprachraum einflussreiche egalitaristische Theorie hat Stefan Gosepath formuliert, er liefert dabei auch eine gute Übersicht über diesen Theoriestrang. Gosepath, *Gleiche Gerechtigkeit*; vgl. auch Simon Caney, *Justice Beyond Borders. A Global Political Theory*, Oxford 2005.

38 Nur die Grundfreiheiten müssen bei Rawls laut dem ersten Gerechtigkeitsprinzip strikt gleich verteilt sein: »Jede Person hat den gleichen unabdingbaren Anspruch auf ein völlig adäquates System gleicher Grundfreiheiten, das mit demselben System von Freiheiten für alle vereinbar ist« (Rawls, *Gerechtigkeit als Fairness*, S. 78).

39 Neben Richard Arneson sind Ronald Dworkin und Gerald Cohen wichtige Vertreter dieser verantwortungssensitiven Form einer egalitaristischen Gerechtigkeitstheorie. Arneson, »Luck Egalitarianism and Prioritarianism«, S. 339-349; Ronald Dworkin, »What Is Equality? Part 1: Equality of Welfare«, in: *Philosophy and Public Affairs* 10/3 (1981), S. 185-246; ders., »What Is Equality? Part 2: Equality of Resources«, in: *Philosophy and Public Affairs* 10/4 (1981), S. 283-345; ders.,

Egalitaristische Gerechtigkeitstheorien scheinen sich in all ihren Varianten für eine Auseinandersetzung mit Reichtum zu eignen, weil sie etwas darüber sagen können, wann Reichtum gerechtfertigt ist und wann nicht. Wenn Reichtum die Gleichverteilung von Grundfreiheiten verhindert, dann ist er beispielsweise für Rawls nicht gerechtfertigt.[40] Wenn er auf bloße Zufälle zurückgeht, beispielsweise auf Erbschaften, dann ist er für Luck-Egalitaristen nicht gerechtfertigt.[41] Es gibt dennoch zwei Gründe, warum ich solche Formen der egalitaristischen Theoriebildung für eine produktive Auseinandersetzung mit Reichtum, wie ich sie in diesem Buch vorhabe, für ungeeignet halte. Erstens ist Reichtum für Egalitaristen nur in einem einzigen Fall problematisch, nämlich genau dann, wenn er mit relevanter Gleichheit im Konflikt steht. Hier scheint ein ähnliches Problem wie bei Suffizienztheorien vorzuliegen, nämlich eine Beschränkung auf einen einzigen Wert in Form von strikter Gleichheit. Reichtum könnte jedoch auch in anderer Hinsicht problematisch sein, etwa wenn es nicht um die gleiche, sondern um die angemessene Bedürfnisbefriedigung zukünftiger Generationen geht.

Zweitens sind egalitaristische Gerechtigkeitstheorien üblicherweise in hohem Maße idealisiert und können daher über Reichtum als moralisches Problem in tatsächlich existierenden Gesellschaften nur sehr wenig aussagen.[42] Das halte ich für das zentrale Problem dieser Ansätze. In manchen idealen Vorstellungen von gleicher Ge-

Sovereign Virtue. The Theory and Practice of Equality, Cambridge MA, London 2002; Gerald A. Cohen, »Facts and Principles«, in: *Philosophy and Public Affairs* 31/3 (2003), S. 211-245; ders., *Rescuing Justice and Equality*, Cambridge MA 2008).

40 So argumentiert etwa Elisabeth Anderson, dass Reichtumsunterschiede dann problematisch sind, wenn sie die gleiche demokratische Beteiligung unterlaufen (vgl. Elizabeth Anderson, »Warum eigentlich Gleichheit?«, in: Angelika Krebs (Hg.), *Gleichheit oder Gerechtigkeit. Texte der neuen Egalitarismuskritik*, Frankfurt/M. 2000, S. 117-171).

41 Gabriel Wollner argumentiert auf dieser Grundlage, dass es einer Finanztransaktionssteuer bedarf, um ungerechtfertigte Gewinne auszugleichen. Vgl. Gabriel Wollner, »Justice in Finance. The Normative Case for an International Financial Transaction Tax«, in: *Journal of Political Philosophy* 22/4 (2014), S. 458-485.

42 Ausführlich hat Amartya Sen seine Haltung dazu in *Die Idee der Gerechtigkeit* dargelegt. Amartya Sen, *Die Idee der Gerechtigkeit*, München 2010; vgl. für eine konzisere Darstellung auch ders., »What Do We Want From a Theory of Justice?«, in: *Journal of Philosophy* 103/5 (2006), S. 215-238.

rechtigkeit hat Reichtum einen Platz und in anderen nicht.[43] Das hängt davon ab, wie sehr der Egalitarismus auf einen Endzustand der Gleichverteilung oder nur auf gleiche Chancen bezogen wird. In beiden Fällen lässt sich möglicherweise dennoch eine Kritik des gegenwärtigen Reichtums formulieren. Wenn gegenwärtige Formen des Reichtums in einer ideal gerechten Gesellschaft nicht vorkommen, dann sind diese Formen des Reichtums kritikwürdig, so lautet die einfache Formel. Doch so einfach ist die Lage leider nicht. Denn die Tatsache, dass wir es in vielerlei Hinsicht mit unvollkommenen und ungerechten Gesellschaften zu tun haben, kann zusätzliche Gründe produzieren, die für oder gegen bestimmte Arten von Reichtum sprechen.

In ungerechten Gesellschaften können Formen von Reichtum ungerechtfertigt sein, die in vollkommen gerechten Gesellschaften gerechtfertigt wären. Umgekehrt können in ungerechten Gesellschaften auch Formen des Reichtums gerechtfertigt sein, die in vollkommen gerechten Gesellschaften ungerechtfertigt wären. Für beide Abweichungen lassen sich leicht Beispiele finden. In einer ungerechten Gesellschaft kann Reichtum etwa dazu führen, dass sich jemand öffentliche und sogar politische Ämter erschleichen kann. Dann ist dieser Reichtum problematisch. In einer vollkommen gerechten Gesellschaft wäre er das nicht, weil solch ein Ämterkauf dort einfach nicht möglich wäre. In einer ungerechten Gesellschaft kann es aber auch sein, dass Eltern aus diskriminierten Bevölkerungsgruppen ihren Reichtum nutzen können, um ihren Kindern bestimmte Bildungschancen zu eröffnen, die sie aufgrund rassistischer oder kulturalistischer Diskriminierung sonst nicht besäßen. Dann wären dieser Reichtum und sein ausgleichender Einsatz gerechtfertigt, obwohl er es in einer vollkommen gerechten Gesellschaft nicht wäre, weil es da natürlich keine derartigen Diskriminierungen gäbe.

Ich glaube, all diese Probleme der herkömmlichen Typen von Gerechtigkeitstheorien haben, wenn es um Reichtum geht, damit zu tun, dass sie vor allem mit Blick auf Armut entwickelt wurden. Besonders deutlich wird das beim Suffizienzansatz, es gilt aber auch für die anderen beiden Ansätze, zumindest wenn man die relative Armut berücksichtigt. Reichtum ist für sie kein besonderes

43 Vgl. Gosepath, *Gleiche Gerechtigkeit*, Kap. V.

Problem, absolute oder relative Armut dagegen schon. Außerdem haben diese Theorien, insbesondere egalitaristische Theorien, eine Tendenz, von sehr stark idealisierten Zuständen auszugehen, weshalb sie nicht gut auf aktuelle Problemlagen anwendbar sind. Beide Zuspitzungen haben den Effekt, dass sie nicht richtig erfassen können, welche zentralen Werte in unseren unvollkommenen Gesellschaften mit Reichtum verbunden und dadurch vielleicht ungerecht verteilt sind. Damit die Frage, ob gegenwärtiger Reichtum ein Gerechtigkeitsproblem darstellt, überhaupt angemessen untersucht werden kann, bedarf es daher eines etwas anderen Ansatzes. Es geht mir dabei nicht darum, einen neuen Typ von Gerechtigkeitstheorie zu entwickeln. Das wäre vermessen. Vielmehr sollen die Elemente bestehender Ansätze auf etwas andere Weise zur Anwendung gebracht werden, als dies üblicherweise der Fall ist.

Würde, Selbstachtung und eine Grenztheorie der Gerechtigkeit

Die üblichen Typen von Gerechtigkeitstheorien besitzen mindestens eines von zwei Defiziten, die sie für eine kritische Beschäftigung mit Reichtum als möglichem moralischen Problem in unseren bestehenden Gesellschaften ungeeignet erscheinen lassen. Sie sind entweder zu sehr auf ideale Zustände ausgerichtet und helfen daher wenig dabei, tatsächliche Reichtumsverhältnisse kritisch zu bewerten. Oder sie konzentrieren sich auf einen bestimmten Wert wie Gleichheit oder Grundsicherung und können daher eine Kritik an Reichtum, die auf anderen Werten beruht, nicht erfassen. Diese beiden Defizite legen einen etwas anderen Typ von Gerechtigkeitstheorie nahe, den ich als Grenztheorie der Gerechtigkeit bezeichnen möchte, weil es darum geht, die minimale und maximale Obergrenze einer Verteilung von Reichtum festzulegen. Diese Grenzziehung soll dazu beitragen, bestimmte gravierende Ungerechtigkeiten zu vermeiden, die sich über die Verletzung des besonders grundlegenden Wertes der Würde bestimmen. Dieser Ansatz scheint mir aufgrund von zwei kleinen, aber wichtigen Verschiebungen besser als die üblichen Theorietypen geeignet zu sein, Reichtum als mögliches Gerechtigkeitsproblem in den Blick zu nehmen, wie ich nun darlegen möchte.

Die erste Verschiebung von einer idealen Gerechtigkeitsvorstellung hin zu konkreten Ungerechtigkeiten ermöglicht es, tatsächlich gegebenen Reichtum kritisch in den Blick zu nehmen. Die zentrale Frage lautet dann, ob gegenwärtige Formen des Reichtums zu Ungerechtigkeiten führen und ob ein anderer Umgang mit Reichtum diese Ungerechtigkeiten verhindert oder abmildert und mehr Gerechtigkeit herbeiführt. Es gibt inzwischen eine substantielle Literatur zu der Unterscheidung von idealer und nichtidealer Gerechtigkeitstheorie und zu der sehr allgemeinen Frage, welche die richtige methodische Grundlage für die Beschäftigung mit Gerechtigkeitsfragen ist.[44] Ich glaube, dass es auf diese Frage keine eindeutige Antwort gibt. Vielmehr hängt es von dem spezifischen Anliegen ab, ob ein idealer oder nichtidealer Theorieansatz besser geeignet ist. Wer sich beispielsweise dafür interessiert, welche Zusammenhänge und möglichen Widersprüche zwischen grundlegenden Werten wie Gleichheit und Freiheit bestehen, kann dieser Frage gut mithilfe idealer Theoriebildung nachgehen. Wer jedoch eine konkrete Ungerechtigkeit bearbeiten will, beispielsweise ungerechte Einkommensverhältnisse, benötigt eher eine nichtideale Gerechtigkeitstheorie.

Gegen nichtideale Ansätze lässt sich generell einwenden, dass auch sie von Idealen in Form von Gerechtigkeitsprinzipien ausgehen müssen, weil es sich ansonsten gar nicht mehr um normative Theoriebildung handelt. Das ist durchaus richtig, impliziert aber keineswegs eine ideale Gerechtigkeitstheorie. Denn Gerechtigkeitsideale müssen nicht aus einer idealen Theoriebildung, also einem abstrakten Theoriegebäude, gewonnen werden, sondern lassen sich selbst aus historischen Erfahrungen von Ungerechtigkeit ableiten.[45]

44 Vgl. Sen, »What Do We Want From a Theory of Justice?«, S. 215-238; John A. Simmons, »Ideal and Nonideal Theory«, in: *Philosophy and Public Affairs* 38/1 (2010), S. 5-36; David Schmidtz, »Nonideal Theory. What It Is and What It Needs to Be«, in: *Ethics* 121/4 (2011), S. 772-796; Pablo Gilabert, »Comparative Assessments of Justice, Political Feasibility, and Ideal Theory«, in: *Ethical Theory and Moral Practice* 15/1 (2012), S. 39-56; Laura Valentini, »Ideal vs. Non-Ideal Theory. A Conceptual Map«, in: *Philosophy Compass* 7/9 (2012), S. 654-664; Marcus Arvan, »First Steps Toward a Nonideal Theory of Justice«, in: *Ethics and Global Politics* 7/3 (2014), S. 95-117.

45 Solch einen negativen gesetzestheoretischen Ansatz verwenden auf besonders eindrückliche Weise Judith Shklar, Avishai Margalit und Iris Young (vgl. Judith Shklar, *The Faces of Injustice*, Connecticut 1990; Avishai Margalit, *Politik der*

Der Verweis auf solche Erfahrungen wird nicht alle überzeugen, aber er hat dennoch Begründungscharakter, insofern er plausibel machen kann, was die Ungerechtigkeit dieser historischen Erfahrungen ausmacht.[46] Dann bedarf es keiner idealen Theorie, um Gerechtigkeitsideale formulieren zu können, zumal natürlich auch ideale Gerechtigkeitstheorien mit dem Problem konfrontiert sind, dass sie stets nur mehr oder weniger überzeugend sind.

Es bleibt aber immer noch die Frage, welche Ungerechtigkeiten als besonders gravierend einzuschätzen sind und daher vorrangige Aufmerksamkeit verdient haben. Hier kommt das zweite Problem einer Fokussierung auf isolierte Werte ins Spiel. Wenn man nur auf die Grundbedürfnisse oder nur auf Gleichheit oder nur auf Fairness schaut, dann bleiben andere Ungerechtigkeiten, die ebenfalls mit Reichtum zu tun haben könnten, von vornherein unsichtbar. Es bedarf daher eines umfassenderen bzw. grundlegenderen Ansatzes. Meiner Einschätzung nach eignet sich dafür eine Verbindung von Gerechtigkeit und Würde.[47] Dann geht es um solche Ungerechtigkeiten, die sich als Würdeverletzungen beschreiben lassen. Natürlich provoziert das sofort den Einwand, dass ich damit ja auch nur einen spezifischen Wert isoliert habe und nicht klarwird, warum ausgerechnet dieser besondere Aufmerksamkeit verdient. Doch aus zwei Gründen greift dieser Einwand nicht. Erstens ist Würde nicht nur irgendein Wert unter anderen, sondern beschreibt einen grundsätzlichen Status von Menschen. Zweitens geht es da-

Würde. Über Achtung und Verachtung, Berlin 2012; Iris M. Young, *Justice and the Politics of Difference*, New Jersey 1990; dies., *Inclusion and Democracy*, Oxford 2000; dies., *Responsibility for Justice*, Oxford 2011).

46 Vgl. dazu Ralf Stoecker, »Three Crucial Turns on the Road to an Adequate Understanding of Human Dignity«, in: Paulus Kaufmann u. a. (Hg.), *Humiliation, Degradation, Dehumanization*, Heidelberg 2011, S. 7-17; Christian Neuhäuser, »Das narrative Konzept der Menschenwürde und seine Relevanz für die Medizinethik«, in: Jan C. Joerden, Eric Hilgendorf (Hg.), *Menschenwürde und Medizinethik*, Baden-Baden 2011, S. 223-248; Christian Neuhäuser, Ralf Stoecker, »Human Dignity as Universal Nobility«, in: Marcus Düwell u. a. (Hg.), *The Cambridge Handbook on Human Dignity*, Cambridge 2014, S. 298-310.

47 Avishai Maragalit hat solch eine Verbindung in *Politik der Würde* vorgeschlagen, ohne sie jedoch methodisch auszuarbeiten: Margalit, *Politik der Würde*; vgl. dazu auch Christian Neuhäuser, »In Verteidigung der anständigen Gesellschaft«, in: Eric Hilgendorf, Tatjana Hörnle (Hg.), *Menschenwürde und Demütigung. Die Menschenwürdekonzeption Avishai Margalits*, Baden-Baden 2013, S. 109-126.

bei, wie sich gleich zeigen wird, um wirklich grundsätzliche Fragen sehr allgemeiner Natur.

Würde ist nicht einfach nur ein Wert. Wenn wir von Menschen sagen, sie hätten eine Würde, dann behaupten wir damit vielmehr, dass sie einen besonderen Rechtsstatus und einen besonderen sozialen Status besitzen, den es zu respektieren gilt.[48] Was macht hier den Unterschied zu anderen Werten aus, und warum sollte er betont werden? Von einem Status statt nur von einem Wert zu sprechen, macht deutlich, dass es um normative und nicht nur um evaluative Fragen geht. Es ist richtig und nicht nur gut, diesen Status zu achten. Es ist falsch und nicht nur schlecht, ihn zu missachten.[49] Darüber hinaus steckt in dieser normativen Statusbehauptung ein ganzes Bündel von Werturteilen und nicht nur ein einzelner Wert bzw. eine einzelne Wertung. Damit der rechtliche und soziale Status von Menschen als Träger von Würde realisiert ist, muss gleichzeitig eine ganze Reihe von zentralen Werten realisiert sein.

Hier zeigt sich, dass es zweitens bei der Würde um ganz grundlegende Fragen geht. Es gibt zahlreiche Ungerechtigkeiten, die Menschen nicht in ihrer Würde verletzen. Dennoch sind es Ungerechtigkeiten. Das gilt beispielsweise, wenn jemand nicht genau dasselbe Einkommen für dieselbe Arbeit, aber immer noch ein sehr üppiges Einkommen erhält. Zwar wird diese Person ungerecht behandelt, aber nicht in ihrer Würde verletzt. Würdeverletzungen sind nämlich immer in dem Sinne gravierend, dass sie Menschen in ihrem Status als gleiche Menschen bedrohen. Man sieht hier, dass die bereits genannten Werte wie Sicherung von Bedürfnissen oder Fähigkeiten, Gleichheit und Fairness aus dieser Perspektive durchaus eine wichtige Rolle spielen. Aber das tun sie nur in einer bestimmten und grundlegenden Hinsicht, insofern sie nämlich mit Würde zu tun haben. Doch wann ist das der Fall? Die Antwort auf diese Frage hängt von dem spezifischen Würdeverständnis ab, von

48 Jeremy Waldron macht dieses Verständnis von Würde als Status stark. Vgl. Jeremy Waldron, *Dignity, Rank, and Rights*, Oxford 2012; vgl. auch Neuhäuser/Stoecker, »Human Dignity as Universal Nobility«, S. 298-310.

49 Dieter Birnbacher ist skeptisch, ob Würde als evaluatives Konzept normative Konzepte begründen kann. Das liegt aber daran, dass er Würde nur als Wert versteht. Dieter Birnbacher, »Kann die Menschenwürde die Menschenrechte begründen?«, in: Bernward Gesang, Julius Schälike (Hg.), *Die großen Kontroversen der Rechtsphilosophie*, Paderborn 2011, S. 77-98.

dem man ausgeht. Ich möchte mich hier einer Würdekonzeption anschließen, wie sie Avishai Margalit, Peter Schaber und Ralf Stoecker entwickelt haben.[50]

Würde zu besitzen, heißt für diese Autoren, einen Anspruch auf Selbstachtung bzw. deren soziale Voraussetzung zu haben. Diese Selbstachtung setzt bestimmte Grundrechte, darüber hinaus aber auch bestimmte soziale Interaktionsformen voraus. Werden die Grundrechte eines Menschen nicht gewährleistet oder sogar verletzt, dann hat dieser Mensch einen Grund, sich in seiner Würde als Person verletzt zu sehen.[51] Werden in sozialen Interaktionsformen bestimmte Normen der Anständigkeit bzw. des Respekts nicht geachtet, dann haben die betroffenen Menschen einen Grund, sich in ihrer Würde als Persönlichkeit verletzt zu sehen. Denn Anständigkeit stellt das normative Mindestmaß dar, das an die institutionelle Grundstruktur einer Gesellschaft anzulegen ist, damit die Gesellschaftsmitglieder durch diese Institutionen nicht systematisch gedemütigt werden.[52] Bei Reichtum, und das ist hier der entscheidende Punkt, ist denkbar, dass er auf den beiden Ebenen der Grundrechte und der Anständigkeit die Selbstachtung beeinträchtigt und die damit verbundenen Ansprüche verletzt. Wenn das zutrifft, dann wäre dieser Reichtum auch eine Form von Würdeverletzung und damit eine besonders schwerwiegende Ungerechtigkeit. Genau um diese Frage wird es in diesem Buch gehen: Stellen bestimmte Formen von Reichtum eine derart schwerwiegende Ungerechtigkeit

50 Vgl. Margalit, *Politik der Würde*; Peter Schaber, »Menschenwürde und Selbstachtung. Ein Vorschlag zum Verständnis der Menschenwürde«, in: *Studia Philosophica* 63 (2004), S. 93-119; ders., *Instrumentalisierung und Würde*, Münster 2010; ders., *Menschenwürde*, Ditzingen 2012; Ralf Stoecker, »Menschenwürde und das Paradox der Entwürdigung«, in: ders. (Hg.), *Menschenwürde. Annäherung an einen Begriff*, Wien 2003, S. 133-151; Schaber, »Three Crucial Turns on the Road to an Adequate Understanding of Human Dignity«, S. 7-17; ders., »Die philosophischen Schwierigkeiten mit der Menschenwürde – und wie sie sich vielleicht lösen lassen«, in: *Information Philosophie* 1 (2011), S. 8-20. Vgl. zu einer Übersicht Christian Neuhäuser, »Würde, Selbstachtung und persönliche Identität«, in: *Deutsche Zeitschrift für Philosophie* 63/3 (2015), S. 448-471. Auch Habermas hat sich solch einem Verständnis der Würde angeschlossen. Vgl. Jürgen Habermas, »Das Konzept der Menschenwürde und die realistische Utopie der Menschenrechte«, in: *Deutsche Zeitschrift für Philosophie* 58 (2010), S. 343-357.

51 Vgl. Henning Hahn, *Moralische Selbstachtung. Zur Grundfigur einer sozialliberalen Gerechtigkeitstheorie*, Berlin 2008.

52 Vgl. Neuhäuser, »Würde, Selbstachtung und persönliche Identität«, S. 448-471.

dar, dass sie würdeverletzend sind? Wenn das zutrifft, dann wäre das eine entsprechend starke normative Grundlage, um einen ganz anderen sozialen und politischen Umgang mit diesen Formen des Reichtums zu empfehlen.

Die gerade beschriebene Verbindung von Würde und Gerechtigkeit ist der Grund dafür, warum ich von einer Grenztheorie der Gerechtigkeit sprechen möchte. Es geht dann weder um Subsistenz noch um eine Priorisierung der Schlechtestgestellten und ebenfalls nicht unmittelbar um Gleichheit. Vielmehr geht es um die Frage, wie Güter verteilt sein müssen, damit sie nicht strukturell zu Würdeverletzungen führen, sondern dabei helfen, den Menschen einer Gesellschaft ein Leben in Würde zu ermöglichen.[53] Dadurch wird ein Grenzbereich bestimmt, jenseits dessen sozioökonomische Verteilungen auf jeden Fall ungerecht, weil würdeverletzend sind. Es leuchtet schnell ein, dass dies zutreffen kann, wenn einige Menschen zu wenige Güter haben, also arm sind. Es kann aber auch zutreffen – wie ich in diesem Buch argumentieren werde –, wenn einige Menschen zu viele Güter haben, also reich oder sogar maßlos reich sind. Ihre Fähigkeit, solch einen Grenzbereich nach unten, aber auch nach oben festlegen zu können, lässt die auf Würde beruhende Grenztheorie der Gerechtigkeit für eine Beschäftigung mit Reichtum als moralischem Problem attraktiv erscheinen. Damit geht noch ein weiterer Vorteil, aber auch ein Nachteil einher. Denn einerseits ist dieser Ansatz bescheidener als andere Ansätze, andererseits aber auch voraussetzungsreicher.

Bescheidener ist dieser Ansatz, weil er weder eine Antwort auf alle Fragen der Verteilungsgerechtigkeit geben noch die anderen Ansätze ersetzen will. In bestimmten Kontexten sind die anderen Ansätze durchaus vorteilhaft. Wenn es ausschließlich um Fragen des Welthungers geht, dann bietet sich vielleicht ein Suffizienzansatz an. Wenn es um Fragen der Geschlechtergerechtigkeit und die Verteilung von Karrierechancen geht, dann erscheint ein Prioritätsansatz durchaus geeignet. Geht es primär um Fragen der gerechten Entlohnung im Hochlohnsektor, dann ist vielleicht ein egalitaris-

53 Es ist natürlich eine vertrackte Frage, von welcher Gesellschaft hier der Rede ist: der Weltgesellschaft, durch Staaten konstituierte Gesellschaften oder substaatliche Gesellschaften? Ich kann darauf keine abschließende Antwort geben, glaube allerdings, dass es auch sich überlappende Gesellschaftsstrukturen auf mehreren Ebenen geben kann.

tischer Ansatz vorzuziehen, der gleichen Lohn für gleiche Arbeit fordert. Man kann also alle diese Ansätze der Gerechtigkeitstheorie so deuten, dass sie nicht sämtliche, sondern nur spezifische Gerechtigkeitsfragen erhellen sollen. Auch die Grenztheorie der Gerechtigkeit erhebt von vornherein nicht den Anspruch, alle Gerechtigkeitsfragen zu klären. Sie ist vielmehr darauf festgelegt, nur einen bestimmten Grenzbereich zu bestimmen, der gravierende Ungerechtigkeiten markiert.

Gleichzeitig macht das diesen Ansatz aber auch voraussetzungsreich, weil sich solch ein Grenzbereich auf rein formale Weise nicht bestimmen lässt. Daher habe ich vorgeschlagen, die Idee der Würde heranzuziehen, um solch eine Bestimmung vornehmen zu können. Die Idee der Würde ist aber natürlich selbst stark umstritten, und damit macht sich auch jeder Ansatz einer Theorie der Verteilungsgerechtigkeit angreifbar, der sich auf sie beruft. Wer mit Würde nichts anfangen kann, wird auch mit einer auf ihr beruhenden Gerechtigkeitstheorie nicht viel anfangen können. Einerseits ist dieser Punkt nicht so problematisch, wie es vielleicht zunächst erscheinen mag. Denn auch hinter den anderen Gerechtigkeitstheorien verstecken sich substantielle Wertannahmen, die immer umstritten sind. Vielleicht bestreitet niemand, dass Sicherung der Grundbedürfnisse und Gleichheit wertvoll sind. Umstritten ist jedoch immer, wie wertvoll sie im Vergleich zu anderen Werten wie beispielsweise Freiheit sind.

Andererseits ließe sich nicht nur der relative Wert, sondern die normative Bedeutung der Idee der Würde insgesamt in Frage stellen. Dann müsste man zuerst die Würde des Menschen und die Bedeutung der Selbstachtung argumentativ verteidigen, bevor man diese Ideen für meinen Grenzbereichsansatz der Verteilungsgerechtigkeit fruchtbar machen kann. Das möchte ich jedoch nicht tun, denn es gibt bereits zahlreiche Verteidigungen dieses Konzepts, auf die ich mich im vierten Kapitel stützen kann.[54] Wer sich darauf nicht einlassen will, wird vielleicht auch von vielen der Überlegun-

54 Vgl. Margalit, *Politik der Würde*; Schaber, »Menschenwürde und Selbstachtung«, S. 93-119; Schaber, *Instrumentalisierung und Würde*; ders., *Menschenwürde*; Stoecker, »Menschenwürde und das Paradox der Entwürdigung«, S. 133-151; ders., »Three Crucial Turns on the Road to an Adequate Understanding of Human Dignity«, S. 7-17; ders., »Die philosophischen Schwierigkeiten mit der Menschenwürde – und wie sie sich vielleicht lösen lassen«, S. 8-20.

gen hier nicht überzeugt werden. Vielleicht aber funktioniert die Begründung auch umgekehrt. Wenn sich die Konzepte der Würde und Selbstachtung als besonders leistungsfähig in einer gerechtigkeitstheoretischen Auseinandersetzung mit Reichtum erweisen, dann können sie dadurch an Plausibilität gewinnen. Genau dieses Programm möchte ich verfolgen. Daher wird es in den nächsten Kapiteln zuerst um die Frage gehen, was Reichtum überhaupt ist und welche gesellschaftliche Bedeutung er besitzt, und erst danach um die Frage, ob er würdeverletzend und damit ein Gerechtigkeitsproblem besonderer Art sein kann.

Kapitel 2: Geld, reiche Akteure und Selbstachtung

Eine kritische Auseinandersetzung mit Reichtum als moralischem Problem setzt ein hinreichend klares Verständnis davon voraus, was Reichtum ist. Ohne ein ausgearbeitetes Verständnis des Untersuchungsgegenstandes muss auch die kritische Auseinandersetzung mit Reichtum vage und letztlich unverständlich bleiben. Auf solch einer vagen Grundlage lassen sich dann Ressentiments und Vorurteile gut bedienen, gerade bei einem so kontroversen Thema wie Reichtum und Gerechtigkeit. Aber wissenschaftlich und philosophisch bleibt ein derartiges Vorgehen unbefriedigend. Ich möchte dennoch keine Definition von Reichtum im eigentlichen Sinne vorschlagen, wie vielleicht zu erwarten wäre, sondern vielmehr auf der Grundlage einer bestimmten Explikation dieses Begriffs arbeiten.[1] Mir geht es also nicht darum, notwendige und gemeinsam hinreichende Bedingungen des Phänomens Reichtum anzugeben. Vielmehr werde ich eine Analyse davon anbieten, wie der Begriff des Reichtums im alltäglichen Sprachgebrauch häufig verwendet wird. Auf der Grundlage dieser allgemeinen Analyse lässt sich das Phänomen des Reichtums systematisch mit Blick auf die Frage danach einengen, wann er gerechtfertigt und wann er ungerechtfertigt ist.

Formalisiert gesprochen redet man von Reichtum meiner Einschätzung nach üblicherweise etwa auf diese Weise: X ist reich, wenn er oder sie auf Grundlage des Maßstabes M viel von einem Gut G hat. Diese Begriffsbestimmung ist sehr allgemein, beispielsweise lässt sie zu, dass man reich an Freunden oder Feinden sein kann. Dann haben irgendwelche Menschen im Verhältnis zu anderen Menschen viele Freunde oder aber viele Feinde. Obwohl sie so weit ist, möchte ich nicht einmal behaupten, dass diese Begriffsbestimmung alle Redeweisen von Reichtum einfängt. Außerdem erscheint diese Bestimmung auch etwas zu offen, weil sie es erlaubt, in solchen Fällen von Reichtum zu sprechen, in denen wir das nor-

1 Gottfried Gabriel, »Explikation«, in: Jürgen Mittelstraß (Hg.), *Enzyklopädie Philosophie und Wissenschaftstheorie*, Stuttgart 2005, S. 459.

malerweise unangemessen finden. Von einem Menschen beispielsweise zu sagen, er sei reich an Feinden, erscheint schon grenzwertig, weil nicht klar ist, ob es ein Gut darstellt, Feinde zu haben. Trotzdem bildet diese sehr allgemeine Begriffsbestimmung einen guten Ausgangspunkt, um das Phänomen des Reichtums, um das es in diesem Buch gehen soll, weiter einzuschränken. Die drei Platzhalter X, M und G können nämlich auf spezifische Weise näher festgelegt werden, um eine brauchbare Bestimmung eines bestimmten Typs von Reichtum zu erhalten, um den es hier gehen soll.[2]

Den Platzhalter G möchte ich auf Geld beschränken. Oder um etwas genauer zu sein: der Fokus soll auf Geldwerten liegen. Denn im Blick sind nicht nur die liquiden Geldmengen, die jemand hat, sondern der Geldwert all derjenigen Güter, die er besitzt. Nur um dieses Gut soll es gehen. Dann geht es um solche Fälle: X ist reich, wenn er oder sie aufgrund des Maßstabes M viel Geld hat. Im nächsten Abschnitt werde ich diese Beschränkung auf Geld verteidigen. Daraus folgt, so werde ich im zweiten Abschnitt dieses Kapitels erläutern, dass nur individuelle und korporative Akteure reich sein können: Akteure sind reich, wenn sie aufgrund des Maßstabes M viel Geld haben. Der Grund dafür, dass nur Akteure reich sein können, lautet, dass nur Akteure mit Geld umgehen können. Im letzten Abschnitt dieses Kapitels geht es dann um den Maßstab für Geldreichtum. Üblicherweise wird dafür ein relativer Maßstab in dem Sinne angenommen, dass Akteure dann reich sind, wenn sie deutlich mehr Geld als andere Akteure besitzen. Demgegenüber möchte ich einen Maßstab vorschlagen, der auf dem Wert der Selbstachtung beruht: Akteure sind reich, wenn sie mit Blick auf die Erfordernisse der Selbstachtung viel Geld haben. Mir ist klar, dass diese Begriffsbestimmung nur eine bestimmte Form von Reichtum einfängt, nämlich Geldreichtum. Doch diese Bestim-

2 Es ist vielleicht wichtig zu vermerken, dass die Reichtumsbestimmung hier offensichtlich nicht von einer rechtsphilosophischen Grundlage ausgeht, wie man vielleicht erwarten könnte. Dann wäre es nötig, den Begriff des Reichtums zunächst über den Begriff des Eigentums zu bestimmen, wie er in der Rechtstheorie manchmal als Bündel von Rechten verstanden wird (vgl. dazu Gregory S. Alexander, Eduardo M. Penalver, *An Introduction to Property Theory*, Cambridge 2012; Jeremy Waldron, *The Right to Private Property*, Oxford 1991). Das scheint mir jedoch von vornherein eine Verengung zu sein, denn immerhin wäre ja denkbar, dass zuerst zu bestimmen ist, was Reichtum ist, und dann darüber eingeschränkt werden muss, was Eigentum sein kann.

mung eignet sich besonders gut dafür, danach zu fragen, ob und wann diese Form von Reichtum als Geldreichtum zu einem moralischen Problem wird.

Güter, Werte, Fähigkeiten und Geld

Eine Beschränkung auf Geldreichtum erscheint schon allein deswegen sinnvoll, weil Geld im Alltagsleben fast aller Menschen eine zentrale Rolle spielt. Sie gehen arbeiten, um Geld zu verdienen und damit sie ihre Grundversorgung und Rechnungen bezahlen sowie ihre mehr oder weniger bescheidenen Wünsche und Träume realisieren können. Daher denken sehr viele Menschen wahrscheinlich sofort an Geld, wenn von Reichtum die Rede ist. Wenn ich sage, Herr Jauch sei sehr reich, dann erwarten die meisten Menschen nicht, dass ich damit meine, er habe sehr viele Haare auf dem Kopf oder Freunde auf Facebook. Vielmehr denken sie, ich wolle sagen, er habe sehr viel Geld. Während es aus alltäglicher Perspektive also ganz selbstverständlich erscheint, Reichtum mit Geld zu assoziieren, erfährt diese Beschränkung auf Geldreichtum aus wissenschaftlicher Perspektive deutliche Kritik. Aus ökonomischer Sicht lässt sich einwenden, dass eigentlich Kapital und nicht Geld als Medium von Reichtum angenommen werden muss.[3] Aus philosophischer Perspektive hingegen wird eingewendet, dass es bei Fragen des guten Lebens und der Gerechtigkeit nicht nur um Geld, sondern auch und vor allem um andere Güter, ganz verschiedene Werte oder besondere Fähigkeiten geht.[4] Ich glaube, dass all diese Kritikpunkte in einer bestimmten Hinsicht zutreffend sind, und werde dennoch daran festhalten, dass die Beschränkung auf Geldreichtum gerechtfertigt ist, wenn es um eine moralische Kritik geht.[5]

3 Vgl. dazu schon Max Weber, *Wirtschaft und Gesellschaft. Grundriss der verstehenden Soziologie*, Tübingen 1976, S. 89 f., und Geoffrey Ingham, *Capitalism*, Cambridge 2008, S. 52-58.

4 Daniel Hausman, Michael McPherson, *Economic Analysis, Moral Philosophy, and Public Policy*, Cambridge 2006, S. 183-195.

5 Gerald Cohen hat stets betont, dass Geldmangel auch Unfreiheit bedeutet. Vgl. Gerald. A. Cohen, »Freedom and Money«, in: ders., *On the Currency of Egalitarian Justice – and Other Essays in Political Philosophy*, Princeton, NJ 2011, S. 166-192.

Denn zwar stimmt es, dass Geld nur ein Mittel für andere Zwecke ist und üblicherweise nur einen instrumentellen Wert besitzt.[6] Es spielt aber für zahlreiche dieser anderen Zwecke und Ziele eine ganz zentrale Rolle. Das gilt mit Sicherheit für Gesellschaften mit Marktwirtschaften, aber wahrscheinlich schon, seit es Geld überhaupt gibt.[7] Der ziemlich einfache Grund dafür lautet, dass Menschen bereit sind, alle möglichen Tauschgeschäfte in Geldwerten zu vollziehen. Sie sind bereit, alle möglichen für sie wertvollen Dinge gegen Geld zu tauschen, einfach weil sie wissen, dass andere Menschen auch dazu bereit sind.[8] Geld ermöglicht es daher erst oder erleichtert es zumindest in vielen Fällen, über solche komplizierten Tauschgeschäfte wichtige Ziele zu erreichen. Das ist nicht immer, aber mit großer Häufigkeit der Fall. Kurzum: Geld ist nur ein Mittel, aber ein ziemlich gutes. Das möchte ich in Auseinandersetzung mit der ökonomischen und der philosophischen Kritik an der Konzentration auf Geld herausarbeiten.

In der klassischen und der heute dominanten ökonomischen Theorie wird davon ausgegangen, dass Geld eigentlich nur ein Zirkulationsmittel ist und keine eigene ökonomische Funktion besitzt.[9] Es ist insbesondere kein Produktionsmittel und auch nicht die eigentliche Grundlage von Konsummöglichkeiten. Vielmehr geht die Produktion, klassisch gesprochen, auf Kapital, Land und Arbeitskraft zurück, wobei Kapital einfach alle anderen Produktionsmittel außer Land und Arbeit bezeichnet. Letztere sind ge-

6 Natürlich gibt es seit Marx auch eine Diskussion zur Bedeutung des Geldfetischs (vgl. Hartmut Böhme, *Fetischismus und Kultur. Eine andere Theorie der Moderne*, Reinbek 2006). Ich möchte von dieser Diskussion jedoch abstrahieren. Denn die Annahme, dass Akteure aus Geld einen Fetisch machen und insofern irrational sind, erscheint mir nur dann plausibel, wenn sich keine rationalen Gründe für ihr Reichtumsstreben angeben lassen.

7 Dafür argumentiert eindringlich David Graeber in seiner Darstellung der 5000-jährigen Geschichte der Schulden (David Graeber, *Schulden. Die ersten 5000 Jahre*, Stuttgart 2012).

8 So rekonstruiert John Searle die soziale Funktion von Geld: In bestimmten Kontexten funktionieren Geldnoten oder einfach auch nur Bankdaten als Zahlungsmittel, weil sie von allen als solche akzeptiert werden. John Searle, *The Construction of Social Reality*, London 1995, S. 32-35, 41-54; vgl. zu einer Diskussion dieser Position: Barry Smith, John Searle, »An Illuminating Exchange. The Construction of Social Reality«, in: *American Journal of Economics and Sociology* 62/2 (2003), S. 285-309.

9 Vgl. Geoffrey Ingham, *The Nature of Money*, Cambridge 2004, S. 22-33.

nau genommen also nur besondere Kapitalformen. Je nachdem, welchen Beitrag man durch Kapital, Land und Arbeit zur Produktion geleistet hat, bekommt man den Gegenwert zu dem an Märkten ermittelten Wert der produzierten Güter. Das kann man durch Tausch dann selbst wieder in zu konsumierende Güter übersetzen oder in neue Produktionen investieren. Geld ermöglicht es als Zirkulationsmittel im Grunde nur, diese Tauschbeziehung reibungsloser und effizienter zu gestalten.[10] Diese Standardtheorie von Geld als rein ökonomisch funktionalem Zirkulationsmittel ist nicht unwidersprochen geblieben. Tatsächlich spricht einiges dafür, dass Geld eine wichtigere Bedeutung besitzt und durch vielfältigere Funktionen ökonomische und soziale Felder mitstrukturiert.[11]

Diese Kritik am klassischen Bild der Ökonomie ist wahrscheinlich richtig, hier aber nicht so wichtig. Später werde ich selbst noch zwei weitere Funktionen von Geld betonen, nämlich die Funktion als Wertaufbewahrungs- und als Bewertungsinstrument. Doch mit solch einer Erweiterung kann die ökonomische Theorie umgehen.[12] Ihr entscheidender Punkt mit Blick auf Gerechtigkeitsfragen besteht einfach darin, dass Kapital und vielleicht noch Land und Arbeit, aber jedenfalls nicht Geld zu untersuchen sind, wenn Reichtum moralisch problematisiert werden soll. Bereits die ungleiche und vielleicht ungerechte Verteilung von Kapital führt zu moralischen Problemen und nicht einfach nur die spätere Ungleichheit beim Zirkulationsmittel Geld. Denn das eine ist ja nur die Folge des anderen. Zwar stimmt das nur zum Teil, weil Reichtumsunterschiede auch daraus entstehen, dass es sehr große Differenzen bei der ökonomischen Bewertung von Arbeitskraft gibt. Aber immerhin ließe sich aus ökonomischer Sicht behaupten, dass dabei eben unterschiedlich wertvolles humanes Kapital zum Einsatz kommt.[13]

10 Vgl. ders., *The Nature of Money*, S. 17-24.

11 Vgl. Pierre Bourdieu, »Principles of an Economic Anthropology«, in: Neil J. Smelser, Richard Swedberg (Hg.), *The Handbook of Economic Sociology*, New Jersey 2005, S. 75-89, und dazu Alexander Lenger, »Ökonomie der Praxis, ökonomische Anthropologie und ökonomisches Feld. Bedeutung und Potenziale des Habituskonzepts in den Wirtschaftswissenschaften«, in: ders. u. a. (Hg.), *Pierre Bourdieus Konzeption des Habitus. Grundlagen, Zugänge, Forschungsperspektiven*, Berlin 2013, S. 221-246.

12 Vgl. Ingham, *The Nature of Money*, S. 3-6; Nigel Dodd, *The Social Life of Money*, New Jersey 2014, S. 46-48.

13 Vgl. Nordhaus/Samuelson, *Volkswirtschaftslehre*, S. 388 f.

Es ist jedoch nicht nötig, diese Problematik hier weiterzuverfolgen. Denn aus einem einfachen Grund ist es weiterhin sinnvoll, die Problematisierung von Reichtum über Geld aufzuziehen und den Begriff des Reichtums entsprechend auf Geld und nicht auf Kapital zu beziehen. Dieser Grund lautet: Was immer Geld sonst noch sein mag, die ungleiche Verteilung von Geld ist mit Sicherheit ein Ausdruck der ungleichen Verteilung von Kapital, Land und der ungleichen Bewertung von Arbeitskraft. Das ist vielleicht auch der Grund, warum in der Alltagssprache häufig Kapital mit Geld gleichgesetzt wird.

Es gibt noch einen anderen Grund, warum die Konzentration auf Geld und nicht auf Kapital für eine moralische Analyse gerechtfertigt ist. Der Fokus auf Geld lenkt den Blick auf für solch eine Analyse wichtige soziale Phänomene. Er macht unmittelbar deutlich, welche Handlungsmöglichkeiten über Zahlungsfähigkeit eröffnet werden oder bei fehlender Zahlungsfähigkeit verschlossen bleiben. Für eine moralische Analyse ist also nicht nur wichtig, ob Reichtumsunterschiede auf ungerechte Weise entstanden sind, sondern auch, ob damit Handlungsmöglichkeiten und -beschränkungen einhergehen, die moralisch signifikant sein könnten. Das gilt insbesondere dann, wenn keine idealtheoretische Perspektive eingenommen wird, sondern es um konkrete Verbesserungen von ungerechten Zuständen geht. Reichtum kann beispielsweise zu bestimmten Formen der Macht und signifikanten Statusunterschieden führen, wie sich später in diesem und im folgenden Kapitel noch zeigen wird. Da Geld in jedem Fall als ökonomisches Zirkulationsmittel fungiert, lassen sich darüber Unterschiede in den Handlungsmöglichkeiten, die mit Reichtum verbunden sind, gut nachvollziehen. Dieser Hinweis leitet über zu der philosophischen Kritik an Geld als zentralem Gegenstand von Gerechtigkeitsüberlegungen. Diese Kritik kann akzeptieren, dass Reichtum mit Geld verbunden ist. Sie besagt dann aber, dass die Konzentration auf Reichtum einige zentrale Gerechtigkeitsprobleme nicht in den Blick bekommt. Geld ist einfach kein guter Maßstab für die allgemeine Betrachtung von Gerechtigkeitsfragen. So argumentieren zumindest auf unterschiedliche Weise John Rawls, Elisabeth Anderson und Amartya Sen.

John Rawls wendet bereits gegen die ökonomische Gütertheorie und damit auch gegen eine Konzentration auf Geld in Gerechtigkeitsfragen ein, dass dies zu einer Verwechslung von Mitteln mit Zielen führt. Wenn nur ökonomische Güter betrachtet werden, gerät ihr bloß instrumenteller Charakter aus dem Blick.[14] Tatsächlich geht es den meisten Menschen vor allem aber um andere Güter, die nicht nur als Waren und Dienstleistungen erscheinen, sondern eine darüber hinausgehende und höherwertige Qualität besitzen. Rawls spricht deswegen in seiner qualifizierten Gütertheorie von Grundgütern, die allen Menschen wichtig sind und sich nicht allesamt auf ökonomische Güter und Geld reduzieren lassen. Diese Güter insgesamt und nicht nur das Geld sind es, die für uns wirklich Bedeutung haben. Er zählt die folgenden Grundgüter auf: Rechte, Freiheiten, Macht, Chancen, Einkommen, Vermögen und Selbstachtung.[15] In seiner Gerechtigkeitstheorie geht es Rawls um eine gerechte Verteilung all dieser Grundgüter, wobei er erst Grundfreiheiten und dann gleichen Chancen einen unbedingten Vorrang einräumt. Einkommen und Vermögen hingegen sind zwar auch Grundgüter, aber nicht die einzigen und auch nicht die wichtigsten. Ihnen kommt in Gerechtigkeitsfragen daher keine Priorität zu.

Gerechtigkeit lässt sich also nicht allein durch die Verteilung von Einkommen und Vermögen erreichen. In einer homophoben, sexistischen oder rassistischen Gesellschaft werden bestimmten Menschen grundlegende Freiheiten und vielleicht sogar basale Rechte verwehrt, selbst wenn diese Menschen sehr reich sind. Rechte, Freiheiten, Macht, Chancen und Selbstachtung lassen sich nicht durch Geldreichtum und folglich auch nicht durch eine gerechte Verteilung von Geld sicherstellen. Besonders nachvollziehbar wird das Argument von Rawls beim Grundgut der Selbstachtung, das ganz offensichtlich nicht allein auf Geld beruht. Vielmehr scheint die soziale Grundlage der Selbstachtung erst dann gesichert zu sein, wenn alle sechs übrigen Güter gerecht verteilt sind. Denn wer bei

14 Für John Rawls bestimmen sich Güter über vernünftige Vorstellungen vom guten Leben. Er ist dabei optimistisch, dass vernünftige Personen ähnliche Güter wertschätzen (vgl. John Rawls, *Eine Theorie der Gerechtigkeit*, Berlin 1979, S. 111-115). Grundgüter sind also von zentraler Bedeutung für das gute Leben. Bei Grundgütern handelt es sich »um diverse soziale Bedingungen und Allzweckmittel, die generell nötig sind, um den Bürgern die Möglichkeit zu geben, ihre beiden moralischen Vermögen angemessen zu entfalten und voll zum Einsatz zu bringen sowie ihre jeweiligen Vorstellungen vom Guten durchzusetzen« (ders., *Gerechtigkeit als Fairness*, S. 99).

15 Rawls, *Gerechtigkeit als Fairness*, S. 100 f.

der Verteilung von Rechten, Freiheiten, Macht, Chancen, Einkommen und Vermögen nicht fair behandelt wird, hat Grund, sich in seiner Selbstachtung als gleichrangiger Mitmensch verletzt zu sehen. Man kann dann zu Recht über sich sagen, von anderen Menschen nicht angemessen geachtet zu werden, da man von ihnen in grundsätzlicher Hinsicht nicht fair behandelt wird. Die qualifizierte Gütertheorie von Rawls zeigt also, so lässt sich schließen, dass eine Konzentration auf Geldreichtum als moralisches Problem zentrale Fragen der Gerechtigkeit verfehlt.

Elisabeth Anderson liefert eine werttheoretische Variante des gütertheoretischen Arguments von Rawls.[16] Verschiedene menschliche Praktiken sind mit verschiedenen Werten verbunden, und diese Werte wiederum sind nicht ineinander übersetzbar. Freundschaften und Partnerschaften etwa beruhen auf wertvollen Formen der Liebe und Zugehörigkeit, die sich nicht in Geld ausdrücken lassen. Selbst wenn jemand eine Partnerschaft beendet, um eine neue einzugehen, wird diese Person kaum bereit sein, den höheren Wert der neuen Partnerschaft in Geldbeträgen zum Ausdruck zu bringen. Der Grund dafür liegt darin, so argumentiert Anderson, dass Freundschaften und Partnerschaften für uns einen intrinsischen Wert haben. Geld kann jedoch nur extrinsische Werte messen, also nur Gebrauchswerte zu einem anderen und selbst nicht mehr messbaren Zweck.[17] Da sich nicht alle Werte auf einen Geldwert reduzieren lassen, so folgt aus diesem Argument, ist die Konzentration einer moralischen Kritik auf Geldreichtum wieder verkürzt. Sie vernachlässigt, dass Menschen an jenen anderen Werten ebenfalls zu reich und zu arm sein können. Das gilt zudem ganz unabhängig davon, wie viel Geld sie besitzen.

Allerdings gesteht Anderson selbst zu, dass sich Werte auch dann vergleichen lassen, wenn sie ganz unterschiedlicher Art und daher eigentlich inkommensurabel sind, wie sie das ausdrückt.[18] Jemand

16 Elisabeth Anderson, *Value in Ethics and Economics*, Cambridge MA 1993; 2000.

17 Allerdings gibt es auch Belege dafür, dass Geld mehr ist als ein bloßes Instrument, weil es auf abstrakte Weise Erfolg misst und daher emotional positiv besetzt ist, ohne dadurch bereits zu einem Fetisch werden zu müssen. Vgl. Stephen E. G. Lea, Paul Webley, »Money As Tool, Money As Drug. The Biological Psychology of a Strong Incentive«, in: *Behavioral and Brain Sciences* 29/2 (2006), S. 161-209.

18 Anderson, *Value in Ethics and Economics*, S. 55-64. Allerdings schränkt sie ein: »Die Vollständigkeit der Entscheidungen einer Person impliziert nicht die Voll-

kann sich beispielsweise dafür entscheiden, eine Partnerschaft zu beenden, um in eine andere Weltgegend zu ziehen und dort viel mehr Geld als vorher zu verdienen. Nehmen wir weiterhin an, dass diese Person im Geld keinen intrinsischen Wert sieht, es also nicht fetischisiert.[19] Dann gibt diese Person etwas intrinsisch Wertvolles, nämlich die Partnerschaft, auf, nur um mehr Geld zu haben, das ja eigentlich nur extrinsisch wertvoll ist. Wie aber kann das sein? Eine Antwort auf diese Frage gibt die subjektive Werttheorie der Ökonomie. Sie besagt, dass sich die Bewertung von Alternativen unmittelbar in der Entscheidung einer Person zeigt. Indem die Person sich dafür entscheidet auszuwandern, zeigt sie, dass ihr Geld wichtiger ist als die Beziehung. Ihre Entscheidung, so könnte man auch sagen, bringt den subjektiven Wert von Geld und Partnerschaft nicht einfach nur zum Ausdruck, sie legt diese Werte sogar fest. Dieses Argument zeigt jedoch nur, dass solch eine subjektive Entscheidung für das Geld und gegen die Beziehung möglich ist. Es zeigt hingegen nicht, dass solch eine Entscheidung auch vernünftig ist. Genau das ist es jedoch, was Anderson bezweifelt.[20]

Amartya Sen nimmt eine ganz ähnliche Perspektive wie Rawls und Anderson ein. Allerdings spricht er nicht von Gütern oder Werten, sondern von Fähigkeiten. Es kommt aus moralischer Perspektive darauf an, so argumentiert er, dass Menschen die Freiheit haben, ein gewisses Maß an Lebensqualität zu realisieren und einen hinreichend anständigen Lebensstandard zu erreichen. Dafür müssen sie jedoch über bestimmte Fähigkeiten verfügen, die ihnen entsprechende Möglichkeiten eröffnen.[21] Um wohlgenährt zu sein,

ständigkeit ihrer Wertungen«. Dies., *Value in Ethics and Economics*, S. 59 (eigene Übersetzung).

19 Mit Fetischisierung ist üblicherweise gemeint, dass man einem Objekt einen Wert und insbesondere eine Lust bringende Eigenschaft beimisst, die es eigentlich nicht besitzt (vgl. Böhme, *Fetischismus und Kultur*, Kap. 3). Die Fetischismuskritik scheint also auf einer objektiven Werttheorie zu beruhen.

20 Anderson, *Value in Ethics and Economics*, S. 22. Das gilt natürlich nur, wenn sich hinter dem Wunsch nach mehr Geld nicht andere intrinsische Werte verstecken, beispielsweise danach, ein kostspieliges Hobby realisieren zu können. Der Einwand von Elisabeth Anderson lässt sich vielleicht auch so zuspitzen: Der ökonomistische Fehler besteht darin, über den instrumentellen Wert des Geldes den Zugang zu nur denkbaren intrinsischen Werten aufrechterhalten zu wollen, während bereits realisierte intrinsische Werte dafür aufgegeben werden.

21 Amartya Sen hat seinen Ansatz zuerst in seiner Tanner-Lecture »Equality of

bedarf es beispielsweise der Fähigkeit, sich hinreichend Nahrungsmittel zu verschaffen. Um eine Arbeit zu bekommen, bedarf es bestimmter Fähigkeiten, die auf dem Arbeitsmarkt auch nachgefragt werden.[22] Doch warum sind es die Fähigkeiten, die für Sen im Zentrum der Gerechtigkeitstheorie stehen, und nicht der realisierte Lebensstandard? Seine Antwort lautet, dass es den Individuen überlassen bleiben muss, wie sie ihr Leben führen wollen. Denn nur so lässt sich die liberale Idee einer Pluralität von Vorstellungen des guten Lebens aufrechterhalten. Wenn jemand mit sehr wenigen Lebensmitteln auskommen möchte, dann ist das seine Sache, so argumentiert Sen. Er hat jedoch Anspruch auf die Fähigkeit, sich hinreichend Lebensmittel zu verschaffen. Es macht daher ganz offensichtlich einen ziemlich großen Unterschied, ob jemand freiwillig fastet oder hungern muss.

Doch warum geht es Sen dann um eine gerechte Verteilung von Fähigkeiten und nicht einfach um Geld? Man könnte ja auch sagen, es sollte den Menschen überlassen bleiben, was sie mit ihrem Geld machen. Sen betont in seinen Arbeiten jedoch immer wieder, dass der Blick auf Geld bloß verstellt, um was es wirklich geht. Der Grund dafür ist, dass verschiedene Menschen dieselbe Geld-

What?« vorgestellt und dann systematisch in *Commodities and Capabilities* sowie »The Standard of Living« ausgebaut. Vgl. Amartya Sen, »Equality of What?«, in: Sterling McMurrin (Hg.), *Tanner Lectures on Human Values*, Cambridge 1980, S. 195-220; ders., *Commodities and Capabilities*, Amsterdam 1985, und »The Standard of Living«, in: Geoffrey Hawthorn (Hg.), *The Standard of Living. Tanner Lectures in Human Values*, Cambridge 1987, S. 1-38. Die beste Einführung in seine Position ist sicher *Ökonomie für den Menschen* (vgl. Amartya Sen, *Ökonomie für den Menschen. Wege zu Gerechtigkeit und Solidarität in der Marktwirtschaft*, München 2002). Martha Nussbaum hat ihren Ansatz vor allem in *Women and Human Development* und *Die Grenzen der Gerechtigkeit* vorgestellt (vgl. Martha Nussbaum, *Women and Development. The Capabilities Approach*, Chicago 2000; dies., *Die Grenzen der Gerechtigkeit. Behinderung, Nationalität und Spezieszugehörigkeit*, Berlin 2010). *Creating Capabilities* stellt eine Einführung in den Ansatz insgesamt dar (dies., *Creating Capabilities. The Human Development Approach*, Cambridge MA, London 2011).

22 Die ILO geht von weltweit etwa 200 Millionen arbeitslosen Menschen aus, mit steigender Tendenz in absoluten Zahlen und einer Stagnation relativ zur Weltbevölkerung. Vgl. International Labour Office (ILO), »World of Work Report 2014. Developing with Jobs«, in: ⟨http://ilo.org/global/research/global-reports/world-of-work/2014/lang--en/index.htm⟩, letzter Zugriff 8. 6. 2017. Entsprechend groß ist der Wettbewerb unter den Arbeitssuchenden.

menge nur auf sehr unterschiedlich gute Weise in die von ihnen gewünschte Lebensqualität umwandeln können.[23] Wie gut ihnen das gelingt, hängt von sogenannten Umwandlungsfaktoren ab. Sen unterscheidet dazu persönliche, soziale und umweltbezogene Faktoren, die allesamt beeinflussen, wie gut jemand Geld nutzen kann, um eine bestimmte Lebensqualität zu erreichen.[24] Wenn jemand eine Stoffwechselkrankheit hat und Nährstoffe nur sehr schlecht aufnimmt oder einfach nur sehr kräftig ist, dann braucht er mehr Lebensmittel als andere, um sich gut ernähren zu können. Wenn jemand in einer ländlichen Region lebt, ist Mobilität aufwendiger als in der Stadt, weil er auf ein Auto angewiesen ist. Wenn jemand in einer sehr kalten Gegend wohnt, braucht er mehr Heizmaterial. Die gleiche Verteilung von Geld allein sorgt also nicht dafür, dass jemand auch wirklich im gleichen Maße über die Fähigkeiten verfügt, die nötig sind, um einen bestimmten Lebensstandard zu erreichen und die von ihm gewünschte Lebensqualität zu realisieren.

Ich glaube, dass Rawls, Anderson und Sen alle Recht haben und ihre Argumentation trotzdem unproblematisch ist für die hier anvisierte Perspektive einer moralischen Reichtumskritik, die sich auf Geld konzentriert. Der Grund dafür lautet, dass ich einen negativen und nichtidealen Ansatz verfolge. Dabei kommt es darauf an, zentrale Hindernisse für die Beseitigung oder Abschwächung von schwerwiegenden Ungerechtigkeiten auszumachen. Wenn man eine vollkommen oder auch nur ziemlich gerechte Gesellschaft beschreiben möchte, dann sollte man in der Tat auf verschiedene Grundgüter, auf inkommensurable Werte und auf Grundfähigkeiten schauen, wobei dann noch zu klären wäre, welcher von den dreien wirklich der zentrale Grundbegriff ist. Wenn es jedoch um die Beseitigung von grundlegenden Ungerechtigkeiten geht, dann ist es durchaus angemessen, auf das Geld zu schauen, weil es doch sein kann, dass Geldreichtum eine zentrale Quelle solcher Ungerechtigkeiten darstellt. Genau diese Frage steht hier zur Diskussion. Im Grunde geht es also darum, mithilfe philosophischer Mittel zu überprüfen, ob die Position zutrifft, dass Geldreichtum zu einem moralischen Problem wird, weil er entweder Ungerechtigkeiten schafft oder deren Beseitigung verhindert.[25]

23 Vgl. Sen, *Die Idee der Gerechtigkeit.*

24 Vgl. ders., *Inequality Re-Examined*, S. 19-38.

25 Dies entspricht der Idee eines weiten Überlegungsgleichgewichts von John Rawls

Für diese Intuition spricht meiner Einschätzung nach durchaus, dass Geld zwar selbst keinen intrinsischen Wert besitzt (wenn man von Fetischisierungen einmal absieht). Aber Geld ermöglicht den Zugang zu zentralen Werten, Gütern und Fähigkeiten entweder überhaupt erst oder erleichtert ihn in vielen Fällen zumindest. Der Mangel an Geld verhindert oder erschwert entsprechend den Zugang dazu. Hier zeigt sich ein zentraler Vorteil des negativen und nichtidealen Ansatzes in der Gerechtigkeitstheorie in Form einer Grenztheorie. Diese Perspektive erlaubt es, ideale gerechte Zustände nicht nur zu beschreiben, sondern auch die Wege, die dorthin oder davon wegführen, genauer zu untersuchen. Damit ist sie viel näher an den alltäglichen Positionen vieler Menschen, die Reichtum automatisch mit Geld assoziieren. Genau darum geht es auch hier, wenn Reichtum als moralisches Problem in den Blick genommen werden soll. Über den negativen Ansatz rechtfertigt sich die Konzentration auf Geld als zentrale Ermöglichungs- und Erleichterungsbedingung für den Zugang zu intrinsisch wertvollen Gütern und Fähigkeiten. Das halte ich für eine große Stärke gegenüber Ansätzen, die nur auf notwendige und hinreichende Bedingungen schauen, gerade so, als wäre die soziale Welt nichts weiter als ein zu definierender Begriff. Ermöglichungs- und Erleichterungsbedingungen sind in der sozialen Wirklichkeit von großer Bedeutung, weil sie den ganzen Unterschied zwischen einem guten und einen schlechten Leben ausmachen können. Der Geldreichtum mancher Menschen kann für die übrigen ein großes Hindernis für den Zugang zu Grundgütern, Grundwerten und Grundfähigkeiten darstellen. Die Möglichkeit und intuitive Wahrscheinlichkeit dieses Zusammenhangs ist Grund genug, so scheint mir, den hier verwendeten Begriff von Reichtum auf Geld zu beschränken.

(vgl. Rawls, *Eine Theorie der Gerechtigkeit*, S. 68-71, und ders., *Gerechtigkeit als Fairness*, S. 59-63). Demnach müssen Alltagsmeinungen und theoretisch gewonnene Überzeugungen in ein Gleichgewicht gebracht werden, wobei beide Seiten anpassungsfähig sind. Es geht bei philosophischen Reflexionen dieser Art also um so etwas wie einen Beitrag zu einer öffentlichen Rechtfertigung. Iris Young sieht eine zentrale Aufgabe der politischen Theorie explizit darin, die politischen Überzeugungen von Menschen kritisch zu überprüfen und eventuell theoretisch zu stützen (s. Young, *Justice and the Politics of Difference*, S. 106 f.; dies., *Inclusion and Democracy*, S. 167-180).

Die Konzentration auf Geldreichtum bestimmt die Variable G in meiner allgemeinen Explikation von Reichtum: X ist reich, wenn er oder sie auf Grundlage des Maßstabes M viel Geld (G) hat. Diese Konzentration auf Geld trägt auch etwas zur Bestimmung der Variable X bei. Sobald es um Geldreichtum geht, können nur Akteure reich sein, so möchte ich behaupten. Dann gilt: Akteure (X) sind reich, wenn sie auf Grundlage des Maßstabes M viel Geld (G) haben. Doch trifft das überhaupt zu? Sagen wir nicht auch von bloßen Gruppen wie Familien und Gesellschaften, die nicht unbedingt eigenen Akteursstatus besitzen, sie seien reich? Selbst Regionen wie Europa oder Süddeutschland können dem alltäglichen Sprachgebrauch nach als reich bezeichnet werden. Das scheint auch dann zu gelten, wenn es um Geldreichtum geht. Am Anfang des ersten Kapitels habe ich selbst geschrieben, dass die Menschheit reich sei. Tatsächlich glaube ich, dass es sich dabei nur um verkürzte Redeweisen handelt. Es sind nicht die Gruppen, vielmehr sind es die Mitglieder der Gruppen, die reich sind. Auch Regionen können nicht unmittelbar reich sein, vielmehr sind die meisten oder zumindest besonders viele Akteure in diesen Regionen reich.

Der Unterschied lässt sich gut am Beispiel sehr reicher Familien verdeutlichen. In Deutschland gehören beispielsweise die Familien Reimann, Otto, Oetker und Jacobs dazu.[26] Weltweit ist besonders die Familie Rothschild für ihren Reichtum berühmt, aber auch die Familien Rockefeller, Onassis, Russel, DuPont und Kennedy sind es.[27] In historischer Perspektive waren es vor allem Familienclans, die Europa beherrscht haben, reiche Patrizierfamilien im antiken Rom beispielsweise oder reiche Adelsfamilien im Mittelalter. Hier stellt sich die Frage, ob diese Familien wirklich als Familien oder ob vielmehr alle oder einzelne Mitglieder dieser Familien reich sind

26 Die Familie Reimann wird in den Zeitungen auf mehr als acht Milliarden Euro geschätzt, bei Otto sind es über siebzehn Milliarden Euro, bei Oetker etwas unter sieben Milliarden Euro und bei Jacobs nur etwas mehr als vier Milliarden Euro. Genau weiß es aber niemand.

27 Eine einsichtsvolle Darstellung des von Familienstrukturen abhängigen Reichtums bei Wirtschaftsoligarchen findet sich bei David Landes (vgl. David Landes, *Die Macht der Familie. Wirtschaftsdynastien in der Weltgeschichte*, München 2008).

und sich ihrer Familie aus irgendwelchen Gründen so verbunden sehen, dass ihr Reichtum in der Familie geteilt wird. Rechtlich sind es jedenfalls immer konkrete Akteure, meistens männliche Familienoberhäupter, denen das Geld gehört, und nicht die Familien oder Clans selbst. Das hat einen guten Grund, denn es bedarf rechtsfähiger Akteure, denen das Geld im Zweifelsfall und insbesondere bei Forderungen durch Dritte zugesprochen werden kann.[28]

Was im Recht gilt, das trifft in dieser Sache auch allgemein zu, so meine ich. Der Grund ist tatsächlich, dass nur Akteure fähig sind, mit Geld umzugehen. Warum das so ist, zeigt sich, wenn man sich anschaut, welche sozialen Funktionen Geld üblicherweise erfüllt. Beispielsweise hat bereits Karl Marx drei Funktionen von Geld hervorgehoben: Geld ist ihm zufolge ein Wertaufbewahrungsinstrument, ein Zirkulationsinstrument und ein Bewertungsinstrument.[29] Ich will nicht behaupten, dass dies schon alle Funktionen von Geld seien, auch wenn sie offensichtlich ziemlich zentral sind. Marx selbst hat auch andere Funktionen benannt, beispielweise fungiert Geld als Kredit oder als Fetisch, wobei er letztere Funktion für ziemlich pathologisch hielt und erstere als zentral für die spezifischen Bedingungen des Kapitalismus darstellte. Andere Autoren betonen, dass Geld auch noch in ganz anderen Hinsich-

28 In BGB § 903 heißt es: »Der Eigentümer einer Sache kann, soweit nicht das Gesetz oder Rechte Dritter entgegenstehen, mit der Sache nach Belieben verfahren und andere von jeder Einwirkung ausschließen [...]« (Bürgerliches Gesetzbuch (BGB), »§ 903 Befugnisse des Eigentümers«, *BGB III Sachenrecht*, in: ⟨http://www.buergerliches-gesetzbuch.info/bgb/903.html⟩, letzter Zugriff 28. 6. 2017). Das setzt offensichtlich einen Akteursstatus voraus (vgl. auch Waldron, *The Right to Private Property*). Familien können sich natürlich auch eine gewisse Struktur geben, beispielsweise in Form einer Satzung. Wenn sich diese Struktur hinreichend verdichtet, dann kann es durchaus sein, dass sie zu eigenständigen Akteuren werden.

29 Marx schreibt: »Die Ware, welche als Wertmaß und daher auch, leiblich oder durch Stellvertreter, als Zirkulationsmittel funktioniert, ist Geld. Gold (resp. Silber) ist daher Geld. Als Geld funktioniert es, einerseits wo es in seiner goldnen (resp. silbernen) Leiblichkeit erscheinen muß, daher als Geldware, also weder bloß ideell, wie im Wertmaß, noch repräsentationsfähig, wie im Zirkulationsmittel; andrerseits wo seine Funktion, ob es selbe nun in eigner Person oder durch Stellvertreter vollziehe, es als alleinige Wertgestalt oder allein adäquates Dasein des Tauschwerts allen andren Waren als bloßen Gebrauchswerten gegenüber fixiert.« Karl Marx, »Das Kapital 1. Band 1. Kritik der politischen Ökonomie«, in: *Marx -Engels-Werke (MEW)*, Berlin 1962, S. 143 f.

ten ein Kommunikationsmittel sei, zum Beispiel um einen sozialen Status zum Ausdruck zu bringen.[30] Darauf komme ich später zurück. Hier genügt die Diskussion der ersten drei genannten und allgemein akzeptierten Funktionen als Wertaufbewahrungsinstrument, Zirkulationsinstrument und Bewertungsinstrument, um zu zeigen, dass nur Akteure mit Geld umgehen können.

Bei der Wertaufbewahrungsfunktion scheint das noch nicht so offensichtlich. Zwar stimmt es, dass der Wert von Geld eine soziale Konstruktion ist und daher von der Fähigkeit wertender Akteure abhängt. Aber es gibt auch andere soziale Zuschreibungen, bei denen der Wert trotzdem als intrinsische Eigenschaft des Gegenstandes aufgefasst wird. Das gilt beispielsweise für die Schönheit einer Landschaft.[31] Auch diese Werteigenschaft der Schönheit ist zugeschrieben, und dennoch ist es die Landschaft selbst, die schön ist. Genauso wie man von einer Landschaft sagen kann, sie sei schön, könnte man also vielleicht auch von einer Region sagen, sie sei reich. Doch der Vergleich hinkt. Denn während eine Landschaft bestimmte, für sie konstitutive Eigenschaften besitzt, die sie schön erscheinen lassen, sind es nicht Eigenschaften der Region, die sie reich an Geld macht.[32] Die bloße Tatsache, dass sich das Geld in dieser Region befindet, reicht für solch eine Zuschreibung deswegen nicht aus, weil Geld nur auf akteursgebundene Weise seine Wertaufbewahrungsfunktion wahrnehmen kann.

Den Unterschied verdeutlicht ein einfaches Beispiel.[33] Stellen wir uns eine Abenteurerin vor, die in eine unbekannte Region gelangt und feststellt, dass diese sehr schön ist. Sie wird meinen, dass diese Landschaft auch einen Tag vor ihrer Ankunft bereits schön war. Stellen wir uns weiterhin vor, die Abenteurerin stellt fest, dass diese Region einmal besiedelt war und nunmehr verlassen ist. In jedem Haus findet sie Unmengen von Gegenständen, die sie als

30 Vgl. zu den zahlreichen Funktionen von Geld: Dodd, *The Social Life of Money*.

31 Mit Blick auf die Natur hat Bernard Williams diesen Zuschreibungscharakter von wertvollen Eigenschaften besonders hervorgehoben. Vgl. Bernard Williams, »Muss Sorge um die Umwelt vom Menschen ausgehen?«, in: Angelika Krebs (Hg.), *Naturethik*, Berlin 1997, S. 296-306.

32 Reich an Rohstoffen beispielsweise kann eine Region hingegen durchaus sein.

33 Das Beispiel ist inspiriert von Margaret Gilberts sozialontologischen Überlegungen, die einen stärkeren Bezug zu politischen Gemeinschaften haben, als es in der gegenwärtigen Debatte zur Kollektivität üblich ist (vgl. Margaret Gilbert, *Joint Commitment. How We Make the Social World*, Oxford 2014).

Zahlungsmittel identifiziert, und kommt zusammen mit anderen Belegen zu dem Schluss, dass diese Region in der Vergangenheit reich war. Nun ist sie aber nicht mehr reich und war es auch an dem Tag vor ihrer Ankunft nicht. Seitdem die Menschen verschwunden sind, hat das Geld seine Wertaufbewahrungsfunktion verloren. Warum ist das so? Der einfache Grund lautet, dass Geld nur dann seine Wertaufbewahrungsfunktion wahrnehmen kann, wenn es gleichzeitig als Zirkulationsinstrument dient. Zu dem Zeitpunkt, zu dem die Menschen aus dieser Region verschwunden sind und ihr Geld zurückgelassen haben, hat das Geld seine Zirkulationsfunktion und damit auch seine Wertaufbewahrungsfunktion verloren.

Noch deutlicher sollte die Akteursabhängigkeit von Geld also bei seiner Funktion als Zirkulationsinstrument werden. Offensichtlich muss es jemanden geben, der das Geld zirkulieren lässt, und das sind offensichtlich Akteure. Allerdings gibt es auch natürliche Zirkulationsprozesse, beispielsweise im Wasserkreislauf. Außerdem gibt es akteursunabhängige technische Zirkulationsprozesse, beispielsweise wenn Computer ihre Daten austauschen. Könnte es bei Geld nicht genauso sein? Wir können uns in einem futuristischen Szenario durchaus vorstellen, dass unsere Abenteurerin in eine verlassene, aber hochtechnisierte Region kommt, in der die Computer aufgrund eines autarken Energiesystems noch immer funktionieren. Irgendwann stellt die Abenteurerin fest, dass diese Computer unablässig damit beschäftigt sind, Finanztransaktionen durchzuführen. Die Zahlen, mit denen sie dabei hantieren, sind schon unglaublich groß und werden immer größer. Dennoch wird das die Abenteurerin nicht davon überzeugen, dass diese Region weiterhin reich sei. Vielmehr wird sie das Treiben der Computer für ziemlich sinnlos halten.[34]

Doch warum ist das so? Was fehlt bei der Geldzirkulation der Computer? Wieder gilt, dass diese Zirkulation ihre eigentliche Aufgabe nicht wahrnehmen kann, weil es keine Akteure gibt.

34 Zwar kann es sein, dass Computer irgendwann den Turing-Test bestehen, aber diese Computer jedenfalls tun es nicht. Von vernünftigen Computern würde man auch erwarten, dass sie die Zahlenspiele sein lassen und sich wichtigeren Dingen zuwenden Vgl. zu einer immer noch zentralen Diskussion des Turing-Tests: Daniel Dennett, »Can Machines Think?«, in: ders. (Hg.), *Brainchildren*, Cambridge MA 1998, S. 3-30).

Der entscheidende Punkt besteht darin, dass es sich bei dem, was die Computer machen, gar nicht mehr um die Zirkulation von Geld, sondern nur noch um den Austausch von abstrakten Zahlen handelt. Es sind ganz wertlose Zahlen, mit denen die Computer hantieren, und so wird es die Abenteurerin auch sehen. Die Wertlosigkeit dieser Zahlen geht darauf zurück, dass es niemanden mehr gibt, der diesen Zahlen einen Wert beimisst. Am Ende ist es also die Bewertungsfunktion des Geldes, die seine Akteursabhängigkeit besonders deutlich macht. Nur Akteure können mit Geld auch Wertungen zum Ausdruck bringen, und deswegen können auch nur Akteure mit Geld umgehen. Der Unterschied zu der Bewertung einer schönen Landschaft oder eines Bildes besteht darin, dass diese Bewertungen mithilfe von Geld notwendigerweise in einem kollektiven Prozess stattfinden und durch ihn konstituiert sind. Indem Akteure untereinander auf bestimmte Weise ihr Geld zirkulieren lassen, bringen sie Wertungen zum Ausdruck.[35]

Daher kann die Abenteurerin den Wert der Landschaft oder den von Kunstgegenständen in der verlassenen Region erkennen, nicht aber den Wert des Geldes. Die dafür notwendige kollektive Praxis des Zirkulierens und Bewertens ist einfach weggebrochen. Es ist nicht das Geld selbst, das die Bewertung vornimmt, sondern es sind die Akteure, die durch ihre Marktentscheidungen bestimmte Bewertungen vornehmen und Geld als Medium für ihre Wertungen einsetzen. Geld ist also ein Kommunikationsmedium für wertungsfähige Akteure. Natürlich funktioniert das nur, weil dem Geld diese Funktion kollektiv zugebilligt wird und die meisten Akteure akzeptieren, dass die intersubjektiv vermittelten Bewertungen tatsächlich durch Geld ausgedrückt sind. Das alles verstärkt jedoch nur das Argument der Akteursabhängigkeit von Geldreichtum, weil solch komplexe soziale Konstruktionen nur durch die absichtlichen Handlungen von Akteuren zustande kommen und aufrechterhalten werden können.[36]

Natürlich soll damit nicht bestritten werden, dass im alltäglichen Sprachgebrauch auch von reichen Regionen die Rede sein

35 Vgl. Ingham, *The Nature of Money*, S. 12.

36 Neben John Searle hat vor allem Reimo Tuomela auf diesen Umstand hingewiesen (vgl. Searle, *The Construction of Social Reality*; ders., Wie *wir die soziale Welt machen. Die Struktur der menschlichen Zivilisation*, Berlin 2012; Reimo Tuomela, *The Philosophy of Sociality. The Shared Point of View*, Oxford 2010).

kann und das völlig in Ordnung geht. In einem globalen Maßstab ist beispielsweise häufig von einem reichen Norden die Rede; damit sind Nordamerika, Europa und Japan gemeint. Innerhalb dieser Regionen gibt es noch einmal weitere Ausdifferenzierungen, so gilt etwa Norditalien im Verhältnis zu Süditalien als reich, und dasselbe trifft für München im Vergleich zu Dortmund oder die Ostküste der USA im Verhältnis zu dem südlicheren Teil ihres mittleren Westens zu. Wieder sind es jedoch nicht unmittelbar die Regionen, die reich sind.[37] Sie können nicht mit Geld umgehen, weil sie keine Bewertungen vornehmen und auch nicht versprechen können, sich an intersubjektive Bewertungen zu halten. Es sind vielmehr die Akteure dieser Regionen, die reich sind. So sind beispielsweise in Norditalien viele Akteure deutlich reicher als die meisten Akteure in Süditalien, und in Europa sind die meisten Menschen viel reicher als die Mehrheit der Menschen in Afrika. Der Einfachheit halber spricht man dann den Reichtum der Region zu, um die geographischen Unterschiede deutlich hervorzuheben.

Doch es ist nicht nur der Reichtum einzelner Personen, der dafür sorgt, dass ganze Regionen reich sind. Norditalien beispielsweise ist auch deswegen reich, weil es dort reiche Unternehmen gibt, und Europa gilt als reich, weil zumindest einige der Staaten es sind und mit ihrem Reichtum verhältnismäßig klug umgehen oder das zumindest in der jüngeren Vergangenheit getan haben. (Davor haben sie ihren Reichtum auch durch Raub und Kolonialismus erworben.) Man könnte hier wiederum versuchen, den Reichtum dieser Organisationen auf den Reichtum individueller Akteure zurückzuführen. Der Reichtum eines Unternehmens wäre dann eigentlich der Reichtum seiner Eigentümer, der Reichtum einer Kirche wäre der Reichtum ihrer Mitglieder und der Reichtum eines Staates der Reichtum seiner Bürger. Aber so ist es häufig einfach nicht. Die Bürger können genauso wenig über das Geld ihres Staates verfügen, wie es die Mitglieder einer Kirche können. Selbst die Eigentümer eines Unternehmens, insbesondere eines Aktienunternehmens, haben keine beliebige Kontrolle über das Geld dieses Unternehmens.

37 Natürlich können Regionen auch in bestimmten Hinsichten reich sein, beispielsweise an Bodenschätzen oder an schönen Landschaften. Doch das ist hier nicht gemeint. Denn es geht hier ja nur um Geldreichtum. Andere Formen des Reichtums können durchaus akteursunabhängig und direkt auf die Eigenschaften anderer Einheiten bezogen sein.

Hinzu kommt, dass diese Organisationen tatsächlich das tun können, wozu bloße Gruppen und Regionen nicht in der Lage sind.[38] Sie können mit Geld umgehen, indem sie selbst durch Kaufentscheidungen ihre Bewertungen vornehmen und indem sie versprechen, sich an die durch Geld zum Ausdruck gebrachten kollektiven Bewertungen zu halten. So schließen Unternehmen als Unternehmen miteinander Verträge, und Staaten können als Staaten eigene Schulden aufnehmen. Zwar handeln diese korporativen Akteure, wie man sie dann auch nennen kann, durch einzelne Menschen. Aber diese Menschen agieren nicht als private Personen, sondern im Auftrag und als Funktionäre ihrer korporativen Akteure. Wenn sie eine Unterschrift unter einen Vertrag setzen oder einander Geld überreichen, dann tun sie das in Vertretung ihres korporativen Akteurs, und was sie in dieser Funktion tun, ist dann für die gesamte Organisation bindend, auch dann, wenn sie selbst kurz darauf aus dieser Organisation ausscheiden. Es ist nicht ihr Geld, mit dem sie interagieren, sondern das Geld des korporativen Akteurs (Unternehmen, Staat, Verein oder Kirche).[39]

Doch kann es solche korporativen Akteure überhaupt geben? Sind das nicht einfach nur soziale Konstruktionen, die jeder wirklichen Grundlage entbehren? Insgesamt spricht doch einiges dafür, dass sie Akteure sind, weil wir sie als solche Akteure erfolgreich in unsere sozialen Prozesse integrieren.[40] Ich selbst glaube daher, dass

38 In der Sprache der Sozialontologie wird hier auch von unstrukturierten im Unterschied zu strukturierten Gruppen gesprochen. Vgl. David P. Schweikard, *Der Mythos des Singulären. Eine Untersuchung zur Struktur kollektiven Handelns*, Münster 2011, S. 351-357.

39 Dafür habe ich mit Blick auf Unternehmen argumentiert (vgl. Christian Neuhäuser, *Unternehmen als moralische Akteure*, Berlin 2011).

40 Die prominentesten Positionen stammen von Peter French sowie Christian List und Philip Pettit. Vgl. Peter French, »The Corporation as a Moral Person«, in: *American Philosophical Quarterly* 16 (1979), S. 207-215, und Peter French, *Corporate Ethics*, San Diego CA 1995; Christian List, Philip Pettit, *Group Agency. The Possibility, Design, and Status of Corporate Agents*, Oxford 2011. Peter French argumentiert, dass Unternehmen sogar Personen sein können, weil sie über eine Organisationsstruktur verfügen, die ihnen rationale Entscheidungen erlaubt. Christian List und Philip Pettit zeigen zudem, dass die individuellen Entscheidungsträger eines Unternehmens für die kollektiven Entscheidungsprozesse nicht verantwortlich sein können. Alle Autoren schließen von Rationalität auf Verantwortungsfähigkeit. Auf dieser Grundlage spricht Pettit korporativen Akteuren auch einen eigenen Geist zu: Philip Pettit, »Groups with Minds of their

sie als korporative Akteure sozial konstruiert sind und trotzdem als eigenständige Akteure aufgefasst werden können.[41] Denn solange die soziale Konstruktion gelingt, können korporative Akteure tatsächlich selbstständig mit anderen Akteuren interagieren, und darum geht es ja. Allerdings möchte ich auch nicht tiefer in diese sozialontologische Debatte einsteigen, sondern einfach darauf verweisen, dass korporative Akteure im Gegensatz zu bloßen Gruppen oder gar geographischen Regionen offensichtlich fähig sind, mit Geld umzugehen, und das reicht für die Annahme, dass sie auch reich sein können. So werden sie auch praktisch wahrgenommen, und entsprechend wird mit ihnen umgegangen. Ihr Reichtum ist daher nicht auf den Reichtum individueller Akteure reduzierbar.

Selbstachtung und Reichtum

Akteure sind reich, wenn sie viel Geld haben. Doch wie viel Geld müssen sie haben, um wirklich reich zu sein? Das ist die Frage nach dem Maßstab in meiner allgemeinen Explikation von Reichtum: X ist reich, wenn er oder sie auf Grundlage des Maßstabes M viel von Gut G hat. Ich möchte für den Geldreichtum von Akteuren einen ganz spezifischen Maßstab vorschlagen, nämlich den Maßstab der Selbstachtung. Akteure sind dann reich, wenn sie mit Bezug auf die Erfordernisse der Selbstachtung viel Geld haben. Ich halte das für eine ganz brauchbare Explikation eines Begriffs von Geldreichtum, der sich gut für moralische Überlegungen eignet, denn wie John Rawls bin auch ich der Meinung, dass Selbstachtung für die meisten Menschen das zentrale Grundgut darstellt.[42] Im Gegensatz zu Rawls verbinde ich Selbstachtung jedoch – dem Ansatz von Avishai Margalit folgend – mit Würde.[43] Menschen müssen über

Own«, in: Frederick F. Schmitt (Hg.), *Socializing Metaphysics. The Nature of Social Reality*, Lanham 2003, S. 167-93. Vgl. zur Diskussion auch Schweikard, *Der Mythos des Singulären*.

41 Neuhäuser, *Unternehmen als moralische Akteure*, S. 153-164.

42 Rawls, *Eine Theorie der Gerechtigkeit*, S. 479.

43 Vgl. Margalit, *Politik der Würde*; vgl. dazu auch Schaber, »Menschenwürde und Selbstachtung«, S. 93-119; ders., »Achtung vor Personen«, in: *Zeitschrift für philosophische Forschung* 61/4 (2007), S. 423-438; Stoecker, »Menschenwürde und das Paradox der Entwürdigung«, S. 133-151; ders., »Die philosophischen Schwierigkeiten mit der Menschenwürde – und wie sie sich vielleicht lösen lassen«, S. 8-20.

Selbstachtung verfügen, um in Würde leben zu können. Das hier vorgeschlagene Reichtumsverständnis hat dann den Vorteil, dass es deutlich macht, wie Geld als instrumenteller Wert mit dem zentralen intrinsischen Wert der Würde durch Selbstachtung verbunden ist. Dadurch wird sichtbar, warum Reichtum für Gerechtigkeitsfragen von zentraler Bedeutung sein kann.

Allerdings ist diese Bezugnahme auf Selbstachtung auch mit einigen Problemen belastet, von denen ich drei diskutieren möchte, um darüber meine Bestimmung des Maßstabes von Reichtum zu verteidigen und so darzulegen, warum sie sich für die Beschäftigung mit moralischen Fragen besonders eignet. Der erste Einwand besagt, dass Reichtum üblicherweise an einem relativen Maßstab, also im Vergleich zum Einkommen anderer Menschen, gemessen wird. Demgegenüber möchte ich argumentieren, dass es besser ist, einen Maßstab zu entwickeln, der sich strikt an dem Wert der Selbstachtung orientiert. Der zweite Einwand lautet, dass solch ein absoluter Maßstab objektiv gerechtfertigt werden muss und solch eine Rechtfertigung nicht möglich ist. Darauf werde ich relativ knapp antworten, dass dieser Einwand auf einer zu rigoristischen Vorstellung von Objektivität beruht. Der dritte Einwand schließlich stellt unmittelbar in Frage, ob sich Selbstachtung als Maßstab für Reichtumsbemessungen eignet. Selbst wenn sich ein absoluter Maßstab rechtfertigen lässt, warum sollte er dann auf Selbstachtung beruhen? Ich werde argumentieren, dass sich Selbstachtung hervorragend als Indikator für Reichtum eignet, wenn es um Fragen der Würde und Gerechtigkeit geht.

Der erste Einwand verweist darauf, dass Reichtum üblicherweise nicht anhand eines absoluten, sondern nur anhand eines relativen Maßstabs bestimmt wird, der sich an den Einkommensverhältnissen anderer Menschen bemisst. Einer in Europa verbreiteten Definition nach gilt man als einkommensreich, wenn man mehr als das Doppelte des mittleren Nettoäquivalenzeinkommens bezieht.[44] (Damit ist gemeint, dass das Haushaltseinkommen bedarfsgewichtet mit Bezug auf die Zahl der Haushaltsmitglieder berechnet wird, um verschiedene Haushaltsgrößen vergleichbar zu machen. Die

44 Vgl. Ernst-Ulrich Huster, »Reiche und Superreiche in Deutschland. Begriffe und soziale Bewertung«, in: Thomas Duyen u. a. (Hg.), *Reichtum und Vermögen. Zur gesellschaftlichen Bedeutung der Reichtums- und Vermögensforschung*, Wiesbaden 2009, S. 45-53.

Bedarfsgewichtung ist deswegen nötig, weil größere Haushalte bestimmte Ressourcen effizienter nutzen können, beispielsweise ihre Küche und Waschmaschine.) Im Jahr 2013 lag die Grenze von 200 Prozent dieses mittleren Nettoeinkommens in Deutschland pro Kopf bei 2826 Euro.[45] Wer 2013 also im Monat mehr als diese Summe aufs Konto überwiesen bekam, galt dieser Definition zufolge auch als reich.

Wenn man heute von ähnlichen Werten ausgeht, dann ist eine alleinstehende Bundestagsabgeordnete mit einem Bruttoeinkommen von etwas mehr als 9000 Euro sogar ziemlich reich, denn sie bekommt netto ungefähr 5700 Euro, also doppelt so viel, wie für die Reichtumsgrenze nötig wäre, und viermal so viel wie Menschen mit einem Durchschnittseinkommen. Eine andere Art der Bemessung versucht dieses Ergebnis abzuschwächen und bezeichnet Menschen mit solchen Einkommen als wohlhabend und nicht als reich. Wirklich reich sind demnach nur solche Menschen, die gar nicht mehr arbeiten müssen, weil sie so viel Kapital besitzen, dass sie gut von dessen Erträgen leben können.[46] Dies ist üblicherweise bei Millionären oder Multimillionären der Fall. Um ein jährliches Nettoeinkommen von 60 000 Euro zu erhalten, braucht man zwei Millionen Euro Kapitalvermögen, wenn man von einem Zinssatz von 4 Prozent und 25 Prozent Steuern auf Einkommen aus Kapitalvermögen ausgeht. Um ein recht luxuriöses Einkommen von über 100 000 Euro zu erzielen, braucht man schon 3,5 Millionen Euro eines Zinsen abwerfenden Kapitalvermögens.

Für die rund 2000 Milliardäre weltweit gilt mit Sicherheit, dass sie traumhaft reich,[47] ja superreich sind:[48] Mit einem Kapital von einer Milliarde Euro erzielt man bei 4 Prozent Zinsen und

45 Laut dem Institut der deutschen Wirtschaft Köln lag das Nettoäquivalenzeinkommen pro Kopf (nach dem Median) 2013 bei 1413 Euro (Institut der deutschen Wirtschaft Köln, »Einkommensranking. Hohe Wirtschaftskraft reicht nicht immer«, in: ⟨https://www.iwkoeln.de/presse/iw-nachrichten/beitrag/einkommensranking-hohe-wirtschaftskraft-reicht-nicht-immer-123518⟩, letzter Zugriff 28.6.2017).

46 Vgl. Huster, »Reiche und Superreiche in Deutschland«, S. 45-53.

47 Vgl. Branko Milanovic, *Global Inequality. A New Approach for the Age of Globalization*, Cambridge MA 2016, S. 41-45.

48 Vgl. Thomas Druyen, *Goldkinder. Die Welt des Vermögens*, Hamburg 2007, und Chrystia Freeland, *Die Superreichen. Aufstieg und Herrschaft einer neuen globalen Geldelite*, Frankfurt/M. 2013.

25 Prozent Steuern ein jährliches Nettoeinkommen von 30 Millionen Euro, ohne dafür irgendetwas tun zu müssen. Demgegenüber wirkt der Reichtum der etwa eine Million Millionäre in Deutschland zwar recht blass, dennoch dürfen sie wohl als reich gelten. Weltweit gab es 2016 zehn Millionen Millionäre, über zwei Drittel davon lebten in Europa und Nordamerika. In Deutschland und den USA liegt die Quote der Millionäre bei etwa 1 Prozent der Gesamtbevölkerung. Wenn man am Bahnhof steht und etwa 100 andere Menschen zusammen mit einem auf den Zug warten, dann ist statistisch gesehen also einer von ihnen Millionär und steht wahrscheinlich, wenn auch nicht zwingend, am Haltepunkt der ersten Klasse. In der Schweiz liegt die Quote der Millionäre übrigens bei 2,4 Prozent.

Der niederländische Ökonom Jan Pen hat eine besonders einprägsame Vergleichsform gefunden, um das Ausmaß des Reichtums hervorzuheben. Stellen wir uns eine »Einkommensparade« vor: Die Teilnehmerinnen und Teilnehmer der Parade sollen die verschiedenen Einkommensgruppen der Gesamtbevölkerung repräsentieren, und ihr Einkommen drückt sich zwecks besserer Anschaulichkeit proportional in ihrer Körpergröße aus. Die ärmsten Menschen sind dann nur wenige Zentimeter groß, die reichsten dagegen ragen unglaublich hoch in den Himmel auf. Nur wer wirklich sehr groß ist, mindestens so groß wie ein Hochhaus vielleicht, ist diesem Bild zufolge auch wirklich reich. Die meisten Menschen sind sehr klein, nur wenige Menschen sind normal groß, weil der Großteil der Bevölkerung kein Durchschnittseinkommen erzielt.[49] Erst in den letzten fünf Minuten der einstündigen Parade werden die Menschen

49 Um Verwirrung zu vermeiden: Das hier verwendete Durchschnittseinkommen ist von dem vorher erwähnten Medianeinkommen zu unterscheiden. Der Median liegt genau bei der Hälfte in dem Sinne, dass die eine Hälfte der Bevölkerung mehr und die andere weniger verdient. Beim Durchschnitt werden alle Einkommen zusammengezählt und durch die Zahl der Einkommensbezieher geteilt. Wenn wenige Menschen sehr viel mehr Geld verdienen als viele andere, dann kann der Durchschnitt deutlich über dem Median liegen. Dazu ein Beispiel: Wenn 10 Prozent einer Bevölkerung 100 000 Euro verdienen und 90 Prozent 10 000 Euro, dann liegt der Durchschnitt bei 19 000 Euro. Der Median liegt jedoch nur bei 10 000 Euro, weil die Hälfte der Einkommen diesen Betrag erreichen. In Statistiken wird der Median häufig verwendet, weil man dort große Ausreißer nicht berücksichtigen möchte. In der Parade von Pen sollen genau diese großen Unterschiede jedoch sichtbar gemacht werden.

langsam richtig groß, zunächst mehrere Meter und am Ende dann mehrere Kilometer. Diese Menschen sind wirklich übermenschlich reich, so suggeriert das Gedankenexperiment.[50]

Solche relativen Maßstäbe sind auf die eine oder andere Weise sehr eindrücklich. Ich glaube jedoch, dass man die Frage danach, wann jemand reich ist, nicht über relative Vergleiche allein beantworten kann, sondern einen substantielleren Maßstab braucht. Zwar sind Menschen, die mehr als andere haben, oft reich. Aber sie sind nicht einfach nur und allein deswegen reich, weil sie mehr als andere haben. Ein Problem mit den relativen Maßstäben besteht darin, dass nicht klar ist, wer überhaupt die relevante Vergleichsgruppe darstellt. Sind durchschnittlich verdienende Europäer reich, weil sie drei- bis viermal so viel Einkommen beziehen wie der Weltdurchschnitt und dreißigmal mehr als die ein bis zwei Milliarden absolut armen Menschen?[51] Oder sind sie arm, weil sie zwanzig Mal weniger haben als die ein bis zwei Prozent der Einkommensmillionäre in ihren Ländern? Üblicherweise wird in der sozialwissenschaftlichen Bestimmung von Reichtum von einem länderinternen Maßstab ausgegangen. Aber warum eigentlich? Man könnte ja auch davon ausgehen, dass dieselben Menschen im globalen Maßstab eher reich und im lokalen Maßstab eher arm sind. Um solche Fragen klären zu können, braucht man allerdings einen grundlegenden Bezugspunkt, der all diese Urteile zusammenhält.

Das leitet zu dem zweiten Problem mit den relativen Maßstäben über. Solche Maßstäbe sagen selbst nichts darüber aus, warum es richtig und wichtig ist, die Reichtumsgrenze an dem Punkt anzu-

50 Vgl. Jan Pen, *Income Distribution. Facts, Theories, Policies*, New York 1971. Eindrückliche Darstellungen dieser Parade finden sich auch bei David Schweickart und Jonathan Wolff (vgl. David Schweickart, *After Capitalism*, Lanham 2002, S. 88-91; Jonathan Wolff, *An Introduction to Political Philosophy*, Oxford 1996, S. 148-151).

51 Inzwischen hat sich in der internationalen Politik die Grenze von 1,25 US-Dollar pro Tag durchgesetzt. Demnach kam es zu einer Reduktion der absoluten Armut. In den letzten ungefähr 20 Jahren ging die absolute Armut in absoluten Zahlen um 700 Millionen zurück. Das ist laut der UN fast ausschließlich auf eine Reduktion der Armut in fünf Ländern zurückzuführen: China, Indonesien, Indien, Pakistan und Vietnam (United Nations (UN). Department of Economic and Social Affairs (DESA), »The Millennium Development Goals Report 2013«, 2013, in: 〈https://www.un.org/development/desa/publications/mdgs-report-2013.html〉, letzter Zugriff 20. 5. 2017).

legen, an dem sie es tun. Warum sollen bereits Menschen, die das Doppelte des Durchschnittseinkommens beziehen, reich sein? Warum sollen es erst Menschen sein, die Einkommensmillionäre sind? Natürlich ließe sich rein willkürlich entscheiden, wo die Grenze anzulegen ist. Doch solch ein willkürlicher Reichtumsbegriff eignet sich kaum dafür, moralische Probleme zum Vorschein zu bringen. Demgegenüber kann ein absoluter Maßstab offenlegen, auf welche Weise es für moralische Fragen relevant ist, reich oder nicht reich zu sein. Wenn Reichtum über Selbstachtung bestimmt wird, lassen sich vielleicht gute Gründe für eine klare Reichtumsbemessungsgrenze finden. Dafür müsste allerdings geklärt werden, welcher Zusammenhang sich zwischen Geld und Selbstachtung herstellen lässt und ob solch ein absoluter Maßstab überhaut größere Objektivität für sich beanspruchen kann als relative Maßstäbe.

Die Antwort auf die Frage nach der möglichen Objektivität absoluter Reichtumsmaßstäbe hängt davon ab, was man unter Objektivität versteht. In der wissenschaftstheoretischen Diskussion werden insbesondere drei Verständnisse von Objektivität unterschieden: erstens als strenge Orientierung an Fakten; zweitens als Wertfreiheit, drittens als Freiheit von persönlichen Befangenheiten.[52] Ein absoluter Maßstab für Reichtum kann objektiv im ersten und dritten, aber nicht im zweiten Sinne sein, wie ich gleich zeigen werde.[53] Besonders wichtig ist Objektivität im dritten Sinne, denn der Maßstab darf nicht einfach so gewählt werden, dass er eine persönliche Agenda zum Ausdruck bringt und zum Beispiel solche Menschen, die normalerweise als reich erscheinen, nicht dazu zählt. Dieser Eindruck kann beispielsweise bei dem Vorschlag entstehen, ohne weitere Angabe von Gründen nur Einkommensmillionäre als reich anzusehen. Damit wäre ausgeschlossen, dass diejenigen, die 200 oder 300 Prozent des mittleren Einkommens erzielen, bereits reich sind. Genau diese Frage gilt es jedoch erst noch zu problema-

52 Vgl. Julian Reiss, Jan Sprenger, »Scientific Objectivity«, 25.08.2014, in: Edward N. Zalta (Hg.), *The Stanford Encyclopedia of Philosophy*, in: ⟨http://plato.stanford.edu/archives/fall2014/entries/scientific-objectivity⟩, letzter Zugriff 20.5.2017.

53 Für Reichtum gilt sicherlich, was Hillary Putnam allgemein beschreibt, nämlich dass es sich um einen Begriff handelt, bei dem sich die deskriptive und die evaluative Dimension nicht klar unterschieden lassen (Hillary Putnam, *The Collapse of the Fact/Value Dichotomy and Other Essays*, Cambridge MA 2002).

tisieren und eine Auswahl entsprechend zu begründen. Unproblematisch hingegen ist die Forderung nach Faktentreue. Zwar wird darüber gestritten, wie sich Faktentreue mithilfe wissenschaftlicher Methoden erreichen lässt. Aber in einem alltäglichen Verständnis ist klar, dass damit Wahrhaftigkeit im Umgang mit Informationen gemeint ist. Das gilt insbesondere für ethisch sensible Fragen.[54]

Eine objektive Bestimmung eines absoluten Maßstabes für Reichtum darf also nicht befangen und sie muss wahrhaftig sein. Allerdings kann sie nicht wertfrei sein, denn nur durch einen klaren Wertbezug lässt sich solch ein Maßstab überhaupt finden.[55] Man muss eine Aussage darüber treffen, was so wertvoll ist, dass sich darüber ein allgemeiner Maßstab für Reichtum rechtfertigen lässt. So ist es umgekehrt auch bei Armut, und es hilft, diesen Vergleich heranzuziehen. Um begründen zu können, wann absolute oder relative Armut vorliegt, muss man etwas dazu sagen, warum die Grenzen nicht auf beliebige Weise festgelegt sind. Das ist wichtig, weil sonst das normative Urteil, das mit der Zuschreibung von Armut einhergeht, auch nicht gerechtfertigt ist. Armut ist schlecht und muss bekämpft werden, weil es für die betroffenen Menschen fast unmöglich oder zumindest sehr schwierig ist, in Würde leben zu können.[56] Dieser Maßstab ist faktentreu. Wenn sich herausstellt, dass Armut und Würde gar nicht zusammenhängen, dann scheitert er. Er ist frei von persönlichen Interessen, denn er beruht nicht auf persönlichen Vorteilen, die daraus entstehen, Armut so zu bestimmen. Aber der Maßstab kann nicht wertfrei sein, denn Würde und davon abhängig auch Armut sind wertende Konzepte.

Diese Konsequenz scheint mir jedoch für eine Betrachtung von Reichtum kein Problem zu sein. Denn Reichtum selbst ist kein wertfreies Konzept, sondern ein sogenannter »dichter Begriff« (*thick concept*), in dem normative, evaluative und deskriptive Aspekte zusammenkommen.[57] Im Alltagsverständnis ist es gut und

54 Vgl. zur Bedeutung von Wahrhaftigkeit, die über Wahrheit hinausgeht: Bernard Williams, *Wahrheit und Wahrhaftigkeit*, Berlin 2013.

55 Sen, *Inequality Re-Examined*; vgl. auch Vivian Walsh, »Sen after Putnam«, in: *Review of Political Economy* 15/3 (2003), S. 315-394.

56 Vgl. Christian Neuhäuser, »Zwei Formen der Entwürdigung. Relative und absolute Armut«, in: *Archiv für Rechts- und Sozialphilosophie* 4 (2010), S. 542-556.

57 Solche dichten Begriffe zeichnen sich dadurch aus, dass sie einerseits eine deskriptive und andererseits eine evaluative bzw. normative Komponente haben

wünschenswert, reich zu sein. Reichtum drückt also etwas Positives aus, dem ich hier eine moralische Reichtumskritik entgegenhalten möchte. Für Begriffe der Sozialwissenschaften gilt allgemein, dass sie nicht in demselben Sinne wertfrei sein können wie die Begriffe der Naturwissenschaften, weil diese Begriffe die soziale Wirklichkeit selbst und unsere Wahrnehmung und Bewertung davon mitgestalten.[58] Daher erscheint es angemessen, für ein wertendes Konzept wie Armut oder eben auch Reichtum ebenfalls einen wertenden Maßstab zu finden. Damit dieser Maßstab dennoch als objektiv gelten kann, reicht es hin, wenn er die erste und dritte Bedingung für Objektivität erfüllt, also faktentreu und von subjektiven Interessen unabhängig ist.

Doch warum sollte gerade die Selbstachtung einen angemessenen objektiven Maßstab für eine absolute Reichtumsgrenze liefern? Es geht ja nicht unmittelbar darum, dass jemand reich an Selbstachtung, sondern reich an Geld ist. Was also hat Geld mit Selbstachtung zu tun? Ich denke, der hier relevante Begriff von Selbstachtung sollte normativ und nicht psychologisch sowie in einer doppelten Bedeutung verstanden werden. Normativ und nicht psychologisch heißt, dass es nicht unmittelbar darum geht, ob und wann einzelne Menschen ein Gefühl der Selbstachtung verspüren. Normativ bedeutsam ist vielmehr, ob sie hinreichend Gründe haben, sich selbst zu achten.[59] Das ist dann der Fall, wenn Menschen

(Bernard Williams, *Ethics and the Limits of Philosophy*, Cambridge MA 1985, S. 143-145). Sie beschreiben etwas in der Welt und bewerten es gleichzeitig: Debbie Roberts, »Thick Concepts«, in: *Philosophy Compass* 8/8 (2013), S. 677-688. Klassische Beispiele für dichte Begriffe sind etwa »Bürger« oder »Liebe«. Ein Bürger ist nach diesem Verständnis jemand, der nicht nur einen bestimmten Pass, sondern auch moralische Rechte und Pflichten besitzt. Liebe ist nicht nur ein beobachtbares, sondern ein zumeist positiv bewertetes Phänomen.

58 Das hat bereits Peter Winch im Anschluss an Ludwig Wittgenstein herausgearbeitet (Peter Winch, *The Idea of a Social Science and Its Relation to Philosophy*, Abingdon 2008). Vgl. aber auch die diesbezüglichen Argumente der Praxistheoretiker: Pierre Bourdieu, *Die feinen Unterschiede. Kritik der gesellschaftlichen Urteilskraft*, Berlin 1987; Anthony Giddens, *Die Konstitution der Gesellschaft*, Frankfurt/M. 1997; Theodore Schatzki, *Social Practices. A Wittgensteinian Approach to Human Activity and the Social*, Cambridge 1996. Zur Übersicht: Frank Hillebrandt, *Soziologische Praxistheorien. Eine Einführung*, Berlin 2014.

59 Vgl. Margalit, *Politik der Würde*, S. 52-63. Arnd Pollmann hingegen argumentiert, dass sowohl Selbstrespekt als auch Selbstwertgefühl emotive Konzepte sind

erstens auf angemessene Weise auf sich selbst achtgeben können und zweitens sich selbst im Sinne von Selbstrespekt achten können.[60] Beide Bedeutungen der Selbstachtung haben eine soziale Dimension. Ob man auf sich selbst achtgeben kann oder nicht, hängt auch von der sozialen Struktur ab, innerhalb derer man sich bewegt. Beispielsweise haben die Organisation von Arbeit und institutionelle Vorkehrungen gegen Sexismus einen erheblichen Einfluss auf diese Frage. Nur wenn die relevanten Institutionen einer Gesellschaft zum Ziel haben, dass alle Menschen eine Arbeit bekommen und dass Sexismus effektiv verhindert wird, dann haben die betroffenen Menschen die Freiheit, in diesen Kontexten auf sich selbst achtgeben zu können. Selbstrespekt hat ebenfalls eine soziale Komponente, denn er hängt auch davon ab, ob man von anderen Menschen als gleichrangiger Mitmensch geachtet wird. Nur wenn solch ein wechselseitiger Respekt als gleichrangig besteht, haben Menschen hinreichend Grund, ihr Selbst, verstanden als ihre Persönlichkeit, von anderen geachtet zu sehen.[61] Das ist erstens wichtig, weil Selbstachtung auch auf Achtungswürdigkeit beruht. Wir sind in unserer Selbstachtung darauf angewiesen, davon auszugehen, dass unser Selbst achtungswürdig ist. Wenn andere Menschen uns nicht als gleichrangige Mitmenschen achten, liefern sie uns Gründe, daran zu zweifeln, dass unser Selbst achtungswürdig ist. Zweitens verletzt mangelnde Achtung, beispielsweise in Form von Demütigungen, die Personalität oder Persönlichkeit anderer Menschen.[62] Das unterminiert ebenfalls die Selbstachtung und damit die expressiv gelebte Würde.[63] Auch wenn gedemütigte Menschen

und wechselseitig aufeinander beruhen: Arnd Pollmann, »Würde nach Maß«, in: *Deutsche Zeitschrift für Philosophie* 53 (2005), S. 611-619.

60 Vgl. Stoecker, »Menschenwürde und das Paradox der Entwürdigung«, S. 133-151.

61 Neuhäuser, »Würde, Selbstachtung und persönliche Identität«, S. 448-471.

62 Vgl. zu einer abweichenden Position: Daniel Statman, »Humiliation, dignity and self-respect«, in: *Philosophical Psychology* 13/4, S. 523-540.

63 Diese soziale oder interpersonale Komponente wurde insbesondere in Arbeiten zur Philosophie der Anerkennung herausgearbeitet, die insofern eine wichtige Ergänzung zu Theorien der Selbstachtung darstellen (vgl. etwa Charles Taylor, *Multikulturalismus und die Politik der Anerkennung*, Berlin 2009, S. 20 f., und Axel Honneth, *Verdinglichung. Eine anerkennungstheoretische Studie*, Berlin 2015, S. 46 f.; zur Übersicht: Heikki Ikäheimo, *Anerkennung* Berlin 2014. Vgl. auch mit direktem Bezug zur Selbstachtung: Colin Bird, »Self-respect and the Respect of Others, in: *European Journal of Philosophy* 18/1, S. 17-40.

ihre Würde nicht verlieren, fällt es ihnen häufig schwer, diese weiterhin zum Ausdruck zu bringen. Und das ist für Selbstachtung ein zentraler Faktor.

Diese hier vorgeschlagene Bestimmung von Selbstachtung lässt sich für unsere Bestimmung des Reichtums fruchtbar machen. Das liegt vor allem an der doppelten Bedeutung von *sich selbst achten* und *auf sich selbst achtgeben können*. Erstens ist Geld in vielen Kontexten eine Ermöglichungsbedingung, um auch in existentiellen Fragen auf sich selbst achtgeben zu können, denn üblicherweise werden selbst lebensnotwendige Waren nur gegen Geld getauscht. Außerdem ist Geld sehr häufig auch eine Erleichterungsbedingung dafür, auf sich selbst achtgeben zu können. So ist beispielsweise erwiesen, dass es einen statistischen Zusammenhang zwischen Einkommen und Gesundheitsstand gibt.[64] Das wird darauf zurückgeführt, dass man sich mit mehr Geld auch eine bessere Gesundheitsversorgung kaufen kann und weniger existentielle Sorgen hat.[65] Zweitens spielt Geld in Form einer Erleichterungsbedingung auch für den Selbstrespekt eine wichtige Rolle. Viele Menschen haben den Eindruck, etwas Respektwürdiges geleistet zu haben, wenn sie Geld verdienen. Darüber hinaus – und das halte ich für einen ziemlich wichtigen Punkt, auf den ich später noch zurückkommen werde – erleichtert Geld es vielen Menschen auch, ihre Würde zum Ausdruck zu bringen und so ihre Selbstachtung im öffentlichen Raum gegen potentielle Demütigungen zu verteidigen.

Inzwischen sollte deutlich geworden sein, warum die vorgeschlagene Bestimmung von Selbstachtung als Maßstab für Reichtum sinnvoll ist: Akteure sind dann reich, wenn sie mit Bezug auf die Erfordernisse der Selbstachtung viel Geld haben. Wenn es sich bei diesen Akteuren um Menschen handelt, fällt es ihnen aufgrund ihres Reichtums leichter, auf sich selbst achtzugeben und sich selbst zu respektieren, zum Teil auch, weil sie den Respekt anderer leichter erwerben können. Ich halte diesen Zusammenhang zwischen Selbstachtung und Geld für so zentral, dass er meiner Meinung nach für eine kritische moralische Auseinandersetzung mit Reichtum eine gute Grundlage bildet. Dafür gibt es drei Gründe: Erstens

64 Vgl. dazu Stefan Huster, *Soziale Gesundheitsgerechtigkeit. Sparen, umverteilen, vorsorgen?*, Berlin 2011, S. 55-62; Göran Therborn, *The Killing Fields of Inequality*, Cambridge 2013, S. 7-19.

65 Ebd.

dient dieses Reichtumsverständnis zur Bestimmung klarer Grenzen von Reichtum für individuelle und korporative Akteure, zweitens wird eine spezifische Verbindung von Geld und Macht sichtbar, drittens lässt sich dadurch der Zusammenhang zwischen Geld und Status besser beschreiben. Diese drei Gründe werde ich im nächsten Kapitel ausführen. Dabei sollte auch deutlich werden, wie die hier vorgeschlagene Bestimmung des Reichtumsbegriffs auf korporative Akteure wie Unternehmen und Staaten bezogen werden kann, auf die sich die Idee der Selbstachtung ja nicht so selbstverständlich anwenden lässt wie auf menschliche Personen.

Kapitel 3: Reichtumsmaßstäbe, Macht und Status

Die Bestimmung des Reichtumsbegriffs im vorherigen Kapitel ist in einer Hinsicht noch recht vage und undeutlich geblieben. Akteure sind reich, wenn sie mit Bezug auf Erfordernisse der Selbstachtung viel Geld haben, so hieß es da. Dabei wurde noch nicht hinreichend klar, was Geld und Selbstachtung genau miteinander zu tun haben. Deswegen wird es in diesem Kapitel vertieft um dieses Verhältnis von Geld und Selbstachtung gehen. Ich möchte zeigen, warum es zumindest für eine moralische Auseinandersetzung mit Reichtum sinnvoll ist, den Begriff und seine Grenzen über Selbstachtung zu bestimmen. Außerdem gibt mir das die Gelegenheit, einen bisher noch unbearbeiteten scheinbaren Widerspruch aufzulösen. Denn einerseits habe ich behauptet, dass auch korporative Akteure reich sein können, andererseits scheinen sie aber nicht über so etwas wie Selbstachtung verfügen zu können. Daher, so lässt sich befürchten, eignet sich meine Bestimmung von Reichtum doch nicht für eine Auseinandersetzung mit korporativen Akteuren. Demgegenüber möchte ich zeigen, dass ein Zusammenhang zwischen dem Reichtum korporativer Akteure und der Selbstachtung individueller Akteure besteht.

In einem ersten Abschnitt dieses Kapitels wird es um die ziemlich zentrale Frage gehen, ob und wie sich aus dem hier vorgeschlagenen Reichtumsbegriff hinreichend konkrete Reichtumsgrenzen bestimmen lassen. Wie wir gesehen haben, besitzen übliche Maßstäbe wie die relative Reichtumsgrenze von 200 Prozent des Durchschnittseinkommens oder die Grenze von einer Million Euro liquiden Vermögens den Nachteil, relativ willkürlich zu sein. Sie haben allerdings den Vorteil, eindeutige Zahlen darüber zu liefern, wer reich ist und wer nicht. Wenn es um praktische Belange geht, ist solch ein Zahlenmaterial sehr wichtig, auch wenn Gerechtigkeitstheoretiker oft davor zurückschrecken, sich diesen Zahlen zu widmen, und das lieber den Ökonominnen überlassen. Der öffentliche Diskurs ist jedoch stark von Zahlen und Graphiken geprägt, und die Vor- und Nachteile verschiedener politischer Maßnahmen werden ebenfalls mithilfe solcher Darstellungen bestimmt. Wenn philosophische Reflexionen in die Praxis wirken sollen, wäre es also auch auf philosophischer Ebene wohlfeil, sich in dieser Sache nicht um Anschlussfähigkeit zu bemühen. Natürlich gilt weiterhin, dass die konkrete Ermittlung der Datenlage eine sozialwissenschaftliche Aufgabe darstellt. Allerdings ist es so, dass es für praktische Belange sinnvoll ist, philosophische Begriffsbestimmungen in solch einer Form anzulegen, dass sie für sozialwissenschaftliche Operationalisierungen zu gebrauchen sind.[1]

Auf dieser Grundlage werde ich im zweiten und dritten Abschnitt dieses Kapitels darlegen, warum es nicht nur aus pragmatischer Sicht denkbar, sondern für moralische Fragen auch sinnvoll ist, Reichtum über Selbstachtung zu bestimmen. So wird es nämlich möglich, den Zusammenhang zwischen Geld und Macht sowie zwischen Geld und Status angemessen zu problematisieren. Natürlich streitet kaum jemand ab, dass es zwischen Geld, Macht und Status enge Verbindungen gibt. Geld führt zu sozialer Macht und umgekehrt. Außerdem ist Geld ein – und vielleicht das zentrale – Mittel, um sozialen Status nach außen zu kommunizieren. Für Gerechtigkeitsfragen sind diese Zusammenhänge aber deswegen besonders interessant und verdienen mehr Aufmerksamkeit, weil die enge Verbindung von Geld, Macht und Status dazu führen kann, dass der allgemeine Anspruch auf Selbstachtung als gleichrangiger Mensch verletzt wird. Genau an dieser Stelle verläuft die Grenze zwischen moralisch unproblematischen und problematischen Formen des Geldreichtums.

Durch die Bemühung um eine Operationalisierbarkeit sowie die Auseinandersetzung mit Macht und Status wird auch deutlich, wie sich die von mir vorgeschlagene Reichtumsbestimmung auf korporative Akteure beziehen lässt. Wenn diese über so viel Geld verfügen, dass ein Teil davon zu dem allgemeinen Anspruch einzelner Menschen auf Selbstachtung nichts mehr beiträgt, dann sind sie reich. Wenn ihr Reichtum darüber hinaus dazu dient, Formen von Macht und Status zu befördern, die diesem gleichen Anspruch entgegenstehen, dann wird ihr Reichtum problematisch. Dass dies so ist, muss sich im Verlauf dieses Kapitels jedoch erst noch erweisen.

1 Diese Forderung ist eine der Konsequenzen einer Bewegung hin zu einer weniger idealistischen politischen Philosophie, die sich um praktische Relevanz bemüht (vgl. Valentini, »Ideal vs. Non-Ideal Theory«, S. 654-664).

Reich ist jemand dann, wenn er oder sie mit Bezug auf die Erfordernisse der Selbstachtung viel Geld hat. Das habe ich im vorherigen Kapitel als normativen Maßstab für Reichtum vorgeschlagen. Für eine moralische Auseinandersetzung mit Reichtum eignet sich dieser Maßstab deswegen, weil es sich bei Selbstachtung um das zentralste der sozialen Güter handelt, wie John Rawls sagt.[2] Avishai Margalit und andere Autoren wie Martha Nussbaum, Peter Schaber und Ralf Stoecker bringen Selbstachtung außerdem mit Würde in Verbindung.[3] Auch das halte ich für richtig. Nur wer über Selbstachtung verfügt, kann seine inhärente und unverlierbare Würde auch zum Ausdruck bringen und daher tatsächlich in Würde leben. Selbstachtung setzt voraus, dass man auf angemessene Weise auf sich selbst achtgeben kann, dass man sich selbst als gleichrangigen Menschen respektiert und von anderen als solcher respektiert wird.[4] Vielleicht kann man auch sagen, dass Selbstachtung als Selbstrespekt einerseits davon abhängt, von anderen Menschen als gleichrangigen Menschen respektiert zu werden, und Selbstachtung als Selbstbestimmung andererseits beinhaltet, dass man auf angemessene Weise auf sich selbst achtgeben kann.[5]

Eine Ausarbeitung dieses Verständnisses von Selbstachtung kann den Zusammenhang mit dem Reichtum deutlich machen und dabei helfen, klare Reichtumsgrenzen zu bestimmen. Auf diese Weise werden erstens eine Operationalisierung des Reichtumsbegriffs und die Ermittlung von Zahlenmaterial möglich. Zweitens nimmt diese Bestimmung über Selbstachtung dem Reichtumsbegriff seine Beliebigkeit und verschafft ihm eine objektivere normative Fundierung. Ob jemand reich ist oder nicht, hängt nicht mehr oder nicht mehr so einfach davon ab, wie es anderen Menschen geht. Ein weiterer Effekt dieser Begriffsbestimmung besteht darin,

2 Vgl. Rawls, *Eine Theorie der Gerechtigkeit*, S. 479.

3 Vgl. Margalit, *Politik der Würde*; Nussbaum, *Die Grenzen der Gerechtigkeit*, S. 223 f.; Schaber »Menschenwürde und Selbstachtung«, S. 93-119, und ders., »Achtung vor Personen«, S. 423-438; Stoecker, »Menschenwürde und das Paradox der Entwürdigung«, S. 133-151, und ders.«,Three Crucial Turns on the Road to an Adequate Understanding of Human Dignity«, S. 7-17.

4 Vgl. Stoecker, »Die philosophischen Schwierigkeiten mit der Menschenwürde – und wie sie sich vielleicht lösen lassen«, S. 8-20.

5 Vgl. Neuhäuser, »Würde, Selbstachtung und persönliche Identität«, S. 448-471.

dass sich bereits abzeichnet, wann Reichtum zu einem moralischen Problem wird. Geld ist nämlich nicht nur eine Ermöglichungs- oder Erleichterungsbedingung, um auf sich selbst achtgeben sowie Selbstrespekt zeigen und einfordern zu können. Reichtum kann der Selbstachtung bestimmter Menschen auch im Wege stehen. Reiche Akteure können möglicherweise verhindern oder es zumindest erschweren, dass andere Menschen in Selbstachtung leben. Wenn das zutrifft, dann wird Reichtum zu einem Problem.

Doch was genau hat Selbstachtung mit Geld zu tun? Um das deutlich zu machen, ist ein besseres Verständnis der beiden Seiten von Selbstachtung notwendig, die ich bisher in die recht abstrakten Formeln »auf angemessene Weise auf sich selbst achtgeben« und »sich als gleichrangiger Mensch respektieren« gefasst habe. Was ist damit gemeint? »Auf sich selbst in angemessener Weise achtgeben« verweist zunächst darauf, dass Menschen häufig danach streben, möglichst aus eigener Kraft für ihre Existenz sorgen zu können.[6] Damit ist natürlich nicht eine völlig autarke Selbstversorgung gemeint, sondern eher die Fähigkeit, seinen eigenen Beitrag in einer kooperativen Selbstversorgung zu leisten. In den meisten Staaten beinhaltet dies, dass man genug Einkommen bezieht, um seine Existenz sichern zu können. Existenzsicherung meint dabei nicht nur das bloße Überleben, sondern betrifft all das, was für ein normales Leben in der jeweiligen Gesellschaft üblich ist.[7] In Ländern wie Deutschland, Österreich und der Schweiz gehört dazu beispielsweise eine Wohnung mit getrennten Schlaf- und Wohnräumen, Mobilität, Gesundheitsversorgung und vieles mehr.[8]

Es ist nicht ganz leicht zu bestimmen, was für solch ein als normal geltendes Leben in einer bestimmten Gesellschaft notwendig ist. Jedenfalls wird dabei nicht einfach nur auf jene Güter abgestellt, über die Menschen in der Regel verfügen, sondern eher darauf, welche Güter als normal und angemessen angesehen werden.

6 Insbesondere Richard Sennett macht dies als Quelle von Respekt und Selbstrespekt stark. Vgl. Richard Sennett, *Respekt im Zeitalter der Ungleichheit*, Berlin 2004.

7 Dafür hat in Verteidigung der Idee relativer Armut besonders wegweisend Peter Townsend argumentiert (Peter Townsend, *Poverty in the United Kingdom*, London 1979; ders., *The International Analysis of Poverty*, London, New York 1993).

8 Vgl. zur ungleichen Verteilung von Wohnraum in Deutschland Hans-Ulrich Wehler, *Die neue Umverteilung, Soziale Ungleichheit in Deutschland*, München 2013, S. 129-137; Stefan Hradil, *Soziale Ungleichheit in Deutschland*, Wiesbaden 2005, S. 311-315.

Dieser Maßstab lässt sich auch als Lebensstandard bezeichnen.[9] So kann es sein, dass eine Waschmaschine auch dann als Teil des normalen Lebensstandards angesehen wird, wenn tatsächlich sehr viele Menschen keine eigene Waschmaschine haben. Oder es kann sein, dass ein eigenes Auto nicht als Bestandteil eines angemessenen Lebensstandards angesehen wird, obwohl sehr viele Menschen eines besitzen. Das könnte beispielsweise so sein, weil der öffentliche Nah- und Fernverkehr sehr gut ausgebaut ist und für ein hinreichend großes Maß an Mobilität sorgt. Insbesondere für sehr arme Gesellschaften gilt nicht, dass sich der Lebensstandard allein über die durchschnittliche Gütermenge ergibt, weil es sein kann, dass diese so niedrig ist, dass die meisten Menschen unterversorgt sind.[10] Auch hier gilt vielmehr, dass sich der Standard daraus ergibt, was in der jeweiligen Gesellschaft als angemessen angesehen wird.

Auf angemessene Weise auf sich selbst achtgeben zu können, bezieht sich also darauf, dass man einen Anspruch auf ein hinreichendes Einkommen hat, um sich in seiner Gesellschaft mit den nötigen Gütern einen angemessenen Lebensstandard verschaffen zu können. Wenn man deutlich weniger als solch ein Einkommen bezieht, ist man arm. Wenn man hingegen deutlich mehr bezieht, ist man reich. Es gibt allerdings noch zwei Probleme mit diesem Ansatz. Manche Menschen sind aus bestimmten Gründen einfach nicht in der Lage, selbst auf sich achtzugeben. Andere Menschen wollen gar nicht selbst auf sich achtgeben, sondern sind zufrieden damit, von anderen abhängig zu sein. Das zweite Problem lässt sich leichter lösen als das erste. Denn es steht Menschen natürlich frei, sich in Abhängigkeiten zu begeben und andere auf sich achtgeben zu lassen, solange sie die Möglichkeit haben, diese Abhängigkeit wieder aufzugeben und stattdessen für sich selbst zu sorgen. Ökonomische Abhängigkeit in der Ehe etwa wäre so lange in Ordnung, wie es dem abhängigen Partner – und meistens der Partnerin – möglich wäre, jederzeit aus dieser Abhängigkeit herauszutreten und in der Folge doch in angemessener Weise auf sich selbst achtzugeben.[11] In unseren Gesellschaften ist das leider selten der Fall.

9 Vgl. Sen, *On Ethics and Economics.*

10 Vgl. Sen, *Inequality Re-Examined.*

11 In Sinne von Amartya Sen ist diese Abhängigkeit dann frei gewählt, weil die Fähigkeit, ihr zu entkommen, jederzeit bestehen bleibt. Sein Beispiel ist der Unterschied zwischen Fasten und Hungern (Amartya Sen, *Ökonomie für den*

Schwieriger ist das andere Problem. Was ist mit Menschen, die aufgrund psychischer oder physischer Beeinträchtigungen nicht hinreichend auf sich selbst achtgeben können? Zum Teil liegen diese inneren Beeinträchtigungen genauso in gesellschaftlicher Verantwortung wie äußere Beeinträchtigungen. Das ist immer genau dann der Fall, wenn es denkbar und der Gesellschaft zuzumuten ist, die beeinträchtigten Menschen aus ihrer Abhängigkeit zu befreien, indem ihnen durch angemessene Institutionen ein Zugang zu den für einen angemessenen kooperativen Beitrag notwendigen Fähigkeiten verschafft wird.[12] Allgemein anerkannt ist inzwischen, dass es für gehbehinderte Menschen möglich sein muss, sich beispielsweise mit Rollstühlen möglichst frei zu bewegen, und dass der öffentliche Raum entsprechend zu gestalten ist. Ein anderes Beispiel derselben Art wäre etwa die Fähigkeit blinder Menschen, selbstständig einer geistigen Arbeit nachzugehen, indem sie mit der dafür notwendigen Technik versorgt werden. Kontroverser wird der Fall gesehen, ob auch Menschen mit starker psychischer Beeinträchtigung einen Anspruch darauf haben, einer produktiven Arbeit nachzugehen und dadurch für sich selbst zu sorgen. Ein Problem besteht sicher darin, dass dies einen sehr hohen gesellschaftlichen Aufwand mit sich bringen kann.

Ich möchte an dieser Stelle die Frage, welcher Aufwand einer Gesellschaft zuzumuten wäre, benachteiligten Menschen die nötigen Fähigkeiten für die Selbstsorge zu verschaffen, nicht weiter verfolgen. Diese Frage verdient eine eigene und ausführliche Untersuchung. Am Ende des Buches wird aber hoffentlich deutlich, dass Gesellschaften, die mit Reichtum anders als derzeit üblich verfahren, auch mit dieser Frage würdevoller umgehen können. Dennoch bleibt eine hier zu klärende Schwierigkeit bestehen. Es ist nämlich denkbar, dass Gesellschaften einigen ihrer Angehörigen nicht die nötigen Fähigkeiten verschaffen, auf sich selbst achtzugeben, und darin sogar gerechtfertigt sind, weil sie es gar nicht können oder es ihnen nicht zuzumuten ist. Einige Menschen können dann nicht angemessen auf sich selbst achtgeben. Können sie dann auch nicht in Würde leben? Ich glaube, dass diese Menschen tatsächlich einen Grund haben, ihre Würde beeinträchtigt zu sehen. Wenn das

Menschen. Wege zu Gerechtigkeit und Solidarität in der Marktwirtschaft, München 2002, S. 95).

12 Vgl. Nussbaum, *Creating Capabilities*, S. 69-81.

zutrifft, dann könnte dieser Würdeverlust die Rationalität der psychischen Probleme der Betroffenen erklären. Ihr Kontrollverlust kann erniedrigend sein, auch wenn niemand etwas dagegen tun kann, beispielsweise bei Menschen, die unter Demenz leiden.[13] Allerdings haben die betroffenen Menschen keinen Grund, ihre Respektwürdigkeit verletzt zu sehen, und damit auch keinen Anlass, sich selbst weniger zu respektieren. Denn man kann Respekt nicht auf etwas gründen, was gar nicht zu leisten ist. Wenn der Anspruch auf Selbstrespekt also das zentrale normative Anliegen der Würde ist, dann ist ihre expressive Dimension zwar beeinträchtigt, aber in ihrem normativen Kern bleibt die Würde unverletzt. Wenn man nicht gut auf sich selbst achtgeben kann und sich dagegen nichts unternehmen lässt, wird es schwieriger, sich selbst zu respektieren, weil man seine Würde nicht mehr so gut zum Ausdruck bringen kann. Aber man hat weiterhin jeden Anspruch auf diesen Selbstrespekt. Die gesellschaftliche Aufgabe besteht dann darin, die betroffenen Menschen dabei zu unterstützen, dies auch zu leben.

Wie aber steht es um diesen gerade angesprochenen Selbstrespekt als zweite Seite der Würde und sein Verhältnis zu Geld? Ich hatte gesagt, dass es bei Selbstrespekt darum geht, sich als gleichrangigen Menschen ansehen zu können. Doch was ist damit genau gemeint? Man kann wohl davon ausgehen, dass es in menschlichen Gesellschaften sehr häufig nicht nur funktionale Hierarchien, sondern auch Achtungshierarchien gab.[14] Adelige etwa hatten nicht nur eine bestimmte Funktion, vielleicht diejenige, die Bauern zu beschützen oder Staatsgeschäfte zu erledigen. Sie besaßen auch mehr Würde, verdienten mehr Achtung und größere Respektbekundungen. Auch heute noch kann man sich fragen, ob beispielsweise Medienstars, Topmanagerinnen, Politiker oder berühmte Intellektuelle noch immer davon ausgehen, dass es Achtungshie-

13 Stoecker, »Die philosophischen Schwierigkeiten mit der Menschenwürde – und wie sie sich vielleicht lösen lassen«, S. 8-20.

14 Man darf aus der Tatsache, dass die meisten Gesellschaften eine hierarchische Struktur aufweisen, jedoch nicht auf ein »eisernes Gesetz der Oligarchie« schließen, wie der am Ende seines Lebens dem Faschismus nahestehende Soziologe Robert Michels das getan hat (Robert Michels, *Zur Soziologie des Parteiwesens in der Demokratie*, Stuttgart 1989). Gesellschaftsstrukturen sind kein Schicksal. Vgl. Harald Bluhm, Skadi Krause (Hg.), *Robert Michels' Soziologie des Parteiwesens. Oligarchien und Eliten. Die Kehrseiten moderner Demokratie*, Berlin 2012.

rarchien gibt und sie eine größere Würde innehaben als andere Menschen. Offiziell ist es jedoch so, dass alle Menschen die gleiche Würde und damit auch die gleiche Achtungswürdigkeit besitzen.[15] Als Menschen haben sie den gleichen Respekt verdient. Funktionale Hierarchien, Berühmtheitsgrade und natürlich auch Reichtumsabstände dürfen dabei keinen Unterschied machen, weil das sonst entwürdigend wäre.

Vielleicht kann man das auch mit der Idee zum Ausdruck bringen, dass in einer auf Würde bedachten Gesellschaft alle Menschen einen Anspruch auf gleiche Nobilität besitzen.[16] Damit wird besonders deutlich ausgedrückt, dass es nicht einfach nur um Gleichrangigkeit, sondern um einen gleichermaßen hohen sozialen Rang und eine richtige Achtungswürdigkeit geht. Freilich müsste die Idee der Nobilität dann von ihrem hierarchischen und diskriminierenden Charakter befreit werden, weil alle Menschen über die gleiche Nobilität verfügen sollen. Dazu reicht es aber nicht aus, die gleiche Nobilität als Voraussetzung für Selbstrespekt nur zu behaupten; vielmehr muss sie in sozialen Interaktionen auch zum Ausdruck kommen können. Der Selbstrespekt als gleichrangig und gleich nobel ist von dem Respekt anderer Menschen vor diesem gleichen Rang als Mensch und dieser gleichen Nobilität abhängig. Dafür gibt es zwei Gründe. Erstens ist es psychologisch so, dass sich die meisten Menschen der Gleichrangigkeit ihrer selbst oder – abstrakter formuliert – ihres Selbst unsicher und auf die Bestätigung durch andere angewiesen sind. Zweitens ist es normativ so, dass jeder einen Anspruch darauf hat, von anderen als gleichrangig und gleich nobel erachtet zu werden. Wenn andere Menschen dies missachten, dann greifen sie mein Selbst im Sinne meiner Persönlichkeit als Grundlage meiner Selbstachtung an.[17]

15 Taylor, *Multikulturalismus und die Politik der Anerkennung*, S. 24 f.

16 Diese Idee hat in jüngster Zeit insbesondere Jeremy Waldron stark gemacht (Jeremy Waldron, »Dignity and Rank«, in: *European Journal of Sociology* 48/2 (2007), S. 201-237; ders., *Dignity, Rank, and Rights*). Er bezieht sich dabei stark auf Gregory Vlastos, »Justice and Equality«, in: Louis P. Pojman, Robert Westmoreland (Hg.), *Equality. Selected Readings*, Oxford 1997, S. 120-136. Ein Beispiel für einen Würdetheoretiker, der in der Würde einen inhärent hierarchischen Begriff erblickt, ist Aurel Kolnai, »Dignity«, in: Robin S. Dillon (Hg.), *Dignity, Character, and Self-Respect*, New York, London 1995.

17 Neuhäuser, »Würde, Selbstachtung und persönliche Identität«, S. 448-471.

Die Missachtung der Gleichrangigkeit verletzt die Selbstachtung daher häufig auf der psychologischen und immer auf der normativen Ebene. In diesem doppelten Sinne ist Selbstachtung auf die Achtung durch andere angewiesen. Der zentrale Punkt für den Zusammenhang mit dem Reichtum besteht darin, dass Geld ein ziemlich gutes Mittel sein kann, um entweder Achtung oder aber Missachtung zum Ausdruck zu bringen. Mithilfe von Geld ist es beispielsweise möglich, anderen Menschen zu zeigen, dass man über die gleiche Nobilität verfügt wie sie. Auf der anderen Seite können reiche Menschen aber auch eine Kultur entwickeln, in der zum Ausdruck kommt, dass Menschen mit deutlich weniger Geld einen niedrigeren Status besitzen. Letztere erscheinen dann nicht ganz so nobel und respektwürdig wie die Reichen. Das ist wohl nicht notwendigerweise so, sondern eher ein empirischer und insofern kontingenter Zusammenhang. Man kann sich durchaus eine Gesellschaft vorstellen, in der einige Menschen sehr reich sind, in der sich aber trotzdem alle Gesellschaftsmitglieder wechselseitig als gleich nobel achten und das auch so zum Ausdruck bringen. Obwohl solch eine Gesellschaft denkbar ist, halte ich sie doch für sehr unwahrscheinlich. Materielle Güter eignen sich allzu gut dafür, Statusunterschiede zu kommunizieren, und die Versuchung, sich über andere zu stellen, wenn dies so leicht möglich ist, erscheint vielen Menschen offensichtlich sehr verführerisch.[18] Was sonst soll man auch mit so viel Geld machen, wenn man reich ist? Stellen wir uns einmal vor, dass Geld diese Funktion der Statusanzeige nicht hätte – dann könnte es durchaus sein, dass Reichtum gar nicht mehr so wichtig wäre oder es ihn vielleicht nicht einmal gäbe.

Da es in der Gerechtigkeitstheorie üblich ist, von Fragen des sozialen Status ziemlich stark zu abstrahieren und höchstens die Chancengleichheit beim Zugang zu Ämtern und sozialen Positionen zu berücksichtigen, werde ich im übernächsten Abschnitt ausführlich die Bedeutung des sozialen Status für die menschliche Würde und damit für Gerechtigkeitsfragen herausarbei-

18 Insofern hat Thorstein Veblen meiner Meinung nach Unrecht, wenn er den demonstrativen (Status-)Konsum als Besonderheit seiner Zeit beschreibt (vgl. dazu Thorstein Veblen, *Theorie der feinen Leute. Eine ökonomische Untersuchung der Institutionen*, Frankfurt/M. 1997). Vielmehr scheint es mir eher so zu sein, dass er ihn als erster Wissenschaftler systematisch erfasst hat, es ihn aber schon viel länger gibt.

ten.[19] Es ist ein Fehler, die Wichtigkeit des sozialen Status für viele Menschen zu unterschätzen und als bloße Eitelkeit oder als Neid abzutun, so meine ich. Tatsächlich geht es dabei um viel mehr, nämlich um so etwas wie die gleiche und gleichrangige Zugehörigkeit zur Gemeinschaft der Würdigen.[20] Zuvor gilt es jedoch noch deutlich herausstellen, dass die etwas ausführlichere Beschreibung der beiden Elemente von Selbstachtung als »auf angemessene Weise auf sich selbst achtgeben« und »sich als gleichrangiger Mensch respektieren« einige Hinweise dazu liefert, wie sich Reichtum bestimmen und messen lässt. Reich ist ein Akteur nämlich dann, wenn er über deutlich mehr Geld verfügt, als man üblicherweise benötigt, um auf angemessene Weise auf sich selbst achtgeben und sich selbst als gleichrangigen Menschen respektieren zu können.

Zwei Eigenheiten sind an dieser Bestimmung von Reichtum erwähnenswert. Erstens lässt sie durch die Formulierung »deutlich mehr« einigen Abstand zwischen Reichtum und der Geldmenge, die man für Selbstachtung braucht. Der Grund für diese Formulierung lautet, dass nur solch ein Abstand eine bequeme und dauerhafte Sicherung der Selbstachtung garantiert und gleichzeitig eine substantielle Geldmenge übrig lässt, die für andere Zwecke genutzt werden kann. Diese zusätzliche Geldmenge macht den Reichtum aus. Zweitens beinhaltet diese Bestimmung durch die Formulierung »üblicherweise« eine gewisse Abstraktion von individuellen Fällen. Denn einerseits gibt es einige Menschen, die mit sehr wenig Geld auf sich achtgeben können und nicht viel Wert auf Respekt legen, wie wir bereits gesehen haben. Andererseits gibt es auch Menschen, die mehr Geld als andere brauchen, um auf sich selbst achtgeben zu können, beispielsweise wenn sie von einer schweren Krankheit geplagt sind. Es erscheint mir angemessen, davon zu abstrahieren, weil Reichtum als allgemeine Kategorie nicht von solchen sehr individuellen Eigenheiten abhängt. Anders hingegen ist es bei Menschen, die glauben, sie bräuchten deutlich mehr als

19 Unter dem Stichwort »soziale Gleichheit« erhält diese Frage auch in der philosophischen Gerechtigkeitsdebatte der letzten Jahre einige Aufmerksamkeit. Vgl. Carina Fourie, »What is Social Equality? An Analysis of Status Equality as a Strongly Egalitarian Ideal«, in: *Res Publica* 18/2 (2012), S. 107-126, und dies. u. a (Hg.), *Social Equality. On What It Means to Be Equals*, Oxford 2015.

20 Margalit, *Politik der Würde*; Avishai Margalit, *The Ethics of Memory*, Cambridge MA 2004, S. 74-83.

andere, um sich selbst achten zu können. Man würde in diesem Fall wohl sagen, dass so jemand eigentlich schon reich ist, auch wenn ihm das noch immer nicht genügt.[21]

Durch die Zerlegung von Selbstachtung in ihre beiden Bestandteile und auf Grundlage der daraus folgenden differenzierten Bestimmung von Reichtum lässt sich also etwas Substantielles darüber sagen, wann jemand reich ist. Auf angemessene Weise auf sich achtgeben und seine Gleichrangigkeit zum Ausdruck bringen kann man üblicherweise bereits dann, wenn man über ein durchschnittliches Einkommen verfügt. (Das gilt zumindest für Gesellschaften, in denen der angemessene Lebensstandard und die materiellen Ausdrucksformen des Selbstrespekts nicht an ein überdurchschnittlich hohes Einkommen gebunden sind, was in Gesellschaften mit sehr großen Einkommensunterschieden durchaus der Fall sein kann. In relativ egalitären Gesellschaften kann man sich jedoch am Durchschnittseinkommen orientieren, und davon gehe ich momentan der Einfachheit halber aus.) Dann stellt sich sofort die Frage, wann man ein deutlich höheres als das durchschnittliche Einkommen besitzt und daher reich ist. Diese Grenze wird sich naturgemäß nicht mit mathematischer Präzision bestimmen lassen; dafür ist Reichtum ein viel zu vager Begriff.[22] Vielmehr muss die konkrete Reichtumsgrenze auf pragmatische Weise festgelegt werden, allerdings nicht willkürlich, sondern auf der Grundlage der relevanten Kriterien der Selbstachtung. Ich halte die übliche Grenze von 200 Prozent für gar nicht schlecht, wenn vielleicht auch etwas niedrig.[23] 300 Prozent könnten noch angemessener sein, weil erst

21 Es gibt eine philosophische Diskussion zu der Frage, inwiefern Interessen moralische Berücksichtigung verdienen, die auf einen sehr teuren Geschmack zurückgehen. Während dem einen Menschen ein einfacher Wein schon sehr gut schmeckt, kann ein anderer Mensch vielleicht nur sehr teure Weine wirklich genießen. Die Standardposition besagt, dass solche Geschmäcker in Gerechtigkeitsfragen nicht zu berücksichtigen sind; zur relevanten Literatur vgl. Simon Keller, »Expensive Tastes and Distributive Justice«, in: *Social Theory and Practice* 28/4 (2002), S. 529-552.

22 Es ist mindestens so vage wie der Begriff der Armut (vgl. Amartya Sen, »Poor, Relatively Speaking«, in: *Oxford Economic Papers* 35/2 (1983), S. 153-169). Vgl. dazu auch ausführlich: Martin Ravallion, *The Economics of Poverty: History, Measurement and Policy*, Oxford 2016, S. 191-218.

23 200 Prozent als relative Reichtumsgrenze hat als Gegenstück zur 50 Prozent-Grenze für relative Armut eine gewisse proportionale Berechtigung. Jenseits die-

das die gewünschte materielle Sicherheit zum dauerhaften Schutz der Selbstachtung verschafft. Das bedarf einer weiter gehenden sozialwissenschaftlichen und philosophischen Diskussion und empirischer Studien. Jedenfalls gilt dann: wer doppelt oder dreimal so viel erhält wie der Durchschnitt, wäre bereits reich.

Vielleicht entsteht jetzt der Eindruck, als sei mit der komplizierten Bestimmung von Reichtum über Selbstachtung nicht viel gewonnen. Am Ende steht doch wieder die relative Reichtumsgrenze von 200 oder 300 Prozent als Maßstab da. Doch es stimmt natürlich nicht, dass nichts gewonnen ist. Die Bestimmung von Geldreichtum über Selbstachtung hat vier wichtige Ergebnisse geliefert. Erstens handelt es sich um eine objektivere Bestimmung von Reichtum, die Gründe dafür liefert, warum die Grenze von 200 oder 300 Prozent angemessen ist. Diese Festlegung ist damit nicht mehr beliebig und wird weniger angreifbar. Zweitens kann der vorgeschlagene Reichtumsbegriff ein wichtiges soziales Paradox erklären. Es kann nämlich sein, dass jemand zugleich reich und arm ist. Diese Urteile werden in einer bestimmten Hinsicht abhängig von der Vergleichsgruppe. Mit einem durchschnittlichen Einkommen ist man in Deutschland natürlich nicht reich, in vielen anderen Ländern und im globalen Maßstab hingegen schon. Beispielsweise in Bangladesch oder in Vietnam wäre solch ein Einkommen deutlich mehr als das Doppelte des Durchschnittseinkommens. Dann hat man sehr viel mehr Geld, als nötig ist, um in diesen Ländern auf sich selbst achtgeben und seinen gleichrangigen sozialen Status anzeigen zu können. Man gehört vielmehr zu denjenigen, die einen besonders hohen sozialen Status zum Ausdruck bringen können, manchmal sogar so, dass er sich kategorial von dem der normalen Bevölkerung unterscheidet. Man lebt dann in diesen Ländern, so

ser mathematischen Schönheit spricht jedoch dagegen, dass damit noch nicht unbedingt eine langfristige Freiheit von materiellem Mangel als Gefahr der Selbstachtung gesichert werden kann. Im Jahre 2012 lag diese Reichtumsschwelle für Ein-Personen-Haushalte bei knapp 3000 Euro Nettoeinkommen (Amt für Statistik Berlin-Brandenburg, »Regionaler Sozialbericht Berlin-Brandenburg 2013«, in: ⟨https://www.statistik-berlin-brandenburg.de/produkte/pdf/SP_Sozialbericht-000-000_DE_2013_BBB.pdf⟩, letzter Zugriff 20.5.2017). Um beispielsweise hinreichende Rücklagen zu bilden und sich gegen Krankheiten und Arbeitslosigkeit zu sichern, muss dieses Einkommen schon über einen längeren Zeitraum erzielt werden (vgl. zu verschiedenen Maßstäben und die sozialwissenschaftliche Diskussion darum: Druyen u. a., *Reichtum und Vermögen*).

sagt man, wie ein König. Das trifft häufig auf dort arbeitende Diplomaten und Managerinnen zu.

Drittens macht die vorgeschlagene Bestimmung deutlich, auf welche Weise genau Reichtum in normativer Hinsicht von dem Einkommen anderer Menschen abhängt. Was als durchschnittlicher Lebensstandard und als hoher sozialer Status gilt, ist das Ergebnis ungesteuerter und nicht direkt regulierbarer sozialer Prozesse und Strukturen. Nicht direkt regulierbar sind diese Prozesse und Strukturen, weil sie die Konsequenz der weitestgehend dem Markt überlassenen Einkommensverteilung sind und sich aus dem Aggregat einer unüberschaubaren Zahl von Einzelhandlungen des Konsumierens ergeben.[24] Man müsste schon all diese Einzelhandlungen kontrollieren oder massiv einschränken, um festlegen zu können, welchen Einfluss sie darauf haben, was ein hoher sozialer Status und ein angemessener Lebensstandard ist. Das erscheint unmöglich oder zumindest in höchstem Maße totalitär. Wenn sich Reichtum als Gefahr für die Würde und daher als moralisches Problem erweist, was sich hier zunächst nur andeutet und später im Buch ausführlich diskutiert wird, muss ein anderer Weg der Kontrolle gefunden werden. Wenn es solch einen Weg im Rahmen einer liberalen Grundorientierung überhaupt gibt, dann kann er nur in der Steuerung der Verteilung der Geldmenge bestehen und nicht auf der gezielten politischen Bearbeitung der sozialen Konstruktion des Lebensstandards und des sozialen Status beruhen.

Viertens macht die oben angedachte Bestimmung von Reichtum über Selbstachtung deutlich, dass wirklich alle Menschen, die über mehr als 200 oder 300 Prozent des Durchschnittseinkommens verfügen, auch tatsächlich reich sind. Es ist nicht so, dass sie nur wohlhabend sind, während in Wahrheit nur die Multimillionäre und Milliardäre richtig reich sind. Natürlich sind Letztere unendlich viel reicher, aber reich sind trotzdem beide Gruppen (da beide deutlich mehr Geld haben, als sie für ihre Selbstachtung benötigen). Reichtum betrifft demzufolge sehr viel mehr Menschen als üblicherweise angenommen, insbesondere im globalen Maßstab. Dieses Ergebnis ist natürlich von großer Wichtigkeit, wenn sich

24 Für die Ungesteuertheit und Unsteuerbarkeit dieser Prozesse hat wie kein anderer Friedrich August von Hayek argumentiert (Hayek, *Der Weg zur Knechtschaft*; ders., *Die Verfassung der Freiheit*).

erweisen sollte, dass Reichtum ein moralisches Problem darstellt. Denn dann könnte es sein, dass sehr viel mehr Menschen auf moralisch problematische Weise in Reichtum leben als gedacht. Dennoch gilt natürlich, dass Reichtumsunterschiede auch unter Reichen eine wichtige Rolle spielen. Dies wird in den nächsten beiden Abschnitten deutlich, wenn ich die Themen der sozialen Macht und des sozialen Status in ihrem Zusammenhang mit dem Reichtum noch einmal vertiefe.

Macht und Geld

Geldreichtum führt zu Macht, und andersherum begünstigen verschiedene Formen sozialer Macht auch die Möglichkeiten zum Gelderwerb.[25] Dieser Zusammenhang wird kaum geleugnet und gilt auch, wenn man Reichtum so bestimmt, wie ich es hier vorgeschlagen habe. Menschen, die deutlich mehr Geld haben, als sie für ihre Selbstachtung brauchen, können diesen Reichtum leicht nutzen, um Macht über andere Menschen auszuüben. Dennoch ist es nicht ganz einfach, diesen offensichtlichen Zusammenhang zwischen Geld und Macht mit theoretischen Mitteln herzuleiten. Die zentrale Schwierigkeit liegt darin, dass der Machtbegriff ziemlich allgemein und amorph ist.[26] So unterschiedliche Theoretikerinnen

25 Niemand hat das in einer ungewöhnlichen Kette von Verkürzungen so sehr auf den Punkt gebracht wie Karl Marx: »Das Geld, indem es die Eigenschaft besitzt, alles zu kaufen, indem es die Eigenschaft besitzt, alle Gegenstände sich anzueignen, ist also der Gegenstand im eminenten Besitz. Die Universalität seiner Eigenschaft ist die Allmacht seines Wesens; es gilt daher als allmächtiges Wesen [...]. Das Geld ist der Kuppler zwischen dem Bedürfnis und dem Gegenstand, zwischen dem Leben und dem Lebensmittel des Menschen. Was mir aber mein Leben vermittelt, das vermittelt mir auch das Dasein der andren Menschen für mich. Das ist für mich der andre Mensch« (Karl Marx, *Ökonomisch-philosophische Manuskripte*, Berlin 2009, S. XLI).

26 Das hatte bereits Max Weber notiert (Weber, *Wirtschaft und* Gesellschaft, S. 28 f.) und ihn dazu geführt, nicht mit dem Machtbegriff, sondern nur mit dem Herrschaftsbegriff zu operieren, den er für soziologisch präziser hielt. Allerdings konnte er dadurch viele Machtphänomene nicht mehr in den Blick nehmen; vgl. Petra Neuenhaus-Luciano, »Amorphe Macht und Herrschaftsgehäuse. Max Weber«, in: Peter Imbusch (Hg.), *Macht und Herrschaft. Sozialwissenschaftliche Theorien und Konzeptionen*, Berlin 2012.

und Theoretiker wie Max Weber, Hannah Arendt, Pierre Bourdieu und Michel Foucault haben daher auch sehr verschiedene Machtbegriffe entwickelt.[27] Ich glaube jedoch, dass der amorphe Charakter des Machtbegriffs nicht unbedingt ein Problem sein muss, wenn man ihn für ein sehr spezifisches Anliegen verwenden will. Hier geht es um solch ein spezifisches Anliegen, nämlich um die Frage, ob Reichtum eine Form von Macht darstellt, die für die Selbstachtung von Menschen zu einem Problem werden kann.

Ich möchte in diesem Abschnitt zeigen, dass tatsächlich zahlreiche Zusammenhänge zwischen Macht und Reichtum bestehen, und nur andeuten, welche moralischen Probleme sich daraus ergeben.[28] Erst im weiteren Verlauf des Buches wird es dann konkret darum gehen, warum Reichtum aufgrund der damit verbundenen Macht ein moralisches Problem darstellt. Für dieses Anliegen bietet sich ein weiter Machtbegriff an, weil sich auf solch einer allgemeinen Grundlage unvoreingenommen untersuchen lässt, auf welche Weise Reichtum auch Macht bedeutet. Als Ausgangspunkt für diese Überlegungen erscheint mir die allgemeine Machtdefinition von Weber besonders geeignet, weil sie den Akteur in den Mittelpunkt rückt, was gut zur hier verwendeten Explikation von Reichtum passt, die ebenfalls auf Akteure abstellt.[29] Außerdem wurde Webers Ansatz von Steven Lukes und Heinrich Popitz auf für die Thematik interessante Weise ausgebaut. Auf diese beiden Autoren werde ich mich hauptsächlich stützen, weil sie den Machtbegriff auf frucht-

27 Hannah Arendt betont die Differenz von Macht und Gewalt (Hannah Arendt, *Macht und Gewalt*, München 2013, S. 36 f.). Michel Foucault arbeitet die Machtabhängigkeit der Subjektkonstitution heraus (Michel Foucault, »Subjekt und Macht«, in: ders., *Analytik der Macht*, Berlin 2013, S. 240-263). Pierre Bourdieu bindet seine Analyse der Symbolik der Macht an die Begriffe des Habitus und des sozialen Feldes (Pierre Bourdieu, *Praktische Vernunft. Zur Theorie des Handelns*, Berlin 1998, S. 201-242; ders., *Meditationen. Zur Kritik der scholastischen Vernunft*, Berlin 2001, S. 48-52). Es ist relativ unwahrscheinlich, dass all diese verschiedenen Ansätze miteinander vereinbar sind (vgl. zu einer guten Übersicht: Andreas Anter, *Theorien der Macht. Zur Einführung*, Hamburg 2012).

28 Vgl. zu einer engagierten Darstellung aus Sicht kritischer Ökonomen: Norbert Häring, Niall Douglas, *Economists and the Powerful. Convenient Theories, Distorted Facts, Ample Rewards*, London 2012.

29 Damit will ich nicht sagen, dass andere Machtbegriffe, wie beispielsweise der strukturelle Machtbegriff von Foucault, in anderen Kontexten nicht ebenfalls ein hilfreiches Analysemittel darstellen können.

bare Weise auffächern.[30] Dadurch wird er auf verschiedene mit Reichtum verbundene Phänomene anwendbar.

Weber definiert Macht folgendermaßen: »Macht bedeutet jede Chance, innerhalb einer sozialen Beziehung den eigenen Willen auch gegen Widerstand durchzusetzen, gleichviel worauf diese Chance beruht.«[31] Reichtum wäre demnach genau dann eine Form von Macht, wenn die folgende Abwandlung der Definition von Weber zutrifft: Reichtum bedeutet die Chance, innerhalb einer sozialen Beziehung den eigenen Willen auch gegen Widerstand durchzusetzen. Hier stellt sich natürlich die Frage, ob das zutrifft, oder genauer gesagt, ob das auf interessante Weise zutrifft. Denn die Definition von Weber ist tatsächlich so weit, dass selbst der Brötchenkauf beim Bäcker zu einer Machtfrage wird. Immerhin setzt die Brötchenkäuferin mithilfe ihrer Geldzahlung ihren Willen, Brötchen zu kaufen, gegen den Verkäufer durch. Ohne das Geld hätte er ihr keine Brötchen gegeben. Zwar hat der Verkäufer dem Brötchenkauf nicht wirklich einen Widerstand entgegengesetzt. Aber wegen des »auch« in der Definition von Weber darf man diesen Widerstand auch nicht als notwendige Bedingung der Machtausübung auffassen.

Die Machtdefinition von Weber allein hilft also nicht viel bei der Antwort auf die Frage nach der tatsächlichen Macht des Geldes. Allerdings stammen von Heinrich Popitz und Steven Lukes weitere Ausdifferenzierungen des Machtbegriffs von Weber, die sich als hilfreich erweisen. Ich möchte diese ausdifferenzierten Machtbegriffe hier darstellen und zeigen, inwiefern Reichtum für die verschiedenen Ebenen und Formen der Macht, die diese beiden Autoren unterscheiden, eine Grundlage darstellen kann. Das ist nicht nur wichtig, um den Zusammenhang zwischen Macht und Geld theoretisch zu stützen. Vielmehr geht es darum, eine Grundlage für die später im Buch folgende kritische Diskussion zu liefern, bei der es darum geht, wann Reichtum moralisch problematisch

30 Vgl. Steven Lukes, *Power. A Radical View*, Basingstoke 2005, und Heinrich Popitz, *Phänomene der Macht*, Tübingen 1992. In der Wirtschaftstheorie selbst wird das Phänomen der ökonomischen Macht sicherlich vernachlässigt, wenn nicht sogar negiert. Das gilt jedoch nicht für alle klassischen Wirtschaftstheoretiker (vgl. beispielsweise Walter Eucken, *Grundsätze der Wirtschaftspolitik*, Tübingen 2004, S. 169-175).

31 Weber, *Wirtschaft und Gesellschaft*, S. 28.

wird. Eine mögliche Antwort auf diese Frage lautet nämlich, dass er zu einem Problem wird, wenn er illegitime Formen der Machtausübung ermöglicht und erleichtert.

Steven Lukes bezeichnet seinen Ansatz als »dreidimensional« und meint damit, dass Macht auf drei Ebenen ausgeübt werden kann. Die erste Ebene betrifft unmittelbar die direkte Interaktion, die zweite Ebene betrifft die Kontrolle des Interaktionsraumes, und die dritte Ebene betrifft die Kontrolle von Interessen.[32] Auf allen drei Ebenen, so Lukes, können Akteure über andere Menschen soziale Macht ausüben. Offensichtlich ist der Zusammenhang zwischen Geldreichtum und direkter Interaktionsmacht. Bei der direkten Interaktionsmacht geht es um die Fähigkeit, auch in Konflikten wichtige Entscheidungen treffen oder zumindest zu den eigenen Gunsten beeinflussen zu können.[33] So kann Reichtum auf illegale Weise durch Bestechungen zur Beeinflussung von Entscheidungen genutzt werden.[34] Auf legale Weise geschieht solch eine Beeinflussung im politischen Bereich durch Parteispenden oder hochdotierte Vortragseinladungen für wichtige Politikerinnen. Aber auch die Drohung, viel Kapital in ein anderes Land zu investieren, ist ein klarer Fall der Ausübung dieser Interaktionsmacht.

Bei der zweiten Machtebene, der Kontrolle des Interaktionsraumes, geht es nicht um offen ausgetragene Konflikte und auch nicht um die Fähigkeit, durch verschiedene Machttechniken die Oberhand gewinnen zu können. Vielmehr geht es darum zu bestimmen, ob es überhaupt zu auszutragenden Konflikten kommt. Diese zweite Ebene von Macht beruht auf der sekundären Entscheidungsfähigkeit, darüber entscheiden zu können, ob Entscheidungen überhaupt zu fällen sind oder nicht.[35] So kann etwa ein mächtiger Vorstandsvorsitzender entscheiden, welche Punkte auf die Agenda der Vorstandssitzung kommen und welche nicht. Die Medien wiederum entscheiden, was in der Öffentlichkeit auf welche Weise

32 Lukes, *Power*, S. 29.

33 Ebd., S. 19 f.

34 Vgl. zu einer Übersicht über Bestechungen im internationalen Raum: Christopher Baughn u. a., »Bribery in International Business Transactions«, in: *Journal of Business Ethics* 92/1 (2010), S. 15-32. Die Studie zeigt deutlich, wie bei Bestechungen monetär verfasste Machtverhältnisse zum Vorschein kommen, da Unternehmen entwickelter Staaten in weniger entwickelten Staaten deutlich häufiger bestechen.

35 Lukes, *Power*, S. 22.

verhandelt wird und was gar nicht erst zur Sprache kommt. Ein direkter Zusammenhang mit Reichtum besteht bei dieser Machtebene dann, wenn reiche Akteure in der Lage sind, über ihr Geld zu steuern, was in bestimmten Kontexten verhandelt wird und was nicht. (Je mehr etwa Medien marktwirtschaftlich organisiert sind und je stärker nur wenige große Konzerne die Medienlandschaft kontrollieren, desto stärker verfügen sie über diese Kontrollmacht in Bezug auf die öffentliche Meinung.[36]) Das sind meist korporative, können aber auch individuelle Akteure sein.[37] Außerdem ist es durch Lobbyarbeit oder die Finanzierung von wissenschaftlichen oder halbwissenschaftlichen Institutionen möglich, erheblichen Einfluss auf die öffentliche Wahrnehmung bestimmter Fragen zu nehmen. Ein Industriezweig kann beispielsweise Expertinnen viel Geld bezahlen, damit diese ein glaubwürdiges Gegengewicht zu einem für die Industrie unliebsamen Forschungsstand bilden. So hat es lange die Tabakindustrie gehandhabt, und so scheint es die Energiewirtschaft in Fragen des Klimawandels heute zu tun.[38] Durch solche Interventionen erscheint das jeweilige Thema äußerst kontrovers und die Faktenlage wenig eindeutig. Vielleicht findet der Klimawandel ja doch nicht statt oder ist zumindest nicht von Menschen gemacht? Durch diese Form der Machtausübung wird unmittelbar Agenda-Setting betrieben, denn sie führt dazu, dass in der Öffentlichkeit anders und über andere Dinge diskutiert wird. Ohne sie hätten im Fall des Klimawandels vielleicht ganz andere Diskussionen über die richtigen Gegenmaßnahmen und eine faire Verteilung von Verantwortung schon viel früher die politische Agenda bestimmt.

Die dritte Ebene der Macht, die Lukes diskutiert, ist besonders knifflig und liefert den Grund dafür, dass er seine Machttheorie selbst als radikal bezeichnet. Lukes glaubt, dass es möglich ist, auf andere Akteure durch Beeinflussung ihrer Interessen direkt Macht auszuüben. Das führt dazu, dass Konflikte weder offen ausgetragen werden noch durch Verschleierung unterhalb der Aufmerksamkeitsschwelle unausgetragen bestehen bleiben. Stattdessen existie-

36 Bernhard Peters, *Der Sinn von Öffentlichkeit*, Frankfurt/M. 2007.

37 Colin Crouch hat dieses Problem in seiner Studie zur Postdemokratie deutlich herausgearbeitet (Crouch, *Postdemokratie*, S. 67 f.).

38 Der britische Journalist George Monbiot spricht von einer Verleugnungsindustrie (George Monbiot, *Heat. How We Can Stop the Planet Burning*, London 2007).

ren überhaupt keine Konflikte, weil die mächtige Partei die Interessen der ohnmächtigen Partei so manipulieren kann, dass letztere sich den Interessen ersterer anpasst.[39] Die geschickte Produktplatzierung in Supermärkten und Warenhäusern ist ein gutes Beispiel für die Manipulation von Interessen.[40] Ein anderes Beispiel, das unmittelbar auf Reichtum beruht, ist Werbung, die offensichtlich viel Geld kostet, wenn sie flächendeckend viele Menschen erreichen soll. Diese Form der Machtauübung durch Werbung erhält noch immer nicht die kritische Aufmerksamkeit, die sie verdient hätte, obwohl von vielen Seiten moniert wird, dass Werbung unsere Interessen manipuliert und Konsumentinnen sogar infantilisiert, wie Benjamin Barber das ausdrückt.[41]

Tatsächlich leistet Werbung meiner Einschätzung nach aber noch viel mehr. Sie definiert durch ihre Bildermacht nämlich, was in der öffentlichen Wahrnehmung als die herrschende Vorstellung vom gelingenden Leben gilt.[42] Das ist dann natürlich ein materia-

39 Lukes, *Power*, S. 28. Diese dritte Form der Macht über Interessen erinnert natürlich an Marx und seine Idee eines falschen Bewusstseins, aber auch an George Orwell und seine Dystopie des totalen Kontrollstaates. Allerdings gibt es auch wesentliche Unterschiede, insbesondere zum Marxismus. Lukes bezieht beispielsweise keinen ökonomistisch-materialistischen Standpunkt, wonach das Bewusstsein von den Produktionsverhältnissen bestimmt wird. Vielmehr lässt er offen, wie die Interessen manipuliert werden. Außerdem behauptet er nicht, dass sich eine ganze Klasse über ihre welthistorische Bedeutung nicht im Klaren ist, sondern stellt auf einzelne Akteure und subjektiv-reflexive Interessen ab. Sein Konzept ist also deutlich liberaler als das von Marx.

40 Vgl. Luc Bovens, »The Ethics of Nudge«, in: Till Grüne-Yanoff, Sven Ove Hansson (Hg.), *Preference Change*, Luxemburg 2009, S. 207-219.

41 Vgl. Benjamin Barber, *Consumed! Wie der Markt Kinder verführt, Erwachsene infantilisiert und die Demokratie untergräbt*, München 2008. Bereits in der frühen Kritischen Theorie bei Theodor Adorno und Max Horkheimer sowie insbesondere Herbert Marcuse findet sich unter dem Stichwort der Kulturindustrie und des eindimensionalen Denkens diese Manipulationskritik (Max Horkheimer, Theodor W. Adorno, *Dialektik der Aufklärung. Philosophische Fragmente*, Frankfurt/M. 1988; Herbert Marcuse, *Der eindimensionale Mensch. Studien zur Ideologie der fortgeschrittenen Industriegesellschaft*, München 2008. Auch der frühe Habermas hat das noch betont: Jürgen Habermas, *Strukturwandel der Öffentlichkeit*, Frankfurt/M. 1990, S. 290.

42 Vgl. dazu Eva Illouz, »Emotions, Consumption, Imagination. A New Research Agenda«, in: *Journal of Consumer Culture* 9/3 (2009), S. 377-413. Vgl. auch Wolfgang Ullrich, *Habenwollen. Wie funktioniert die Konsumkultur?*, Frankfurt/M. 2009, S. 138-144.

listischer, am Luxus orientierter und insgesamt ziemlich hedonistischer Lebensstil. Werbung hat diese öffentliche Definitionsmacht über das gelingende Leben deswegen erhalten, weil die meisten anderen möglichen Definitoren sich stärker an den liberalen Grundkonsens halten. Dieser besagt, dass Menschen selbstständig und frei entscheiden können sollen, wie sie ihr Leben gestalten wollen.[43] Das gelingt jedoch nur, wenn andere Akteure ihre Macht über Interessen nicht nutzen, um gesellschaftlich akzeptable Formen des gelingenden Lebens vorzugeben. Selbst die Kirchen und die Philosophie halten sich in dieser Sache inzwischen stärker zurück als die Werbeagenturen, wahrscheinlich auch, weil sie in der Öffentlichkeit deutlich kritischer beäugt werden. Werbung als Instrument der Macht über Interessen hingegen wurde wahrscheinlich deswegen lange nicht so kritisch beurteilt, wie sie es eigentlich verdient hätte, weil innerhalb der Ökonomik die Doktrin von der Konsumentensouveränität entgegen der Faktenlage eine erstaunliche Überzeugungskraft entwickelt hat.[44]

Auf das Problem der Werbung werde ich später zurückkommen, denn sie ist natürlich ein guter Kandidat für eine moralisch problematische Form der Machtausübung, die auf Reichtum beruht. Hier möchte ich als Nächstes die Differenzierung verschiedener Formen der Macht durch Heinrich Popitz einführen. Er hat ganz ähnlich wie Lukes auch die Machtdefinition von Weber als Grundlage genommen, um einen stärker ausdifferenzierten Machtbegriff zu entwickeln, der sich gut eignet, um den Zusammenhang von Reichtum und Macht auszuleuchten. Popitz unterscheidet vier Formen der Macht: Aktionsmacht, instrumentelle Macht, autoritative Macht und datensetzende Macht. Aktionsmacht bedeutet, dass ein Akteur auf einen anderen unmittelbar einwirkt, indem er dessen Handlungsmöglichkeiten ausschaltet oder einschränkt. Instrumentelle Macht beruht auf dem Angebot einer Belohnung und der Androhung einer Strafe. Autoritative Macht heißt, dass

43 Das ist die unumstrittene Grundlage des politischen Liberalismus (vgl. John Rawls, *Politischer Liberalismus*, Berlin 2003, S. 269 f.).

44 Andrew Crane, Dirk Matten, *Business Ethics*, Oxford 2007, S. 339-341. Vgl. zu einer Verteidigung der Konsumentensouveränität aus normativen Gründen: Joseph Heath, »Liberal Autonomy and Consumer Sovereignty«, in: John Christman, Joel Anderson (Hg.), *Autonomy and the Challenges to Liberalism. New Essays*, New York 2005, S. 204-225.

ein Akteur allein aufgrund seiner sozialen Stellung erwarten kann, dass seine Befehle und Anweisungen befolgt werden. Die datensetzende Macht schließlich führt zu einer substantiellen Veränderung der strukturellen Beschaffenheit der natürlichen und sozialen Welt, beispielsweise wenn jemand über die Macht verfügt, einen Staudamm zu bauen und damit Flussläufe zu beeinflussen. Man kann diese datensetzende Macht also etwas weniger missverständlich auch als faktenschaffende Macht bezeichnen.[45] Alle Formen können klarerweise auf Reichtum beruhen.

Der klarste Fall ist wohl derjenige der instrumentellen Macht. Geld ist ein hervorragendes Mittel, um Anreize zu setzen sowie Sanktionen zu verhängen und Menschen dadurch zu motivieren, Dinge zu tun, die sie sonst nicht tun würden.[46] Es ist dann oft das Geld der anderen, das diese reizvolle Macht auf einen Akteur ausübt, weil er es gerne für sich selbst hätte und ihn das zu bestimmten Taten verleitet. Umgekehrt gilt: Wenn jemand reich ist und deutlich mehr Geld hat, als er braucht, um in Selbstachtung leben zu können, dann kann er dieses Geld leicht verwenden, um andere Akteure damit in ihren Entscheidungen zu beeinflussen. Das ist instrumentelle Geldmacht. Je mehr Geld jemand übrig hat, je reicher dieser Akteur also ist, umso mehr instrumentelle Macht besitzt er. Ein sehr reiches Unternehmen hat die Macht, stets die am besten ausgebildeten Hochschulabsolventinnen anzuwerben, weil es die höchsten Gehälter bezahlen kann.[47] Ein sehr reicher Mensch kann einem anderen, deutlich ärmeren Menschen mit einem aufwendigen Rechtsstreit drohen, wohl wissend, dass dies seinen Kontrahenten finanziell ruinieren könnte.

Diese Beispiele zeigen schon, auf welche Weise der Reichtum an Geld auch zur zweiten Form der Macht nach Popitz führen kann. Wie wir gerade gesehen haben, beruht instrumentelle Macht darauf, dass man den Wert von Handlungsalternativen durch Anreize

45 Vgl. Popitz, *Phänomene der Macht*. Bei dem Ansatz von Heinrich Popitz handelt es sich nicht im eigentlichen Sinne um eine Theorie der Macht, sondern eher um eine Heuristik zentraler Machtphänomene. Genau das ist jedoch für den gegenwärtigen Zweck nützlich, Geldreichtum als Machtform zu betrachten.

46 Popitz, *Phänomene der Macht*, S. 25-27.

47 Daneben sind reiche Unternehmen berühmt dafür, ihren Mitarbeitern andere Annehmlichkeiten oder solche Dinge, die sie dafür halten, anzubieten. Apple beispielsweise bietet Mitarbeiterinnen ein kostenloses »social freezing« an, also die Möglichkeit, Eizellen für den späteren Gebrauch einzufrieren.

und Sanktionen manipuliert. Die zweite Form der Macht, die Aktionsmacht, beruht darauf, dass man die Lebenswelt eines Akteurs an seiner Handlungsfähigkeit vorbei manipuliert, insbesondere indem man sie ausschaltet.[48] Wenn ich einen sehr reichen Akteur, vielleicht Bill Gates, in seinem Stolz verletzt habe, kann er mich mit seinem Geld auf die grausamste Weise traktieren, ohne dass ich dagegen etwas tun könnte. Er kann mich mit endlos vielen Rechtsanwälte belästigen. Er kann das Unternehmen, für das ich arbeite, einfach kaufen und meinen Arbeitsplatz wegrationalisieren. Er kann mein ganzes Wohnviertel kaufen und nach Belieben verschandeln. Dasselbe kann er bei allen Menschen tun, die mir lieb sind. Immer wenn ich irgendwohin in den Urlaub fahre, kann er genau an diesem Ort eine nervtötende Veranstaltung organisieren. Er kann sich noch viel mehr Ärger für mich ausdenken. Das alles kostet ihn weder viel Mühe noch Zeit. Es kostet ihn nur ein wenig von seinem unendlichen Reichtum. Zum Glück scheint Bill Gates ein anständiger Mensch zu sein. Dennoch sollte das Beispiel klarmachen, warum Reichtum eine wichtige Aktionsmacht bedeutet.[49]

Etwas schwieriger ist es mit der datensetzenden Macht. Diese besteht nicht darin, dass man den Handlungsraum einzelner Akteure punktuell manipuliert,[50] denn die durch datensetzende Macht zustande gekommenen Veränderungen der Lebenswelt haben dauerhafteren strukturellen Charakter. Ein gutes Beispiel dafür sind Flussbegradigungen, die stattgefunden haben und stattfinden, um die kommerzielle Binnenschifffahrt zu erleichtern. Der anthropogene Klimawandel hingegen ist kein gutes Beispiel, weil die Datensetzung im Sinne von Popitz, also das Schaffen von Fakten, nicht absichtlich stattfindet, sondern nur einen unbeabsichtigten Nebeneffekt darstellt. Es ist daher eher ein Ausdruck von Ohnmacht und nicht von Macht. Jedenfalls führt Reichtum deswegen zu datensetzender Macht, weil man damit offensichtlich die technischen Möglichkeiten und Arbeitsressourcen erwerben kann, die für bleibende Eingriffe nötig sind. So beruht beispielsweise die datensetzende Macht, das höchste Gebäude der Welt errichten zu können, ganz offensichtlich auf Reichtum. Auch die datensetzende

48 Popitz, *Phänomene der Macht*, S. 23-25.

49 Vgl. für die anschauliche Schilderung dieser Aktionsmacht superreicher Akteure auch: Freeland, *Die Superreichen*.

50 Popitz, *Phänomene der Macht*, S. 29-31.

Macht großer Internetkonzerne, die digitale Welt wesentlich gestalten zu können, beruht auf ihrem Reichtum.

Ein besonders interessanter Fall ist die vierte Form der Macht bei Popitz, die autoritative Macht. Bei dieser Form von Macht kann man allein aufgrund seiner autoritären Position seinen Willen durchsetzen. Sie beruht also auf dem Legitimitätsglauben derjenigen, die sich dieser Autorität unterwerfen, wie Max Weber sagen würde.[51] In liberalen Gesellschaften sollte Reichtum aufgrund des Gleichheitsgebots eigentlich nicht dazu führen, dass man über eine besondere Autorität verfügt. Es kann natürlich sein, dass Geld einem die nötige Aktionsmacht oder instrumentelle Macht verschafft, um sich Zugang zu bestimmten, mit Autorität versehenen Ämtern und Positionen zu verschaffen. Aber dann beruht die autoritative Macht auf diesen Positionen und nicht unmittelbar auf Reichtum. Aber ist es in unseren Gesellschaften nicht auch so, dass reichen Akteuren und insbesondere reichen Menschen eine besondere und legitime Autorität zugesprochen wird, weil ihr Reichtum mit einem höheren sozialen Status einhergeht? Ich glaube, dass dies durchaus naheliegend ist, und halte diesen Punkt für so wichtig, dass ich ihn im nächsten Abschnitt eingehender verfolgen werde.

Status und Geld

Die Machtdefinition von Weber wird üblicherweise so verstanden, dass der Passus »den eigenen Willen durchsetzen« auf eigene Handlungen bezogen wird. Man hat dann die Macht, etwas auch gegen den Willen anderer »zu tun«. Aber eigentlich ist die Definition noch weiter, denn das »durchsetzen« schließt auch die Macht, etwas »zu sein«, nicht aus. Dieser Punkt scheint mir für das Verhältnis von Reichtum und Macht wichtig zu sein, weil ich glaube, dass reiche Menschen die Macht haben, einen besonderen sozialen Status zu erlangen. Dieser soziale Status verleiht ihnen dann in liberalen Gesellschaften vielleicht nicht die unmittelbare Autorität, um von anderen Menschen direkt Gehorsam und Unterordnung verlangen zu können, aber der mit Reichtum verbundene, besondere soziale Status hat einen eigenen Wert, wie ich zeigen möchte.

51 Weber, *Wirtschaft und Gesellschaft*, S. 140; Popitz, *Phänomene der Macht*, S. 27-29.

Durch ihn kommt eine deutlich sicht- und spürbare Rangordnung zustande. Indirekt verleiht Reichtum so doch auch eine gewisse autoritative Macht, weil sich soziale Konventionen herausbilden, die von den Menschen verlangen, ihren gesellschaftlichen Platz in der Hierarchie zu kennen und sich entsprechend zu verhalten.

Die normative Bedeutung von Statusfragen wird oft als sehr gering eingeschätzt. Nach allgemeiner Ansicht mag es vielleicht zutreffen, dass sich über Reichtum sozialer Status kommunizieren lässt, und es mag auch zutreffen, dass damit in bestimmten Kontexten so etwas wie autoritative Macht einhergeht; man wird im Restaurant, im Hotel oder im Kaufhaus vielleicht besser behandelt. Insgesamt aber sind diese Dinge unwichtig, weil damit kein unterschiedlicher politischer Status einhergeht. Unabhängig von ihrem Reichtum haben alle Menschen weiterhin dieselben Freiheits- und Partizipationsrechte. Sie sind vor dem Gesetz alle gleich, und darauf kommt es an, so das Argument.[52] Ich halte dieses Argument für falsch. Es mag zutreffen oder nicht, dass Reichtum keinen höheren politischen Status mit sich bringt. Später, im fünften Kapitel, werde ich diese liberale Selbstverständlichkeit in Frage stellen. Doch selbst wenn es so wäre, erscheint mir das Problem des sozialen Status unabhängig davon nicht ganz harmlos zu sein. Der soziale Status ist nämlich kein völlig isoliertes und unwichtiges, irgendwie nur spielerisches Phänomen. Vielmehr geht es auch dabei um Anerkennung und Respekt als gleichrangiges Gesellschaftsmitglied.[53]

Einen hohen sozialen Status zu besitzen, ist meiner Meinung nach eine zentrale Voraussetzung für eine normativ angemessene Selbstachtung. Dieser Zusammenhang führt in liberalen Gesellschaften zu einer allgemeinen Reichtumsorientierung und sogar

52 Ganz explizit macht Michael Walzer dieses Argument (vgl. Michael Walzer, *Sphären der Gerechtigkeit. Ein Plädoyer für Pluralität und Gleichheit*, Frankfurt/M. 2008, Kap. 4).

53 Für die empirisch wichtige Bedeutung des sozialen Status stehen meiner Meinung nach insbesondere die Arbeiten von Erving Goffmann (vgl. Erving Goffmann, *Wir alle spielen Theater. Die Selbstdarstellung im Alltag*, München 2000, S. 221-233; ders., *Stigma. Über Techniken der Bewältigung beschädigter Identität*, Berlin 1975, S. 132-155; ders., *Interaktionsrituale. Über Verhalten in direkter Kommunikation*, Berlin 1986; vgl. auch Giddens, *Die Konstitution der Gesellschaft*, S. 137-147). Allerdings entwickelt Goffmann keine normative Theorie, obwohl sich seine Annahmen dafür eignen (vgl. dazu auch Neuhäuser/Stoecker, »Human Dignity as Universal Nobility«, S. 298-310).

zu so etwas wie einer Reichtumskultur. Das scheinbar harmlose Bedürfnis nach einem hohen sozialen Status hat also möglicherweise weitreichende Folgen für die Gesellschaftsstruktur.[54] Doch trifft es überhaupt zu, dass solch eine enge Verbindung von sozialem Status und Selbstachtung besteht? Dafür spricht, dass die öffentliche Kommunikation von Status besonders gut mithilfe des Konsums sogenannter Statusgüter gelingt. Autos, Telefone, Kleidung, Restaurantbesuche oder Urlaube bringen deswegen einen bestimmten Status zum Ausdruck, weil allgemein recht gut bekannt ist, wie viel diese Güter kosten. Man zeigt also, wer man ist, indem man zeigt, was man hat. Oft ist das, so wird gern unterstellt, sogar das primäre Motiv beim Konsum. Man konsumiert diese Güter nicht nur auch, sondern vor allem deswegen, weil sich der Status bzw. die Zugehörigkeit zu einer bestimmten Statusgruppe mit ihrer Hilfe besonders gut zum Ausdruck bringen lässt.[55] Für den gehobenen Statuskonsum kann es mitunter sehr feinsinnige Regelwerke geben, was es den alten Eliten ermöglicht, sich über die Neureichen lustig zu machen, weil sie diese Regeln nicht kennen und auf die falsche Weise »protzen«.

Ich möchte hier ohne weitere empirische Befunde einfach davon ausgehen, dass solch ein Statuskonsum wirklich stattfindet und sogar sehr verbreitet ist. Tatsächlich scheint mir dies in der öffentlichen Diskussion auch als selbstverständlich unterstellt zu werden.[56] Wie bereits erwähnt, gibt es allerdings einen Dissens be-

54 Meine Darstellung dieses Bedürfnisses erinnert natürlich an *amour-propre* bei Rousseau. Ich würde mich allerdings der Interpretation von Frederick Neuhouser anschließen, dass es nicht darum gehen kann, *amour-propre* irgendwie auszuschalten. Vielmehr geht es darum, die als gegeben anzunehmenden Bedürfnisse verschiedener Menschen nach Anerkennung in ein angemessenes Verhältnis zueinander zu setzen. Vgl. Frederick Neuhouser, *Rousseau's Theodicy of Self-Love. Evil, Rationality, and the Drive for Recognition*, Oxford 2008.

55 Darauf hat bereits Veblen mit seinem Begriff des Geltungskonsums hingewiesen (Veblen, *Theorie der feinen Leute*, S. 66-75). Bourdieu macht in seinen Werken deutlich, dass eine Wirtschaftsform nicht nur auf äußerer Konformitiät beruht, sondern den Menschen habituell in ihre Leiber eingeschrieben ist. Vgl. beispielsweise Pierre Bourdieu, *Sozialer Sinn. Kritik der theoretischen Vernunft*, Frankfurt/M. 1993, S. 107 f.

56 Nur ein Hinweis: Laut einer Schätzung von Barclays Capital lagen die weltweiten Werbeausgaben im Jahr 2011 bei knapp 500 Milliarden US-Dollar. Diese Ausgaben würden kaum getätigt werden, wenn Werbung keinen Effekt hätte (Statista. Das Statistik-Portal, »Weltweite Ausgaben für Werbung von 2008 bis

züglich der Frage, wie dieser Statuskonsum normativ einzuschätzen ist. Eine Möglichkeit besteht darin, darauf zu insistieren, dass den Konsumenten sozialer Status viel zu wichtig sei. Es ist dann ihr individuelles moralisches Versagen, sich diesem Laster hinzugeben. Dieses Argument krankt jedoch entweder an seinem radikalen Individualismus, oder es besitzt einen elitären Zug. Zu individualistisch ist dieses Argument, weil es vernachlässigt, dass Selbstachtung auch auf der Achtung durch andere Menschen als gleichrangige Gesellschaftsmitglieder beruht. Die einzelnen Menschen können sich aber nicht aussuchen, in welcher Form diese wechselseitige Achtung kommuniziert wird. Vielmehr müssen sie sich den bestehenden Konventionen der Achtbarkeit anpassen und ihre Achtungswürdigkeit in denjenigen Formen kommunizieren, die ihnen zur Verfügung stehen.

Das Argument wird elitär, wenn die Kritikerin zwar den sozialen Charakter von Selbstachtung eingesteht, aber darauf beharrt, dass Menschen ihre Selbstachtung nicht auf Statuskonsum, sondern auf andere Dinge aufbauen sollten, auf ihre Bildung beispielsweise. Elitär ist das, weil tatsächlich nur sehr wenigen Menschen die Möglichkeit offensteht, ihre Achtungswürdigkeit auf andere Weise als durch Statuskonsum öffentlich zum Ausdruck zu bringen. Erfolgreiche Wissenschaftlerinnen, Künstler und Sportlerinnen können das vielleicht, aber sie bleiben Ausnahmen. Die meisten Menschen können ihren Status im Alltag nur über Konsumgüter zeigen, also auf den Straßen, in Restaurants und Cafés, Bussen und Bahnen sowie in den Fußgängerzonen und Einkaufszentren. Denn genau das sind die öffentlichen Orte des Alltags der meisten Menschen.[57]

Wenn es zutrifft, dass die Forderung, sich am Statuswettbewerb nicht zu beteiligen, entweder elitär oder übermäßig in-

2011«, in: ⟨https://de.statista.com/statistik/daten/studie/160585/umfrage/weltweite-ausgaben-fuer-werbung-seit-2008/⟩, letzter Zugriff 25.5.2017). Vgl. auch Stefan Hradil, *Soziale Ungleichheit in Deutschland*, Wiesbaden 2005, S. 292-298.

57 Natürlich verfügen viele Menschen auch über andere soziale Räume, in denen sie sich bewegen und Anerkennung erfahren, beispielsweise wenn sie einer Subkultur angehören oder eine große Familie besitzen. Aber die Anerkennung durch diese signifikanten Anderen ist gerade nicht die gesuchte Anerkennung durch die Mehrheitsgesellschaft (Taylor, *Multikulturalismus und die Politik der Anerkennung*, S. 23).

dividualistisch ist, dann lässt sich von einzelnen Menschen auch nicht einfach so verlangen, sich daran nicht zu beteiligen. Wenn es zutrifft, dass sogar ihre Selbstachtung auf dem Spiel steht, insofern ihr Statuskonsum für sie eine gute und vielleicht sogar die einzige Möglichkeit darstellt, von anderen Menschen die Achtung als gleichrangiger Mensch einzufordern, dann folgt daraus sogar noch mehr. Dann haben sie zumindest auf den ersten Blick sogar einen Anspruch darauf, sich am Statuskonsum beteiligen zu können. Zwar ist der Zusammenhang zwischen Status und materiellen Gütern theoretisch kontingent, aber er ist eine praktisch wirkungsmächtige, soziale Tatsache und liegt, wie gesagt, nicht im Belieben des Einzelnen.[58] Darüber hinaus ist es wichtig zu sehen, dass der Zusammenhang zwischen Status und Selbstachtung nicht kontingent ist. Da Selbstachtung auf der Achtung als gleichrangiges Gesellschaftsmitglied beruht, dient die Kommunikation von Status immer auch der Kommunikation von Achtungswürdigkeit. Ich sehe nicht, wie sich diese beiden Dinge voneinander trennen ließen.

Hier zeigt sich übrigens ein interessanter Aspekt im Wandel von der Dominanz des Bildungsbürgertums hin zur Dominanz des Wirtschaftsbürgertums, wie wir ihn meiner Einschätzung nach derzeit beobachten können.[59] Die Managerin löst gerade den Universitätsprofessor als soziales Ideal der oberen Mittelschicht ab oder hat es bereits getan.[60] Tatsächlich hat dieser Wandel auch eine egalisierende Seite, denn in gewisser Weise steht das Bildungsbürgertum der elitären Struktur des Adels näher als das Wirtschaftsbürgertum, weil es sozial stärker geschlossen ist. Bildungstitel und -hierarchien erfordern eine lebenslange Selbstdisziplinierung und den Eintritt in einen von vielen sozialen Codierungen und ungeschriebenen

58 Craig Calhoun hat darauf hingewiesen, dass auch die immateriellen Statussymbole vieler kosmopolitischer »Weltenbummler« letztlich auf ökonomischen Gütern beruhen. Vgl. Craig Calhoun, »The Class Consciousness of Frequent Travelers. Toward a Critique of Actually Existing Cosmopolitanism«, in: *The South Atlantic Quarterly* 101/4 (2002), S. 869-897.

59 Vgl. Ullrich, *Habenwollen*, S. 193-193.

60 So beschreibt es schon Alasdair MacIntyre (*Der Verlust der Tugend. Zur moralischen Krise der Gegenwart*, Berlin 1995, S. 46f.). Auch der politisch ganz anders zu verortende Kenneth Galbraith sieht es so (Galbraith, *The Affluent Society*, S. 141).

Regeln durchzogenen sozialen Raum.[61] Diese Tendenzen zeigen sich inzwischen auch im Wirtschaftsbürgertum, beispielsweise bei Elite-MBAs. Insgesamt ist es jedoch so, dass die Karrierewege in der Wirtschaft längere Zeit durchlässiger waren als in der Wissenschaft. Entscheidend ist ohnehin, dass die Währung, in der Wirtschaftsbürger ihre Achtungswürdigkeit zum Ausdruck bringen, allgemein zugänglicher ist. Denn ihre Währung ist das Geld und nicht die Bildung. Man kann mit dieser Währung in der Öffentlichkeit leichter kommunizieren. Damit einher geht allerdings auch der Effekt, dass Geld für die Kommunikation von Status und Achtungswürdigkeit immer wichtiger wird. Reichtumsunterschiede können dann die scheinbare Egalität des Wirtschaftsbürgerideals wieder unterminieren.

Der Zusammenhang von Geld, Status und Achtungswürdigkeit trägt zum Verständnis des Phänomens der gesellschaftlichen Reichtumsorientierung bei. Unsere gegenwärtigen Gesellschaften, eigentlich weltweit, aber insbesondere in den sogenannten Industrie- und Schwellenländern, sind auf Reichtum ausgerichtet. Wirtschaftswachstum stellt das oberste politische Ziel im Rahmen einer liberalen Grundordnung dar, weil nur ein allgemeines Wirtschaftswachstum dafür sorgen kann, dass zumindest einige Menschen reicher und niemand ärmer wird.[62] Entsprechend werden auch die sozialen Institutionen strukturiert. Der Markt als Garant für Wirtschaftswachstum erhält eine gesellschaftsbeherrschende Rolle, und selbst Institutionen, die eigentlich weit weg von Wachstumserwägungen zu sein scheinen, etwa Schulen

61 Pierre Bourdieu hat diese in Frankreich besonders starke soziale Schließung eindringlich geschildert (vgl. Pierre Bourdieu, *Wie die Kultur zum Bauern kommt. Über Bildung, Klassen und Erziehung*, Hamburg 2001). Als Form der Kontingenzbewältigung in gegenwärtigen Gesellschaften beschreibt dies Zygmunt Baumann (*Flüchtige Zeiten. Leben in der Ungewissheit*, Hamburg 2008). Vgl. zur aktuellen Situation in Deutschland Wehler, *Die neue Umverteilung*, S. 106-108. Wehler schließt in vielerlei Hinsicht an Bourdieu an und zeigt beispielsweise, wie sehr begehrte Studienplätze vom Bildungsstand der Eltern abhängen.

62 Das ist der Kern der Idee des Pareto-Optimums. Eine Pareto-Verbesserung kann bei einem bestehenden Optimum nur durch Wirtschaftswachstum erreicht werden. Genau deswegen wird dieses Kriterium von Ökonomen als Gerechtigkeitsvorstellung verstanden; vgl. zu einer wichtigen Kritik: Rawls, *Eine Theorie der Gerechtigkeit*, S. 305 f.; vgl. auch Daniel Hausman, Michael McPherson (Hg.), *Economic Analysis, Moral Philosophy, and Public Policy*, Cambridge 2006.

oder Krankenhäuser, werden daraufhin optimiert, ihren Teil zum Wirtschaftswachstum beizutragen.[63] Durch solche Optimierungen werden unsere Gesellschaften strukturell mehr und mehr auf Reichtum eingestellt.[64]

Es ist jedoch wichtig zu sehen, dass es sich dabei um eine kollektive und nicht unbedingt eine individuelle Reichtumsorientierung handelt. Die gesellschaftliche Ausrichtung auf Reichtum setzt gar nicht voraus, dass auch jeder einzelne Mensch oder auch nur die Mehrheit der Menschen nach Reichtum strebt. Daher muss man für diesen Befund einer strukturellen Reichtumsorientierung auch nicht eine schwer nachzuweisende Gierkritik bemühen und den meisten Menschen unterstellen, sie seien individuell zu gierig. Vielmehr reicht es hin, anzunehmen, dass die Menschen nicht nach Reichtum, sondern nur nach Wohlstand streben. Ihnen geht es dann nicht unbedingt darum, sehr viel mehr Geld zu haben, als man für ein Leben in Selbstachtung braucht. Ihnen geht es stattdessen nur darum, so viel Geld zu besitzen, dass ihr Leben in Selbstachtung nicht in Gefahr ist. Da Selbstachtung jedoch von Achtungswürdigkeit abhängt und diese wiederum vom sozialen Status, kommt es unweigerlich zu einem Statuswettbewerb, insbesondere wenn in einer Gesellschaft große Ungleichheit herrscht. Der individuelle Wunsch nach bescheidenem Wohlstand wird

63 Die Ökonomisierung des Bildungssystems hat beispielsweise Richard Münch herausgearbeitet: Richard Münch, *Globale Eliten, lokale Autoritäten. Bildung und Wissenschaft unter dem Regime von PISA, McKinsey & Co.*, Frankfurt/M. 2009; ders., *Akademischer Kapitalismus. Über die politische Ökonomie der Hochschulreform*, Berlin 2011.

64 Diese These einer Marktgesellschaft wird von ganz unterschiedlichen Autoren vertreten, beispielsweise bereits von Max Weber, Karl Polanyi, C. B. Macpherson, Erich Fromm und Peter Ulrich. Vgl. Weber, *Wirtschaft und Gesellschaft*, S. 382; Polanyi, *The Great Transformation*; C. B. Macpherson, *Die politische Theorie des Besitzindividualismus*, Frankfurt/M. 1973, S. 307-310; Erich Fromm, »Haben oder Sein«, in: ders. (Hg.), *Analytische Charaktertheorie*, S. 320 f.; Peter Ulrich, *Integrative Wirtschaftsethik. Grundlagen einer lebensdienlichen Ökonomie*, Bern 1997; Michael Sandel, *Was man für Geld nicht kaufen kann. Die moralischen Grenzen des Marktes*, Berlin 2012. Die These von der Marktgesellschaft lässt sich meiner Ansicht nach in zwei Teile aufgliedern. Erstens ist es so, dass immer mehr gesellschaftliche Bereiche und Praktiken in Märkte integriert werden. Das wird häufig mit dem Begriff der Kommodifizierung erfasst. Zweitens ist es so, dass bestimmte gesellschaftliche Bereiche, ohne selbst dem Wirtschaftssystem anzugehören, zunehmend auf Märkte oder ihre Anforderungen ausgerichtet sind.

durch diesen Statuswettbewerb in eine kollektive Reichtumsorientierung auf gesellschaftlicher Ebene transformiert.

Obwohl viele Menschen also vielleicht nur nach Wohlstand streben, entsteht eine gesellschaftliche Reichtumsorientierung durch das kollektive Bedürfnis nach immer mehr Geld. Dieser Prozess verselbstständigt sich zunehmend, so meine ich, weil auch Institutionen und Organisationen auf Reichtum eingestellt werden und dadurch so etwas wie eine Reichtumskultur entsteht. Ich denke, dass es vor allem zwei Phänomene sind, die für solch eine Kultur sprechen. Erstens besitzen viele Organisationen eine auf Reichtum ausgerichtete Zielstruktur. Das gilt natürlich für private Unternehmen, aber beispielsweise auch für manche staatlichen Akteure, zum Beispiel mächtige Bundesministerien. Bei Unternehmen ist dieser Zusammenhang offensichtlich. Üblicherweise wird sogar angenommen, dass sie das Ziel haben sollten, ihren Gewinn zu maximieren.[65] Zwar ist Gewinnmaximierung nicht unbedingt das einzige Ziel von Unternehmen. Sie können gleichzeitig und in Konkurrenz dazu auch soziale Verantwortung übernehmen, und es gibt sogar Firmen, die sich beispielsweise auf Postwachstum einstellen und daher nicht an höheren Gewinnen orientiert sind; sie wollen selbst nicht größer werden und streben auch nicht an, dass die Wirtschaft und damit die verfügbare Gütermenge in wohlhabenden Ländern noch weiter zunimmt.[66]

Doch für die meisten Unternehmen steht Gewinnmaximierung im Mittelpunkt ihres Strebens, und dementsprechend sind dann auch ihre Organisationsstrukturen aufgebaut, die Anreize für ihre Mitarbeiterinnen ausgerichtet sowie ihre öffentliche Kommunikation und ihr politisches Handeln motiviert. Das ist nicht besonders überraschend oder kontrovers. Etwas stärker erklärungsbedürftig ist demgegenüber vielleicht die These, dass auch staatliche korporative Akteure auf Reichtum ausgerichtet sind. Der Unterschied zu Unternehmen besteht darin, dass es nicht unbedingt ihr eigener Reichtum, sondern der gesellschaftliche Reichtum ist, dem sie

65 Prominent wird diese Position von Milton Friedman vertreten, vgl. Friedman, *Kapitalismus und Freiheit* und ders., »The Social Responsibility of Business Is to Increase Its Profits«, in: *New York Times Magazine*, September 13 (1970), S. SM17; vgl. dazu Crane/Matten, *Business Ethics*, S. 47 f.

66 Vgl. Pavan Sukhdev, *Corporation 2020. Warum wir Wirtschaft neu denken müssen*, München 2013.

dienen. Ihnen geht es darum, das wirtschaftliche Wachstum anzukurbeln, weil dadurch soziale Stabilität und politische Zufriedenheit erreicht werden. Wirtschaftswachstum produziert neue Arbeitsplätze und lässt in der Bevölkerung das Gefühl zunehmenden Wohlstandes aufkommen.[67] Machthabende Politikerinnen sind daher darum bemüht, Beamte in staatlichen Institutionen auf das Ziel des Wirtschaftswachstums hin auszurichten. Allmählich schreibt sich diese Zielorientierung dann in die entsprechenden Behörden ein und erscheint irgendwann ganz selbstverständlich. Man denke beispielsweise an die langjährigen politischen Bemühungen, Handelsabkommen wie TTIP auch gegen den großen Widerstand der Bevölkerung durchsetzen zu wollen, mit der offiziellen Begründung, dass dadurch minimale Wohlstandsgewinne erreicht werden sollen.[68]

Der entscheidende Punkt besteht darin, dass vor allem die Gesellschaft insgesamt strukturell auf Reichtum ausgerichtet ist und nicht unbedingt die individuellen Menschen, die sich meiner Einschätzung nach in ihrer persönlichen Orientierung eher an Wohlstand orientieren. Es sind die großen Institutionen und Organisationen wie Verbände, Unternehmen und Ministerien, die eine strukturelle Reichtumsorientierung aufrechterhalten. Ihr Organisationsziel ist es, Reichtum zu schaffen,[69] und eine ihrer zentralen

67 Albert Hirschman verwendet das Bild einer Autobahn mit stockendem Verkehr, bei dem alle zufrieden sind, solange es auf allen Spuren weitergeht; vgl. Albert O. Hirschman, »The Changing Tolerance for Income Inequality in the Course of Economic Development«, in: *The Quarterly Journal of Economics* 87/4 (1973), S. 544-566. Das gilt auch dann, wenn der Verkehr auf einer Spur viel langsamer verläuft. Kommt er auf dieser jedoch ganz zum Erliegen und läuft auf den anderen weiter, dann kommt es zu Konflikten, weil alle auf die anderen Spuren wechseln wollen.

68 Vgl. zu einer engagierten, aber zugleich übersichtlichen Darstellung des öffentlichen Streites um TTIP: Petra Pinzler, *Der Unfreihandel. Die heimliche Herrschaft von Konzernen und Kanzleien*, Reinbek 2015. Vgl. auch Joseph Stiglitz, *The Great Divide*, New York 2016, S. 263-272. Zu einer philosophischen Diskussion der methodologischen Probleme bei der Ermittlung der negativen Effekte des Freihandels: Nicole Hassoun, »Free Trade, Poverty, and Inequality«, in: *Journal of Moral Philosophy* 8/1 (2011), S. 5-44. Vgl. zu grundsätzlicheren Überlegungen Dani Rodrik, *The Globalization Paradox. Democracy and the Future of the World Economy*, New York 2011.

69 Insbesondere Anthony Giddens hat überzeugend herausgearbeitet, dass Akteure durch ihr Handeln innerhalb dieser Strukturen genau diese Strukturen aufrecht-

Aufgaben besteht darin, das Handeln vieler Menschen zu koordinieren. Wenn sie dieses Handeln vollständig auf Wirtschaftswachstum ausrichten, dann ergibt sich daraus eine strukturell hergestellte Reichtumsorientierung im professionellen Handeln der individuellen Akteure. Das ist vielleicht auch der Grund, warum einer aus dem Markt heraus und besonders durch Werbung und Medien kommunizierten Reichtumskultur wenig entgegengesetzt wird. So kann diese Kultur medial dominieren, was über das Bedürfnis nach Status auch die persönliche Wohlstandsorientierung der meisten Menschen aufrechterhält.

Meine Betonung der gesellschaftlichen Reichtumsorientierung gegenüber der individuellen Wohlstandsorientierung hat eine wichtige Konsequenz. Wenn sich Reichtum im zweiten Teil des Buches als moralisches Problem erweisen sollte, dann ist er nicht einfach nur und nicht einmal zuerst das Problem einzelner Menschen, die vielleicht besonders oder sogar superreich sind. Vielmehr ist er ein Problem, das die Mitglieder einer Gesellschaft kollektiv betrifft. Sie müssen sich gemeinsam darauf verständigen, wie sie miteinander leben wollen bzw. sollten und was sie der Reichtumsorientierung ihrer Gesellschaft entgegensetzen können. Für Deutschland, die Schweiz und Österreich stellt sich dann die Frage, ob es eine Möglichkeit gibt, die kollektive und strukturell verankerte Reichtumsorientierung zu durchbrechen und so die damit verbundenen moralischen Probleme zumindest abzumildern. Das könnte beispielsweise durch eine Umstellung auf eine Postwachstumsgesellschaft gelingen. Doch bevor diese Fragen relevant werden, muss sich überhaupt erst noch erweisen, dass Reichtum ein moralisches Problem darstellt. Es wird also Zeit, diese Frage direkter als bisher anzugehen, indem ich im nächsten Kapitel die normativen Grundlagen für die moralische Beurteilung von Reichtum vorbereite. Bisher habe ich Reichtum auf Geldreichtum eingeschränkt, über Selbstachtung eingegrenzt und gezeigt, dass ein enger Zusammenhang zu Machtfragen und Statuskämpfen besteht.

Dabei hat sich herausgestellt oder zumindest schon angedeutet, dass sich der hier vorgeschlagene Reichtumsbegriff sogar auf doppelte Weise auf Selbstachtung bezieht. Einmal ist es deskriptiv so, dass sich über Selbstachtung bestimmt, wann jemand reich ist.

erhalten und stärken, selbst wenn sie das gar nicht beabsichtigen und es ihnen nicht einmal klar ist (Giddens, *Die Konstitution der Gesellschaft*, S. 235-247).

Wenn ein individueller Akteur deutlich mehr Geld besitzt, als für sein Leben in Selbstachtung nötig ist, dann ist er reich. Wenn ein korporativer Akteur deutlich mehr Geld besitzt, als er für seinen funktionalen Beitrag zum Leben der Menschen in Selbstachtung aufwendet, dann ist er reich. Durch die Auseinandersetzung mit den Phänomenen der sozialen Macht und des sozialen Status hat sich zudem auch gezeigt, dass der Reichtum einiger Akteure zu einem Problem für die Selbstachtung anderer Akteure werden kann. Sie können die Selbstachtung dieser Menschen verletzen oder deren Fähigkeit beeinträchtigen, ein Leben in Selbstachtung zu führen. Dann wird Reichtum zu einem moralischen Problem. Die betroffenen Akteure sind nicht nur reich, sie sind zu reich, so könnte man dann auch sagen.

Ein Akteur ist dieser Annäherung an den Begriff zufolge zu reich, wenn er über so viel Geld verfügt, dass er es für die Verletzung oder Missachtung der Selbstachtung anderer Akteure einsetzen kann, ohne dabei die Grundlage seiner eigenen Selbstachtung zu gefährden. Im nächsten Kapitel will ich diesen normativen Maßstab für die Reichtumskritik herausarbeiten, um ihn dann in den folgenden Kapiteln auf verschiedene moralische Probleme zu beziehen.

Kapitel 4: Reichtum und Kritik

Reichtum ist von großer sozialer Bedeutung, weil er eine wichtige Ermöglichungs- oder zumindest Erleichterungsbedingung darstellt, um die Güter, Werte und Fähigkeiten erreichen zu können, die für ein gelingendes Leben wichtig sind. Das ist nicht zuletzt deswegen so, weil es eine enge Verbindung zwischen Reichtum und Macht sowie Reichtum und sozialem Status gibt. Diese Einsichten der letzten beiden Kapitel bilden den Ausgangspunkt dafür, Reichtum als moralisches Problem in den Blick zu nehmen. Doch wann genau wird Reichtum zu solch einem Problem? Zunächst scheint es ja so zu sein, als würde Reichtum einfach nur zu zusätzlichen Lebenschancen führen. Reiche Akteure haben mehr Güter, mehr Zugang zu Fähigkeiten und können mehr Werte realisieren als andere Akteure. Solange diese anderen Akteure genug Geld haben und solange insbesondere andere Menschen genug oder sogar mehr als genug haben, um ein anständiges Leben zu führen, muss das noch kein Problem darstellen, so lässt sich argumentieren. Dann können alle mit dem zufrieden sein, was sie haben. Wenn sie es nicht sind, dann könnte das eher auf Neid und nicht auf Reichtum als moralisches Problem zurückzuführen sein, ließe sich noch hinzufügen.[1]

Ich glaube, dass diese Verteidigung des Reichtums als moralisch unschuldiges Phänomen scheitert. Im letzten Kapitel habe ich schon angedeutet, auf welcher Grundidee meine Kritik beruht, indem ich mithilfe des Begriffs der Selbstachtung unterschieden habe zwischen reich sein und *zu* reich sein. Ein Akteur ist demnach zu reich, wenn er über so viel Geld verfügt, dass er es auch nach dem Erfüllen seiner anständigen Ansprüche absichtlich oder unabsichtlich für die Verletzung oder Missachtung der Selbstachtung anderer Akteure einsetzen kann. Bevor ich dieses Verständnis

1 Neid wird üblicherweise als negative und ungerechtfertigte Einstellung verstanden. Eine interessante Ausnahme bildet die Position von Marguerite La Caze, die Neid als wichtige Einstellung verteidigt, die auf Ungerechtigkeit hinweist; Marguerite La Caze, »Envy and Resentment«, in: *Philosophical Explorations* 4/1 (2001), S. 31-45. Ich denke, dass viele Phänomene, die wie Neid erscheinen mögen, tatsächlich als verletzte Gerechtigkeitsgefühle verstanden werden können.

von Reichtum als moralischem Problem stark mache, lohnt es sich jedoch, noch andere Formen der Reichtumskritik zu bedenken. Reichtum lässt sich nämlich nicht nur moralisch, sondern auch ästhetisch oder eher noch ethisch kritisieren. Damit meine ich jede Kritik, die behauptet, dass Reichtum ein gutes oder angemessenes Leben nicht für andere Menschen, sondern für die Reichen selbst verhindert. Reiche Menschen fallen dieser Kritik zufolge aufgrund ihres Reichtums in ihrer Lebensführung hinter einen normativen Standard zurück, der ethischer oder lebensästhetischer Natur ist.

Diese Kritik hat eine gewisse Anfangsplausibilität, sie erscheint mir allerdings nur bedingt gerechtfertigt, nämlich abhängig von den subjektiven Vorstellungen des guten Lebens derjenigen Menschen, die mit ihr konfrontiert werden. Demgegenüber ist die moralische Kritik grundlegender, weil sie einen größeren Allgemeinheitsanspruch besitzt. Der Grund dafür lautet, dass subjektive Vorstellungen vom gelingenden Leben nicht zu einem universellen moralischen Maßstab gemacht werden sollten, es aber eine universelle Vorstellung von einem anständigen Leben geben muss.[2] Reichtum wird dann zu einem moralischen Problem, wenn er dieses anständige Leben der anderen Menschen, und nicht, wenn er das eigene gelingende Leben verhindert. Allerdings haben auch reiche Akteure einen Anspruch auf ein anständiges Leben, und hier stellt sich die knifflige Frage, ob ihnen dadurch nicht auch ein Anspruch auf ihren Reichtum zusteht. Vielleicht haben sie Persönlichkeiten herausgebildet, die darauf angewiesen sind, und vielleicht wäre es moralisch falsch, ihnen die Möglichkeit zu verwehren, ihre so beschaffene Identität auch auszuleben.

Ich glaube, dass man tatsächlich abwägen muss zwischen dem Anspruch, seine nur zum Teil selbst gewählte Identität zu verwirklichen, und dem Anspruch anderer auf ein anständiges Leben. Diese

2 Ich möchte damit nicht entscheiden, ob die damit verbundene Begründung realistischer oder konstruktivistischer Natur ist. Im letzten Fall können es selbst normative Gründe sein, die zu diesem Allgemeinheitsanspruch führen, vgl. dazu R. Jay Wallace, »Konzeptionen der Normativität. Einige grundlegende philosophische Fragen«, in: Rainer Forst, Klaus Günther (Hg.), *Die Herausbildung normativer Ordnungen*, Frankfurt/M. 2011, S. 33-56; R. Jay Wallace, »Normativität, Verpflichtung und instrumentelle Vernunft«, in: Christoph Halbig, Tim Henning (Hg.), *Die neue Kritik der instrumentellen Vernunft*, Berlin 2012, S. 103-152, und Thomas Scanlon, *Being Realistic About Reasons*, Oxford 2014, S. 90-104.

Abwägung hat Konsequenzen für die moralische Einschätzung von Reichtum in verschiedenen sozialen Kontexten. Für diese Einschätzung werde ich in diesem Kapitel die normative Grundlage legen, indem ich zuerst die eingeschränkte Reichweite der ästhetisch-ethischen Reichtumskritik diskutiere. Danach werde ich Würde bzw. Selbstachtung als normativen Maßstab für die kritische moralische Bewertung von Reichtum einführen. Schließlich werde ich noch diskutieren, ob der Anspruch von Menschen darauf, nach ihrem eigenen Lebensglück zu streben, auch einen Anspruch auf Reichtum einschließen kann.

Ästhetisch-ethische Reichtumskritik

Schon Aristoteles argumentierte, dass Menschen das gelingende Leben notwendigerweise verfehlen, wenn sie vor allem anderen nach Reichtum streben. Zwar gestand er ein, dass ein gewisser Wohlstand für das gelingende Leben wichtig sein kann. Aber vielmehr komme es darauf an, tugendhaft zu leben, was auch mit bescheidenem Wohlstand möglich sei.[3] Die platonisch-stoische Tradition ist demgegenüber radikaler, denn für sie ist nicht einmal ein bescheidener Wohlstand notwendige Voraussetzung für das gelingende Leben. Zwar wäre es vorzuziehen, materiell gut ausgestattet zu sein, aber wirklich wichtig ist es nicht. Denn gut leben lässt es sich auch in Armut, weil es beim guten Leben nur auf den Vernunftgebrauch ankommt.[4] In der christlichen Tradition gibt es dann sogar noch eine weitere Verschärfung, weil dort zumindest manchmal von der Annahme ausgegangen wird, dass Reichtum für das gelingende Leben im Sinne eines gottgefälligen Lebens nicht nur irrelevant, sondern sogar schädlich sein kann.[5] Ähnliche For-

3 Vgl. Harald Weinrich, *Über das Haben*, München 2012, S. 13-17. Anna Schriefl, *Platons Kritik an Geld und Reichtum*, Berlin, Boston 2013. Vgl. zur antiken Ethik allgemein die hervorragende Präsentation von Julia Annas (*The Morality of Happiness*, Oxford 1993).

4 Seneca schreibt: »Vergleicht man alles, was uns sonst bedrängt, Todesfälle, Krankheiten, Befürchtungen, Wünsche, Erduldungen von Schmerzen und Arbeiten, mit den Übeln, die das Geld uns bereitet, so werden diese weit überwiegen.« In: Seneca, *Vom glückseligen Leben und andere Schriften*, übers. von Ludwig Rumpel, Stuttgart 1984, S. 45.

5 Vgl. Ulrich Fülleborn, *Besitzen, als besäße man nicht*, Frankfurt/M. 1995, S. 25-37.

men der Reichtumsskepsis und -kritik finden sich auch in anderen kulturellen Traditionen, beispielsweise im Buddhismus und im Daoismus. Wichtiger für den Stellenwert des Arguments ist, dass diese Form der ethischen oder ästhetischen Kritik auch in der gegenwärtigen Philosophie verbreitet ist.

So lässt sich beispielsweise in der frühen Kritischen Theorie eine deutlich erkennbare Verachtung von bestimmten Formen des Konsums und der leichten Genüsse feststellen.[6] Das kann, wenn diese Spekulation erlaubt ist, auch etwas mit der Geringschätzung des in der Kritischen Theorie repräsentierten Bildungsbürgers für das bereits damals aufstrebende Wirtschaftsbürgertum zu tun haben. Aber dieser Ablehnung geht wahrscheinlich ein grundlegenderes Motiv voraus. Diejenigen Menschen, denen es allzu sehr um materiellen Reichtum geht, verfehlen auch der Kritischen Theorie zufolge das, worum es im Leben eigentlich geht. Ihr Leben ist vielleicht schön, aber trotzdem nicht gut, weil ein gutes Leben auch mit Entbehrungen einhergehen muss. Man darf nicht nur im materiellen Wohlstand schwelgen, sondern muss seinem Leben einen höheren Sinn geben, der Verzicht verlangt. Oder ihr Leben ist nicht einmal schön, weil sie einen verkümmerten ästhetischen Sinn besitzen. Denn es ist nicht der Besitz von Gedichten und Gemälden, sondern ihre Kontemplation, die zur Schönheit des Lebens beiträgt. Und der Besitz von Designerhandtaschen und teuren Autos trägt in dieser Hinsicht ohnehin wenig bei.

Ich möchte hier nicht systematisch zwischen solch einer ethischen und ästhetischen Dimension der Reichtumskritik unterscheiden. Man könnte diesen Versuch unternehmen, indem man Ästhetik mit Schönheit verbindet und Ethik mit dem guten Leben, wie ich es gerade angedeutet habe. Am Ende scheint es mir jedoch so zu sein, dass die Betonung eines schönen oder ästhetischen Lebens einfach eine bestimmte Vorstellung vom guten Leben darstellt oder aber zum Ausdruck bringen soll, dass das Schöne für das gute Leben allgemein eine besondere Rolle spielt. Die Ästhetin hat je-

6 Diese Kritik findet sich schon im berühmten Kapitel »Kulturindustrie – Aufklärung als Massenbetrug« in der *Dialektik der Aufklärung* von Max Horkheimer und Theodor W. Adorno (*Dialektik der Aufklärung*, 1944/1988). Deutlich zeigt sich die Kritik auch in dem Buch *Der eindimensionale Mensch* von Herbert Marcuse. Besonders populär hat diesen Ansatz später Erich Fromm in »Haben oder Sein« gemacht.

denfalls eine spezifische Vorstellung davon, was ein gelungenes Leben ausmacht.[7] Wegen dieser Verbindung lässt sich die Reichweite der ästhetischen und ethischen Kritik an Reichtum gemeinsam diskutieren. Ich glaube, dass solch eine ethisch-ästhetische Kritik einige Berechtigung besitzt. Allerdings leidet sie an einer entscheidenden Schwäche. Damit sie allgemeinverbindlich sein kann, muss diese Kritik entweder auf den tatsächlichen Vorstellungen vom Lebensglück der Menschen beruhen und zeigen, dass Reichtum vor dem Hintergrund dieser Vorstellungen problematisch ist. Oder sie muss behaupten, dass es eine objektive Vorstellung vom Lebensglück gibt und diese im Widerspruch zu Reichtum steht. Beide Argumente scheitern jedoch an ihrem fehlenden Allgemeinheitsanspruch, so meine ich.

Es ist zunächst einmal nicht angemessen, Reichtum über eine objektive Vorstellung vom Lebensglück zu kritisieren, weil sich die Objektivität solch einer Vorstellung nicht allgemeinverbindlich feststellen lässt. Um diesen Punkt plausibel zu machen, bietet es sich an, zwei verschiedene Thesen voneinander zu unterscheiden. Die erste und stärkere These lautet, dass es keine objektiven Gründe gibt, aus denen sich für alle Menschen ihr Lebensglück ergibt.[8] Zu dieser These möchte ich keine Stellung beziehen und brauche das auch nicht zu tun. Denn das eigentliche Problem besteht in der zweiten und viel schwächeren These, die der ersten gegenüber neutral bleiben kann. Diese zweite These lautet, dass es kein überzeugendes Verfahren gibt, die Objektivität von Vorstellungen vom Lebensglück festzustellen. Daher ist auch die Orientierung an Geld und Reichtum als möglicherweise objektiv richtige Vorstellung vom Lebensglück nicht leicht auszuschließen. Für solch einen Ausschluss müsste es möglich sein zu zeigen, dass alle Menschen, die sich in ihrem Streben nach Lebensglück an Reichtum orientieren,

7 Vgl. MacIntyre, *Der Verlust der Tugend*, S. 46 f.

8 Ich folge hier der überzeugenden Argumentation von Holmer Steinfath (»Selbstbejahung, Selbstreflexion und Sinnbedürfnis«, in: ders. (Hg.), *Was ist ein gutes Leben?*, Berlin 1998, S. 73-93; ders. (Hg.), *Orientierung am Guten. Praktisches Überlegen und die Konstitution von Personen*, Berlin 2001. Vgl. zu guten Übersichten über die Diskussion: Holmer Steinfath, *Was ist ein gutes Leben? Philosophische Reflexionen*, Berlin 1998; Ursula Wolf, *Die Philosophie und die Frage nach dem guten Leben*, Reinbek 1999; Jean Kazez, *The Weight of Things. Philosophy and the Good Life*, New Jersey 2007; Dagmar Fenner, *Das gute Leben*, Berlin 2007.

einen objektiven Fehler machen.[9] Bisher ist es noch nicht gelungen, das zu zeigen, und dafür gibt es einen einfachen Grund.

Niemand hat einen privilegierten Zugang zu den möglicherweise bestehenden objektiven Gründen für Lebensglück. Das kann daran liegen, dass es solche objektiven Gründe nicht gibt, es kann aber auch daran liegen, dass wir diese Gründe nicht mit hinreichend eindeutiger Klarheit erkennen können. Daher besitzen alle Menschen in diesen Fragen des Lebensglücks dieselbe epistemische Autorität. Entsprechend ist es nicht möglich, eine Reichtumsorientierung über den Verweis auf eine objektiv richtige Vorstellung vom Lebensglück zu kritisieren.[10] Die Alternative besteht darin, die subjektiven Vorstellungen der Menschen von ihrem Lebensglück zum Ausgangspunkt zu nehmen und zu zeigen, dass Reichtum darin keinen Platz hat. Wenn Menschen glauben, Reichtum gehöre zu ihrem Lebensglück dazu, dann müsste man ihnen folglich zeigen, dass sie sich über sich selbst täuschen.[11] Entweder verwechseln sie Reichtum mit anderen Dingen, die ihnen wirklich wichtig sind. Oder Reichtum ist ihnen zwar tatsächlich wichtig, steht aber im Widerspruch zu Dingen, die ihnen noch wichtiger sind. Im ersten Fall könnten sie zwar nach Reichtum streben, aber es würde sie von ihren wirklich wichtigen Anliegen ablenken. Im zweiten Fall wäre es für sie selbst schädlich, nach Reichtum zu streben, weil das

9 Rein formalistisch lässt sich natürlich sagen, dass es immer bessere oder schlechtere Gründe für eine Vorstellung vom Lebensglück gibt und es rationaler wäre, diejenige Vorstellung vom gelingenden Leben zu wählen, zu der man am meisten Grund hat. Aber selbst dann wäre noch immer nicht klar, wie sehr diese Vorstellung von subjektiven Präferenzen abhängt und daher eine Orientierung an Reichtum zulässt.

10 Aussichtsreicher erscheint mir demgegenüber ein negatives Verfahren, in dem bestimmte Vorstellungen vom Lebensglück als unvernünftig ausgeschlossen werden. Hier stellt sich allerdings wiederum die Frage, ob sich jenseits von Vorwürfen der Inkongruenz mehr dazu sagen lässt, was unvernünftige Vorstellungen sind. Ich denke, dass Harry Frankfurt richtigliegt, wenn er vom ganzen Herzen bejahte Wünsche für grundsätzlich hält (vgl. Harry G. Frankfurt, »Identifikation und freier Wille«, in: ders., *Freiheit und Selbstbestimmung*, Berlin 2001, S. 116-137).

11 Dafür lässt sich beispielsweise die Kritische Theorie von Rahel Jaeggi nutzen, vgl. Rahel Jaeggi, *Kritik von Lebensformen*, Berlin 2014; dies., »Was (wenn überhaupt etwas) ist falsch am Kapitalismus? Drei Wege der Kapitalismuskritik«, in: *Working Paper der DFG-KollegforscherInnengruppe Postwachstumsgesellschaften* 01/2013, S. 1-20.

wichtigere Ziele zunichtemachen würde. Ich glaube, diese Kritik ist in beiden Formen häufig angemessen, weil sich für sie tatsächlich überzeugende Beispiele finden lassen. Trotzdem darf man sie nicht zu weit treiben.

Wie also steht es um die erste Kritik, der Überschätzung der Wichtigkeit von Reichtum für das Lebensglück? Menschen neigen dazu, die Bedeutung des Reichtums für ihre Zufriedenheit überzubewerten. Empirische Untersuchungen haben gezeigt, dass die subjektive Zufriedenheit mit dem eigenen Leben ab einem gewissen Einkommensniveau nicht mehr stark zunimmt, wenn das Einkommen weiter steigt.[12] Wohlstand und nicht Reichtum scheint also für die subjektive Zufriedenheit wichtiger zu sein. Selbst wenn es um den sozialen Status geht, dann stellt sich die Frage, ob Reichtum wirklich dazu geeignet ist, diesen anzuzeigen. Werden Reiche und insbesondere Neureiche nicht auch für ihre demonstrative Zurschaustellung ihres Reichtums belächelt? Bereits Aristoteles hat behauptet, dass Ehre nur dann wertvoll ist, wenn sie einem von den richtigen Menschen für die richtigen Dinge erwiesen wird. Wenn wir Ehre und sozialen Status konzeptionell miteinander verbinden, dann könnte heute dasselbe gelten.[13] Der soziale Status sollte von Leistungen und Errungenschaften und nicht von Reichtum abhängen. Eine Kinderärztin, die ein bloß mittleres Einkommen hat, weil sie sich mit ihrer Praxis in einer armen Wohngegend niedergelassen hat, aber täglich Überstunden und insgesamt sehr wertvolle Arbeit leistet, sollte dann vielleicht einen höheren Status besitzen als der Schönheitschirurg in Reichhausen mit zehnmal höherem Einkommen. Das klingt ganz vernünftig, aber das Problem lautet: So ist es einfach nicht. Denn wir scheinen als Marktgesellschaft tatsächlich nicht in der Lage zu sein, Ehre oder soziale Anerkennung und Status auf diese verdienstorientierte Weise zu verteilen (oder zumindest nicht, solange es bestimmte Formen des Reichtums gibt, wie ich später noch argumentieren werde).[14]

12 Dafür argumentieren schon lange und empirisch gestützt Bruno Frey und Alois Stutzer, »Happiness, Economy and Institutions«, in: *The Economic Journal* 110 (2000), S. 918-938.

13 Vgl. Kwame Anthony Appiah, *The Honor Code. How Moral Revolutions Happen*, New York 2010.

14 Insbesondere in den angelsächsischen Ländern herrschte lange die Vorstellung vor, bei liberalen Marktwirtschaften handele es sich um Meritokratien, in denen

Es gibt noch ein anderes Problem. Selbst wenn sich die Einsicht flächendeckend durchsetzt, dass Zufriedenheit nichts mit Reichtum zu tun hat und Anerkennung sowie Respekt nichts damit zu tun haben sollten, so können Menschen ihren Reichtum dennoch weiterhin als Teil ihres Lebensglücks begreifen. Sie können einfach andere und ganz unmittelbare Gründe dafür haben, die mit reflexiver Zufriedenheit wenig zu tun haben müssen. Wer viel Geld besitzt, kann sich auch sehr viele Wünsche erfüllen. Das gilt mit Sicherheit für den Wunsch nach materiellen Dingen, indirekt aber auch für andere, weniger materielle Dinge, weil Geld für den Zugang zu ihnen eine Erleichterungs- oder Ermöglichungsbedingung darstellt, wie wir in den vorherigen Kapiteln gesehen haben. Jedenfalls ist es für direkt oder indirekt materialistisch eingestellte Menschen einfach schön, ein tolles Auto zu besitzen, ihr Traumhaus nach Belieben einrichten zu können und ständig wunderbare Urlaube in den schönsten Weltgegenden zu erleben. Sie lieben vielleicht exklusive Handtaschen, maßgeschneiderte Anzüge, Designermöbel, gesammelte Werke großer Philosophen in edlem Ledereinband, eigene Pferde aus traditioneller Zucht oder erlesene Weine. Auch in materiellen Fragen sind der Phantasie und den Träumen keine Grenzen gesetzt. Wenn Menschen glauben, dass diese Dinge zu ihrem Lebensglück gehören, dann ist das vielleicht auch einfach so.

Was kann man solchen Menschen vernünftigerweise sagen, um sie davon abzubringen? Man kann sie fragen, ob sie sich nicht über die Bedeutung materieller Dinge täuschen. Aber wenn sie darüber nachdenken und dann dazu stehen, dass ihnen Güter und Geld wirklich wichtig sind, dann muss man das wohl einfach akzeptieren. Sie haben dann subjektiv reflektierte Gründe dafür, Reichtum als zentralen Bestandteil ihres Lebensglücks anzusehen. Nun bleibt an dieser Stelle nur noch der zweite Ansatz der Kritik ihrer subjek-

Leistung als Maßstab für Verdienst gilt. Dieses Ideal wurde selbst von vielen linksliberalen Theoretikern akzeptiert, beispielsweise von Norman Daniels und (in dieser Hinsicht) David Miller, vgl. Norman Daniels, »Merit and Meritocracy«, in: *Philosophy and Public Affairs* 7/3 (1978), S. 206-223; David Miller, »Two Cheers for Meritocracy«, in: *Journal of Political Philosophy* 4/4 (1996), S. 277-301. Inzwischen gibt es erheblichen Zweifel an der verbreiteten Meinung, Leistung spiele eine tragende Rolle für die Verteilung von Reichtum (vgl. beispielsweise Alperovitz/Daly, *Unjust Desert*; Reich, *Beyond Outrage*).

tiven Orientierung an Reichtum als Teil des Lebensglücks. Man muss den Menschen dann zugestehen, dass für sie Reichtum ein Teil ihres Lebensglücks sein kann. Aber man kann noch immer einwenden, dass ihre Reichtumsorientierung im Widerspruch zu anderen Dingen steht, die ihnen noch wichtiger sind. Daher sollten sie ihr Reichtumsstreben lieber aufgeben, um diese anderen, wichtigeren Dinge verwirklichen zu können.[15]

Beispiele dafür lassen sich leicht finden. Wenn Menschen sehr viel in einem anspruchsvollen Beruf arbeiten, der ihnen ein hohes Einkommen beschert, dann kann es leicht sein, dass sie ihre Familie und Freunde vernachlässigen und diese Beziehungen zerbrechen. Eigentlich wären vielen dieser Menschen ihre Beziehungen wichtiger, aber irgendwie haben sie sich habituell zu sehr auf Reichtum eingestellt. Oder jemand kann sehr viel Geld geerbt haben und dadurch in einem sozialen Umfeld gefangen sein, das ihm steif und unfrei vorkommt.[16] Er müsste dann vielleicht seinen Reichtum aufgeben, um ein in vielerlei Hinsicht ganz durchschnittliches, aber möglicherweise auch viel freieres und interessanteres Leben führen zu können. Es lassen sich gewiss viele weitere Fälle finden, in denen dieses Argument des Selbstwiderspruchs zutrifft. Aber es lassen sich ebenso viele oder zumindest einige Fälle finden, in denen es das nicht tut. Genau darin besteht das Problem dieser Argumentation. Manchmal stehen Reichtum und das Streben nach Geld im Widerspruch zu anderen wichtigen Bestandteilen des Lebensglücks und manchmal nicht. Das hängt ganz von der jeweiligen Vorstellung vom Lebensglück der jeweiligen Menschen und von äußeren Bedingungen ab. Wenn jemand gern ein kostspieliges Leben führt und zugleich hart arbeiten möchte, warum sollte für diese Person

15 Man kann dann auch sagen, dass diese Menschen falsche Meinungen über ihre eigenen Präferenzordnungen haben. In der Ökonomik war das lange nicht möglich, weil die Annahme der vollständigen Information auch die vollständige Transparenz der eigenen Präferenzen einschließt. Diese Annahme ist jedoch schon für die Ökonomik und ohnehin für moralische Überlegungen nicht angemessen, wie Daniel Hausman gezeigt hat (vgl. Daniel Hausman, *Preferences, Value, Choice, and Welfare*, Cambridge 2012).

16 Man denke etwa an Pierre Bourdieus Beschreibung der sehr starken Codierung sozialer Situationen in verschiedenen sozioökonomischen Gruppen (Bourdieu, *Die feinen Unterschiede*). Meiner Einschätzung nach spricht etwas für die These, dass diese Codierung mit dem zunehmenden Bedürfnis nach Distinktion in einer Gruppe zunimmt.

die Arbeit in der Finanz- oder Beratungsbranche und ein damit verbundenes Streben nach Reichtum nicht der richtige Weg sein? Wenn jemand gern extravagant auftritt und im Showbusiness gut ankommt, warum sollte der damit verbundene Reichtum nicht wesentlich für das gute Leben dieser Person sein?

Natürlich gilt trotzdem, dass die ethisch-ästhetische Kritik an Reichtum in vielen Einzelfällen durchaus erfolgreich sein kann. Insofern hat sie auch ihre Berechtigung. Aber sie stellt keine gute Grundlage für eine gerechtigkeitstheoretische Auseinandersetzung mit Reichtum dar, weil sie keinen allgemeinverbindlichen Anspruch geltend machen kann. Sie hat all denjenigen Menschen, die Reichtum ganz offen befürworten und sogar bereit sind, Wertekonflikte zugunsten des Reichtums aufzulösen, nichts entgegenzusetzen. Das gilt zumindest dann, wenn diese Menschen auch nach einer reflexiven Überprüfung noch an ihrem materialistischen Standpunkt festhalten.[17] Alles andere wäre eine paternalistische Haltung gegenüber ihrer epistemischen Autorität und ihrer Autonomie in Fragen des Lebensglücks.[18] Ich kann nicht sagen, wie viele Menschen auch nach eingehender Reflexion dem Reichtum eine wichtige Rolle in ihrem Leben zusprechen würden. Wie im vorherigen Kapitel notiert, streben meiner Einschätzung nach viele Menschen einfach nur nach einem materiellen Wohlstand und nicht nach Reichtum. Aber auch dieser materielle Wohlstand ist ihnen wichtig, und wahrscheinlich gilt das für deutlich mehr Menschen, als es sich die Philosophinnen seit Platon und Aristoteles ausmalen.

17 In einer sozialkritischen Perspektive besteht die Gefahr, diese Fähigkeit zur kritischen Reflexion zu unterschätzen, wie beispielsweise Robin Celikates mit Blick auf Bourdieu moniert. Prozedural ließe sich das Problem natürlich leicht in Diskursen auflösen (Robin Celikates, *Kritik als soziale Praxis*, Frankfurt/M. 2009). Für sozialtheoretische Überlegungen folgt aus dieser Kritik meiner Einschätzung nach, dass sie sehr gut begründen müssen, warum Verhaltensweisen und Selbstaussagen nicht reflexiv sein sollen.

18 Ein Paternalismus ist mit den politischen Grundwerten des Liberalismus unvereinbar. Die Freiheit, selbst zu entscheiden, hat vor äußeren Eingriffen absoluten Vorrang, ganz egal, wie gut oder schlecht die jeweiligen Standpunkte begründet sind. In diesem Sinne schreibt John Stuart Mill in *Über die Freiheit*: »Wenn jemand einen annehmbaren Betrag von gesundem Menschenverstand und Erfahrung besitzt, ist seine eigene Art zu leben die beste, nicht weil sie die beste an sich ist, sondern weil sie sein eigener Stil ist« (Mill, *On Liberty. Über die Freiheit*, S. 193).

Der Hinweis auf den Wohlstand liefert noch einen weiteren Grund, warum die ethisch-ästhetische Reichtumskritik nicht greift. In den letzten Kapiteln hatte sich gezeigt, dass nicht nur individuelle, sondern auch und vielleicht sogar vor allem korporative Akteure nach Reichtum streben. Außerdem reicht es für eine strukturelle Reichtumsorientierung bereits aus, wenn die einzelnen Menschen bloß nach Wohlstand streben. Beides führt zu einer sozioökonomischen Dynamik, die Gesellschaften insgesamt auch dann nach Reichtum streben lassen, wenn die meisten individuellen Menschen es nicht tun. Hinzu kommt häufig eine Reichtumskultur, die die Grenzen zwischen Wohlstand und Reichtum verschwimmen lässt. Wenn Reichtum ein moralisches Problem darstellt, dann reicht eine ethisch-ästhetische Kritik am Reichtum nicht aus, weil individuelle Menschen gar nicht nach Reichtum streben müssen, damit es eine Gesellschaft insgesamt doch tut. Es reicht vielmehr aus, dass sie in Wohlstand leben wollen. Eine individuelle Orientierung an Wohlstand ist aber auch aus der Perspektive einer ethisch-ästhetischen Kritik subjektiver Vorstellungen vom Lebensglück deutlich akzeptabler.

Eine gerechtigkeitstheoretische Auseinandersetzung mit Reichtum als moralischem Problem kann daher auch nicht auf ethisch-ästhetischen Überlegungen beruhen. Vielmehr benötigt sie eine unmittelbar moralische Perspektive. Doch wie könnte diese aussehen? Ich habe bereits angedeutet, dass sich meiner Einschätzung nach die Idee der Selbstachtung nicht nur anbietet, um zu bestimmen, wann jemand reich ist. Sie kann auch für eine moralische Kritik fruchtbar gemacht werden. Dann lässt sich über die Idee der Selbstachtung auch angeben, wann jemand zu reich ist. Das gilt es jetzt zu vertiefen.

Reichtum, Selbstachtung und Würde

Wie lässt sich feststellen, warum und wann Reichtum oder zumindest einige Formen von Reichtum mit Sicherheit ungerecht sind und daher ein moralisches Problem darstellen? Ich denke, es hilft, sich zur Beantwortung dieser Frage die hier vorgeschlagene Bestimmung von Reichtum noch einmal zu vergegenwärtigen: Wenn Menschen mehr Geld haben, als sie für ein Leben in Selbstachtung brauchen, und wenn korporative Akteure mehr Geld haben, als für ihren Beitrag zur Selbstachtung der Menschen nötig ist, dann sind sie reich. Doch wann sind sie zu reich? Wann ist ihr Reichtum also ungerecht? Ich glaube, auch diese Fragen lassen sich über den normativen Maßstab der Selbstachtung beantworten. Die Idee ist eigentlich ganz einfach. Bis zu einer gewissen Menge ist Geld für die eigene Selbstachtung förderlich, ab einer gewissen Menge ist es für die Selbstachtung anderer Menschen vor allem schädlich. Dazwischen kann eine Lücke klaffen, in der eine größere Geldmenge nicht mehr besonders förderlich, aber auch nicht systematisch schädlich ist. Wie groß diese Lücke ist, hängt davon ab, wann Reichtum systematisch zu einem moralischen Problem wird. Bisher habe ich mich auf die eine Seite konzentriert: Akteure sind reich, wenn ihr Geldbesitz die für Selbstachtung nötige Menge deutlich überschreitet. Diese Grenze muss schon deutlich und nicht nur knapp überschritten sein, weil für Risiken und nicht planbare Unsicherheiten eine gewisse Reserve angemessen erscheint.[19] Das ergibt die untere Grenze des unproblematischen Reichtums. Bevor Menschen diese Grenze erreichen, sind sie noch nicht reich. Wenn sie diese Grenze erreichen, sind sie zwar schon reich, aber vielleicht noch auf unproblematische Weise.

Die obere Grenze des unproblematischen Reichtums – so die zweite Idee, die ich hier stark machen möchte – bestimmt sich darüber, wann Reichtum zu einer systematischen Gefahr für die Selbstachtung anderer Akteure wird. Dann wird aus einem unproblematischen ein moralisch problematischer Reichtum. Es geht dabei um die Selbstachtung anderer Akteure und nicht um die Selbstachtung der reichen Akteure, sofern sie überhaupt Menschen und nicht korporative Akteure sind. Nur wenn die Selbstachtung der anderen und nicht die eigene Selbstachtung zum normativen Maßstab wird, handelt es sich um eine moralische und nicht um eine ethisch-ästhetische Reichtumskritik. Nicht die eigene Würde, sondern die Würde anderer Menschen steht dann auf dem Spiel. Doch wann ist das der Fall? Im Grunde gibt es zwei denkbare Szenarien dafür. Reichtum wird erstens dann zu einem moralischen Problem, wenn

19 Bereits Thomas Hobbes hat viel Wert darauf gelegt, dass rationale Planer immer Reserven für möglicherweise unsichere Zeiten in der Zukunft bereitstellen (Thomas Hobbes, *Leviathan. Oder Stoff, Form und Gewalt eines kirchlichen und bürgerlichen Staates*, Berlin 1966, S. 95).

er sich leicht nutzen lässt, um die Selbstachtung anderer Menschen zu verletzen. Reichtum wird zweitens auch dann zu einem moralischen Problem, wenn sich das überzählige Geld leicht nutzen ließe, um Menschen mit einer verletzten Selbstachtung zu einem Leben in Selbstachtung zu verhelfen, dies aber nicht geschieht.[20] In beiden Fällen, so möchte ich argumentieren, stellt Reichtum eine Missachtung der Selbstachtung und damit der Würde anderer Menschen dar und wird so zu einem Gerechtigkeitsproblem.

Auf unproblematische Weise reich ist ein Akteur also nur dann, wenn er deutlich mehr Geld hat, als für Selbstachtung nötig ist, aber dieses überzählige Geld nicht oder zumindest kaum systematisch für die Missachtung der Selbstachtung anderer Akteure nutzen kann. Hierbei ist wichtig, dass es um eine *systematische* Missachtung geht, denn natürlich lässt sich Geld auch unabhängig von Reichtum verwenden, um andere Menschen zu missachten. Selbst Menschen, die nicht einmal wohlhabend sind, können das tun. Ich gehe hier der Einfachheit halber von der Annahme einer bestimmten Rationalität bei Akteuren aus: Individuelle Akteure sichern zuerst ihre eigene Selbstachtung und korporative Akteure zuerst ihre Funktionalität. Reichtum können sie dann systematisch für Missachtungen einsetzen, wenn ihre Selbstachtung bzw. Funktionalität gesichert bleibt und sie zugleich genug Mittel für Formen der Missachtung übrig haben, die sonst nicht möglich wären. Natürlich sind nicht alle Akteure in diesem Sinne rational, denn jemand kann sich selbst ruinieren, um anderen mithilfe seines Geldes erheblichen Schaden zuzufügen. Aber das sind Einzelfälle, die sich zudem meistens mithilfe der retributiven Gerechtigkeit erfassen lassen und keiner distributiven Gerechtigkeit bedürfen. Es geht

20 Hier ist die verbreitete Formel »Eigentum verpflichtet« einschlägig, wie sie sich im GG Art. 14 Abs. 2 findet, umgewandelt in »Reichtum verpflichtet« (Deutscher Bundestag, *Grundgesetz für die Bundesrepublik Deutschland*, »Art. 14 Abs. 2«, in: ⟨https://www.bundestag.de/gg⟩, letzter Zugriff 29. 5. 2017). Ich werde nicht weitergehend begründen, warum es in Bezug auf die Menschenwürde auch positive Pflichten gibt, sondern von der Intuition ausgehen, dass die Menschenwürde das fundamentalste Gut ist. Reichtum, der für das eigene Leben in Würde kaum etwas austrägt, scheint demgegenüber ein so unwichtiges Gut zu sein, dass die Annahme positiver Pflichten auf Grundlage einer Güterabwägung bei diesem Missverhältnis angemessen erscheint (vgl. zu einer umfassenden Verteidigung positiver Pflichten: Corinna Mieth, *Positive Pflichten*, Berlin 2012).

in diesen Fällen um nachträgliche Strafe und nicht von vornherein um eine andere Verteilung von Geld.

Hier steht jedoch Reichtum als Problem der distributiven Gerechtigkeit im Mittelpunkt. Meine erste zentrale Frage dazu lautet, unter welchen Umständen Reichtum mit einer systematischen Missachtung der Selbstachtung anderer Menschen einhergeht. Dem folgt die zweite zentrale Frage, wie solch eine Missachtung normativ zu bewerten ist. Ich möchte in diesem Abschnitt nur eine relativ kurze und abstrakte Antwort auf diese beiden Fragen geben. Diese Antwort fällt deshalb kurz und abstrakt aus, weil die eigentliche Begründung in den beiden folgenden Kapiteln durch die Auseinandersetzung mit einigen konkreten Gerechtigkeitsfragen stattfinden soll. Hinter diesem Vorgehen steht die Überzeugung, dass nicht einfach abstrakte philosophische Begründungen auf Phänomene der Ungerechtigkeit angewendet werden, sondern sich diese Begründungen in einer Auseinandersetzung mit den Phänomenen überhaupt erst ergeben. Unsere Gewissheit, dass bestimmte Dinge ungerecht sind, führt uns dazu, über Gerechtigkeit nachzudenken und nach gerechten Lösungen für diese Ungerechtigkeiten zu suchen.[21]

Die Frage danach, wann Reichtum zu einer Missachtung der Selbstachtung führt, lässt sich über die bereits erwähnte zweifache Ausdifferenzierung der Selbstachtung beantworten. Für Selbstachtung ist es nötig, auf sich selbst achtgeben und von anderen geachtet werden zu können.[22] Reichtum geht demzufolge dann mit einer Missachtung einher, wenn er genutzt wird, um zumindest eins von beidem zu unterminieren. Das ist entweder der Fall, wenn Reichtum verwendet wird, um einem Menschen die Möglichkeit zu nehmen, auf sich selbst in wichtigen Belangen achtzugeben. Oder aber Reichtum wird genutzt, um die Achtung eines Menschen durch andere Menschen zu unterlaufen. In beiden Fällen verletzt ein Akteur mithilfe seines Reichtums die negative Pflicht, andere Menschen nicht zu missachten. Doch wie ist es, wenn er seinen Reichtum nutzen könnte, um anderen Menschen dazu zu verhelfen, auf sich selbst

21 Hier folge ich den methodologischen Überlegungen von Amartya Sen (Sen, *Die Idee der Gerechtigkeit*, S. 53-55).

22 Siehe Stoecker, »Menschenwürde und das Paradox der Entwürdigung«, S. 133-151; ders., »Three Crucial Turns on the Road to an Adequate Understanding of Human Dignity«, S. 7-17; ders., »Die philosophischen Schwierigkeiten mit der Menschenwürde – und wie sie sich vielleicht lösen lassen«, S. 8-20.

achtgeben oder die Achtung anderer Menschen erwerben zu können? Dann verletzt er, so scheint es, keine negative Pflicht, denn er tut ja nichts. Allenfalls verletzt er die positive Pflicht, anderen Menschen dabei zu helfen, in Selbstachtung leben zu können.[23]

Es gibt inzwischen eine umfangreiche Literatur dazu, ob solche positiven Pflichten existieren oder nicht und ob sich positive und negative Pflichten überhaupt so klar voneinander unterscheiden lassen.[24] Beispielsweise wird dafür argumentiert, dass reiche Menschen sehr armen Menschen auch dann helfen müssen, wenn sie für ihre Armut nicht in dem Sinne verantwortlich sind, dass sie durch ihr Handeln diese Armut verursacht oder zumindest mitverursacht haben.[25] Ich möchte auch diese Frage nicht abstrakt entscheiden, sondern an konkreten Gerechtigkeitsproblemen diskutieren. Die Debatte um globale Hilfspflichten für absolut arme Menschen hat meiner Einschätzung nach nämlich gezeigt, dass es von den konkreten Umständen abhängt, ob Hilfspflichten bestehen und wie weit sie reichen.[26] Dennoch sind natürlich auch substantielle normative Annahmen nötig, um die Frage überhaupt entscheiden zu können. Das leitet über zu der zweiten zentralen Frage, nämlich der normativen Bedeutung von Selbstachtung. Gerade in der deutschsprachigen Diskussion wird Selbstachtung eng an Würde geknüpft.[27] Der Würde bzw. Menschenwürde wird wiederum – nicht zuletzt aufgrund ihrer zentralen Stellung im ersten Artikel des Grundgesetzes der Bundesrepublik – eine besondere normative Wichtigkeit zugesprochen.[28]

23 Corinna Mieth unterscheidet positive und negative Pflichten in vierfacher Hinsicht: gütertheoretisch, handlungstheoretisch, konsequentialistisch und normativ. Hier ist die Unterscheidung handlungstheoretisch gemeint. Es kommt darauf an, ob man etwas tut oder nicht (Mieth, *Positive Pflichten*, S. 95 f., 98 f.).

24 Vgl. dazu Mieth, *Positive Pflichten*; dies., »World Poverty as a Problem of Justice? A Critical Comparision of Three Approaches«, in: *Ethical Theory and Moral Practice* 11 (2008), S. 15-36, und Judith Lichtenberg, »Negative Duties, Positive Duties, and the New Harms«, in: *Ethics* 120 (2010), S. 557-578.

25 Vgl. Barbara Bleisch, *Pflichten auf Distanz. Weltarmut und individuelle Verantwortung*, Berlin 2010, S. 176 f.; Peter Schaber »Globale Hilfspflichten«, in: Barbara Bleisch, Peter Schaber (Hg.), *Weltarmut und Ethik*, Münster 2007, S. 159-167.

26 Vgl. Valentin Beck, *Eine Theorie der globalen Verantwortung. Was wir Menschen in extremer Armut schulden*, Berlin 2016, S. 151-156.

27 Schaber, *Menschenwürde*.

28 Art. 1 Abs. 1 GG lautet: »Die Würde des Menschen ist unantastbar. Sie zu achten und zu schützen ist Verpflichtung aller staatlichen Gewalt« (Deutscher Bundes-

Der Zusammenhang ist ungefähr der folgende: Menschen haben allein aufgrund ihres Menschseins eine unveräußerliche Würde. Diese Würde zeigt ihren moralischen Status als achtenswert an, bringt zugleich aber auch den zu achtenden Wert ihres Menschseins zum Ausdruck. Dieser besondere Wert liegt dem klassischen Verständnis nach in ihrer Personalität. Es gilt, andere Menschen als Personen zu achten. Mit Personalität ist vor allem die Vernünftigkeit und Autonomiefähigkeit des Menschen angesprochen.[29] Die Verbindung zur Selbstachtung wird deutlich, wenn man Selbstachtung als Achtung gegenüber dem Selbst versteht. Dann geht es darum, dass das Selbst eines Menschen von anderen, aber auch von ihm selbst geachtet werden kann. Sofort stellt sich natürlich die Frage, was es heißt, solch ein großgeschriebenes Selbst zu achten. Wenn man dieses Selbst als Person versteht und die beiden bereits diskutierten Verständnisse von Selbstachtung hinzunimmt, dann ergeben sich diese beiden Anforderungen: Erstens muss es dem Menschen möglich sein, für den Erhalt seiner Personalität zu sorgen. Zweitens muss er sich als gleichrangige Person achten können und verdient es, von anderen als solche geachtet zu werden. Oft wird noch hinzugefügt, dass dies unveräußerliche Rechte impliziert, weil nur diese den unbedingten Wert der Würde und der Achtungswürdigkeit der Person zum Ausdruck bringen. Dann hat jeder Mensch ein Anrecht auf den Erhalt seiner Person und auf die Achtung als gleichrangige Person, also als vernünftiger und autonomer Mensch.[30]

Ich halte dieses verbreitete Verständnis von Selbstachtung und Würde in seiner strukturellen Anlage grundsätzlich für richtig. Allerdings bin ich in einem Punkt anderer Meinung, der für die Frage nach Reichtum als moralischem Problem nicht unwichtig ist. Es geht bei Würde und Selbstachtung nicht nur um die Personalität eines Menschen, sondern es geht auch um seine Persönlichkeit.

tag, *Grundgesetz für die Bundesrepublik Deutschland*, ⟨https://www.bundestag.de/gg⟩, letzter Zugriff 29.5.2017).

29 Vgl. Schaber, *Menschenwürde*, S. 101 f.; *Instrumentalisierung und Würde*, S. 123-126; ders., »Achtung vor Personen«, S. 423-438.

30 Christine Korsgaard geht so weit zu argumentieren, dass man einen Fehler macht, wenn man nicht diese Einstellung anderen Menschen gegenüber einnimmt. Auch wer nicht so weit gehen möchte, kann einsehen, dass dies von einem moralischen Standpunkt aus angemessen ist (Christine Korsgaard, *Creating the Kingdom of Ends*, Cambridge 1996, Kap. 7; dies., *Self-Constitution. Agency, Identity, and Integrity*, Oxford 2009).

Die menschliche Würde liegt nicht nur darin, dass Menschen vernünftige Personen mit Selbstbewusstsein und Autonomie sind. Die menschliche Würde liegt vielmehr auch und vielleicht sogar vor allem darin, dass Menschen individuelle Persönlichkeiten mit unverwechselbaren Charaktereigenschaften und Lebensgeschichten sind.[31] Folglich gibt es nicht nur ein Anrecht auf Erhalt und Achtung der Person, sondern auch auf den Erhalt und die Achtung der Persönlichkeit. Ich glaube, dass die Würde des Menschen auch in seiner Persönlichkeit und nicht nur in seiner Personalität gesehen werden sollte, weil es die Persönlichkeit ist, die dem Leben einen eigenen Sinn verleiht.[32] Wenn Personalität überhaupt eine über biologische Funktionalitäten hinausgehende Bedeutung hat, dann diejenige, dass sie einem Menschen eine gewisse Kontrolle über die Gestaltung seiner Persönlichkeit und somit seines Charakters und seiner Lebensgeschichte ermöglicht.

Diese Betonung der Persönlichkeit gegenüber der Personalität hat natürlich Auswirkungen auf das Verständnis von Selbstachtung. Es geht dann nicht mehr nur um den sorgenden Erhalt der Person, sondern auch darum, die Persönlichkeit durch Selbstsorge zu stärken. Außerdem gilt es nicht nur, andere Menschen als Personen zu achten, sondern als Persönlichkeiten.[33] Beides ist für die Frage nach Reichtum als moralischem Problem von Bedeutung. Denn die Achtung der Persönlichkeit ist offensichtlich viel anspruchsvoller als die Achtung der Person. Für den Erhalt der Persönlichkeit zu sorgen, bedarf größerer Ressourcen und Anstrengungen als die Sorge für den Erhalt der Personalität. Eine Person bleibt man auch dann, wenn man nur knapp oberhalb des Existenzminimums lebt. Hier ist also nur eine minimale Subsistenzsicherung gefordert. Auf die Persönlichkeit kann ein dramatischer Wohlstandverlust jedoch gravierende Auswirkungen haben, wie soziologische Untersuchungen eindrucksvoll belegen.[34] Außerdem bedarf es für die freie Entfaltung der Persönlichkeit oft weiter gehender Ressourcen, als sie für eine bloße Subsistenzsicherung nötig sind.

31 Vgl. Neuhäuser, »Würde, Selbstachtung und persönliche Identität«, S. 448-471.

32 Ich folge damit Erich Fromm, der kaum als Philosoph rezipiert wird (Fromm, »Haben oder Sein«, S. 332 f., 390 f.). Eine wichtige Ausnahme bildet die Rezeption von Ernst Tugendhat (*Vorlesungen über Ethik*, Berlin 1993, S. 263-276).

33 Vgl. Neuhäuser, »Würde, Selbstachtung und persönliche Identität«, S. 448-471.

34 Vgl. Robert Walker, *The Shame of Poverty*, Oxford 2014.

Auch die Achtung der Persönlichkeit durch andere Menschen ist anspruchsvoller als die Achtung der Person. Eine Person als gleichrangig zu achten, heißt vor allem, ihr die gleichen Grundrechte zuzusprechen. Das betrifft vor allem gleiche Freiheitsrechte, politische Teilhaberechte und vielleicht noch einige sozioökonomische Rechte.[35] Eine Persönlichkeit als gleichrangig zu achten, beinhaltet demgegenüber viel mehr. Dann muss in sozialen Interaktionen deutlich werden, dass die Persönlichkeit des anderen Menschen objektiv betrachtet genauso wertvoll ist wie die eigene. Damit ist gemeint, dass der von diesem Menschen eingeschlagene Lebensweg hohe Wertschätzung verdient, insofern er von ganzem Herzen bejaht ist.[36] Dieser letzte Zusatz ist wichtig, weil es die subjektive Wertschätzung der Persönlichkeit und des Lebensweges des betreffenden Menschen selbst ist, die den Grund für ihre Achtungswürdigkeit abgibt. Wenn dieser Mensch selbst mit seinem Lebensweg und seinem Charakter hadert, dann ist die Würde seiner Persönlichkeit tatsächlich nicht realisiert.

Hier zeigt sich ein wichtiger Unterschied zwischen der Würde der Person und der Würde der Persönlichkeit. Denn die Würde der Persönlichkeit ist im Gegensatz zur Würde der Person auch in einem normativen Sinne nicht unverletzlich.[37] Grundlegende Rechte kommen einem Menschen zu, egal ob er sie in Anspruch nimmt oder nicht. Auch das Recht auf eine von ganzem Herzen bejahte Persönlichkeit lässt sich als solch ein Grundrecht verstehen. Aber das betrifft weiterhin die Würde der Person. Die Würde der Persönlichkeit liegt in dieser bejahten Persönlichkeit selbst. Wenn ein Mensch seine Persönlichkeit nicht bejaht, dann macht er es auch anderen Menschen unmöglich, ihn als gleichrangige Persönlichkeit zu achten. Dadurch verliert er nicht seinen grundsätzlichen Anspruch auf diese Achtung, aber dieser Anspruch lässt sich praktisch einfach nicht realisieren. Alles was bleibt, ist die sehr begrenzte Möglichkeit, diesen Menschen dabei zu unterstützen, eine

35 Vgl. Schaber, »Achtung vor Personen«, S. 423-438; ders., »Der Anspruch auf Selbstachtung«, in: Wilfried Härle, Bernhard Vogel (Hg.), *Begründung von Menschenwürde und Menschenrechten*, Freiburg im Breisgau 2008, S. 188-201; Schaber, *Menschenwürde.*

36 Diese Formulierung stammt von Harry Frankfurt (*Sich selbst ernst nehmen*, Berlin 2007, S. 64).

37 Neuhäuser, »Würde, Selbstachtung und persönliche Identität«, S. 448-471.

Persönlichkeit zu entwickeln, die er selbst für achtungswürdig hält. Insofern ist die Würde der Person stabiler als diejenige der Persönlichkeit. Daraus folgt jedoch natürlich nicht, dass die Würde der Persönlichkeit weniger wichtig wäre oder die Achtung der Persönlichkeit gar nichts mit Würde zu tun hätte.

Weiterhin gilt, dass die Missachtung und Demütigung einer Persönlichkeit eine Würdeverletzung darstellt. Denn Menschen verstehen sich selbst als Persönlichkeiten und nicht nur als Personen, und daher hängt ihre Selbstachtung auch an ihrer Persönlichkeit und nicht nur an ihrer Personalität. Allerdings bestehen Missachtungen und Demütigungen der Persönlichkeit nicht unbedingt aus Rechtsverletzungen, sondern können in sozialen Interaktionen auf subtilere Weise vollzogen werden. Das ist für Reichtum als moralisches Problem wichtig. Es kann sich zeigen, dass Reichtum in verschiedenen Kontexten zwar nicht für Rechtsverletzungen genutzt wird und vielleicht nicht einmal genutzt werden kann. Dennoch kann dieser Reichtum aber möglicherweise auf systematische Weise zur Missachtung der Persönlichkeiten anderer Menschen verwendet werden. Um solche Zusammenhänge aufdecken zu können, genügt der bloße Verweis auf Rechte nicht. Hier bedarf es einer dichteren Beschreibung der sozialen Verhältnisse, und diese möchte ich an einigen Beispielen in den nächsten Kapiteln unternehmen.

Zuvor ist jedoch noch eine Begrenzung nötig, aus der sich ein vertracktes Problem ergibt. Die Würde der Persönlichkeit gilt im Gegensatz zur Würde der Person nicht uneingeschränkt. Denn es kann Persönlichkeiten geben, die darauf beruhen, dass sie der Persönlichkeit anderer Menschen keine gleiche Achtungswürdigkeit zusprechen. Wer etwa eine chauvinistische oder sexistische Grundhaltung besitzt, baut seine Persönlichkeit auf der systematischen Erniedrigung anderer Persönlichkeiten auf, obwohl diese anderen Persönlichkeiten natürlich die Achtung als gleichrangig verdient haben, solange sie nicht selbst demütigend sind. Erniedrigende Persönlichkeiten haben aber keine Achtung verdient. Natürlich sind Menschen mit solchen Persönlichkeiten weiterhin Personen und müssen als solche auch geachtet werden. Als Persönlichkeiten hingegen müssen sie nicht geachtet werden und verdienen vielleicht sogar Verachtung.[38]

38 Vgl. zu einer interessanten Diskussion von Verachtung als moralischem Gefühl, das mit einem grundsätzlichen Respekt gegenüber der verachteten Person ver-

Aus dieser Einschränkung der universellen Achtungswürdigkeit von Persönlichkeiten entsteht nun das vertrackte Problem. Es kann nämlich sein, dass ein Mensch zwar die Gleichrangigkeit und die universelle Achtungswürdigkeit nicht demütigender Persönlichkeiten anerkennt und einsieht, dass er sich ändern sollte, aber gleichzeitig nicht in der Lage ist, seine sexistische oder chauvinistische Grundhaltung aufzugeben. Dann ist er mit einem Persönlichkeitskonflikt konfrontiert, den er vielleicht nicht lösen kann. Um das Gegenteil zu behaupten, müsste man davon ausgehen, dass Menschen vollständige Kontrolle über ihre Persönlichkeiten besitzen und sie nach Belieben ändern können. Das scheint mir eine in der Moralphilosophie ganz verbreitete, aber dennoch sehr unrealistische Annahme zu sein.[39] Für Letzteres gibt es zwei Gründe. Um ein Persönlichkeitsmerkmal radikal zu verändern, braucht ein Akteur erstens einen Standpunkt, von dem aus er es vollständig oder zumindest sehr stark ablehnt. Wenn jemand über lange Zeit ein bestimmtes Persönlichkeitsmerkmal besessen hat, wird es ihm aber sehr schwerfallen, es vollständig abzulehnen. Es muss eine aus der eigenen Persönlichkeit gewonnene Ablehnung sein, damit sie vollständig oder zumindest sehr stark ausfällt, denn das abzulehnende Merkmal ist ja selbst Teil der Persönlichkeit und in ihr verankert.[40]

Zweitens braucht ein Mensch ein soziales Umfeld, das es ihm erlaubt, die mit dem unerwünschten Persönlichkeitsmerkmal einhergehende Haltung abzulegen und durch eine andere zu ersetzen. Das ist nicht nur eine intellektuelle Übung, sondern vor allem eine praktische Tätigkeit im Lebensvollzug. Denn es wäre falsch, anzunehmen, dass nur bewusste Überzeugungen praktische Haltungen beeinflussen, praktische Haltungen aber keine bewussten Überzeugungen. Wenn sich ein Mensch immer wieder dabei ertappt, ein bewusst abgelehntes Persönlichkeitsmerkmal weiterhin auszuleben,

einbar ist: Michelle Mason, »Contempt as a Moral Attitude«, in: *Ethics* 113/2 (2003), S. 234-272.

39 Vgl. dazu auch die Kritik von John Christman (*The Politics of Persons. Individual Autonomy and Socio-historical Selves*, Cambridge 2011).

40 Niemand hat so stark gegen die Kantische Vorstellung einer vollständigen Autonomie gegenüber der eigenen Persönlichkeit argumentiert wie Pierre Bourdieu (vgl. Bourdieu, *Die feinen Unterschiede*, ders., *Praktische Vernunft. Zur Theorie des Handelns*). Aber selbst Bourdieu gesteht zu, dass es möglich ist, durch reflexive Beurteilung und praktische Übung unliebsame Persönlichkeitsmerkmale abzulegen.

dann kann das durchaus dazu führen, dass er die bewusste Ablehnung und nicht die praktische Haltung aufgibt.[41] Aus all dem folgt, dass es manchmal gar nicht so leicht ist, einen negativen oder sogar demütigenden Charakterzug abzulegen. Menschen immer als gleichrangige Personen und Persönlichkeiten zu achten, kann also schwer sein, auch wenn man das abstrakt eigentlich bejahen würde. Sofort stellt sich die Frage, ob und wann das trotzdem von jemandem erwartet werden kann.

Wenn sich herausstellt, dass bestimmte Formen des Reichtums demütigend sind, weil sie die Selbstachtung anderer Menschen verletzen, dann entsteht auch hier das gerade beschriebene Problem. Es kann sein, dass es manchen Menschen nicht besonders leichtfällt, sich von ihrem moralisch problematischen Reichtum zu lösen, gerade wenn er zu einem festen Bestandteil ihrer Persönlichkeit geworden ist. Vielleicht hängt zumindest in ihrer subjektiven Wahrnehmung sogar ihre eigene Selbstachtung an diesem Reichtum. Wenn das zutrifft, dann gibt es offensichtlich einen Konflikt, der sich nicht leicht auflösen lässt und der für die normative Bewertung von Reichtum relevant ist. Diesem Konflikt wende ich mich daher im nächsten Abschnitt zu, bevor in den beiden folgenden Kapiteln eine Beschreibung der moralisch problematischen Formen von Reichtum möglich wird.

Geld, Integrität und Lebensglück

Für manche Menschen gehört Reichtum oder zumindest Wohlstand offensichtlich zu ihrer subjektiven Vorstellung vom Lebensglück dazu. In einer Marktgesellschaft, in der Macht und sozialer Status viel mit Geld zu tun haben, trifft das wahrscheinlich sogar auf ziemlich viele Menschen zu.[42] Wenn Reichtum sich gleichzeitig als moralisches Problem erweisen sollte, dann entsteht daraus

41 Leon Festinger war der Meinung, dass kognitive Dissonanzen, wenn sie nicht mehr zu ertragen sind, immer in die Richtung aufgelöst werden, die sich leichter manipulieren lässt. Das kann manchmal die Umwelt sein, oft sind es jedoch auch die eigenen Überzeugungen (vgl. Leon Festinger, *A Theory of Cognitive Dissonance*, Redwood City 1957, S. 260 f.).

42 Vgl. Barber, *Consumed!*, und Sighard Neckel, *Flucht nach vorn. Die Erfolgskultur in der Marktgesellschaft*, Frankfurt/M. 2008.

ein Konflikt. Müssen die Reichen ihren Reichtum aus moralischer Sicht aufgeben? Vielleicht stimmt das. Aber haben Menschen nicht auch einen Anspruch darauf, ihre subjektive Vorstellung vom Lebensglück zu verwirklichen? Und hat dieser Anspruch nicht auch moralisches Gewicht? Ich glaube, dass dem tatsächlich so ist. Es ist Teil der Würde eines Menschen, seine Persönlichkeit ausleben zu können.[43] Daher haben Menschen zunächst einmal einen Anspruch darauf, nach Reichtum zu streben, wenn sie das wollen. Allerdings erfahren die Würde der Persönlichkeit und das Recht auf ihre freie Entfaltung ihre Grenze in der Würde anderer Menschen. Man hat keinen Anspruch auf eine Persönlichkeit, die systematisch auf der Entwürdigung oder Demütigung anderer Menschen beruht. Sexistische oder rassistische Persönlichkeiten sind beispielsweise nicht achtungswürdig. Entsprechend kann von Menschen mit solchen Persönlichkeiten auch erwartet werden, sich von diesen demütigenden Einstellungen zu distanzieren und die entsprechenden Eigenschaften abzulegen.

Zwar stimmt es, dass es praktisch oft ganz schwierig ist, ein fest integriertes Persönlichkeitsmerkmal loszuwerden, aber das rechtfertigt sicherlich keinen Sexismus oder Rassismus. Gerade weil diese Einstellungen erniedrigend und die unmittelbare Grundlage von Würdeverletzungen sind, kann man von den Menschen erwarten, dass sie diese Einstellungen aufgeben, egal wie schwierig das ist. So könnte es auch bei Reichtum sein. Egal wie wichtig den Menschen ihr Reichtum ist: Wenn es mit entwürdigenden Demütigungen einhergeht, dann müssten die Menschen ihr Reichtumsstreben aufgeben. Denn in dieser Hinsicht scheint sich Reichtumsstreben nicht mehr von Rassismus oder Sexismus zu unterscheiden. Das gilt allerdings nur dann, wenn sich Reichtum tatsächlich als Problem für die Würde erweisen sollte. Obwohl ich das erst in den nächsten Kapiteln diskutieren werde, lohnt es sich schon jetzt, auf

43 Ich schließe mich hier der Argumentation von Bernard Williams an, der zwar nicht mit Würde argumentiert, aber die zentrale Rolle der Persönlichkeit für das gelingende Leben herausarbeitet (Bernard Williams, »Persons, Character and Morality«, in: ders. (Hg.), *Moral Luck*, Cambridge 1981, S. 1-19; ders., »Utilitarianism and Moral Self-Indulgence«, in: ders. (Hg.), *Moral Luck*, Cambridge 1981, S. 40-53). Ich glaube, darüber lässt sich auch die Bedeutung der Persönlichkeit für die Selbstachtung begründen. Wir wollen aufgrund unserer Persönlichkeit und nicht nur unserer Personalität geachtet werden.

abstrakter Ebene einige systematische Überlegungen vorauszuschicken. Denn Reichtum muss selbst dann, wenn eine enge Verbindung zu Entwürdigungen besteht, nicht genauso zu behandeln sein wie Sexismus oder Rassismus. Es könnte auch sein, dass die Verbindung von Reichtum und Entwürdigungen in relevanter Weise anders ist als bei diesen unmittelbar demütigenden Einstellungen. Reichtumsstreben ist möglicherweise nicht auf die gleiche Weise mit Erniedrigung verbunden wie Sexismus oder Rassismus.

Es gibt sogar eine Reihe von Unterschieden, die relevant sein können, von denen ich drei hervorheben möchte. Erstens ist Reichtumsstreben nicht notwendigerweise, sondern nur kontingenterweise würdeverletzend. Zweitens sind auf Reichtum beruhende Würdeverletzungen oft nicht beabsichtigt, sondern unbeabsichtigte und häufig sogar unvorhergesehene Nebenfolgen des Reichtumsstrebens individueller und korporativer Akteure. Drittens sind es häufig nicht der Reichtum selbst oder das Streben danach, die zu einer Würdeverletzung führen, sondern die falsche Verwendung des Reichtums. Man könnte ihn dazu verwenden, Menschen aus entwürdigenden Umständen herauszuhelfen, und es verletzt ihre Würde zusätzlich nur dann, wenn man es nicht tut. Es geht also um die Verletzung positiver Hilfspflichten und nicht um negative Pflichten der Nichtschädigung. Positive Pflichten sind jedoch schwerer zu begründen und wiegen der Meinung vieler Philosophinnen nach auch weniger schwer als negative Pflichten.[44]

Der erste Punkt der Kontingenz lässt sich wieder gut über den Kontrast zu Rassismus und Sexismus verdeutlichen. Diese Haltungen beruhen unmittelbar auf der Überzeugung, dass Menschen anderen Geschlechts oder anderer Rassenzugehörigkeit weniger wert sind und nicht die gleiche Nobilität besitzen.[45] Man kann diese Überzeugung nicht aufgeben und trotzdem rassistisch oder sexistisch bleiben. Bei Reichtum ist das anders. Reichtumsstreben allein geht nicht notwendigerweise mit Demütigungen einher. Ein Mensch kann nach Reichtum streben und allen anderen Menschen den gleichen Reichtum wünschen. Wenn es bei Reichtum einfach nur darum geht, viel mehr Geld zu besitzen, als für ein anständiges Leben nötig ist, dann kann man durchaus wollen, dass alle

44 Zu einer ausführlichen kritischen Diskussion dieser Thematik: Mieth, *Positive Pflichten*, S. 95-113.

45 Vgl. Margalit, *Politik der Würde*, S. 147-152.

Menschen reich sind. Die Verbindung zwischen Reichtum und Würdeverletzungen besteht also nicht zwingend, sondern nur unter bestimmten sozialen Bedingungen. Daher stellt sich immer die Frage, ob man in diesen Fällen den Reichtum aufgeben muss oder die Bedingungen so manipulieren kann, dass der Reichtum seine demütigende Wirkung verliert.

Ein gutes Beispiel für solch eine Abwägung ist die Diskussion um Postwachstum und Grünes Wachstum. Vertreterinnen der Postwachstumsthese behaupten, dass sich der Klimawandel in seinen dramatischsten Konsequenzen nur dann aufhalten lässt, wenn zumindest die am weitesten entwickelten Ökonomien aufhören, weiter zu wachsen.[46] Vertreter der These des Grünen Wachstums hingegen behaupten, dass man besonders umweltfreundliche Technologien entwickeln kann, die ein weiteres Wirtschaftswachstum bei gleichzeitiger Klimaschonung erlauben.[47] Wenn wir davon ausgehen, dass gravierende Klimaschäden zukünftige Generationen in ihrer Würde bedrohen, dann hängt es offensichtlich von der Wahrheit der Postwachstumsthese oder der These des Grünen Wachstums ab, ob es moralisch problematisch ist oder nicht, dass unsere Gesellschaften immer weiter wachsen (und so auch immer reicher werden). Ein weiteres Wirtschaftswachstum wie bisher und das damit verbundene Reichtumsstreben bedrohen mit Sicherheit die Würde zukünftiger Generationen. Ein Grünes Wirtschaftswachstum hingegen tut dies möglicherweise nicht – und das gilt dann ebenfalls nicht für den damit verbundenen Reichtum.

Das Beispiel des von Menschen verursachten Klimawandels eignet sich auch gut für den zweiten Punkt, der unbeabsichtigten und oft unvorhergesehenen Nebenfolgen. Lange Zeit wussten die Men-

46 Dafür argumentiert besonders Tim Jackson, indem er insbesondere die These zurückweist, Wirtschaftswachstum und Umweltverschmutzung ließen sich entkoppeln; Jackson, *Wohlstand ohne Wachstum*, S. 81-99; vgl. auch Giorgos Kallis, »In Defence of Degrowth«, in: *Ecological Economics* 70/5 (2011), S. 873-880; Martin Jänicke, »Wir brauchen radikale Lösungen«, in: *Ökologisches Wirtschaften* 4 (2012), S. 20-23; Paech, *Befreiung vom Überfluss*.

47 Für solch ein Grünes Wachstum argumentiert Füchs (*Intelligent wachsen*). Für Wachstum und gegen Regulierung allgemein argumentieren beispielsweise Carl Christian v. Weizsäcker und Karl-Heinz Paqué (Carl Christian v. Weizsäcker, »Vorsicht vor dem ›gestaltenden Staat‹! Reaktion auf R. Schubert et al. 2011. Klar zur Wende! Warum eine ›Große Transformation‹ notwendig ist«, in: *GAIA* 20/4 (2011), S. 243-245; Paqué, *Wachstum!*).

schen nicht, dass sie durch ihre wirtschaftliche Tätigkeit und ihr Konsumverhalten das Klima schädigen. Inzwischen ist das allgemein bekannt, aber noch immer gilt, dass eigentlich niemand den Klimawandel und die damit verbundenen Angriffe auf die Würde zukünftiger Generationen beabsichtigt.[48] Hinzu kommt noch, dass viele Menschen, die vom Wirtschaftswachstum profitieren, gar nicht nach Reichtum, sondern nur nach Wohlstand streben. Zwar sind sie strukturell mit korporativen Akteuren verbunden, die durchaus nach Reichtum streben, insbesondere Staaten und Unternehmen, aber für die Absichten der einzelnen Menschen gilt das häufig nicht. Sie wollen individuell gar nicht viel mehr besitzen, als für ein anständiges Leben in ihrer Gesellschaft nötig ist.

Doch obwohl die meisten Menschen individuell nur nach Wohlstand streben, stützen sie damit eine Gesellschaftsstruktur, die hauptsächlich auf Wirtschaftswachstum ausgerichtet ist. Dies liegt vor allem daran, dass das Streben nach Wohlstand mit einem Streben nach einem relativ hohen sozialen Status verbunden ist. Durch gleichzeitig bestehende ökonomische Ungleichheiten entsteht eine Aufwärtsspirale, die zu immer mehr Wirtschaftswachstum führt, solange diese ökonomischen Ungleichheiten bestehen bleiben. Hier sieht man deutlich, dass dieser Effekt unbeabsichtigt und sogar indirekt ist. Einzeln streben die Menschen nur nach Wohlstand, schaffen damit aber eine gesellschaftliche Reichtumsorientierung und stützen korporative Akteure, die ganz auf Reichtum eingestellt sind. Es ist jedoch keineswegs klar, dass schon das individuelle Wohlstandstreben und nicht erst die kollektive Ausrichtung auf Reichtum das Problem darstellt. Wenn die gesellschaftliche Grundstruktur anders organisiert wäre, dann wäre es vielleicht nicht mehr problematisch, sich an Wohlstand zu orientieren.

Der dritte Unterschied zu Sexismus und Rassismus betrifft die Frage nach negativen Pflichten der Nichtschädigung und positiven Pflichten der Hilfeleistung. Oft ist es nicht so, dass reiche Akteure

48 Hier zeigt sich ein Problem der Theorie vom Doppeleffekt. Denn obwohl die Konsequenz des Klimawandels nicht beabsichtigt sind, sondern stattdessen positive Konsequenzen in anderer Hinsicht, wie etwa Wirtschaftswachstum, bleiben die massiven Schädigungen, die damit verbunden sind, natürlich ungerechtfertigt (vgl. Neil Roughley, »The Double Failure of ›Double Effect‹«, in: Christoph Lumer, Sandro Nannini (Hg.), *Intentionality, Deliberation, and Autonomy*, Farnham 2007, S. 91-116.

die Würde anderer Akteure direkt dadurch verletzen, dass sie reich sind und ihren Reichtum nutzen, um andere zu schädigen. Viel häufiger scheint es vorzukommen, dass reiche Akteure anderen Menschen mit ihrem Reichtum zu mehr Selbstachtung verhelfen könnten und das einfach nicht tun. Offensichtlich könnte etwa ein sehr reiches Unternehmen mehr Arbeitsplätze schaffen und dadurch arbeitslosen Menschen dabei helfen, wieder auf sich selbst achtgeben zu können, weil sie sich dann ihr Einkommen wieder selbst erarbeiten können. Dieses Unternehmen würde dann vielleicht weniger effizient wirtschaften, wäre aber vielleicht immer noch profitabel. Dagegen wird üblicherweise eingewendet, dass Unternehmen dazu dienen, ihren Eigentümern einen möglichst großen Profit zu verschaffen.[49] Wenn wir aber davon ausgehen, dass diese Eigentümer bereits reich sind, rechtfertigt ihr Reichtumsstreben es dann wirklich, keine zusätzlichen Arbeitsplätze zu schaffen?

Man kann hier argumentieren, dass Eigentümer und Unternehmen eine Hilfspflicht den Arbeitssuchenden gegenüber haben. Immerhin geht es darum, dass diese dann in grundlegenden Fragen auf sich selbst achtgeben können. Ein Problem von positiven Hilfspflichten gegenüber negativen Pflichten der Nichtschädigung besteht jedoch darin, dass unklar ist, was genau und wie viel sie verlangen. Bei negativen Pflichten der Nichtschädigung ist das ganz klar. Ich darf niemanden willkürlich umbringen und muss es deswegen in allen denkbaren Fällen unterlassen. Ich darf niemanden in seiner Würde verletzen und muss es deswegen stets unterlassen. Doch bei Hilfeleistungen ist oft nicht klar, wem gegenüber sie bestehen und welches Ausmaß sie haben. Müssen reiche Akteure so lange Geld abgeben, bis sie nicht mehr reich sind? Dafür spricht immerhin, dass dieser Reichtum für ihr eigenes Leben in Würde nichts mehr austrägt. Aber sollte es nicht auch eine Toleranzzone geben, in der reiche Akteure weiterhin über ihren Reichtum frei verfügen können? Und wem sollen reiche Akteure mit ihrem Reichtum helfen? Dürfen sie das selbst entscheiden, oder gibt es bestimmte Prioritäten? Diese Fragen sind nicht leicht zu beantworten, und das macht deutlich, warum unterlassene Hilfeleistung moralisch weniger verwerflich erscheint als aktive Schädigung.

49 Friedman, *Kapitalismus und Freiheit*, S. 133-136; ders., »The Social Responsibility of Business is to Increase its Profits«, S. SM17.

Die drei gerade diskutierten Faktoren – die Kontingenz der Verbindung von Reichtum und Entwürdigungen, die mit Reichtum verbundenen Entwürdigungen als zumeist unbeabsichtigte und oft unvorhergesehene Nebenfolgen sowie die zentrale Rolle von Hilfspflichten – schränken das negative Urteil über Reichtum als Würdeverletzung erheblich ein. Reichtumsstreben ist nicht unbedingt eine würdelose Geldgier, die dem Sexismus oder dem Rassismus gleichzusetzen wäre. Menschen, die nach Reichtum oder Wohlstand streben, besitzen nicht unbedingt eine Persönlichkeit, die wegen ihrer grundsätzlich entwürdigenden Einstellung selbst keine Achtung verdient hat. Doch welche normative Kraft besitzen die drei limitierenden Faktoren darüber hinausgehend wirklich? Immerhin kann es ja trotzdem sein, dass reiche Akteure durch ihren Reichtum zur Demütigung von Menschen beitragen. Wie sind solche Fälle dann einzuschätzen? Wenn es zutrifft, dass Reichtum mit Würdeverletzungen einhergeht, dann sind diese Faktoren vielleicht ganz irrelevant.

Dafür spricht ein einfacher Grund. Wenn es einen Handlungstyp gibt, der moralisch kategorisch verboten ist, dann sind das Würdeverletzungen.[50] Dafür ist es egal, welchen Einfluss soziale Faktoren haben, wie unbeabsichtigt die Folge der Würdeverletzung seitens des Akteurs ist und ob die Würdeverletzung auf einem aktiven Tun oder einem passiven Unterlassen beruht. Würdeverletzungen sind unerlaubt. Deswegen ist es stets wichtig, sehr genau nachzuweisen, ob ein problematisches Handeln wirklich eine Würdeverletzung darstellt. Aus diesem Grund konzentriere ich mich in diesem Buch auch auf die Frage, ob Reichtum mit Würdeverletzungen einhergeht, und blende die viel weiter gehende Frage aus, ob Reichtum noch auf andere Weise moralisch problematisch sein kann. Das könnte natürlich zutreffen. Aber weiter gehende moralische Urteile über Reichtum werden erstens noch viel kontroverser sein, und zweitens wird es einen noch stärkeren Konflikt bezüglich der Frage geben, was Vorrang besitzt, jene weiter gehenden moralischen Gesichtspunkte oder das Recht eines Menschen darauf,

50 Das stellt die Standardposition in Bezug auf den Stellenwert der Würde in der Moral und sogar im Recht dar (vgl. dazu beispielsweise Markus Rothhaar, *Die Menschenwürde als Prinzip des Rechts. Eine rechtsphilosophische Rekonstruktion*, Tübingen 2015, S. 323 f.).

nach Reichtum zu streben, um seine individuelle Vorstellung vom Lebensglück zu verwirklichen.[51]

Allerdings ist dieses Problem der Abwägung durch die Konzentration auf Würde noch nicht aus dem Weg geräumt. Eine große Schwierigkeit mit dem Würdebegriff selbst liegt in seiner Elastizität. Man kann leicht eine elaborierte Geschichte von Demütigung und Erniedrigung, von verletztem Stolz und Selbstwertgefühl erzählen, die alle möglichen Handlungen als Würdeverletzungen erscheinen lassen. Wenn man dann die Würde moralisch so hochhängt, dass mit ihr wirklich kategorische Verbote und Gebote einhergehen, dann kann wiederum schnell der Eindruck entstehen, als werde hier eine drakonische Herrschaft der Moral errichtet, die ebenfalls jedes Verfolgen einer subjektiven Vorstellung von Lebensglück unmöglich macht. Wir werden dann zu Sklaven der Moral.[52] Ich glaube, die Reaktion auf diese Gefahr muss darin bestehen, Würde an Selbstachtung zu binden, wie ich das bereits vorgeschlagen habe. Nur wenn jemand in wichtigen Belangen nicht auf sich selbst achtgeben kann und nur wenn jemand nicht als gleichrangiger Mensch geachtet wird, ist es angemessen, von Würdeverletzungen zu sprechen.

Wenn sich herausstellt, dass bestimmte Formen von Reichtum eng mit solchen Würdeverletzungen verbunden sind, dann gehören sie auch abgeschafft. Allerdings gibt es eine weitere Einschränkung, denn das gilt zunächst nur moralisch, und es ist nicht klar, was politisch daraus folgt. Hier sind die oben diskutierten limitierenden Faktoren durchaus relevant. Denn mit jemandem, der unbeabsichtigt und vielleicht nur in geringem Maße zu einer Würdeverletzung beiträgt, ist politisch anders umzugehen als mit jemandem, der das direkt und mit voller Absicht tut. Meiner Einschätzung nach hängt es von dem subjektiven Verschulden der entwürdigenden Personen ab, wie sehr man darum bemüht sein muss, sie zu schonen.

51 Vgl. zu einer ausführlichen Diskussion dieser Problematik Susan Wolf, »Happiness and Meaning. Two Aspects of the Good Life«, in: *Social Philosophy and Policy* 14/01 (1997), S. 207-225; dies., *Meaning in Life and Why It Matters*, New Jersey 2010, und Holmer Steinfath, »Selbstbejahung, Selbstreflexion und Sinnbedürfnis«, S. 73-93; ders., *Was ist ein gutes Leben?*; ders., *Orientierung am Guten*.

52 So argumentiert insbesondere Susan Wolf, »Moral Saints«, in: *Journal of Philosophy* 79/8 (1982), S. 419-439; dies., »Morality and the View from Here«, in: *Journal of Ethics*, 3/3 (1999), S. 203-223. Zu einer interessanten Kritik: Edward Lawry, »In Praise of Moral Saints«, in: *Southwest Philosophy Review* 18/1 (2002), S. 1-11.

Dadurch entsteht allerdings ein Problem. Nehmen wir an, dass bestimmte Formen des Reichtums mit unbeabsichtigten und sozial vermittelten Würdeverletzungen verbunden sind, die nur durch große Hilfeleistungen verhindert werden können. Nehmen wir weiterhin an, dass dieser Reichtum eng mit der Persönlichkeit eines Menschen verbunden ist. Dann kann man moralisch zwar von diesem Menschen erwarten, seine Persönlichkeit radikal zu ändern. Aber es ist nicht klar, dass man dies auch politisch erwarten und durchsetzen kann. Tatsächlich spricht sogar einiges dagegen.

Es wäre möglicherweise nicht nur klüger, auf behutsame Reformen zu setzen, weil sie langfristig wirkungsvoller sind. Es wäre vielleicht auch moralisch geboten, politisch so zu verfahren. Die politische Durchsetzung von Verhältnissen, die von vielen Menschen eine radikale Änderung ihrer Persönlichkeit verlangen, kann nämlich selbst einen Angriff auf die Würde der Persönlichkeit dieser Menschen darstellen. Bei sexistischen oder rassistischen Menschen wäre ein solches Vorgehen vielleicht trotzdem angemessen. Sie sind zwar weiterhin als Personen zu achten und dürfen daher beispielsweise keiner Gehirnwäsche unterzogen werden.[53] Aber da ihre sexistischen oder rassistischen Persönlichkeiten selbst im Kern entwürdigend sind, müssen diese auch nicht geachtet werden. Hier ist Missachtung erlaubt und vielleicht unter bestimmten Umständen sogar gefordert, beispielsweise um Solidarität mit den Opfern der diskriminierenden Haltung zu zeigen. Wenn es demgegenüber zutrifft, dass die meisten Menschen gar nicht nach Reichtum, sondern nur nach Wohlstand streben und indirekt trotzdem dafür sorgen, dass sie gemeinsam und dass zusätzlich noch bestimmte korporative Akteure zu reich sind, dann trifft dieser Zusammenhang nicht zu. Diese Menschen besitzen keine im Kern demütigenden Persönlichkeiten, entsprechend dürfen sie auch nicht missachtet werden. Daher sind politische Maßnahmen gefordert, die ohne Verletzung der Würde ihrer Persönlichkeit auskommen.

53 Aus demselben Grund dürfen Terroristen nicht gefoltert werden. Vgl. zu einer interessanten Diskussion der Frage, ob es sich dabei nur um ein Rechtsprinzip oder auch um ein moralisches Prinzip von kategorischer Geltung handelt: Corinna Mieth, »Hard Cases Make Bad Law. Über tickende Bomben und das Menschenrecht nicht gefoltert zu werden«, in: Michael Reder, Maria-Daria Cojocaru (Hg.), *Zur Praxis der Menschenrechte. Formen, Potenziale und Widersprüche*, Stuttgart 2015, S. 85-104.

Wie solche Maßnahmen aussehen können, werde ich im abschließenden achten Kapitel diskutieren. Zunächst gilt es, die vorrangige Frage zu beantworten, ob wirklich ein Zusammenhang zwischen Reichtum und Entwürdigung besteht. Die bisherigen Überlegungen zur Würde und Selbstachtung weisen natürlich bereits darauf hin. Das von mir vorgeschlagene Verständnis von Reichtum spricht ebenfalls dafür. Wenn Reichtum bedeutet, dass jemand deutlich mehr besitzt, als für ein anständiges Leben notwendig ist oder – im Falle von korporativen Akteuren – als für die Erfüllung der gesellschaftlichen Aufgabe notwendig ist, dann legt das nahe, dass dieser Reichtum nicht mehr von besonders großer Wichtigkeit ist und jedenfalls für ein Leben in Würde nichts mehr austrägt. Wenn zudem eine enge Verbindung zwischen Reichtum und Macht sowie Status besteht, dann legt das nahe, dass damit Konflikte zusammenhängen, die auch für die Würde der Menschen eine Bedrohung darstellen. Doch gezeigt, dass dem wirklich so ist, habe ich bisher noch nicht. Reichtum wird erst dann zu einem moralischen Problem in dem gravierenden Sinne, dass er das starke Prädikat verdient, besonders ungerecht zu sein, wenn sich diese Verbindung zu Würdeverletzungen nachweisen lässt.

Genau das möchte ich in den nächsten beiden Kapiteln untersuchen. Zuerst werde ich danach fragen, ob Reichtum für das anständige Zusammenleben in Würde innerhalb wohlhabender Staaten wie Deutschland, Österreich und der Schweiz ein Problem darstellt. Das betrifft die Themen der relativen Armut, der Arbeitslosigkeit und unanständigen Arbeit sowie der Postdemokratie. Dann wende ich mich den Fragen eines anständigen Zusammenlebens auf globaler Ebene zu: absolute Armut, Klimawandel und Fragilität globaler Märkte. In all diesen Kontexten stellt Reichtum tatsächlich ein gravierendes moralisches Problem dar, weil er auf unterschiedliche Weise in enger Verbindung mit Würdeverletzungen steht, so wird sich dabei zeigen. Was daraus jedoch politisch folgt, werde ich erst im letzten Kapitel diskutieren, nachdem ich in Kapitel 7 noch einige naheliegende Einwände gegen eine politische Bearbeitung des Reichtumsproblems aus dem Weg geräumt habe.

Kapitel 5: Reichtum als Problem anständiger Gesellschaften

Menschen sind reich, wenn sie über deutlich mehr Geld verfügen, als sie für ein Leben in Würde benötigen. Korporative Akteure sind reich, wenn sie deutlich mehr Geld besitzen, als sie für die Aufrechterhaltung ihrer lebensdienlichen Funktionalität benötigen. So lautet das Ergebnis der bisherigen Überlegungen. Im letzten Kapitel habe ich zudem noch herausgearbeitet, dass dieser Reichtum in zwei Fällen zu einem gravierenden moralischen Problem wird. Das gilt erstens immer dann, wenn Menschen ihren Reichtum systematisch nutzen können, um die Würde anderer Menschen zu verletzen. Das gilt zweitens auch dann, wenn dieser Reichtum leicht dazu genutzt werden könnte, anderen Menschen zu helfen, die in ihrer Würde verletzt sind, dies aber nicht geschieht. Im ersten Fall besteht die Verantwortung der reichen Akteure unmittelbar und ist ganz eindeutig, weil es diese Akteure sind, die die Würdeverletzung überhaupt erst verursachen. Im zweiten Fall hingegen unterlassen sie es, ihren Beitrag zu einem Leben in Würde bestimmter Menschen beizusteuern. Es ist dann nicht ausgemacht, dass sie dafür auch wirklich verantwortlich sind. Vielleicht können sie entschuldigende oder sogar rechtfertigende Gründe dafür nennen, warum sie ihren Reichtum nicht dazu nutzen, um anderen Menschen ein Leben in Würde zu ermöglichen.

Aus diesem Grund habe ich zunächst auch nur behauptet, dass der Reichtum in solchen Fällen zu einem moralischen Problem wird. Ich habe noch nichts darüber gesagt, was daraus für bestimmte Akteure folgt. Das muss anhand konkreter Problemstellungen geklärt werden, weil sich nur so die kontextabhängigen Gründe für das Handeln der Akteure berücksichtigen lassen. Entsprechend möchte ich die Frage danach, wann Reichtum ein moralisches Problem darstellt und was daraus folgt, auch nicht weiter ganz abstrakt, sondern nunmehr anhand einer Reihe paradigmatischer Fälle diskutieren. Das sind auf der Ebene einzelner, reicher Gesellschaften die Themen der relativen Armut, der unanständigen Arbeit und Arbeitslosigkeit sowie des Demokratieverlustes. Auf globaler Ebene nehme ich dann im nächsten Kapitel die Themen der absoluten

Armut, des Klimawandels und der Verwerfungen globaler Märkte in den Blick. Bei all diesen Themen besteht Anlass zur Sorge, dass Geldreichtum auf moralisch problematische Weise systematisch mit Würdeverletzungen verbunden ist.

Die Diskussion der thematischen Schwerpunkte erfolgt dabei immer in drei Schritten. In einem ersten Schritt werde ich zeigen, dass in dem jeweiligen Kontext systematische Würdeverletzungen vorliegen. Systematisch sind diese Würdeverletzungen, weil sie in einer engen und regelmäßigen Verbindung zu einer etablierten Praxis stehen. Die Betonung systematischer Würdeverletzungen begründet sich daraus, dass nur sie eine systematische Antwort erfordern. In einem zweiten Schritt werde ich dann zeigen, dass Reichtum diese Würdeverletzungen entweder mit herbeiführt oder leicht genutzt werden könnte, um sie zu verhindern oder zumindest erheblich abzumildern. Es ist dabei regelmäßig so, dass auch andere soziale Tatsachen und Praktiken eng mit den Würdeverletzungen zusammenhängen. Doch für meine Argumentation ist es nicht nötig zu zeigen, dass dem Reichtum dabei eine exklusive Bedeutung zukommt. Wenn Reichtum beispielsweise auf systematische Weise erhebliche Arbeitslosigkeit verursacht, dann bleibt das ein moralisches Problem, auch wenn Arbeitslosigkeit zugleich andere Gründe haben kann.

In einem dritten und letzten Schritt werde ich jeweils kurz danach fragen, was daraus folgen könnte, wenn sich Reichtum in verschiedenen Kontexten tatsächlich als für die Würde der Menschen problematisch erweisen sollte. Die Diskussion dieses letzten Punktes wird vergleichsweise kurz ausfallen, weil ich diese Frage im siebten und achten Kapitel noch einmal aufgreifen und allgemein diskutieren werde. Abschließend werde ich danach fragen, ob sich dieser problematische Reichtum irgendwie auf vernünftige Weise verhindern lässt, ohne gleich ganz auf Wohlstand verzichten zu müssen. Ohnehin gilt, dass die Ausführungen der nächsten zwei Kapitel zum Teil programmatischen Charakter haben. Mir geht es vor allem darum, zwei Dinge zu zeigen. Erstens will ich herausarbeiten, dass sich die hier vorgeschlagene negativ orientierte Analyse von gravierenden Gerechtigkeitsproblemen als Würdeverletzungen bewährt. Im Rahmen einer nichtidealen und trotzdem progressiven Gerechtigkeitstheorie ist es auf diese Weise möglich, zentrale Gerechtigkeitsprobleme zu identifizieren. Zweitens geht es mir darum zu verdeutlichen, dass Reichtum tatsächlich ein moralisches Problem sein kann und nicht automatisch immer nur positiv zu bewerten ist.

In diesem Kapitel werde ich untersuchen, ob Reichtum für ein anständiges Zusammenleben innerhalb einer Gesellschaft ein Problem darstellen kann. Mit Anständigkeit meine ich hier, Avishai Margalit folgend, das normative Mindestmaß, das an die institutionelle Grundstruktur einer Gesellschaft anzulegen ist, damit Gesellschaftsmitglieder durch diese nicht systematisch gedemütigt werden. Anständigkeit ist insofern der Kernbereich der sozialen Gerechtigkeit. Eine anständige Gesellschaft kann nämlich noch Ungerechtigkeiten aufweisen, aber eine gerechte Gesellschaft kann niemals unanständig sein.[1] Ich werde die Frage der Anständigkeit anhand der drei Themen relative Armut, Arbeitslosigkeit und unanständige Arbeit sowie Postdemokratie diskutieren, weil diese Probleme meiner Einschätzung nach in Staaten wie Deutschland oder den USA besonders hervorstechen.

Relative Armut

Relativ arm ist, wer über weniger als 50 oder 60 Prozent des Durchschnittseinkommens verfügt.[2] In Deutschland lag die Grenze im Jahre 2013 für einen Ein-Personen-Haushalt auf der Grundlage des 60-Prozent-Standards bei ungefähr 848 Euro pro Monat.[3] In der Schweiz beispielsweise liegt die Armutsgrenze höher, weil auch das Durchschnittseinkommen deutlich höher ist. Genau an dieser Stelle setzt eine verbreitete Kritik an der relativen Armutsbemes-

1 So argumentieren Avishai Margalit und im Anschluss daran Christian Neuhäuser (Margalit, *Politik der Würde*; Neuhäuser, »In Verteidigung der anständigen Gesellschaft«, S. 109-126).

2 Dafür hat insbesondere Peter Townsend argumentiert (Townsend, *Poverty in the United Kingdom*; ders., *The International Analysis of Poverty*; vgl. auch Ruth Lister, *Poverty*, Cambridge 2004).

3 Laut Institut der deutschen Wirtschaft Köln lag das Nettoäquivalenzeinkommen pro Kopf (nach dem Median) 2013 bei 1413 Euro (IW Köln, ⟨https://www.iwkoeln.de/presse/iw-nachrichten/beitrag/einkommensranking-hohe-wirtschaftskraft-reicht-nicht-immer-123518⟩, letzter Zugriff 28. 6. 2017). Vgl. Christoph Butterwegge, *Armut in einem reichen Land. Wie das Problem verharmlost und verdrängt wird*, Frankfurt/M. 2012.

sung ein: Wenn eine Gesellschaft reicher wird, dann steigt auch die Grenze der relativen Armut. Die betroffenen Menschen bleiben dann arm, auch wenn sie selbst ebenfalls mehr Einkommen haben. Dieser Zusammenhang führt zu dem Einwand, dass es sich im Gegensatz zu absoluter Armut bei relativer Armut gar nicht um richtige Armut handelt. Absolute arme Menschen müssen mit ein bis zwei Dollar pro Tag auskommen;[4] sie sind durch ihre Armut in ihrer physischen Existenz und daher auch in ihrer Würde gefährdet. Relative Armut hingegen gefährdet in der Regel nicht die physische Existenz der Menschen und daher auch nicht ihre Würde, so lautet das Argument.

An diesem Einwand ist richtig, dass relative Armut nicht unmittelbar die physische Existenz der betroffenen Menschen gefährdet.[5] Allerdings folgt daraus nicht, dass zwischen relativer Armut und Würdeverletzungen kein Zusammenhang besteht. Ein Leben in Würde beinhaltet mehr als das bloße Überleben. Ein Zusammenhang zwischen relativer Armut und Würdeverletzungen könnte also eine andere Grundlage haben. Um herauszufinden, ob das zutrifft, sind nach dem hier zugrunde gelegten Verständnis von Würde als Selbstachtung die beiden folgenden Fragen zu beantworten: Verhindert relative Armut, dass die betroffenen Menschen in wichtigen Angelegenheiten für sich selbst sorgen können? Verhindert relative Armut, dass sich die Betroffenen als gleichrangige Mitglieder der Gesellschaft achten können? Ich glaube, dass beides zutrifft. Relative Armut verletzt dann die Würde der betroffenen Menschen.[6]

Erstens können relativ arme Menschen in wichtigen Angelegenheiten nicht auf sich selbst achtgeben. Das von ihnen selbst erzielte

4 Vgl. Valentin Beck, *Eine Theorie der globalen Verantwortung. Was wir Menschen in extremer Armut schulden*, Berlin 2016.

5 Indirekt ist das durchaus der Fall, weil die Lebenserwartung relativ armer Menschen niedriger ist als diejenige reicherer Menschen (vgl. Stefan Huster »Selbstbestimmung, Gerechtigkeit und Gesundheit. Normative Aspekte von Public Health«, *Würzburger Vorträge zur Rechtsphilosophie, Rechtstheorie und Rechtssoziologie Heft 49*, Baden-Baden 2015).

6 Vgl. Neuhäuser, »Zwei Formen der Entwürdigung«, S. 542-556, und Gottfried Schweiger, Gunter Graf, *A Philosophical Examination of Social Justice and Child Poverty*, Basingstoke 2015, S. 35. Vgl. zu einer engagierten Darstellung der Multidimensionalität von Armut und Erniedrigung in den USA: Tavis Smiley, Cornel West, *The Rich and Rest of Us. A Poverty Manifesto*, New York 2012.

Einkommen ist nicht hoch genug, um sich in ihrem Land einen angemessenen Lebensstandard leisten zu können.[7] Stattdessen sind sie auf Transferzahlungen durch den Staat oder in manchen Ländern – wie den USA – auch stark auf private Wohltätigkeit angewiesen.[8] Ohne diese Zuwendungen wären sie selbst in diesen Ländern vielleicht sogar absolut arm. Da sie jedoch in Ländern leben, in denen es ein staatliches oder privates Sicherungsnetz gibt, müssen viele die absolute Armut nicht fürchten.[9] Dennoch wäre es für ihre Selbstachtung besser, wenn sie auf sich selbst achtgeben könnten und nicht in Abhängigkeit leben müssten.[10] Manchmal wird an diesem Punkt eingewendet, dass die relativ armen Menschen selbst dafür verantwortlich sind, dass sie nicht für sich selbst sorgen können.[11] Sie könnten doch einfach arbeiten gehen und sich ein angemessenes Einkommen verdienen. Ich werde im nächsten Abschnitt auf Arbeitslosigkeit und schlecht bezahlte Arbeit eingehen. Es ist aber bereits jetzt wichtig zu betonen, dass relativ arme Menschen in den meisten Fällen nicht für ihre Armut verantwortlich sind – strukturelle Gründe halten sie davon ab, ihrer Armut zu entfliehen.[12]

Dieser Punkt lässt sich gut am Fähigkeitenansatz von Amartya Sen verdeutlichen. Sen argumentiert, dass es Umwandlungsfaktoren gibt, die es Menschen ermöglichen, vorhandene Güter in die Fähigkeit umzusetzen, eine bestimmte *Funktionsweise* zu erreichen.[13]

7 Ich verwende den Begriff des Lebensstandards hier im Sinne von Amartya Sen, der damit die in einer Gesellschaft zentralen Fähigkeiten für übliche Funktionsweisen meint (Sen, »The Standard of Living«).

8 Die philosophischen Probleme der Wohltätigkeit werden beispielsweise von Judith Lichtenberg diskutiert; Judith Lichtenberg, »What is Charity?«, in: *Philosophy & Public Policy* Quarterly 29/3 (2009), S. 16-20.

9 Allerdings gibt es Untersuchungen, die zu dem Ergebnis kommen, dass selbst in den USA mehr als 1,5 Millionen Menschen zumindest zeitweise mit weniger als 2 Dollar pro Tag auskommen müssen. Vgl. H. Luke Shaefer, Kathryn J. Edin, »Rising Extreme Poverty in the United States and the Response of Federal Means-Tested Transfers«, in: *Social Service Review* 87/2 (2013), S. 250-268.

10 Vgl. Sennett, *Respekt im Zeitalter der Ungleichheit*, S. 158.

11 In den USA ist diese Position einflussreich vertreten durch beispielsweise: Lawrence Mead, »From Welfare to Work«, in: Alan Deacon (Hg.), *From Welfare to Work. Lessons from America*, London 1997.

12 Young, *Responsibility for Justice*, S. 22-27.

13 Sen, »Equality of What?«, S. 195-220; ders., *Commodities and Capabilities*. Und zur Einführung: Sen, *Ökonomie für den Menschen* sowie Nussbaum, *Creating Capabilities*.

Im vorliegenden Fall geht es dann um die Funktionsweise der Freiheit von relativer Armut und die Fähigkeit, in wesentlichen ökonomischen Fragen auf sich selbst achtgeben zu können. Nach Sen gibt es drei Typen von Umwandlungsfaktoren, nämlich persönliche, soziale und umweltbedingte.[14] Entscheidend sind hier die persönlichen und die sozialen Umwandlungsfaktoren. Wenn soziale Faktoren die Menschen davon abhalten, für sich zu sorgen, dann sind diese dafür offensichtlich nicht verantwortlich. Das betrifft beispielsweise strukturelle Arbeitslosigkeit, sehr hohe Lebenshaltungskosten oder schlechte Betreuung für Kinder alleinerziehender Eltern. Es ist darüber hinaus wichtig zu sehen, dass relativ arme Menschen auch für ungünstige persönliche Umwandlungsfaktoren oft nicht verantwortlich sind. Wenn Menschen etwa wegen einer Behinderung nicht in der Lage sind, ihrer relativen Armut zu entfliehen, dann haben sie das nicht zu verantworten. Dasselbe gilt meiner Meinung nach in vielen Fällen für Menschen mit einer schlechten Ausbildung. Die zentralen Weichen für eine gute Ausbildung werden in der frühen Kindheit gestellt. Zu diesem Zeitpunkt sind die betroffenen Kinder mit Sicherheit nicht für solche Dinge verantwortlich, müssen aber ihr Leben lang mit den Konsequenzen leben.[15]

Natürlich gibt es auch Menschen, die freiwillig in relativer Armut leben. Manche Mönche und Nonnen, aber auch Lebenskünstler und andere Künstlerinnen tun dies beispielsweise. In diesen Fällen ist die relative Armut aufgrund der Freiwilligkeit nicht entwürdigend. So wie Hungern und Fasten ganz unterschiedliche Fälle sind, so sollten auch relative Armut und freiwillige Bescheidenheit sehr unterschiedlich bewertet werden.[16] Unfreiwillige relative Armut ist dieser Unterscheidung zufolge entwürdigend, weil die betroffenen Menschen in grundsätzlichen Fragen nicht auf sich selbst achtgeben können, obwohl sie es wollen und eigentlich könnten, wenn die strukturellen Bedingungen andere wären.

14 Sen, *Inequality Re-Examined*, S. 19-38.

15 Vgl. dazu Bourdieu, *Wie die Kultur zum Bauern kommt*, und die dichten Beschreibungen in ders., *Das Elend der Welt*, München 2009. Vgl. auch Kirsten Meyer, *Bildung*, Berlin 2011; Jutta Allmendinger, »Mehr Bildung, größere Gleichheit. Bildung ist mehr als eine Magd der Wirtschaft«, in: Steffen Mau, Nadine M. Schöneck (Hg.), *(Un-)Gerechte (Un-)Gleichheiten*, Berlin 2015, S. 74-82.

16 Sen, *On Ethics and Economics*; ders., *Ökonomie für den Menschen*, S. 95.

Wenn Menschen freiwillig in Armut leben, dann könnten sie weiterhin dieser Armut entkommen, sie wollen es nur nicht. Das gilt allerdings nur, wenn es für diese Menschen weiterhin möglich wäre, jederzeit ihrer Armut zu entfliehen. Wenn ein Mönch oder eine Künstlerin ins bürgerliche Leben zurückkehren wollen, dann muss ihnen diese Möglichkeit offenstehen, sonst sind auch sie in ihrer Würde verletzt. Der Anspruch auf Selbstachtung geht auch dann nicht verloren, wenn man beispielsweise in Bezug auf Armut vorübergehend keinen Gebrauch davon macht. (Der Anspruch auf Religionsfreiheit geht ja auch dann nicht verloren, wenn man sich mehr oder weniger vorübergehend gegen jede Religion und für den Atheismus entschieden hat.[17])

Relative Armut ist also entwürdigend, weil sie einen Zustand darstellt, in dem die betroffenen Menschen selbst in grundlegenden Fragen nicht für sich selbst sorgen können, obwohl sie es eigentlich könnten. Das gilt dann, wenn diese Menschen nicht freiwillig in Armut leben, weil sie eigentlich fähig sind, der relativen Armut zu entkommen, aber durch veränderbare Hintergrundbedingungen daran gehindert werden. Wie steht es mit der zweiten Dimension von Selbstachtung? Haben relativ arme Menschen auch Schwierigkeiten, sich selbst als gleichrangige Gesellschaftsmitglieder zu achten, weil sie arm sind? Ich glaube, dass auch das zutrifft. Erstens hängt Achtung vor sich selbst von der Achtung durch andere Menschen ab, wie wir gesehen haben. Zweitens hängt die Achtung durch andere Menschen im öffentlichen Raum davon ab, dass man sich expressiv als gleichrangiger Mensch darstellen kann. Drittens hängt die Darstellung als gleichrangiger Mensch in Marktgesellschaften wie unserer von materiellen Gütern ab.

Nur wer sich auf eine bestimmte Art und Weise kleiden kann, über bestimmte technische Geräte wie ein Mobiltelefon verfügt, in ländlichen Gegenden ein akzeptables Auto besitzt, anständig wohnt usw., der kann sich auch als gleichrangig darstellen und selbst so ansehen. Das bedeutet nicht unbedingt, dass man sein Mobiltelefon immer und überall vorzeigen muss, obwohl auch das in bestimmten Subkulturen vorkommt. Vielmehr reicht ein Bewusstsein dafür, dass solche Güter für die soziale Gleichrangigkeit in den Augen der Mehrheitsgesellschaft wichtig sind, um den sub-

17 So argumentiert bereits John Rawls (*Eine Theorie der Gerechtigkeit*, S. 241 f.).

jektiven Eindruck der Zugehörigkeit oder aber der Ausgrenzung zu erzeugen. Einzelne Menschen können sich natürlich darüber täuschen, was zu denjenigen Gütern gehört, die wesentlich sind, um zum Kern der Gesellschaft gehören. Im Allgemeinen sind die meisten Menschen aber wohl recht gut in der Lage zu erfassen, was als eine anständige und achtungswürdige materielle Ausstattung gilt, zumal das in einer Marktgesellschaft medial und insbesondere durch Werbung auch sehr offensiv kommuniziert wird.[18]

Doch ist es wirklich entwürdigend, wenn man in materieller Hinsicht nicht in der Mitte der Gesellschaft angekommen ist? Reicht es nicht, dass eine ökonomische Grundversorgung vorhanden ist, damit in einer Gesellschaft jeder Mensch die Möglichkeit besitzt, sich als gleichrangiger Bürger zu sehen und insbesondere auf Augenhöhe am politischen Geschehen teilzunehmen?[19] Es ist vielleicht eine Gesellschaft vorstellbar, in der die materielle Ausstattung über diese Grundversorgung hinaus für die Achtung als gleichrangiger Bürger keine Rolle spielt. Aber unsere Gesellschaften funktionieren einfach nicht so. Der ursprüngliche Grund für die große soziale Bedeutung materieller Güter ist wahrscheinlich ein ökonomischer: Unser Wirtschaftssystem ist auf Wirtschaftswachstum angewiesen. Das setzt ein steigendes Konsumniveau und die Bereitschaft, länger und härter für mehr Geld zu arbeiten, voraus.[20] Nur wenn Konsum und die Darstellung des materiellen Reichtums eine enge Verbindung zur Achtungswürdigkeit besitzen, sind die Menschen aber bereit, diese Opfer zu bringen.[21] Aus diesem Grund ist es in Marktgesellschaften zu einer Reichtumskultur gekommen, in der eine enge Verbindung von materiellen Gütern und Achtungswürdigkeit besteht. Relative Armut ist folglich auch

18 Besonders eindringlich weist Benjamin Barber darauf hin (Barber, *Consumed!*). Vgl. auch Neckel, *Flucht nach vorn*..

19 Dafür argumentiert aus gerechtigkeitstheoretischer Perspektive tendenziell Harry Frankfurt, *Ungleichheit*; vgl. zu einer differenzierten Auseinandersetzung mit diesen sogenannten Suffizienztheorien der Gerechtigkeit: Liam Shields, »The Prospects for Sufficientarianism«, in: *Utilitas* 24/1 (2012), S. 101-117.

20 Vgl. dazu die wegweisende Analyse von Wolfgang Streeck, *Die vertagte Krise des demokratischen Kapitalismus*, Berlin 2013.

21 Hier zeigt sich ein schwieriges Problem der ökonomischen Rationalitätstheorie, die allen rationale Präferenzen unterstellt und sich nicht dafür interessiert, aus welchen Gründen Menschen bestimmte Präferenzen haben (vgl. dazu Hausman, *Preferences, Value, Choice, and Welfare*, S. 57-73).

deswegen entwürdigend, weil die betroffenen Menschen sich nicht als gleichrangige Gesellschaftsmitglieder achten können, da sie zumindest in Marktgesellschaften einen Grund haben, sich in den Augen der Mehrheit nicht als gleichrangig geachtet zu sehen, weil sie arm sind und am symbolischen Konsum nicht teilnehmen können.[22]

Es sollte unmittelbar klar sein, welcher Zusammenhang zwischen relativer Armut und Reichtum besteht: Sobald nur ein Teil der Gesellschaft reicher wird, der ärmere Teil jedoch nicht oder in deutlich geringerem Ausmaß, nimmt die relative Armut zu. Es kann sogar sein, dass einige Menschen nun durch den zunehmenden Reichtum der Reichen relativ arm werden, obwohl sie selbst sogar auch ein höheres Einkommen erzielen. Allgemeine Wohlstandssteigerung kann demnach relative Armut produzieren, wenn sie ungleich verteilt ist. Kritiker nehmen das zum Anlass für die Behauptung, daran zeige sich, dass relative Armut gar keine richtige Armut und moralisch auch kein Problem sei.[23] Sie begehen dabei jedoch einen entscheidenden Fehler. Sie betrachten Menschen wie gesellschaftsfreie Wesen und vernachlässigen die soziale Dimension der Würde auf den beiden besprochenen Bedeutungsebenen der Selbstachtung.

Doch was folgt daraus, dass relative Armut und damit auch bestimmte Formen des Reichtums tatsächlich ein Problem für die Selbstachtung darstellen? An dieser Stelle machen Kritikerinnen den sogenannten Leveling-Down-Einwand stark.[24] Um dem Pro-

22 Dafür erscheint es mir nicht nötig, dass sie ständig mit Missachtungserfahrungen konfrontiert werden. Vielmehr imaginieren sie einen generalisierten Anderen als Durchschnittsbürger, vor dem sie erniedrigt dastehen (vgl. zur Figur des generalisierten Anderen, die auf George Herbert Mead zurückgeht: Hans Joas, *Praktische Intersubjektivität. Die Entwicklung des Werkes von G. H. Mead*, Berlin 1989, Kap. 5; ders., *Die Kreativität des Handelns*, Berlin 1996, S. 202; ders., Wolfgang Knöbl, *Sozialtheorie. Zwanzig einführende Vorlesungen*, Berlin 2004, S. 189-194).

23 Auch einige Bemerkungen von Amartya Sen in seiner Auseinandersetzung mit Peter Townsend weisen in diese Richtung (Sen, »Poor, Relatively Speaking«, S. 153-169; ders., *Commodities and Capabilities*). Allerdings fordert Sen nur eine normative Begründung dafür ein, warum relative Armut eine Deprivation darstellt.

24 Dieser Einwand wurde beispielsweise von Derek Parfit vorgebracht, der damit den Prioritarianismus verteidigen wollte; Derek Parfit, »Equality and Priori-

blem der relativen Armut begegnen zu können, reiche es ja aus, so sagen sie, einige sehr reiche Gesellschaftsmitglieder sehr viel ärmer zu machen. Dadurch wäre zwar mehr Gleichheit geschaffen, aber eigentlich hätte niemand etwas davon, so argumentieren diese Kritikerinnen. Im Gegenteil wäre nur erreicht, dass man einige Reiche schädigt, indem man ihnen etwas von ihrem Reichtum wegnimmt. Auf diesen Einwand gibt es zwei Antworten. Die erste Antwort hat einen technischen Charakter und besagt, dass relative Armut über den Median und nicht den Durchschnitt des Einkommens gemessen wird. Die zweite Antwort lautet, dass das Leveling-Down durchaus sehr wichtige positive Effekte haben und daher nicht einfach als absurd abgetan werden kann.

Die erste Antwort kann den Leveling-Down-Einwand deutlich abschwächen, indem sie darauf verweist, dass sich relative Armut über den Median und nicht über den Durchschnitt der Einkommen bestimmt, wie häufig fälschlicherweise angenommen wird. Beim Durchschnitt werden einfach die Einkommen aller Haushalte zusammengezählt und durch die Anzahl dieser Haushalte geteilt. Daraus ergibt sich das Durchschnittseinkommen. Beim Median hingegen werden zwei gleich große Mengen gebildet, wobei die eine Menge die untere Hälfte aller Einkommen und in die andere Menge die obere Hälfte aller Einkommen ist. Das arithmetische Mittel aus größtem Einkommen der unteren Hälfte und niedrigstem Einkommen in der oberen Hälfte bildet dann den Median.

Es ist wichtig zu sehen, dass der Median bei Einkommen in realen Gesellschaften deutlich unterhalb des Durchschnittseinkommens liegt, denn Einkommen steigen üblicherweise nicht linear, sondern zunehmend progressiv an. Der Vorteil des Medians besteht darin, dass es für den Mittelwert keinen Unterschied macht, wie hoch beispielsweise die oberen 10 oder 20 Prozent der Einkommen sind und ansteigen.[25] Diese Einkommen werden ja nicht

ty«, in: *Ratio* 10/3 (1997), S. 202-221; ders., »Another Defence of the Priority View«, in: *Utilitas* 24/03 (2012), S. 399-440). Demnach geht es darum, die Lage der Schlechtergestellten zu verbessern. Vgl. zu einer Übersicht: Michael Weber, »Prioritarianism«, in: *Philosophy Compass* 9/11 (2014), S. 756-768.

25 Wenn in einer Gesellschaft 80 Prozent der Bevölkerung über ein Einkommen von 10 000 Euro verfügen und 20 Prozent über ein Einkommen von 1 000 000 Euro, dann liegt das Durchschnittseinkommen bei 208 000 Euro, das Median-

direkt berücksichtigt, sondern bleiben unabhängig von ihrer Höhe nur ein Teil der oberen Hälfte aller Einkommen. Wie reich die Superreichen sind, macht für die Ermittlung des Medians und die Bestimmung der relativen Armutsgrenze also keinen Unterschied. Entsprechend hilft es auch nicht, ihnen im Sinne des Leveling-Down einfach nur einen Teil des Einkommens wegzunehmen, um die relative Armut zu verringern.

Die zweite Antwort auf den Leveling-Down-Einwand steht in einem gewissen Widerspruch zur ersten. Sie beruht auf der hier entfalteten Argumentation, dass sehr große Einkommensunterschiede die Würde der relativ armen Menschen verletzen, weil sie sich nicht mehr als gleichrangige Gesellschaftsmitglieder achten können. Wenn das zutrifft, dann hilft es tatsächlich auf substantielle Weise, wenn die reichen Menschen weniger reich sind. Denn dann steigt die Möglichkeit von armen Menschen, als gleichrangige Gesellschaftsmitglieder auftreten und sich selbst als solche ansehen zu können. Der Leveling-Down-Einwand beruht folglich einfach auf der falschen Prämisse, dass es keinen positiven und nur einen negativen Unterschied macht, wenn die Reichen weniger reich wären. Es macht für die Würde der Armen durchaus einen positiven Unterschied.[26]

Aus diesem Grund ist die Bemessung der relativen Armut über den Median auch nicht unproblematisch. Denn auf diese Weise wird gar nicht sichtbar, wie groß die Einkommensunterschiede wirklich sind. Daher lässt sich auch keine Aussage darüber treffen, ob die als relative Armut ermittelte Einkommensgrenze es den betroffenen Menschen wirklich ermöglicht, als gleichrangige Gesellschaftsmitglieder aufzutreten. Allerdings hilft auch eine Bestimmung über den Durchschnittswert bei diesem Problem nicht viel weiter. Denn es kann immer noch sein, dass es eine Zwei-Klassen-Gesellschaft gibt, in der der Großteil der Menschen ein sehr gerin-

einkommen jedoch bloß bei 10 000 Euro. Die Armutsgrenze läge entsprechend auch nur bei 6000 Euro.

26 Darüber hinaus gilt es natürlich zu berücksichtigen, dass die Menge und Art der Güter, die sich jemand leisten kann, auch von der Kaufkraft anderer Akteure abhängen, Preise also auch in diesem Sinne relativ sind. Ökonomen neigen dazu, das aus methodischen Gründen auszublenden, weil sie die Preisbildung rein endogen über das Konzept der Preiselastizität betrachten (vgl. Nordhaus/Samuleson, *Volkswirtschaftslehre*, S. 212 f.).

ges Einkommen besitzt und nur ein kleiner, aber signifikanter Teil ein sehr hohes Einkommen. Da diese Gruppe eher klein ist, würde in solch einem Fall das Durchschnittseinkommen relativ niedrig ausfallen. Das führt dann aber zu dem Ergebnis, dass die Mehrheit der Gesellschaft aus mathematischen Gründen gar nicht relativ arm sein kann.

Das ist jedoch kontraintuitiv. Denn es ist denkbar und auch nicht unwahrscheinlich, dass die kleine Gruppe von Reichen bestimmt, was als bürgerlich angemessenes Auftreten in der Öffentlichkeit und als bürgerlich angemessener Lebenswandel gilt. Viel besser ist es daher, die Einkommensverteilung in Quintile (fünf Teile) oder Dezile (zehn Teile) aufzuteilen, wie beispielsweise Thomas Piketty es in seinen Statistiken tut. Dann werden die Einkommensverteilung und die Bedrohung der Würde durch den Ausschluss von der bürgerlichen Gleichrangigkeit deutlich besser sichtbar. So sieht man an den Zahlen von Piketty, dass es tatsächlich Anlass zur Sorge gibt. In den USA beispielsweise beziehen die oberen 10 Prozent der Bevölkerung vor Steuern fast 50 Prozent des jährlichen Gesamteinkommens.[27]

Wie ist auf diese Verteilung zu reagieren? Eine Antwort, die sich hier schon andeutet und die ich im letzten Kapitel ausführlicher diskutieren werde, könnte darin bestehen, bestimmte Formen des Reichtums einfach zu verbieten oder zumindest stark einzuschränken, beispielsweise durch stark progressive Steuern.[28] Das ist keine neue Idee, sondern wurde bereits von John Stuart Mill gefordert und von John Rawls nahegelegt.[29] Man könnte sich beispielsweise darauf einigen, dass die Angehörigen der reichsten Dezile nicht mehr als zehnmal so viel Einkommen besitzen dürfen wie die An-

27 Laut einer aktuellen Studie sind es 47 Prozent vor Steuern. Die obersten 1 Prozent beziehen 20 Prozent des Nationaleinkommens vor Steuern. Vgl. Thomas Piketty, Emmanuel Saez, Gabriel Zucman, »Distributional National Accounts. Methods and Estimates for the United States«, *NBER Working Paper No. 22945* (2016), S. 40.

28 Anthony Atkinson, *Inequality. What Can Be Done?*, Cambridge MA 2015, S. 179-204.

29 John Stuart Mill fordert eine starke Einschränkung des Erbschaftsrechts (Mill, *Principles of Political Economy*, S. 35). John Rawls fordert eine »property-owning democracy«, in der Privatbesitz an Produktionsmitteln und damit das Kapital breit gestreut sind (Rawls, *Gerechtigkeit als Fairness*, S. 245-250; vgl. dazu O' Neill/ Williamson, *Property-Owning Democracy*).

gehörigen der ärmsten Dezile. Wenn die ärmste Dezile im Durchschnitt 30 000 Euro im Jahr bekommt, dann dürften die Angehörigen der reichsten Dezile also nicht mehr als 300 000 Euro erhalten und müssten den Rest abgeben. Diese Lösung des Problems wirkt natürlich auf den ersten Blick ziemlich utopisch. Ich werde diese Antwort daher jetzt auch noch nicht weiterverfolgen, sondern sie und alternative Vorschläge in Kapitel 8 ausführlich diskutieren, wenn es um mögliche Reaktionen auf Reichtum als moralisches Problem in all seinen problematischen Dimensionen geht.

Arbeitslosigkeit und unanständige Arbeit

In Deutschland waren im Jahr 2016 laut Bundesagentur für Arbeit knapp drei Millionen Menschen ohne Arbeit,[30] weltweit gelten fast 200 Millionen Menschen als arbeitslos.[31] Unfreiwillige Arbeitslosigkeit ist entwürdigend. Das gilt zumindest für Gesellschaften, in denen Erwerbsarbeit die Haupteinnahmequelle von Einkommen darstellt. Dieser Punkt lässt sich gut am Beispiel der unbezahlten Hausarbeit nachvollziehen, die in Gesellschaften wie der deutschen nach wie vor hauptsächlich von Frauen verrichtet wird.[32] Die Tatsache, dass diese Arbeit nicht bezahlt wird, lässt sich selbst als moralisches Problem auffassen. Davon möchte ich für den Augenblick jedoch abstrahieren und eine andere Problematik betonen. Frauen, die einer unbezahlten Hausarbeit nachgehen, befinden sich in Abhängigkeit denjenigen gegenüber, die ein Erwerbseinkommen erzielen, oft ihre Ehemänner. Solange Frauen dieses Arrangement freiwillig wählen, ist ihre Lage nicht entwürdigend, zumindest un-

30 Bundesagentur für Arbeit (BA), »Arbeitslosigkeit im Zeitverlauf«, in: *Amtliche Nachrichten der Bundesagentur für Arbeit* 64/1 (2016), ⟨https://statistik.arbeitsagentur.de/Statistikdaten/Detail/201601/anba/anba/anba-d-0-201601-pdf.pdf⟩, letzter Zugriff 30. 5. 2017.

31 ILO, »Global Unemployment Projected to Rise in Both 2016 and 2017«, in: ⟨http://www.ilo.org/global/about-the-ilo/newsroom/news/WCMS_443500/lang--en/index.htm⟩, letzter Zugriff 8. 6. 2017.

32 Frauen verrichten zwei Drittel ihrer Arbeit unbezahlt, Männer weniger als die Hälfte; Statistisches Bundesamt (D-Statis), »Arbeitszeit von Frauen. Ein Drittel Erwerbsarbeit, zwei Drittel unbezahlte Arbeit«, *Pressemitteilung* Nr. 179 vom 18. 5. 2015, in: ⟨https://www.destatis.de/DE/PresseService/Presse/Pressemitteilungen/2015/05/PD15_179_63931.html⟩, letzter Zugriff 9. 6. 2017.

ter folgender Zusatzbedingung: Zwar sorgen sie in einer wichtigen Hinsicht nicht für sich selbst, weil sie kein eigenes Einkommen erzielen; aber sie könnten das jederzeit tun, wenn sie innerhalb kurzer Zeit einer bezahlten Erwerbsarbeit nachgehen könnten. Das ist die notwendige Zusatzbedingung. Wenn sie erfüllt ist, dann reicht das meiner Meinung nach aus, um die Erfordernisse der Selbstachtung als gegeben anzusehen.

Wenn eine Frau jedoch keine Möglichkeit mehr besitzt, aus ihrer Rolle als Hausfrau auszubrechen, weil sie auf dem Markt keine bezahlte Arbeit findet, dann ist ihre Lage entwürdigend. Ihre Situation gleicht in dieser Hinsicht der Lage von längerer Zeit arbeitslos gemeldeten Menschen, die ebenfalls in wichtigen Belangen nicht auf sich selbst achtgeben können, weil sie kein eigenes Einkommen erzielen. Diese Menschen sind immer von irgendjemandem abhängig, entweder von einer Privatperson oder vom Staat, da sie über kein eigenes Einkommen verfügen. Ihre Selbstachtung wird durch Arbeitslosigkeit allerdings erst dann verletzt, wenn diese Menschen in einer Gesellschaft nur mithilfe von Geld in grundlegenden Fragen auf sich selbst achtgeben können. Erst dann spielt ein Erwerbseinkommen tatsächlich eine wichtige Rolle für die Würde. In einer Subsistenzwirtschaft beispielsweise ist das nicht der Fall. Dort sind weder die Hausarbeit noch die Feldarbeit oder andere Arbeit bezahlt. Deswegen kann man in diesem Kontext den Tausch von Hausarbeit gegen andere Arbeiten auch als symmetrisches Verhältnis begreifen. Das heißt jedoch nicht, dass dieses Tauschverhältnis fair sein muss. Oft ist es beispielsweise so, dass in Subsistenzwirtschaften die Frauen sehr viel mehr Arbeit leisten als die Männer und trotzdem ärmer sind.[33]

In Deutschland, Österreich und der Schweiz ist es hingegen offensichtlich so, dass man in grundsätzlichen materiellen Fragen nur dann auf sich selbst achtgeben kann, wenn man über ein eigenes Einkommen verfügt oder zumindest jederzeit ein eigenes Einkommen erzielen könnte, sobald man sich aus einer bestehenden Abhängigkeit herausbewegen möchte. Allerdings reicht es dafür nicht aus, irgendeinen Arbeitslohn zu erzielen. Vielmehr muss das Einkommen so hoch sein, dass es tatsächlich auch ein Leben in Würde sichert. Dazu gehört, dass der Arbeitslohn hinreichend

33 Vgl. Nussbaum, *Creating Capabilities*; Jean Drèze, Amartya Sen, *Indien. Ein Land und seine Widersprüche*, München 2014.

hoch ausfällt, um in grundlegenden Fragen auf sich selbst achtgeben zu können. Bei einer Vollzeitstelle lag das durchschnittliche Bruttogehalt bei einer 40-Stunden-Woche aufgrund des 2015 eingeführten Mindestlohns von 8,50 Euro pro Stunde in diesem Jahr bei knapp 1500 Euro pro Monat. Man kann sich darüber streiten, ob dieses Einkommen für eine Person ausreicht, um in grundlegenden Fragen für sich selbst sorgen zu können.[34] Wenn man jedoch die Armutsgrenze von 60 Prozent aus dem vorherigen Abschnitt als Grundlage annimmt, dann scheint das gegeben zu sein. Bei einer alleinerziehenden Mutter mit beispielsweise zwei Kindern hingegen wird es eng. Zwar bekommt sie noch Kindergeld, aber dennoch wird sie trotz einer Vollbeschäftigung weiterhin auf Transferleistungen des Staates angewiesen sein. Sie kann also in grundsätzlichen Belangen nicht auf sich selbst und ihre Kinder achtgeben.

Darüber hinaus können Arbeitslosigkeit und eine sehr schlecht bezahlte Arbeit auch für die zweite Seite der Selbstachtung zum Problem werden. Arbeitslose Menschen werden Schwierigkeiten haben, sich als gleichrangige Mitglieder der Gesellschaft anerkannt zu sehen, weil sie mit dem Stigma der Arbeitslosigkeit versehen sind.[35] Es gibt viele Menschen, die arbeiten wollen und auch arbeiten könnten, aber aufgrund von Faktoren, die nicht in ihrer Verantwortung liegen, keine Arbeit finden. Einige Arbeitssuchende gelten auf dem Arbeitsmarkt als zu alt, die Ausbildung anderer Arbeitssuchender wird aus zufälligen Gründen einfach nicht mehr nachgefragt, und für sehr einfache, manuelle Tätigkeiten gibt es ein großes Überangebot an Arbeitskraft.[36] Hinzu kommen noch äußere strukturelle Hindernisse, die die Arbeitssuche erschweren.[37]

34 Das gilt auf jeden Fall für den wachsenden Sektor der Teilzeitkräfte mit Mindestlohn oder knapp darüber. Die meisten Teilzeitkräfte sind übrigens auch in Deutschland weiblich (vgl. D-Statis, »Frauen und Männer auf dem Arbeitsmarkt. Deutschland und Europa«, in: ⟨https://www.destatis.de/DE/Publikationen/Thematisch/Arbeitsmarkt/Erwerbstaetige/BroeschuereFrauenMaennerArbeitsmarkt0010018129004.pdf?__blob=publicationFile⟩, letzter Zugriff 9.6.2017, S. 30).

35 Vgl. Richard Sennett, *Respekt im Zeitalter der Ungleichheit*, Berlin 2004, S. 144.

36 Vgl. Jeremy Rifkin, *Das Ende der Arbeit*, Frankfurt/M. 2005; Paul Mason, *Postkapitalismus*, Berlin 2016; Richard Sennett, *Die Kultur des neuen Kapitalismus*, Berlin 2007, S. 78.

37 Die Relevanz dieser Strukturen hat Iris Young besonders eindringlich geschildert; Young, *Responsibility for Justice*, S. 22-27; vgl. dazu auch Christoph Henning,

Für manche Personen gibt es vielleicht in einer anderen Stadt eine Arbeit, aber dann würden sie beispielsweise die Unterstützung der Eltern bei der Kinderbetreuung verlieren oder müssten alle ihre Freundschaften aufgeben. In diesen stilisierten, aber durchaus exemplarischen Fällen können die betroffenen Menschen nichts dafür, dass sie arbeitslos sind. Dennoch werden sie oft als faul oder zumindest als nutzlos angesehen und jedenfalls nicht als gleichrangige Mitglieder der Gesellschaft geachtet, die ihren Beitrag leisten. Hier liegt die zweite Entwürdigung der Arbeitslosigkeit.

Etwas Ähnliches gilt für Menschen, die in sehr schlecht bezahlten Berufen tätig sind.[38] Sie haben es dann nicht besser verdient, weil sie keine gute Ausbildung besitzen. Da sie als bloße »Hilfsarbeiterinnen« zu kaum etwas zu gebrauchen sind, sollen sie froh sein, dass sie überhaupt eine Arbeit haben und ein wenig eigenes Geld verdienen können, so eine anscheinend verbreitete Meinung. Im Endeffekt können arbeitslose Menschen und Menschen mit sehr schlecht bezahlten Jobs nicht zum Ausdruck bringen, dass sie in fundamentaler Hinsicht gleichrangige Mitglieder der Gesellschaft sind, die auch gleiche Achtung verdient haben.[39] Das zeigt sich meiner Einschätzung nach auf eindrückliche Weise daran, dass sich solche Menschen in vielen Kontexten schämen, von ihrer Arbeitslosigkeit oder beruflichen Tätigkeit zu erzählen. Auf beiden Ebenen der Selbstachtung ist es folglich ein Problem, wenn Menschen keinen anständigen Job bekommen, obwohl sie das gerne

»Gibt es eine Pflicht zur Übernahme der geteilten Verantwortung? Über Komplikationen im Anschluss an Iris Marion Young«, in: *Zeitschrift für Praktische Philosophie* 2/2 (2015), S. 61-86.

38 Ich meine damit Berufe, die schlecht bezahlt sind und darüber hinaus auch keine weitere soziale Anerkennung produzieren. Eine Schauspielerin oder ein Künstler mögen auch sehr schlecht bezahlt sein, aber große Anerkennung für ihre Tätigkeit erfahren. Das kann die monetäre Missachtung ein Stück weit ausgleichen, gilt jedoch nur für sehr wenige Typen schlecht bezahlter Berufe. Vgl. zu einer klassischen Diskussion der Bedeutung von »sinnvoller Arbeit«: Adina Schwartz, »Meaningful Work«, in: *Ethics* 92 (1982), S. 634-646. Vgl. auch Stephan Lessenich, *Neben uns die Sintflut*, Berlin 2016, S. 69 f.

39 Sehr engagiert argumentiert dafür auch in vielen Arbeiten André Gorz, beispielsweise in Gorz, *Arbeit zwischen Misere und Utopie*. Allerdings plädiert er dort für ein Ende der Arbeitsgesellschaft. Die vergessene Misere der Arbeiterschicht in Frankreich schildert auf eindringliche und zugleich nicht romantisierende Weise Didier Eribon, *Rückkehr nach Reims*, Berlin 2016.

möchten. Sie können in grundlegenden Hinsichten nicht auf sich selbst achtgeben, und sie werden nicht als gleichrangig geachtet.

Doch was hat das alles mit Reichtum zu tun? Und warum sollte Reichtum hier ein Problem darstellen? Ist es nicht vielmehr so, dass Reichtum überhaupt erst Arbeit schafft? Der Grundgedanke für einen positiven Zusammenhang zwischen Reichtum und mehr Arbeitsplätzen ist einfach: Geldreichtum kann für Investitionen genutzt werden, die für eine höhere Wirtschaftsleistung und damit mehr Arbeitsplätze sorgen. Auch der Konsum (nicht zuletzt der Statuskonsum) kurbelt die Wirtschaft an und sorgt für Arbeitsplätze. Reichtum erscheint hier positiv besetzt, denn reiche Akteure, seien es einzelne Menschen oder Korporationen, sind üblicherweise besonders konsumfreudig. Wenn ein reiches Unternehmen sich in Frankfurt oder Berlin eine bombastische Konzernzentrale leistet, dann gilt das zwar nicht als Konsum, sondern als Investition; besonders glaubwürdig ist das allerdings nicht. Wichtiger ist ohnehin, dass solch ein Prunkbau viele Arbeitsplätze schafft oder garantiert. Hinzu kommt noch, dass reiche Akteure erhebliche Steuern bezahlen und diese vom Staat aufgewendet werden können, um Sozialleistungen zu erbringen und selbst sozial orientierte Investitionen zu tätigen, die viele Arbeitsplätze schaffen. Kurzum, Reichtum scheint für das Wirtschaftswachstum gut zu sein, und das wiederum ist gut für die Bereitstellung von mehr Arbeitsplätzen. Je größer das Wirtschaftswachstum und je reicher eine Gesellschaft, desto mehr Jobs werden zudem anständig sein, weil sie ein größeres Einkommen und mehr gesellschaftliche Anerkennung mit sich bringen.[40]

Diese einfache Erklärung für den positiven Zusammenhang von Reichtum und anständigen Jobs ist sehr verbreitet und wohl auch ein wichtiger Grund dafür, dass viele Regierungen wenig unternehmen, um Geldreichtum zu kontrollieren. Arbeitslosigkeit und anständige Arbeitsplätze sind immer ein wichtiges Wahlkampfthema, und niemand möchte für den Anstieg der Arbeitslosigkeit verantwortlich gemacht werden. Ich glaube jedoch, dass diese Beschreibung von Reichtum als Motor des Arbeitsmarktes aus zwei aufeinander aufbauenden Gründen zu kurz greift. Erstens lässt sich

40 Das ist das klassische ökonomietheoretische Grundlagenargument für eine Arbeitsmarktpolitik, die über Wirtschaftswachstum funktioniert (vgl. zu einer kritischen Auseinandersetzung im Anschluss an John M. Keynes: Skidelsky, *Keynes*, S. 93 f.).

der Arbeitsmarkt auch ohne Geldreichtum als Wirtschaftsmotor so gestalten, dass keine Arbeitsplätze verloren gehen. Zweitens kann eine Beschränkung von Reichtum sogar dazu führen, dass Arbeit und Einkommen gleichmäßiger verteilt sind und mehr Menschen einen Zugang zu anständigen Jobs erhalten. Reichtum wäre dann ein moralisches Problem, weil es solch eine gleichmäßigere Verteilung behindert. Der erste Punkt bereitet den zweiten und zentralen Punkt gewissermaßen vor.

In der Idee, dass die Schaffung anständiger Arbeitsplätze auf Reichtum angewiesen ist, stecken zwei problematische Annahmen. Die erste Annahme besagt, dass Wirtschaftswachstum auf Reichtum angewiesen ist. Die zweite Annahme besagt, dass Wirtschaftswachstum notwendig ist, damit mehr anständige Arbeitsplätze entstehen. Beide Annahmen sind falsch. Erstens ist Wirtschaftswachstum nicht auf Reichtum angewiesen. Vielmehr ist es so, dass es für das Wirtschaftswachstum förderlich ist, wenn gespart wird, weil diese Ersparnisse relativ gezielt für Investitionen eingesetzt werden können. Für eine hinreichende Sparquote ist jedoch kein Reichtum, sondern nur Wohlstand nötig. Es ist also nicht wichtig, dass einige Akteure sehr viel mehr Geld besitzen, als es für ihre Selbstachtung oder funktionale Rolle erforderlich erscheint. Eine hinreichend hohe Sparquote lässt sich auch erreichen, wenn Akteure etwas mehr Geld besitzen, als sie für diese Zwecke benötigen. Das gilt insbesondere dann, wenn man berücksichtigt, dass üblicherweise nur einige Akteure reich sind, aber sehr viel mehr Akteure wohlhabend sein können.

Darüber hinaus ist Wirtschaftswachstum auch gar keine notwendige Voraussetzung für das Bestehen anständiger Arbeitsplätzen. Beispielsweise hat John Stuart Mill schon sehr früh für eine statische Wirtschaft ohne Wachstum argumentiert und war der Überzeugung, dass trotzdem alle Menschen einen anständigen Job erhalten können.[41] Das gilt, sobald eine Gesellschaft insgesamt hinreichend wohlhabend ist, um allen Menschen ein Leben in Wohlstand zu ermöglichen. Dann wird es nämlich möglich, die Arbeit so zu verteilen, dass alle Menschen die Fähigkeit erhalten, einer anständigen Betätigung nachzugehen, die erstens ein hinreichendes Einkommen einbringt und zweitens gesellschaftliche Anerkennung

41 Mill, *Principles of Political Economy*, S. 127.

erfährt. Genau an dieser Stelle zeigt sich auch, warum der zweite oben genannte Punkt zutrifft und Reichtum sogar zu einem Problem für eine bessere Verteilung anständiger Jobs werden kann.

Deutschland, die Schweiz und Österreich beispielsweise sind im Grunde wohlhabend genug, um jeder Bürgerin, die arbeiten möchte, auch einen anständigen Job zu verschaffen. Außerdem gäbe es fraglos genug Arbeit für alle Menschen. Dabei gilt es jedoch zwei Probleme zu überwinden. Erstens sind bestimmte Arbeiten zwar von gesellschaftlichem Wert, aber nicht oder kaum marktfähig. Zweitens gibt es ziemlich viele Menschen, besonders in hochqualifizierten Berufen, die sehr viel arbeiten, nicht selten mehr als fünfzig oder sechzig Stunden in der Woche. Es wäre theoretisch möglich, jene Arbeiten marktfähig zu machen und die Arbeitszeiten so stark zu verkürzen, dass alle Arbeitssuchenden und alle Menschen in unanständigen Jobs einer anständigen Beschäftigung nachgehen könnten.[42] Das gilt meiner Einschätzung nach wirklich für alle Arbeitssuchenden oder in unanständigen Berufen festsitzenden Menschen. Auch für Menschen mit recht starken Beeinträchtigungen wie beispielsweise Blindheit oder Gehörlosigkeit ist das erreichbar. Entscheidend ist dabei, dass in der Konsequenz der Wohlstand nicht beeinträchtigt wäre. Natürlich wären viele Menschen dann weniger reich und einige sehr viel weniger reich. Aber auf Wohlstand müsste niemand verzichten. Die entscheidende Frage ist natürlich, wie sich das umsetzen lässt. Aber noch keine Antwort auf diese Frage zu haben, ist kein hinreichender Grund dafür, die Umsetzung für unmöglich zu halten.

Die These, Arbeit für alle ohne Wohlstandsverlust sei möglich, klingt vielleicht seltsam. Wenn die jetzigen Arbeitnehmerinnen weniger Arbeitsstunden verrichten und wenn dazu auch noch solche Arbeitsformen künstlich in den Arbeitsmarkt integriert werden sollen, die sich von alleine nicht dort halten können, was Querfinanzierungen voraussetzt, dann muss das Wohlstandsniveau der jetzigen Arbeitnehmerinnen doch deutlich sinken, so die intuitive Annahme. Demgegenüber gilt es jedoch, auf den objektiven Wohl-

42 Marktfähigkeit lässt sich durch ein Grundeinkommen oder eine negative Einkommenssteuer herstellen, wie sie beispielsweise Milton Friedman gefordert hat (Friedman, *Kapitalismus und Freiheit*, S. 227-231). Eine Reduktion der Arbeitszeit in einem Land hat allerdings unmittelbare Auswirkungen auf die internationale Wettbewerbsfähigkeit, wie das Beispiel Frankreich zeigt.

standsbegriff mit einer absoluten Grenze aus dem dritten Kapitel zu verweisen. Über Wohlstand verfügt, wer etwas mehr Geld besitzt, als für ein Leben in Würde nötig ist. Viele Menschen, die heute einer Vollzeittätigkeit nachgehen, könnten daher auch in Wohlstand leben, wenn sie deutliche Einbußen hinnehmen müssten und statt etwa 3000 nur noch 2250 Euro netto im Monat verdienten und nur dreißig statt vierzig Stunden arbeiteten. Hinzu kommen noch zwei zusätzliche Erleichterungen durch die Reduktion von Arbeitszeiten und die Integration von bisher unwirtschaftlicher Arbeit. Erstens sinken die relativen Preise, und zweitens verliert der Statuskonsum an Bedeutung.

Die relativen Preise sinken, weil auch das Durchschnittseinkommen bei reduzierter Arbeitszeit sinkt. Dann werden so wichtige Güter wie etwa Wohnräume günstiger. Allerdings können sich auch mehr Menschen größere Wohnungen leisten, weil ja mehr Menschen einer anständigen Arbeit nachgehen. Deswegen ist nicht ganz klar, wie stark dieser Effekt wäre. Allerdings ist es hier wichtig zu sehen, dass auf der einen Seite der Anspruch auf eine anständige Arbeit steht, der sich aus der Menschenwürde ergibt.[43] Einen vergleichbaren Anspruch auf eine möglichst große oder luxuriös eingerichtete Wohnung gibt es hingegen nicht. Zu erwarten ist vielmehr, dass der Wohnraum gleichmäßiger verteilt ist. Außerdem steigt die Kaufkraft für Wohnräume insgesamt, und daher ist davon auszugehen, dass mehr neue Wohnungen geschaffen werden.

Entscheidend ist ohnehin der Punkt, dass der Statuskonsum bei abnehmenden Löhnen sinken wird. Das gilt allerdings nur, wenn dadurch auch die Lohnunterschiede abnehmen und insbesondere kaum noch ein symbolisch wirkungsmächtiger Reichtum besteht, der einen demonstrativen Statuskonsum anheizt. Denn nur wenn reiche Akteure nicht mehr systematisch zum Ausdruck bringen können, dass sie einen kategorial höheren sozialen Status und daher auch mehr soziale Achtung verdient haben, wird dieser Statuskonsum abnehmen. Nur dann besteht kein allgemeiner Zusammen-

43 Es gibt von der Internationalen Arbeitsorganisation eine Initiative zur anständigen Arbeit. Diese wird jedoch dafür kritisiert, dass sie einen absoluten Minimalstandard entwickelt und die Gesellschaftsrelativität der Anständigkeit nicht berücksichtigt. Vgl. Jean-Philippe Deranty und Craug MacMillan, »The ILO's Decent Work Initiative: Suggestions for an Extension of the Notion of ›Decent Work‹«, in: *Journal of Social Philosophy* 43/4 (2012), S. 386-405.

hang mehr zwischen der sozialen Würde und Statuskonsum. Wenn das eintritt, dann wird es für viele Menschen auch weniger wichtig, viel Geld zu verdienen und in ihrem Einkommen sehr deutlich über dem Durchschnitt zu liegen, um sich Statusgüter leisten zu können. Entsprechend leichter wird es, Arbeit auf mehr Schultern zu verteilen und mehr anständige Arbeitsplätze zu schaffen.[44]

Der Punkt mit dem Statuskonsum zeigt allerdings auch, warum man nicht einfach so von einzelnen Akteuren erwarten kann, dass sie ihre Arbeitszeit reduzieren und Einkommenseinbußen hinnehmen, selbst wenn ihre Arbeitgeber ihnen das erlauben würden. Solange es einen demonstrativen Statuskonsum in dem gegenwärtigen Ausmaß gibt, nehmen viele Menschen daran teil, um ihre soziale Würde zu sichern. Das ist aus moralischer Sicht durchaus nachvollziehbar, weil die mit einem Lohnverzicht einhergehenden persönlichen Kosten dann nicht zumutbar sind. Immerhin geht es diesen Menschen um ihre Selbstachtung. Es bedarf also vielmehr einer strukturellen Angleichung der Einkommen, um den Zusammenhang zwischen dem Bedürfnis nach sehr gut bezahlten Berufen mit vielen Überstunden und dem dadurch möglich werdenden Statuskonsum und die damit verbundene soziale Würde aufzubrechen. Das führt jedoch sofort zu der Frage, wie es zu solch einer strukturellen Angleichung kommen kann. Es ist äußerst unwahrscheinlich, dass sich alle oder auch nur die meisten Arbeitnehmerinnen gleichzeitig dafür entscheiden, weniger zu arbeiten.[45]

Statt auf kollektive Bescheidenheit zu setzen, bedarf es also einer ordnungspolitischen Lösung.[46] Die Wirtschaft müsste so

44 Das ermöglicht es dann vielleicht auch, dieses Anliegen auf globaler Ebene zu betrachten: Vgl. Iris M. Young, »Responsibility and Global Labor Justice, in: *Journal of Political Philosophy* 12/4 (2004), S. 365-388.

45 Damit gingen alle möglichen Probleme des kollektiven Handelns einher, wie sie Mancur Olson in seinem klassischen Werk ausführlich beschrieben hat (Mancur Olson, *The Logic of Collective Action. Public Goods and the Theory of Groups*, Cambridge MA 1971).

46 Es ist ein zentraler Verdienst der ökonomischen Ethik, deutlich herausgearbeitet zu haben, dass strukturelle wirtschaftsethische Probleme institutioneller Lösungen bedürfen Vgl. beispielsweise Karl Homann, »Ordnungsethik«, in: ders., *Anreize und Moral*, Münster, Berlin u. a. 2003, S. 137-165; ders., »Ökonomik. Fortsetzung der Ethik mit anderen Mitteln«, in: ders., *Vorteile und Anreize*, Tübingen 2002, S. 243-266; ders., Andreas Suchanek, *Ökonomik. Eine Einführung*, Tübingen 2005; Ingo Pies, »Karl Homanns Programm einer öko-

organisiert werden, dass die Einkommen der Arbeitnehmerinnen dichter beieinander liegen, um den Statuskonsum abzuschwächen und dadurch auch neue Arbeitsplätze zu schaffen.[47] Dabei geht es nicht nur um die Deckelung der Gehälter von Spitzenmanagern, sondern auch um die sehr hohen Einkommen anderer Arbeitnehmerinnen. Für eine einzelne Volkswirtschaft, beispielsweise in Deutschland oder der Schweiz, wäre es durchaus möglich, solch eine Regelung umzusetzen, zum Beispiel über Steuersätze oder direktere Regulierungen von Einkommen. Allerdings könnte ein negativer Effekt darin bestehen, dass dann Kapital und sehr gut ausgebildete Arbeitnehmerinnen ins Ausland abwandern, was wiederum die Wirtschaftsleistung stark beeinträchtigen könnte. Den Arbeitslosen und Menschen mit schlecht bezahlter Arbeit wäre damit ein Bärendienst erwiesen. Sie würden dann durch solche Maßnahmen gar nicht besser, sondern möglicherweise sogar deutlich schlechter gestellt.

John Rawls hat diese und verwandte Problematiken zum Anlass genommen, um selbst aus seiner egalitaristischen Perspektive große Einkommensunterschiede zu akzeptieren, wenn sie die Schlechtestgestellten in einer Gesellschaft besser stellen, als sie es ohne diese Einkommensunterschiede wären. Gegen diese Argumentation von Rawls hat Gerald Cohen jedoch eine ganze Reihe von Argumenten vorgebracht, allerdings aus idealtheoretischer Perspektive.[48] Eines dieser Argumente ist jedoch auch für eine nichtideale Untersuchung relevant. Cohen stellt nämlich heraus, dass die Lage der Schlechtestgestellten häufig von dem strategisch-egoistischen Handeln der Bessergestellten abhängt. Wenn die Bessergestell-

nomischen Ethik. ›A View from Inside‹ in zehn Thesen«, in: *Zeitschrift für Wirtschafts- und Unternehmensethik* 11/3 (2010), S. 249-261; ders., »Die zwei Pathologien der Moderne. Eine ordonomische Argumentationsskizze«, in: *Diskussionspapier* Nr. 2011-14, Halle 2011, in: ⟨http://wcms.itz.uni-halle.de/download.php?down=22171&elem=2528330⟩, letzter Zugriff 9. 6. 2017; ders., »Wie kommt die Normativität ins Spiel? Eine ordonomische Argumentationsskizze«, in: ders. (Hg.), *Regelkonsens statt Wertekonsens. Ordonomische Schriften zum politischen Liberalismus*, Berlin 2012, S. 3-53.

47 Vgl. dazu auch Andrew Sayer, *Warum wir uns die Reichen nicht leisten können*, München 2017.

48 Vgl. Gerald A. Cohen, »Where the Action Is«, in: *Philosophy and Public Affairs* 26/1 (1997), S. 3-30.; ders., *If You're an Egalitarian, How Come You're So Rich?* Cambridge MA 2000; ders., *Rescuing Justice and Equality*.

ten nicht mit Abwanderung und Kapitalentzug drohen würden, dann ließen sich die Schlechtestgestellten deutlich besser stellen, weil dann eine andere Einkommensverteilung möglich wäre. Die Schlechtestgestellten werden also regelrecht dazu erpresst, die großen Einkommensunterschiede zu akzeptieren.[49] Bei Cohen würde in der Gesellschaft ohne diese Erpressung durch die Bessergestellten aufgrund seiner gerechtigkeitstheoretischen Position eine fast vollständige Gleichverteilung der Einkommen herrschen.[50] Mit Bezug auf Würde und Selbstachtung gäbe es zumindest eine weniger große Ungleichverteilung, um allen Menschen den Zugang zu einem anständigen Beruf zu ermöglichen.

Man kann den Punkt von Cohen auch in dem machttheoretischen Vokabular aus dem dritten Kapitel ausdrücken. Reiche Akteure nutzen ihre Aktionsmacht im Sinne von Popitz, um die Begrenzung von sehr hohen Einkommen zu verhindern, indem sie mit Abwanderung drohen.[51] Es scheint sogar so zu sein, dass die zweite und die dritte Dimension der Macht bei Lukes dabei eine gewisse Rolle spielen,[52] denn die Möglichkeit der Deckelung von hohen Einkommen wird in der Öffentlichkeit kaum diskutiert. Darüber hinaus scheinen sich viele Akteure nicht darüber im Klaren zu sein, dass sie eigentlich in ihrem ökonomischen Interesse liegt und auch gerechtigkeitstheoretisch gerechtfertigt wäre. Wenn das alles zutrifft, dann sind wir mit einem praktischen Dilemma konfrontiert. Einerseits ist relativ klar, was getan werden müsste, um entwürdigende Arbeitslosigkeit und entwürdigende Arbeitsformen zu beenden. Andererseits gibt es ökonomische Zwänge und politische Machtverhältnisse, die sich nicht einfach so auflösen lassen, weil eine globale Ordnungspolitik nicht möglich ist. Dieses praktische Dilemma macht einen Teil der im letzten Kapitel zu diskutierenden Problematik aus.

49 Vgl. Cohen, *Rescuing Justice and Equality*, S. 38-41.

50 Vgl. Cohen, *If You're an Egalitarian, How Come You're So Rich?*; ders., *Rescuing Justice and Equality*, und dazu auch Kok-Chor Tan, *Justice, Institutions, and Luck*, Oxford 2012.

51 Vgl. Popitz, *Phänomene der Macht*, S. 23-25.

52 Vgl. Lukes, *Power*, S. 29.

Es gibt eine Debatte zu der Frage, ob die meisten demokratischen Länder der Gegenwart überhaupt noch demokratische Länder sind oder nur noch der Form nach über demokratische Institutionen verfügen, die aber nicht mehr richtig funktionieren. Die These, dass der Demokratie ihr Geist und ihre Funktionalität abhandenkommt, wird unter dem Stichwort der Postdemokratie zusammengefasst.[53] Hier stellt sich die Frage, ob das etwas mit dem Problem des Reichtums zu tun haben könnte.

Lange Zeit durften sich auch in Ländern wie Deutschland, der Schweiz oder Österreich sehr viele Menschen nicht aktiv am politischen Geschehen beteiligen. Sie waren in den Augen der Herrschenden nicht würdig, eine aktive politische Rolle zu spielen.[54] Beispielsweise hat sich in vielen Ländern das vollständige und gleiche Wahlrecht für Frauen erst im 20. Jahrhundert gegen starke Widerstände durchgesetzt, in der Schweiz auf Bundesebene beispielsweise erst 1971. Der weltweit noch immer anhaltende, jahrhundertealte Kampf um Demokratie war meiner Einschätzung nach nie nur ein Kampf um formale politische Freiheit, sondern stets ein Kampf um Würde. Es sollte auch im politischen Geschehen zum Ausdruck kommen, so das Anliegen der progressiven Kräfte, dass alle Menschen als Bürgerinnen die gleiche Würde besitzen.

Tatsächlich ist es für die Selbstachtung der Menschen zentral, sich in ihrem Land am politischen Geschehen als gleiche Bürger beteiligen zu können. Nur dann können sie sich als gleiche Gesellschaftsmitglieder achten, und nur dann können sie in wichtigen Belangen auf sich selbst achtgeben, so meine ich. Dieser doppelten Bedeutung von Selbstachtung entspricht die übliche Unterteilung in einen instrumentellen und einen intrinsischen Wert der Demokratie. Die demokratische Staatsform besitzt einen instrumentellen Wert, weil sie beispielsweise vor Kriegen und Hungerkatastrophen, aber vor allem auch gegen die Willkür und Beherrschung durch

53 Vgl. Crouch, *Postdemokratie*; Dirk Jörke, »Auf den Weg in die Postdemokratie«, in: *Leviathan* 33/4 (2005), S. 482-491.

54 Noch immer ist es in dem meisten Demokratien so, dass selbst bereits lange in einem Land lebende Ausländer oft keine oder nur sehr eingeschränkte politische Rechte haben; vgl. Joseph Carens, »Rights and Duties in an Egalitarian Society«, in: *Political Theory* 14 (1986), S. 31-49.

eine Obrigkeit schützt.[55] Außerdem hat sie instrumentellen Wert, weil sie es den Bürgerinnen ermöglicht, gemeinsam die gesellschaftlichen Grundinstitutionen einzurichten. Die Bürgerinnen können in der Demokratie in grundlegenden Belangen kollektiv auf sich selbst achtgeben, indem sie sich durch ihre kontrollierende Gewalt vor Schädigungen durch die staatliche Macht schützen und die Gesellschaft nach ihren Vorstellungen gestalten können.[56] Doch nur wenn über faire Chancengleichheit geregelt ist, dass alle Bürgerinnen die Möglichkeit besitzen, sich in gleicher Weise an der Einrichtung der gesellschaftlichen Grundstruktur zu beteiligen, können die Menschen tatsächlich angemessen auf sich selbst achtgeben.[57]

Darüber hinaus besitzt die Demokratie einen intrinsischen Wert. Das ist nicht deswegen der Fall, weil es für jede vernünftige Vorstellung vom gelingenden Leben von großer Bedeutung sein muss, sich aktiv am politischen Geschehen zu beteiligen, wie im klassischen Republikanismus angenommen wird.[58] Vielmehr ist es für die Selbstachtung als gleichrangiges Gesellschaftsmitglied wichtig, gleichermaßen eine faire Chance zu besitzen, sich am politischen Geschehen zu beteiligen. Es ist hier ähnlich wie mit der Religionsfreiheit. Bei dieser Freiheit kommt es gar nicht darauf an, ob man eine Religion ausüben möchte oder nicht. Man hat die Freiheit, sich jederzeit neu zu entscheiden und umzuorientieren.[59] Auch in der Demokratie kommt es nicht darauf an, ob man sich am politischen Geschehen aktiv beteiligen möchte. Man

55 Vgl. Peter Rinderle, *Demokratie*, Berlin 2014, S. 41 f.; Robin Celikates, Stefan Gosepath, *Grundkurs Philosophie*. Band 6. *Politische Philosophie*, Ditzingen 2013, S. 202-204.

56 Vgl. David Held, *Models of Democracy*, Redwood City 2006, S. 81 f.; Robert A. Dahl, *On Democracy*, New Haven 2000.

57 John Rawls spricht hier von dem fairen Wert der politischen Freiheit, der verwirklicht sein muss (Rawls, *Eine Theorie der Gerechtigkeit*, S. 254-258).

58 Es ist heute üblich, zwischen einem neoathenischen und einem neorömischen Republikanismus zu unterscheiden. Nur die neoathenische Variante betont den Wert der politischen Beteiligung für das gute Leben. Vertreterinnen dieser Position sind Hannah Arendt, Charles Taylor und Michael Sandel; vgl. zu einer Übersicht: Cécile Laborde, John Maynor, »The Republican Contribution to Contemporary Political Theory«, in: dies. (Hg.), *Republicanism and Political Theory*, Hoboken, New Jersey 2008, S. 1-28.

59 Rawls, *Eine Theorie der Gerechtigkeit*, S. 247.

hat einen grundlegenden Anspruch in Form eines gleichen Rechts darauf, und dieses Recht selbst ist intrinsisch wertvoll, weil es jedem Menschen die Möglichkeit offenhält, seine Vorstellung vom gelingenden Leben in Richtung aktive politische Partizipation zu verändern. Man muss also stets die Möglichkeit behalten, sich dem politischen Geschehen zuzuwenden, auch wenn man das aktuell gar nicht möchte.

Bei der Demokratie betrifft das nicht nur das aktive, sondern auch das passive Wahlrecht, also die Möglichkeit, sich als Kandidatin für politische Ämter zur Wahl zu stellen. Dabei geht es natürlich nicht darum, genau die gleichen Wahlchancen wie alle anderen Kandidatinnen zu besitzen, denn diese hängen offensichtlich von den politischen Präferenzen der Wählerinnen ab. Allerdings dürfen unterschiedliche Ausgangschancen nicht von irrelevanten gesellschaftlichen Faktoren wie beispielsweise Reichtum oder Herkunft, sondern müssen zentral von der persönlichen Eignung abhängen, die ja in einem fairen Wahlverfahren überhaupt erst festgestellt werden soll. Nur dann haben alle Bürgerinnen tatsächlich eine faire Chance und nicht bloß eine formale Chance auf politische Ämter.[60] Hier deutet sich bereits an, auf welche Weise der Reichtum an Geld die grundlegende Funktionsweise der Demokratie unterwandern und damit die Selbstachtung der Menschen als gleichrangige Bürgerinnen verletzen kann. Geldreichtum kann einen direkten Einfluss auf politische Wahlen haben und die Chancen einiger Kandidaten gegenüber den Chancen anderer Kandidatinnen auf illegitime Weise vergrößern. Reiche Akteure können aufgrund ihres Reichtums zudem einen direkten und privilegierten Zugang zu Amtsträgern besitzen und so erheblichen Einfluss auf demokratische Entscheidungen nehmen.

Beide Formen bedrohen die Selbstachtung der Bürgerinnen, allerdings auf unterschiedliche Weise. Im ersten Fall ist es vor allem so, dass die Bürgerinnen sich nicht mehr als gleichrangige Gesellschaftsmitglieder achten können, wenn die Chancen auf politische Ämter vom Reichtum der Kandidatinnen abhängen. So scheint die gegenwärtige Lage in den USA zu sein.[61] Da Wahlkämpfe privat fi-

60 Rawls, *Eine Theorie der Gerechtigkeit*, S. 255.

61 Eine jüngere Studie aus Princeton beschreibt die USA inzwischen als Oligarchie: Martin Gilens, Benjamin I. Page, »Testing Theories of American Politics. Elites,

nanziert werden, steigen die Chancen reicher Kandidaten aufgrund ihrer professionellen und vielfältigen Medienpräsenz gegenüber anderen Kandidatinnen enorm. Das gilt insbesondere für das Präsidentenamt, aber auch für viele andere Ämter. Im Repräsentantenhaus der USA und im Senat sind über die Hälfte der Volksvertreter selbst Millionäre.[62] Diese besorgniserregende Entwicklung beruht darauf, dass für den US-Wahlkampf viel Geld aufgewendet werden muss. Reiche Politiker können ihren eigenen Reichtum dafür nutzen. Vor allem aber verfügen reiche Kandidatinnen auch über die richtigen Kontakte in ihrem ebenfalls aus reichen Menschen bestehenden Freundes- und Bekanntenkreis, um mehr Wahlspenden für sich einwerben und darüber eine Kampagne starten zu können.[63]

In Deutschland, Österreich und der Schweiz besitzen die politischen Wahlverhältnisse nicht derart oligarchische Züge wie in den USA. Aber Reichtum spielt trotzdem eine Rolle, wenn es darum geht, politische Ämter zu erlangen. Erstens haben reiche Akteure natürlich viel mehr Zeit und zusätzliche Ressourcen, um sich dem Wahlkampf zu widmen, als dies bei Akteuren der Fall ist, die einer geregelten Vollzeitarbeit nachgehen müssen und ein durchschnittliches Einkommen erzielen.[64] Dieser Effekt wird dadurch abgemildert, dass viele Ämter an Kandidatinnen vergeben werden, die einer politischen Partei angehören und auch über diese finanziert

Interest Groups, and Average Citizens«, in: American Political Science Association (Hg.), *Perspectives on Politics*, 12/3 (2014), S. 564-581.

62 Christopher Hayes, *Twilight of the Elites. America After Meritocracy*, New York 2008, S. 144-150.

63 Vgl. Joseph Stiglitz, *The Price of Inequality. How Today's Divided Society Endangers our Future*, New York 2012, Kap. 5. Vgl. auch die interessante Beschreibung, wie einige Milliardäre den Wahlkampf der Rechten in den USA finanziert haben: Jane Mayer, *Dark Money. The Hidden History of the Billionaires Behind the Rise of the Radical Right*, New York 2016.

64 In der 16. Wahlperiode (2005-2009) waren immerhin 143 Abgeordnete Juristen, 34 Gymnasiallehrer, 28 Politologen, 26 Volkswirte und 20 Ingenieure. Viele von ihnen waren freiberuflich tätig oder konnten sich als Beamte freistellen lassen. Auch in der 18. Wahlperiode (2013-2017) bilden Beamte und Selbstständige zusammen die Mehrheit der Abgeordneten. Statista, »Berufe der Bundestagsabgeordneten (18. Wahlperiode, 2013 bis 2017)«, in: ⟨http://de.statista.com/statistik/daten/studie/36615/umfrage/berufe-der-bundestagsabgeordneten-16-wahlperiode/⟩, letzter Zugriff 9. 6. 2017; vgl. Deutscher Bundestag, »Fakten. Der Bundestag auf einen Blick«, Berlin 2015, in: ⟨https://www.btg-bestellservice.de/pdf/40410000.pdf⟩, letzter Zugriff 9. 6. 2017, S. 7.

werden.[65] Allerdings muss dann sehr viel Zeit in die Parteiarbeit investiert werden, was wiederum exkludierend wirken kann. Zweitens verfügen reiche Akteure über Netzwerke, die es ihnen erlauben, sich in politischen Kämpfen zu behaupten. Sie können über diese Netzwerke ihre Positionen verbreiten und Aufträge durchsetzen. Auch diese Entwicklung erscheint noch nicht so gravierend, dass Reichtum bereits zu einer Voraussetzung für das Erlangen politischer Ämter geworden ist. Allerdings wird abzuwarten und kritisch zu beobachten sein, ob in dieser Hinsicht eine Annäherung an das amerikanische System stattfindet.[66]

Auch in deutschsprachigen Ländern bereits schwerwiegender ist die zweite Form der Unterwanderung der Demokratie durch Reichtum, die zu einer Beeinträchtigung der Selbstachtung der Bürger führt. Diese zweite Form besteht in dem Einfluss von reichen Akteuren auf Amtsträgerinnen. Dieser Einfluss kann sehr direkt in der Form von Tauschverhältnissen bestehen, oder er kann indirekt über Drohszenarien und Manipulation der politischen Agenda aufgebaut werden. Ganz direkt in Form von Tauschverhältnissen besteht dieser Einfluss, wenn Amtsträgerinnen monetäre Vorteile unmittelbar gegen politischen Einfluss tauschen. Bestechung ist natürlich verboten und wird auch geahndet. Es gibt jedoch andere Tauschformen, die weniger offensichtlich, oft nicht verboten und trotzdem in hohem Maße bedenklich sind. Dazu gehört beispielsweise die verbreitete Praxis, dass Politiker bei Unternehmen für sehr hohe Honorare Vorträge halten oder Beratungsleistungen anbieten[67] oder relativ bald nach Ende ihrer Amtszeit in Vorstände

65 Das ist selbst natürlich ein Problem, insofern die Freiheit zur aktiven Teilnahme am politischen Geschehen von der langjährigen Parteizugehörigkeit abhängt (vgl. Butterwegge, *Armut in einem reichen Land*, S. 238-244).

66 Immerhin bemerkt die Politikwissenschaft, dass in den unteren Einkommensschichten die Wahlbeteiligung besonders niedrig ist. Das ist eine besorgniserregende Entwicklung. Vgl. Armin Schäfer, *Der Verlust politischer Gleichheit. Warum die sinkende Wahlbeteiligung der Demokratie schadet*, Frankfurt/M. 2015; Wolfgang Merkel, »Ungleichheit als Krankheit der Demokratie«, in: Steffen Mau, Nadine M. Schöneck (Hg.), *(Un-)Gerechte (Un-)Gleichheiten*, Berlin 2015, S. 188; Dirk Jörke, »Bürgerbeteiligung in der Postdemokratie«, in: *Aus Politik und Zeitgeschichte* 1-2/2011, S. 13-18.

67 Bill Clinton soll angeblich schon bis zu 500 000 Euro für eine Rede bekommen haben. In Deutschland sind bei hochkarätigen Politikern oder Ex-Politikern zwischen 15 000 und 25 000 Euro üblich.

von großen Unternehmen wechseln. Es ist zwar nicht nachweisbar, dass es dafür Gegenleistungen gibt. Allerdings ist kaum vorstellbar, dass solche Gegenleistungen seitens der Politiker gar nicht erbracht werden. Was sonst wäre für Unternehmen der ökonomische Anreiz für diese Transaktionsformen?

Reiche Akteure können auch auf indirekte Weise politische Amtsträgerinnen in ihren Entscheidungen beeinflussen. Insbesondere Unternehmen können damit drohen, ihr Kapital in andere Länder zu transferieren, wenn sie beispielsweise mit der Steuerpolitik desjenigen Landes, in dem sie ihren Wohn- oder Unternehmenssitz haben, unzufrieden sind.[68] Dieses Drohpotential geht inzwischen so weit, dass insbesondere Unternehmen vor wichtigen politischen Entscheidungen regelmäßig konsultiert werden, um gewissermaßen in vorauseilendem Gehorsam zu erfragen, was für sie akzeptabel ist und was nicht. Nicht nur, aber auch aus diesem Grund nehmen beispielsweise wichtige Unternehmensvertreter regelmäßig an Gipfeltreffen teil. Aus demselben Grund verbringen Vertreterinnen von Unternehmen und Verbänden viel Zeit in Bundesministerien.[69]

Ich denke, dass man diesen Einfluss klarerweise als eine Form von Machtausübung beschreiben kann. Reiche Akteure verfügen über instrumentelle Macht im Sinne Popitz', was der ersten Dimension der Macht bei Lukes entspricht.[70] Sie können Anreize setzen und Sanktionen verhängen und dadurch erheblichen Einfluss auf die Politik nehmen. Je reicher ein Akteur oder eine Gruppe von Akteuren ist, desto mehr verfügt sie über diese Macht. Das gilt natürlich für große Unternehmen, aber auch für die Gruppe superreicher Individuen, die mit dem Entzug von Steuergeldern und

68 Das ist ein schon lange bekanntes Phänomen, auf das beispielsweise Peter Ulrich schon früh hingewiesen hat. Peter Ulrich, »Ist die Weltwirtschaft gnadenlos? Ist sie es ›zwingend‹? Wie sind Weichen zu stellen für eine lebensdienliche Wirtschaft?«, in: Annette Dietschy, Beat Dietschy (Hg.), *Kein Raum für Gnade?*, Münster, Berlin u.a. 2002, S. 130-154; Peter Ulrich, *Zivilisierte Marktwirtschaft. Eine wirtschaftsethische Orientierung*, Bern 2010, S. 146 f., 162 f.); Andreas Scherer, Guido Palazzo, »Towards a political conception of corporate responsibility«, in: *Academy of Management Review* 32 (2007), S. 1096-1120.

69 Crouch, *Das befremdliche Überleben des Neoliberalismus*, Kap. 6.

70 Popitz, *Phänomene der Macht*, S. 25-27; Lukes, *Power*, S. 29; Vgl. auch Petra Böhnke, »Ungleiche Verteilung politischer Partizipation, in: *Aus Politik und Zeitgeschichte* 1-2/2011, S. 18-25.

Investitionen drohen können. Diese Akteure verfügen aber auch über die zweite Dimension der Macht von Lukes, weil sie durch ihre enge Verbindung mit politischen Amtsträgern und wichtigen Beamten aktiv die politische Agenda beeinflussen können.[71] Der letzte Punkt wird noch dadurch verstärkt, dass auch die meisten Medien wirtschaftende Unternehmen und daher ebenfalls dem Einfluss des Geldes unterworfen sind. Besonders gut sieht man das beispielsweise an der Unternehmensgruppe Bertelsmann mit ihren über 100 000 Mitarbeiterinnen, zu der auch zahlreiche Medienunternehmen zählen. Sie befindet sich zum Großteil im Besitz der Bertelsmann-Stiftung, die regelmäßig für ihre politische Einflussnahme und ihren Lobbyismus kritisiert wird.[72]

Das Problem des Reichtums mit Blick auf die Demokratie besteht zusammengefasst darin, dass reiche Akteure über sehr viel mehr politische Macht als andere Akteure verfügen, ohne dass diese Macht in irgendeiner Form demokratisch legitimiert wäre.[73] Sie unterhöhlt damit die Grundidee, dass in einer Demokratie alle Menschen als Bürgerinnen über denselben politischen Status verfügen und politische Macht an Ämter und Positionen gebunden sein muss, die selbst einer demokratischen Legitimierung unterliegen und auf faire Weise erworben werden.[74] Die politische Macht reicher Akteure stellt in der Folge eine Verletzung der Selbstachtung vieler Menschen dar, weil sich diese Menschen nicht mehr als gleiche Bürgerinnen achten können und vor allem weil sie in politischen Fragen nicht mehr kollektiv auf sich selbst achtgeben können. Die kollektive Selbstbestimmung wird durch die Macht reicher Akteure und ihrer Lobbyarbeit erheblich eingeschränkt.[75]

Der Zusammenhang zwischen Reichtum und dem Verlust demokratischer Gleichheit lässt sich leichter durchbrechen als der Zusammenhang zwischen Reichtum und Armut bzw. Arbeitslo-

71 Vgl. Crouch, *Postdemokratie*, S. 60 f.

72 Vgl. zu einer Kritik der Bertelsmann Stiftung: Thomas Schuler, *Bertelsmannrepublik Deutschland. Eine Stiftung macht Politik*, Frankfurt/M. 2010. Zu der Rolle von Medienunternehmen allgemein: Crouch, *Postdemokratie*, S. 63-69.

73 Vgl. Dahl, *On Democracy*, S. 173-179; ders., *A Preface to Economic Democracy*, Berkeley 1985, S. 68-72.

74 Rawls, *Eine Theorie der Gerechtigkeit*, S. 255; ders., *Gerechtigkeit als Fairness*, S. 230-233.

75 Hayes, *Twilight of the Elites*, S. 145-151, 174 f.

sigkeit und unanständiger Arbeit. Zumindest erscheint es auf den ersten Blick so. In den USA könnte man beispielsweise den aufwendigen, privat finanzierten Wahlkampf so regulieren, dass auch weniger finanzkräftige Kandidatinnen eine Chance bekämen.[76] Im deutschsprachigen Raum sind ebenfalls viele Maßnahmen denkbar, um den Lobbyismus und die Abhängigkeit der Politiker von der Wirtschaft zu reduzieren. Parteispenden lassen sich noch viel besser offenlegen und begrenzen, für bestimmte Branchen könnte es ein Berufsverbot geben, das nach dem Ausscheiden aus politischen Ämtern für einige Jahre gilt. Die Nebeneinkünfte von politischen Amtsträgern könnten ebenfalls begrenzt werden. Allerdings lässt sich auch zweifelnd danach fragen, wie nachhaltig diese Maßnahmen sind. Egal welches Gesetz mühsam und immer wieder gegen den Widerstand vieler Mitglieder der Legislative erlassen wird, um den politischen Prozess vor dem Einfluss der Reichen zu schützen: Wenn Amtsträger bereit sind, sich von der Wirtschaft verführen zu lassen, dann gibt es wahrscheinlich auch immer wieder irgendwelche neuen Wege, um sich mehr oder weniger direkt zu bereichern.

Hinzu kommt, dass in dieser Sache von Politikerinnen wenig Problembewusstsein zu erwarten ist, was meiner Einschätzung nach auch mit ihren relativen Einkommen zu tun hat. Wenn in Deutschland ein Bundestagsabgeordneter für seine Tätigkeit etwa 9000 Euro im Monat erhält, dann ist das einerseits sehr viel mehr, als die meisten Bundesbürger bekommen. Er ist damit nach der in diesem Buch vorgeschlagenen Bestimmung schon reich, weil er deutlich mehr Geld hat, als er braucht, um in Selbstachtung leben zu können. Er selbst wird das wahrscheinlich jedoch nicht so sehen. Denn er verdient deutlich weniger als die zahlreichen Direktorinnen und Vizepräsidenten mittlerer und erst recht großer Unternehmen. Dabei ist es doch er, so könnte seine unausgesprochene und vielleicht auch uneingestandene Überlegung lauten, der es nach mühsamen politischen Kämpfen in das Zentrum der Macht geschafft hat. Deswegen hätte er im Vergleich auch mehr Geld verdient, um sich in einer Marktgesellschaft für seine Leistung und Position auch angemessen wertgeschätzt sehen und selbst in seiner sozialen Stellung angemessen achten zu können.

Diese Überlegung wird aus wahlstrategischen Gründen wohl

76 Stiglitz, *The Price of Inequality*, S. 169 f.

kaum von Politikerinnen laut ausgesprochen werden.[77] Ich halte die damit verbundene Einstellung dennoch für verbreitet.[78] Sie hat aber nichts – und es ist wichtig, das zu betonen – mit dem hier vorgeschlagenen Verständnis von Selbstachtung zu tun. Bei einer mit Würde verbundenen Selbstachtung geht es darum, sich als gleichrangiges Gesellschaftsmitglied achten zu können, das die gleiche Achtungswürdigkeit wie alle anderen Gesellschaftsmitglieder besitzt. Zwar betrifft das nicht nur die Achtung der Person, sondern auch die Achtung der Persönlichkeit. Aber damit ist keineswegs gemeint, dass die Persönlichkeit einer Bundestagsabgeordneten als höherrangig zu achten ist. Das Problem der Politiker ist also nicht, dass sie zu wenig verdienen. Das Problem ist vielmehr, dass die Managerinnen im Verhältnis zu ihnen aufgrund marktgesellschaftlicher Strukturen zu viel verdienen. Im Verhältnis zur Mehrheitsgesellschaft sind beide reich und wahrscheinlich auch zu reich, allerdings in unterschiedlichem Ausmaß. Möglicherweise ist es daher so, dass beide Gruppen im Verhältnis zur Mehrheitsgesellschaft weniger verdienen müssten, wie ich in den letzten beiden Kapiteln diskutieren werde.

Hinzu kommt ohnehin, dass der strukturell bedingte Lobbyismus durch noch höhere Einkommen von Politikerinnen und Spitzenbeamten nicht gelöst werden kann. Reiche Unternehmen und Individuen können weiterhin damit drohen, ihr Kapital außer Landes zu schaffen und damit der Volkswirtschaft erheblich zu schaden. Es ist alles andere als klar, wie auf dieses Drohpotential zu reagieren ist. Hier zeigt sich meiner Einschätzung nach vielleicht *das* zentrale ordnungspolitische Grundproblem unserer Zeit. Demokratische Staaten sind in so hohem Maße vom Kapital abhängig, dass die demokratische Idee der kollektiven Selbstbestimmung und damit die Selbstachtung der Bürgerinnen systematisch unterwandert werden. Eine internationale und vielleicht sogar globale Lösung dieses Problems erscheint abstrakt attraktiv, praktisch jedoch

77 Außer von Peer Steinbrück im Wahlkampf 2013, der dafür auch entsprechend harsch kritisiert wurde.

78 Wenn das zutrifft, bin ich dennoch nicht sicher, ob das den einzelnen Politikerinnen vorzuwerfen ist. Immerhin stimmt es, dass sie mindestens genauso viel leisten und genauso viel Verantwortung tragen wie Manager. Warum sollten sie dann schlechter bezahlt werden?

kaum realistisch.[79] Denn es gibt einige mächtige Staaten, die durch ihre Finanzwirtschaft erheblich von der unregulierten Beweglichkeit des Kapitals profitieren, und diese Staaten werden sich kaum an einer kollektiven Lösung beteiligen. Eine echte Alternative beruht auf der Überlegung, dass Gesellschaften mit weniger Reichtum und mehr Wohlstand besser in der Lage sind, den Drohungen des Kapitals und dem damit verbundenen volkswirtschaftlichen Druck zu widerstehen. Das schafft wieder Raum für funktionale demokratische Strukturen.

Der zentrale Grund dafür lautet wieder, dass Statuskonsum in solch einer Gesellschaft eine sehr viel geringere Rolle spielen wird. Die Menschen wären dann bereit, Einkommenseinbußen hinzunehmen, weil sich diese gleichmäßiger verteilen würden und die Produktion und Bereitstellung zentraler Güter nicht unbedingt vom Finanzkapital abhängig sein muss. Es könnte sogar sein, dass solch eine Gesellschaft auf den globalen Märkten als Volkswirtschaft konkurrenzfähiger wird, weil die Menschen als Arbeitnehmerinnen besser ausgebildet und leistungsfähiger wären als in einem Wirtschaftssystem, in dem hauptsächlich der Statuskonsum die Grundlage für ihre Leistungsbereitschaft bildet. Auch diese Überlegungen werde ich in den letzten beiden Kapiteln weiterverfolgen.

79 Thomas Piketty beispielsweise fordert eine globale Kapitalsteuer (Piketty, *Das Kapital im 21. Jahrhundert*, Kap. 15). Wie sie allerdings angesichts einer politisch massiv zerklüfteten und zerstrittenen Welt zustande kommen soll und wie hoch sie sein muss, damit sie die gewünschten Effekte besitzt, bleibt offen.

Kapitel 6: Reichtum als Problem für eine anständige Welt

Im letzten Kapitel ging es um relative Armut, Arbeitslosigkeit und Postdemokratie und damit um drei zentrale Herausforderungen für ein Zusammenleben in Würde, die mit Reichtum innerhalb wohlhabender Gesellschaften zu tun haben. Die Auswahl dieser Anwendungsfelder könnte den Eindruck erwecken, das Problem mit dem Reichtum liege vor allem bei Menschen und korporativen Akteuren, die innerhalb dieser wohlhabenden Gesellschaften als zu reich zu gelten haben, weil sie in diesem Kontext viel mehr Geld besitzen, als für ihre Selbstachtung nötig ist. Dazu gehören dann vielleicht Menschen, die deutlich mehr als 200 oder 300 Prozent des Durchschnittseinkommens zur Verfügung haben. Für auf problematische Weise reiche korporative Akteure gilt, dass sie viel mehr Geld haben, als sie für die Aufrechterhaltung ihrer Funktionalität benötigen. Mit diesen Formen des Reichtums gehen, wie sich im vorherigen Kapitel gezeigt hat, tatsächlich gravierende Probleme für ein Zusammenleben in Würde einher, weil die Selbstachtung der Menschen durch sie gefährdet wird.

Das ist ein wichtiges Ergebnis. Dennoch wäre es ganz falsch, das moralische Problem des Reichtums nur auf dieser innergesellschaftlichen Ebene zu betrachten und nur die Akteure zu berücksichtigen, die in diesem Kontext als reich zu gelten haben. Denn aus einer anderen Perspektive stellt sich die noch viel weiter gehende Frage, ob nicht fast alle Menschen in so wohlhabenden Ländern wie Deutschland, Österreich und der Schweiz auf problematische Weise reich sind. Diese Frage taucht mit einiger Dringlichkeit auf, wenn man eine globale Perspektive einnimmt. Dadurch entsteht eine größere Komplikation, denn was innerhalb wohlhabender Gesellschaften als harmloser Wohlstand erscheint, könnte sich global betrachtet als moralisch problematischer Reichtum und Hindernis für ein Zusammenleben in Würde erweisen.[1]

Es sind insbesondere drei globale Probleme, die ich betrachten möchte und die auf unterschiedliche Weise deutlich machen, wie

1 Vgl. Branko Milanović, *Global Inequality. A New Approach for the Age of Globalization*, Cambridge MA 2016, S. 125-132.

vertrackt das Problem des Reichtums ist. Ein und derselbe Akteur kann im innerstaatlichen Kontext als nur wohlhabend oder nicht einmal das erscheinen und im globalen Kontext auf problematische Weise reich sein, so wird sich zeigen. Zuerst wird es um das globale Problem der absoluten Armut gehen. Hier wird besonders deutlich, dass selbst solche Menschen, die innerhalb wohlhabender Gesellschaften gar nicht wohlhabend und vielleicht sogar relativ arm sind, plötzlich als reich erscheinen. Danach wende ich mich systematisch dem bereits mehrmals angesprochenen Problem des Klimawandels zu, bei dem sichtbar wird, inwiefern wohlhabende Gesellschaften insgesamt auf problematische Weise zu reich sind. Schließlich wird es um die globalen Verwerfungen ökonomischer Märkte und insbesondere der Finanzmärkte gehen.

Absolute Armut

Absolut arm ist dem klassischen Verständnis nach, wer über weniger als 1,25 oder 2 Dollar Kaufkraft pro Tag verfügt.[2] Damit ist gemeint, dass diese Menschen in ihren Ländern nur so viele Waren erwerben können, wie sie sich für 1,25 bis 2 Dollar in Washington, Chicago oder San Francisco kaufen könnten. In Wahrheit haben sie oft weniger Geld, können sich dafür in ihren Ländern aber wegen der Preisunterschiede mehr Güter leisten.[3] Wenn diese absolut armen Menschen tatsächlich in den USA lebten, verfügten sie über ungefähr 37 bis 60 Dollar pro Monat. Von dieser winzigen Menge Geld müssen sie ihren gesamten Lebensunterhalt bestreiten. Eine eigene Wohnung oder gar eine Krankenversicherung kommt dann nicht in Frage. Diese absolut armen Menschen haben entsprechend nicht nur wenig Geld, sondern sie sind auch von schweren Krankheiten geplagt und sterben oft sehr jung. Viele dieser Krankheiten

2 Davon sind weltweit je nach Messung ein bis zwei Milliarden Menschen betroffen. Shaohua Chen, Martin Ravaillon, »The Developing World is Poorer than We Thought, but No Less Successful in the Fight Against Poverty«, in: *Quarterly Journal of Economics* 125/4 (2010), S. 1577-1625, hier S. 6. Vgl. Ravallion, *The Economics of Poverty*, S. 3.

3 Das wird als Kaufkraftparität bezeichnet (Paul Krugman, Maurice Obstfeld, *Internationale Wirtschaft. Theorie und Politik der Außenwirtschaft*, Hallbergmoos 2006, S. 478).

wären eigentlich behandelbar, aber die Menschen sind zu arm, um sich eine auch nur minimal adäquate medizinische Versorgung leisten zu können. Außerdem haben sie oft kein richtiges Dach über dem Kopf sowie keinen Zugang zu Elektrizität, zu sauberem Trinkwasser und sanitären Anlagen. Auch ihr Bildungsstand ist sehr niedrig, ganz häufig können sie weder lesen noch schreiben.[4] Es trifft allerdings nicht zu, dass alle absolut armen Menschen ständig hungern. Sie sind zwar häufig chronisch unterernährt und von Lebensmittelverknappungen bzw. steigenden Preisen besonders bedroht. Aber durch Subsistenzwirtschaft können sie oft dem chronischen Hungerleid entgehen.[5] Trotzdem sind absolut arme Menschen permanent in ihrer Existenz gefährdet, weil sie sich kaum gegen Krankheiten und andere Bedrohungen schützen können.

Die Frage, ob absolute Armut die Selbstachtung der betroffenen Menschen verletzt, besitzt offensichtlich eine ganz eindeutige Antwort. Absolut arme Menschen können selbst in den grundlegendsten Belangen des Lebens nicht auf sich selbst achtgeben, obwohl sie es eigentlich könnten, wenn die ökonomischen und politischen Strukturen nur vorteilhafter wären. Es sind nämlich vor allem die äußeren und sozial geschaffenen Umstände einer globalen politischen und Wirtschaftsordnung, die sie davon abhalten, für sich selbst sorgen zu können. Ein Leben in Würde und absolute Armut sind folglich vollkommen unvereinbar.[6] Allerdings sollte nicht übersehen werden, dass absolute Armut auch in einer zweiten Hinsicht würdeverletzend ist. Die betroffenen Menschen können sich deswegen nicht als gleichrangige Menschen achten, weil ihnen nicht in minimal angemessener Weise geholfen wird. Ihre Armut wäre auf viel effektivere Weise bekämpfbar, als das derzeit geschieht. Indem diese Maßnahmen nicht ergriffen werden,

4 Aus diesem Grund haben Sabina Alkire und Kollegen einen multidimensionalen Armutsindex entwickelt, der solche Faktoren wie sanitäre Anlagen oder Bildung berücksichtigt. Sabina Alkire u. a. (Hg.), *Multidimensional Poverty Measurement and Analysis*, Oxford 2015.

5 Dennoch hungern weltweit fast 800 000 000 Menschen. Vgl. zu einer Diskussion der Priorität der Hungerbekämpfung: Paul B. Thompson, »From World Hunger to Food Sovereignty. Food Ethics and Human Development«, in: *Journal of Global Ethics* 11/3 (2015), S. 336-350.

6 Dafür argumentiert überzeugend Schaber, »Achtung vor Personen«, S. 423-438.; ders., »Absolute Armut«, in: Paulus Kaufmann u. a. (Hg.), *Humiliation, Degradation, Dehumanization. Human Dignity Violated*, Berlin 2011, S. 151-158.

kommt den absolut armen Menschen gegenüber zum Ausdruck, dass sie sehr viel weniger als andere Menschen zählen und nicht die gleiche Achtung verdient haben. Sie scheinen dieser für ihre Existenz so zentralen Anstrengungen nicht wert zu sein. Anders als bei relativer Armut geht diese Missachtung nicht nur von den Mitgliedern einer Gesellschaft, sondern der Menschheit bzw. ihrem reichen Teil insgesamt aus. Denn die existentielle Bedrohung durch absolute Armut ist so gravierend, dass es plausibel erscheint, über Ländergrenzen hinweg eine allgemeine globale Hilfspflicht anzunehmen.[7] Dieser Hilfspflicht nicht nachzukommen, ist deswegen auf entwürdigende Weise missachtend, weil es immerhin darum geht, den absolut armen Menschen in ganz grundsätzlicher Weise zu ermöglichen, auf sich selbst achtgeben zu können. Der ersten Entwürdigung, nämlich der mangelnden Selbstachtung durch absolute Armut, fügt die unterlassene Hilfeleistung also noch eine zweite hinzu.

Es ist wahrscheinlich nicht besonders kontrovers, absolute Armut als entwürdigend aufzufassen und daraus eine globale Hilfspflicht abzuleiten, wenn man von einigen ziemlich unplausiblen Moraltheorien einmal absieht.[8] Viel zentraler ist demgegenüber die Frage, was das mit Reichtum zu tun hat bzw. warum Reichtum mit Blick auf absolute Armut ein Problem ist. Eine ganz einfache Antwort könnte lauten, dass reiche Menschen und Staaten ihren Reichtum (oder zumindest einen Teil davon) an absolut arme Menschen abgeben sollten, das aber nicht tun.[9] Doch die damit verbundene Forderung ist kein guter Lösungsansatz, weil er die Armutsursachen nicht beseitigt, sondern das Armutsproblem endlos in die Zukunft verlängert und die armen Menschen in ewiger

7 Vgl. zur Diskussion: Mieth, *Positive Pflichten*, S. 161-164.

8 Amartya Sen hat Robert Nozick den Vorwurf gemacht, Hunger aufgrund seiner Konzentration auf Eigentumsrechte nicht angemessen als moralisches Problem berücksichtigen zu können (Amartya Sen, *Poverty and Famines. An Essay on Entitlement and Deprivation*, Oxford 1981; ders., *Ökonomie für den Menschen*, S. 84-86; Robert Nozick, *Anarchie, Staat, Utopia*, München 2011).

9 So argumentiert beispielsweise Peter Singer, »Hunger, Wohlstand und Moral«, in: Barbara Bleisch, Peter Schaber (Hg.), *Weltarmut und Ethik*, Paderborn 2007; Peter Singer, *Praktische Ethik*, Ditzingen 1984, S. 278-314; ders., *One World. The Ethics of Globalization*, New Haven, London 2002, S. 90; vgl. auch die Diskussion in Barbara Bleisch, Peter Schaber (Hg.), *Weltarmut und Ethik*, Paderborn 2007.

Abhängigkeit verharren lässt.[10] Demgegenüber bedarf es vielmehr einer strukturellen Lösung, die zu einer globalen Wirtschaftsordnung führt, in der alle oder zumindest so gut wie alle Menschen die Fähigkeit besitzen, auf sich selbst achtzugeben.[11] Dabei hat der entwicklungspolitische und -ökonomische Diskurs gezeigt, dass effektive Armutsbekämpfung auf Rechtsstaaten mit demokratischen Strukturen, wachsenden Binnenmärkten, guter gesundheitlicher Versorgung und stetig zunehmender Bildung der Bevölkerung beruht.[12] Wenn das zutrifft, dann ist allerdings nicht mehr so ohne weiteres ersichtlich, warum der Reichtum anderer Akteure für diese Maßnahmen ein Problem darstellen sollte.

Man kann sogar noch einen Schritt weiter gehen und versuchen zu argumentieren, dass Wirtschaftswachstum und damit einhergehender zunehmender Reichtum in den entwickelten Ländern auch für besonders arme Länder, in denen viele absolut arme Menschen leben, von Vorteil sei.[13] Der Grundgedanke ist einfach: Investoren suchen nach immer neuen Investitionsmöglichkeiten und Märkten für überschüssiges Kapital. Irgendwann kommen sie damit auch in sehr armen Ländern an, und das kommt früher oder später auch den ärmsten Menschen zugute. Doch auch diese Gleichung geht nicht auf. Das zeigt sich schon empirisch daran, dass diese Entwicklung in den letzten siebzig Jahren in sehr vielen Ländern nicht eingetreten ist, obwohl es schon länger einen erheblichen Reichtum im sogenannten globalen Norden gibt, also in Nordamerika, Westeuropa und Japan.[14] Es leuchtet darüber hinaus auch aus theoretischer

10 Vgl. Andrew Kuper, »Global Poverty Relief. More than Charity«, in: ders. (Hg.), *Global Responsibility. Who Must Deliver on Human Rights?* New York, London 2005, S. 155-172.

11 Für solch eine strukturelle Lösung der Armutsproblematik argumentieren Iris Young und Thomas Pogge (Young, *Responsibility for Justice*, S. 42-52; Thomas Pogge, *Weltarmut und Menschenrechte. Kosmopolitische Verantwortung und Reformen*, Berlin 2011, S. 248-255; vgl. auch Valentin Beck, *Eine Theorie der globalen Verantwortung*, S. 241-254).

12 Dafür argumentiert Amartya Sen überzeugend in seinen empirischen Arbeiten zu Indien zusammen mit Jean Drèze (Jean Drèze, Amartya Sen, *Hunger and Public Action*, Oxford 1989; dies., *India. Development and Participation*, Oxford 1996; dies., *Indien*).

13 Vgl. beispielsweise Karl Homann, »Was kann Gerechtigkeit für die Beziehungen zur Dritten Welt heißen?«, in: ders., *Anreize und Moral*, Münster 2003, S. 217-231.

14 Zu einer sehr kritischen Evaluation der Entwicklungszusammenarbeit: William Easterly, *The White Man's Burden. Why the West's Efforts to Aid the Rest Have Done*

Perspektive nicht ein, dass Investitionen in einem Land mit großer Wahrscheinlichkeit zu einem Verschwinden der absoluten Armut führen werden. Denn solche Investitionen führen nicht automatisch zum Aufbau rechtsstaatlicher Strukturen, eines funktionierenden Binnenmarktes, einer besseren Gesundheitsversorgung, einem besseren Bildungssystem und einem minimal gerechten Sozialstaat.

Im Gegenteil kann es sogar so sein, dass Investitionen genau diese Entwicklungen verhindern. Immer wieder wird als Beispiel für diese Problematik der Kampf von Warlords um wertvolle und hauptsächlich für den Export bestimmte Ressourcen genannt, wie beispielsweise Diamanten oder das in Computern verwendete Coltan.[15] Diese kriegerischen Auseinandersetzungen verhindern jeden Aufbau funktionierender Rechtsstaatlichkeit nachhaltig. Aber auch in funktionierenden Staaten führen Investitionen in exportorientierte Wirtschaftsgüter regelmäßig dazu, dass sich bloß eine schmale und reiche Oberschicht entwickelt, die von diesen Geschäften profitiert. Der Rest der Bevölkerung hat dann wenig von diesen Investitionen, und die Menschen werden einfach nur als billige Arbeitskräfte in der Produktion ausgebeutet. Doch nehmen wir einmal an, es stimmte, dass sich aufgrund dieser Form der wirtschaftlichen Verflechtung in armen Ländern durch sehr langsame Prozesse irgendwann so etwas wie eine Mittelschicht entwickelt, die das Potential besitzt, strukturelle Reformen voranzutreiben. Dann stellt sich immer noch die Frage, ob es demgegenüber noch alternative politische und wirtschaftliche Maßnahmen gibt, die absolut armen Menschen viel schneller dauerhaft aus ihrer absoluten Armut helfen.

Da es sich bei absoluter Armut um eine gravierende Würdeverletzung handelt, reicht es nämlich nicht hin zu zeigen, dass

So Much Ill and So Little Good, London 2007; ders., *The Tyranny of Experts. Economists, Dictators, and the Forgotten Rights of the Poor*, New York 2015. Vgl. auch David A. Crocker, *Ethics of Global Development. Agency, Capability, and Deliberative Democracy*, Cambridge 2008.

15 Die normative Problematik des sogenannten Ressourcenfluchs hat Leif Wenar betont (Leif Wenar, »Property Rights and the Resource Curse«, in: *Philosophy and Public Affairs* 36/1 (2008), S. 2-32). Vgl. zu einer empirischen Analyse der Problematik: David Wiens David, Paul Poast, William Roberts Clark, »The Political Resource Curse. An Empirical Re-Evaluation«, in: *Political Research Quarterly* 67/4 (2014), S. 783-794.

die gegenwärtigen Maßnahmen in die richtige Richtung führen. Vielmehr muss auch gezeigt werden, dass diese Maßnahmen effektiver sind als (vernünftige) Alternativen. Dieser wichtige Punkt wird in der öffentlichen Diskussion um die angeblichen Erfolge der Entwicklungshilfe leider häufig übersehen. Das ist vor allem auch deswegen problematisch, weil sich genau hier zeigt, wie Reichtum zu einem moralischen Problem werden kann. Da die bereits sehr wohlhabenden Gesellschaften des globalen Nordens danach streben, noch reicher zu werden, ergreifen sie nicht die effektivsten Maßnahmen zur Bekämpfung der absoluten Armut.[16] Zumindest besteht dieser Verdacht, den ich in zwei Schritten erhärten möchte. Zuerst beziehe ich die Reichtumsorientierung wohlhabender Gesellschaften auf das Problem der absoluten Armut. Danach diskutiere ich einige Möglichkeiten, wie Reichtumsüberschüsse besser für strukturelle Reformen zur nachhaltigen Reduktion absoluter Armut eingesetzt werden könnten.

Bereits im vierten Kapitel hatte ich gesagt, dass es für die Reichtumsorientierung einer Gesellschaft ausreicht, wenn die Mehrheit ihrer Mitglieder bloß nach Wohlstand strebt. Die Institutionen dieser Gesellschaft sind dann in ihrer Zielstruktur trotzdem auf Reichtum eingestellt, weil individueller Wohlstand zumindest in Marktgesellschaften, in denen Statuskonsum eine zentrale Rolle spielt, ein leicht überdurchschnittliches Einkommen voraussetzt. Auf diese Weise entsteht eine stetige Aufwärtsspirale, weil das Bedürfnis der Menschen nach mehr Wohlstand durch Institutionen gedeckt werden muss, die die Gesellschaft insgesamt immer reicher werden lassen. Getragen wird das von privaten Unternehmen, die stark auf Gewinnsteigerung ausgerichtet sind. Aber auch staatliche Institutionen helfen dabei mit, denn deren primäre Aufgabe unter gegebenen Bedingungen wird darin erblickt, Rahmenbedingungen

16 Ein gutes Beispiel dafür sind das TTIP-Abkommen und andere Freihandelsabkommen zwischen reichen Ländern, die die Profitabilität der dortigen Unternehmen steigern. Unternehmen aus armen Ländern hingegen haben davon Wettbewerbsnachteile, die die Entwicklungsfähigkeit dieser Länder behindert; vgl. Gabriel Felbermayr, Mario Larch, »Das Transatlantische Freihandelsabkommen. Zehn Beobachtungen aus der Sicht der Außenhandelslehre«, in: *Wirtschaftspolitische Blätter* 2 (2013), S. 353-366; Gabriel Felbermayr u. a., *Mögliche Auswirkungen der Transatlantischen Handels- und Investitionspartnerschaft (TTIP) auf Entwicklungs- und Schwellenländer*, ifo Forschungsberichte 67, ifo Institut, München 2015.

zu schaffen, die dem Wirtschaftswachstum förderlich sind. Weil unsere Marktgesellschaften strukturell auf Reichtum in diesem Sinne ausgerichtet sind und das eigene Wirtschaftswachstum entsprechend sehr große Priorität genießt, sind wir nicht fähig, der Herausforderung der absoluten Armut kollektiv angemessen zu begegnen.

Das zeigt sich deutlich daran, dass die bloße Wohlstandsorientierung individueller Akteure in globaler Perspektive doch wie ein rücksichtsloses Reichtumsstreben erscheinen muss. Wer es in Deutschland zu einem bescheidenen Wohlstand gebracht hat, muss aus Sicht absolut armer Menschen unvorstellbar reich wirken. So jemand hat in Deutschland mit einem Einkommen von vielleicht 3500 Euro netto im Monat immerhin hundertmal mehr Geld zur Verfügung als diese absolut Armen. Das ist jedoch überhaupt nicht die Perspektive, die die wohlhabenden Menschen selbst einnehmen. Sie betrachten sich innerhalb ihrer Gesellschaft und im Vergleich zu den üblichen Einkommen und Konsumniveaus höchstens als wohlhabend. Ich glaube, dass sich dieser Widerspruch zwischen den beiden Perspektiven nicht einfach auflösen lässt. Einerseits haben wohlhabende Menschen in ihren Gesellschaften als Individuen einen Anspruch auf ihren Wohlstand, insofern er einen wesentlichen Teil ihrer legitimen Vorstellung vom gelingenden Leben darstellt.[17] Andererseits ist dieser Wohlstand gegenüber absolut armen Menschen kaum rechtfertigbar.

Die Lösung kann meiner Meinung nach nur in einem Strukturwandel bestehen, der die gesellschaftliche Reichtumsorientierung auf eine Weise zurücknimmt, die dem Wohlstand kaum schadet. Das klingt selbst zunächst vielleicht widersprüchlich, ist aber durchaus möglich. Denn bei dem individuellen Wohlstand in reichen Gesellschaften handelt es sich vor allem auch um einen relativen Wohlstand. Ökonomische Güter erscheinen den Menschen nicht einfach nur als Gebrauchsgegenstände wertvoll, sondern

17 Ich schließe mich hier Bernard Williams an, der dafür argumentiert, dass ein Moralsystem in der Lage sein muss, die Persönlichkeiten und die in ihr eingeschriebenen Werthaltungen zu berücksichtigen. Bernard Williams, »A Critique of Utilitarianism«, in: John J. C. Smart, Bernard Williams (Hg.), *Utilitarianism. For and Against*, Cambridge 1973, S. 124-132; vgl. auch Williams, »Persons, Character and Morality«, S. 1-19, und ders., »Utilitarianism and Moral Self-Indulgence«, S. 40-53.

auch, weil sie den sozialen Status und Wohlstand anzeigen. So kann es sein, dass der relative Wohlstand gar nicht oder kaum sinkt, während gleichzeitig die kollektive Reichtumsorientierung abnimmt, indem die zentralen ökonomischen und politischen Institutionen nicht mehr auf Wirtschaftswachstum um jeden Preis ausgerichtet werden. Dann wird es auch möglich, deutlich mehr Ressourcen in die Entwicklungszusammenarbeit zu stecken und internationale Handelsabkommen zu schaffen, die vor allem den sehr armen Ländern zugutekommen.[18]

Nur wenn reiche Gesellschaften ihre Reichtumsorientierung einschränken und zugleich den relativen Wohlstand ihrer Bevölkerung schützen, können sie ihrer Verantwortung absolut armen Menschen gegenüber gerecht werden, weil sie nur durch diesen strukturellen Wandel zugleich bereit sind und befähigt werden, für arme Länder vorteilhafte Wirtschaftsstrukturen zu schaffen und absolut armen Menschen angemessen zu helfen. Die Notwendigkeit solch einer grundsätzlichen Reform der gesamtgesellschaftlichen Orientierung an Reichtum sieht man gut an den Problemen von Ansätzen, die andere und gerechtere Wirtschaftsbeziehungen zwischen armen und reichen Ländern vorschlagen, dabei aber die strukturelle Reichtumsorientierung reicher Länder systematisch vernachlässigen. Ich möchte einen dieser Ansätze kurz vorstellen, um dieses Problem zu verdeutlichen, nämlich die Kritik von Thomas Pogge an den von ihm so genannten Rohstoff- und Kreditprivilegien.[19]

Damit meint Pogge den Umstand, dass jede Regierung eines souveränen Staates das international anerkannte Recht besitzt, die sich im Staatsbesitz befindlichen Ressourcen zu verkaufen und im Namen des Staates auch sehr hohe Kredite mit langen Laufzeiten

18 Joseph Stiglitz beispielsweise glaubt, dass ein gezielter Protektionismus für arme Länder vorteilhaft sein kann (Joseph Stiglitz, *Die Chancen der Globalisierung*, München 2006, S. 124-137).

19 Pogge, *Weltarmut und Menschenrechte*, S. 194-210; ders., »Allowing the Poor to Share the Earth«, in: *Journal of Moral Philosophy* 8/3 (2011), S. 335-352. Zu einer ausführlichen Kritik: Bleisch, *Pflichten auf Distanz*, S. 68-74. Ein ähnlicher Vorschlag stammt von Christian Barry und Sanjay Reddy. Sie schlagen vor, bevorzugte externe Handelsbeziehungen mit armen Ländern an die institutionelle Entwicklung dieser Länder zu koppeln, um ihnen damit einen Anreiz für diese Entwicklung zu liefern (Christian Barry, Sanjay G. Reddy, *International Trade and Labor Standards. A Proposal for Linkage*, New York 2008).

aufzunehmen. Es kann also sein, dass sich eine schmale Elite an den Ressourcen und mithilfe von Krediten bereichert, während der Großteil der Bevölkerung absolut arm bleibt. Pogge schlägt nun vor, illegitimen Regierungen diese Privilegien zu entziehen.[20] Sie dürften dann keine Kredite mehr aufnehmen und nicht mehr direkt für Rohstoffe bezahlt werden. Stattdessen soll das Geld für die erworbenen Rohstoffe in Fonds wandern, die später von legitimen Regierungen abgerufen oder auf andere Wiese für die arme Bevölkerung genutzt werden können.

Dieser Vorschlag klingt zunächst ziemlich gut, weil er eine Besserung der Lage absolut armer Menschen verspricht. Er scheitert jedoch leider an mangelndem Realismus.[21] Das lässt sich in drei Punkten zeigen. Erstens entsteht bei dem Vorschlag von Pogge durch die Verweigerung des Handels mit korrupten Regierungen auch für die breite Bevölkerung und insbesondere die absolut armen Menschen ein erheblicher Schaden, weil davon auszugehen ist, dass die ökonomischen Verluste zuerst und vor allem von ihnen getragen werden müssen. Zweitens ist es unwahrscheinlich, dass sich weltweit alle Staaten an die von Pogge vorgeschlagene Regelung halten. China beispielsweise legt sehr viel Wert auf Souveränität und Nichteinmischung[22] – natürlich auch schon deswegen, weil die chinesische Regierung ihre eigene Legitimität nicht in Frage gestellt sehen will.

Ein weiteres Problem besteht jedoch darin, dass sich selbst sehr wohlhabende demokratische Staaten kaum an die vorgeschlagenen Regelungen halten werden. Die Handelsbeziehungen mit korrupten Regierungen sind bei verschiedenen Staaten aufgrund

20 Pogge, *Weltarmut und Menschenrechte*, S. 245-268.

21 In diesem Punkt folge ich der grundlegenden Kritik von Raymond Geuss an dem gegenwärtigen idealistischen Stil der politischen Philosophie (Raymond Geuss, *Kritik der politischen Philosophie. Eine Streitschrift*, Hamburg 2011). Zu einer guten Diskussion: Christoph Menke, »Neither Rawls Nor Adorno. Raymond Geuss' Programme for a ›Realist‹ Political Philosophy«, in: *European Journal of Philosophy* 18/1 (2010), S. 139-147, und zu einem Überblick über neorealistische Ansätze: Enzo Rossi, Matt Sleat, »Realism in Normative Political Theory«, in: *Philosophy Compass* 9/10 (2014), S. 689-701.

22 Vgl. zu einer Darstellung der chinesischen Position beispielsweise Jacques, *When China Rules the World*, Kap. 10. Vgl. auch als Beispiel den Umgang von China mit dem Sudan unter Bashir (Leif Wenar, *Blood Oil. Tyrants, Violence, and the Rules that Run the World*, Oxford 2016, S. 128).

historischer Verstrickungen unterschiedlich stark ausgeprägt. Für Länder mit engen Handelsbeziehungen könnte es einen erheblichen Wettbewerbsnachteil mit starken negativen Effekten auf die Volkswirtschaft bedeuten, sich am Entzug von Privilegien zu beteiligen. Entsprechend gering wird die Bereitschaft der jeweiligen Regierungen ausfallen, diesen Schritt zu gehen. Es bedürfte schon eines erheblichen Drucks seitens der Zivilgesellschaft und der Wahlbevölkerung. Da diese selbst mit erheblichen ökonomischen Einbußen zu rechnen haben, ist solch ein Druck nicht zu erwarten. Natürlich können Moraltheoretiker wie Pogge darauf reagieren, indem sie eine Pflicht für die Bürgerinnen behaupten, die für sie entstehenden persönlichen Kosten in Kauf zu nehmen, da sie ja auch von globalen Ungerechtigkeiten profitiert haben.[23]

Doch genau die Wirkungslosigkeit dieser Forderung ist auch aus moralischer Perspektive ein großes Problem. Solange Marktgesellschaften ihre strukturelle Reichtumsorientierung nicht kollektiv aufgeben, müssen solche Forderungen wirkungslos verpuffen. Denn in ihrem Selbstverständnis streben die Bürgerinnen ja immer nur einen bescheidenen Wohlstand im Rahmen ihrer auf legitime Weise erworbenen Vorstellung vom gelingenden Leben an. Da unter gegebenen Bedingungen ihre Selbstachtung von einer wachsenden oder zumindest stabilen Wirtschaftsleistung abhängt, ist zudem nicht einmal klar, ob ihnen überhaupt ein Vorwurf gemacht werden kann oder sie vielmehr gute Gründe dafür haben, von ihren Regierungen eine harte Wirtschaftspolitik zu fordern. Die Preisgabe der strukturellen Reichtumsorientierung ist daher eine Voraussetzung für effektivere Maßnahmen zur Bekämpfung von absoluter Armut. Wenn diese Voraussetzung erfüllt ist, dann sind sogar noch Veränderungen des Weltwirtschaftssystems denkbar, die über die Vorschläge von Pogge und anderen weit hinausgehen.[24]

Ich möchte nur zwei mögliche Veränderungen kurz nennen.

23 Pogge, *Weltarmut und Menschenrechte*, S. 263-268.

24 Eine ähnliche Kritik trifft auf den Vorschlag von Christian Barry und Sanjay Reddy zu. Sie argumentieren, dass bevorzugte Handelsbeziehungen zwischen reichen und armen Ländern an die Bereitschaft der armen Länder gekoppelt werden sollten, soziale und rechtliche Reformen einzuleiten (Barry/Reddy, *International Trade and Labor Standards*). Damit das funktioniert, müssten jedoch alle reichen Länder mitmachen, was außerordentlich unwahrscheinlich ist. Vgl. zu einer deutlich realistischeren Position: Rodrik, *The Globalization Paradox*.

Erstens sind wohlhabende, aber nicht auf immer größeren Reichtum ausgerichtete Gesellschaften fähig, erheblichen Druck auf die Produktionskette auszuüben und dafür zu sorgen, dass die Arbeiterinnen am Anfang der Produktionskette deutlich mehr Einkommen erzielen.[25] Die dafür nötige, nur relativ geringe Preiserhöhung der Endprodukte stellt dann kein Hindernis dar, weil der abgeschwächte Statuskonsum einen erheblichen Einfluss auf das Konsumverhalten der Menschen hat, für die ein ökonomischer Statuswettbewerb dann eine deutlich geringere Rolle spielt. Zweitens wird es möglich, ganz andere Handelsverträge mit armen Ländern zu schließen, um ihnen tatsächlich eine aufholende Entwicklung zu ermöglichen. Es kommt dann nicht mehr darauf an, diese Länder mithilfe bestehender Machtasymmetrien immer weiter zu übervorteilen und auszubeuten, um im eigenen Land durch das Versprechen eines größeren Wirtschaftswachstums mehr Wählerstimmen auf sich ziehen zu können.

Am Beispiel der absoluten Armut zeigt sich besonders deutlich, so lässt sich abschließend festhalten, dass das moralische Problem des Reichtums nicht durch individualethische Lösungsansätze, sondern nur politisch bearbeitet werden kann. Nur ein Umbau der wirtschaftspolitischen Grundstruktur der Gesellschaft ermöglicht es, die strukturelle Reichtumsorientierung von solchen Ländern wie Deutschland, Österreich und der Schweiz zurückzunehmen und sie so zu starken Akteuren im globalen Kampf gegen die absolute Armut zu machen.

Klimawandel

Der Klimawandel ist wahrscheinlich dasjenige der gegenwärtig großen globalen Probleme, bei dem die moralische Verbindung zum Reichtum besonders schnell einleuchtet, weswegen diese

25 Die Möglichkeiten und Grenzen eines von individuellen Konsumentenentscheidungen ausgehenden Fairtrade hat beispielsweise Valentin Beck analysiert. Valentin Beck, »Theorizing Fairtrade From a Justice-Related Standpoint«, in: *Global Justice. Theory, Practice, Rhetoric (TPR)* 3 (2010), S. 1-21. Die Lage ändert sich drastisch, wenn Staaten bereit sind, durch Gesetzgebung auf große Konzerne starken Druck auszuüben und so ihren Teil dazu beizutragen, die Verwertungskette gerechter zu machen.

Problematik in vorherigen Kapiteln und insbesondere im einleitenden ersten Kapitel auch schon häufiger zur Sprache kam. Es wird Zeit, sie systematisch zu behandeln. Der gegenwärtige Klimawandel wird hauptsächlich durch den Energieverbrauch der Menschheit erzeugt, daran gibt es schon länger keinen Zweifel mehr.[26] Offensichtlich ist zudem, dass dieser Energieverbrauch unter sonst gleichen Bedingungen mit zunehmendem Reichtum unweigerlich zunimmt. Es werden mehr und aufwendigere Güter produziert und auch konsumiert. Entsprechend ist es in der Nachhaltigkeitsforschung üblich, das Ausmaß der Umweltschäden als Produkt der Faktoren Bevölkerungszahl, Wohlstand und Technologie zu begreifen.[27] Wie gravierend das Problem des steigenden Energieverbrauchs als Motor des Klimawandels tatsächlich ist, zeigt sich schnell, wenn man zugleich das sehr ungleiche Konsumniveau verschiedener Länder berücksichtigt. Derzeit leben nur etwa eine Milliarde Menschen in der sogenannten entwickelten Welt und pflegen die für sie selbstverständlichen, sehr hohen Standards im Konsum. Dieser Teil der Weltbevölkerung ist aufgrund seines Konsums hauptsächlich für den Klimawandel verantwortlich, weil die Produktion ihrer Konsumgüter mit einem hohen CO_2-Ausstoß einhergeht. Demgegenüber gibt es zurzeit mehr als sechs Milliarden Menschen, die von diesem Konsumniveau weit entfernt sind. Selbst wenn man entgegen den meisten Prognosen davon ausgeht, dass die Weltbevölkerung bis zur Mitte des Jahrhunderts nicht auf knapp zehn Milliarden Menschen ansteigen wird, so scheint dennoch zu gelten: Wenn alle derzeit lebenden Menschen unter den gegebenen Bedingungen dasselbe Konsumniveau wie die Menschen der reichen Länder erreichen wollen, dann ist das nur durch eine enorme Steigerung der Weltwirtschaftsleistung möglich. Alles spricht dafür, dass solch ein Wachstum der Weltwirtschaft auf das Sechs- bis Zehnfache ihres gegenwärtigen Ausmaßes mit einem extremen Anstieg des Energieverbrauchs und damit des CO_2-Ausstoßes einherginge. Der Klimawandel ließe sich dann nicht mehr aufhalten und nicht einmal abmildern. Im Gegenteil wird er sich dann wohl rasant beschleunigen. Auch eine Anpassung wird unter

26 Vgl. Bernward Gesang, *Klimaethik*, Berlin 2011, S. 18-46; Roser/Seidel, *Ethik des Klimawandels*, S. 20-24.

27 Das ist die sogenannte Ehrlich-Formel, die auf eine Debatte unter Biologen am Ende der 1970er Jahre zurückgeht.

diesen Bedingungen nicht gelingen, und es wird zu einem weltweiten Temperaturanstieg kommen, vor dessen Folgen in verschiedenen, sehr bedrohlichen Szenarien gewarnt wird.

Diese Szenarien gehen davon aus, dass es ab einem Temperaturanstieg um 2 bis 4°C zu selbstverstärkenden Effekten kommen wird und dann die Erdtemperatur noch stärker ansteigt. Das hätte äußerst negative Konsequenzen für Mensch und Umwelt. Viele Tier- und Pflanzenarten könnten aussterben, und ganze Ökosysteme wie die Korallenriffe wären gefährdet. Extreme Wetterereignisse wie Wirbelstürme, Überschwemmungen und Dürren würden zunehmen. Die Meeresspiegel stiegen an und die Ozeane versauerten. Das alles hätte massive Folgen für die Menschen. Aufgrund der größeren Hitze käme es zu Epidemien, und die Produktivität in vielen Ländern nähme stark ab. Es käme zu Wasser- und Nahrungsmittelknappheit. Derzeit dicht besiedelte Küstenregionen würden unbewohnbar werden. Die Folge wären sehr große klimabedingte Migrationsbewegungen und wahrscheinlich sogar Kriege. Der Klimawandel würde insbesondere den ärmeren Teil der Weltbevölkerung besonders hart treffen.[28]

Solche Entwicklungen stellen natürlich eine Bedrohung der Würde vieler Menschen dar. Das betrifft natürlich zukünftige Generationen, aber auch viele gegenwärtig lebende Menschen.[29] Die betroffenen Menschen können in grundsätzlichen Fragen nicht mehr auf sich selbst achtgeben und haben Grund, sich von anderen Menschen nicht als gleichrangig geachtet zu sehen. Schon jetzt müssen Menschen klimabedingt um ihr Überleben und eine einigermaßen intakte Umwelt kämpfen. In absehbarer Zeit werden sie ihre Heimat verlassen müssen, um sicherere Weltregionen aufzusuchen, wo sie dann allerdings noch einmal ganz von vorne anzufangen haben.[30] Diese Menschen sind in ihrer Existenz be-

28 Vgl. Stern, *The Economics of Climate Change*; Ottmar Edenhofer u.a. (Hg.), *Global, aber gerecht. Klimawandel bekämpfen, Entwicklung ermöglichen*, München 2010; IPCC, *Climate Change 2014. Synthesis Report. Contribution of Working Groups I, II and III to the Fifth Assessment Report of the Intergovernmental Panel on Climate Change*, in: ⟨https://www.ipcc.ch/report/ar5/syr/⟩, letzter Zugriff 17.6.2017.

29 In der Klimaethik ist es üblich, zwischen Fragen der intragenerationalen und der intergenerationalen Gerechtigkeit zu unterscheiden (vgl. etwa John Broome, *Climate Matters. Ethics in a Warming World*, New York 2012).

30 Vgl. dazu Sujatha Byravan, Sudhir Chella Rajan, »The Ethical Implications of

droht oder zumindest in ihrer Persönlichkeitsentfaltung erheblich eingeschränkt. Viele vernünftige und uns ganz selbstverständlich erscheinende Vorstellungen vom gelingenden Leben sind für sie nicht mehr realisierbar, weil sie vor Klimaproblemen flüchten oder gegen eine dysfunktionale Umwelt kämpfen müssen. Wenn man wie die meisten Klimaforscher davon ausgeht, dass diese Probleme von Menschen verursacht sind und sie von uns wissentlich in Kauf genommen werden, dann handelt es sich beim Klimawandel nicht einfach nur um so etwas wie widrige Umstände, denen es standzuhalten gilt, sondern um Würdeverletzungen.

Das betrifft wieder die beiden im vierten Kapitel entwickelten Ebenen der Selbstachtung. Die mit dem Klimawandel verbundenen Entbehrungen sind erstens dann würdeverletzend, wenn sie Menschen die Möglichkeit nehmen, in grundlegenden Fragen auf sich selbst achtzugeben. Für zukünftige Generationen gilt das in einem sehr allgemeinen Sinne, weil ihnen die Möglichkeit genommen wird, ihre Umwelt aktiv zu gestalten, und sie dazu gezwungen werden, sich gegen eine zunehmend menschenfeindliche Umwelt zu schützen. Das ist ein gutes Beispiel dafür, dass nicht nur einzelne Menschen, sondern auch Gruppen von Menschen in ihrem gemeinsamen Handlungsspielraum so stark eingeschränkt werden können, dass sie ihre Fähigkeit verlieren, gemeinsam auf sich selbst achtgeben zu können, und insofern kollektiv entwürdigt werden.[31] Hinzu kommt noch die zweite Ebene der Entwürdigung, die darin besteht, dass handlungsfähige Akteure der Gegenwart die vom Klimawandel äußerst negativ betroffenen Menschen offensichtlich nicht als gleichrangige Menschen achten, weil sie sich nicht hinreichend darum bemühen, diese bedrohten Menschen vor der klimabedingten fundamentalen Verletzung ihrer Selbstachtung zu schützen.

Wie diese Ausführungen schnell zeigen, besteht kein Zweifel daran, dass der von Menschen verursachte Klimawandel die Wür-

Sea-Level Rise Due to Climate Change«, *Ethics and International Affairs* 24/3 (2010), S. 239-260.

31 Ich habe für die Möglichkeit der kollektiven Entwürdigung argumentiert in: Neuhäuser »Humiliation. The Collective Dimension«, Berlin 2011, S. 21-36. Ich denke, man kann das auf der Grundlage der starken Theorie des Gruppenhandelns von Margaret Gilbert rekonstruieren (Margaret Gilbert, »A Real Unity of Them All?«, in: *The Monist* 92 (2009), S. 268-285).

de zahlreicher Menschen grundlegend verletzt. Bei dem zweiten Punkt, der Verletzung der Selbstachtung durch die Missachtung der Gleichrangigkeit, ist zudem auch der Zusammenhang mit dem Reichtum schon sehr deutlich. Je reicher diejenigen Akteure sind, die sich nicht für eine Abmilderung des Klimawandels bzw. eine kollektive Anpassung einsetzen, desto stärker kommt durch ihre Untätigkeit auch eine Missachtung zum Ausdruck. Denn je reicher diese Akteure sind, desto weniger fallen die erforderlichen Kosten für sie ins Gewicht, und desto weniger wichtig scheint ihnen die Selbstachtung der negativ betroffenen Menschen zu sein. Sie sind nicht einmal bereit, auf kleine Annehmlichkeiten zu verzichten, um anderen Menschen ein Leben in Würde zu ermöglichen, so scheint es.[32] Der zentrale Zusammenhang zwischen Klimawandel und Reichtum als moralischem Problem ist aber ein anderer. Er besteht natürlich darin, dass der ökonomische Reichtum der Menschen in der industrialisierten Welt den Klimawandel unmittelbar mitverursacht.

Dagegen lässt sich allerdings einwenden, dass dieser Reichtum gleichzeitig auch den Weg aus der Klimamisere weisen könnte. Vielleicht lässt er sich dazu nutzen, grüne Technologien zu entwickeln, die dabei helfen, Energieverbrauch und Umweltschädigung voneinander zu entkoppeln.[33] (Diese gegenwärtig nicht vorhandenen Technologien müssten dann mit sehr geringem CO_2-Ausstoß funktionieren.) Oder der vorhandene Reichtum könnte dafür genutzt werden, die Anpassung an das veränderte Klima reibungsloser auf eine Art und Weise zu gestalten, die einen respektvollen Umgang aller Menschen miteinander erlaubt.[34] Beide Ansätze, Reichtum als Hilfsmittel gegen die negativen Konsequenzen des Klimawandels einzusetzen, erscheinen mir jedoch verfehlt. Gegen

32 Das Standardbeispiel für solch eine problematische Annehmlichkeit ist der Luxus eines Gelände- oder Sportwagens. Vgl. Ludger Heidbrink, Imke Schmidt, »Das Prinzip der Konsumentenverantwortung. Grundlagen, Bedingungen und Umsetzungen verantwortlichen Konsums«, in: Ludger Heidbrink u. a. (Hg.), *Die Verantwortung des Konsumenten. Über das Verhältnis von Markt, Moral und Konsum*, Frankfurt/M., New York 2011, S. 25-56.

33 Dafür hat in letzter Zeit insbesondere Ralf Fücks vehement argumentiert (Fücks, *Intelligent wachsen*).

34 Vgl. Martina Linnenluecke, Andrew Griffiths, »Beyond Adaptation. Resilience for Business in Light of Climate Change and Weather Extremes«, in: *Business and Society* 49/3 (2010), S. 477-511.

die Entkoppelungsthese spricht, dass bisher noch niemand zeigen konnte, wie solch eine Entkoppelung gelingen kann.[35] Eine höhere Effizienz in der Energienutzung ist sicher zu erreichen und auch erstrebenswert. Aber sie löst zumindest bisher das Problem nicht. Denn es gilt stets zu bedenken, dass es da noch sechs bis neun Milliarden Menschen gibt bzw. geben wird, die ein ähnliches Konsumniveau erreichen wollen, wie die Menschen in den reichsten Ländern. Da liegt auch das Grundproblem der Anpassungsthese. Eine Anpassung nur für die Reichen lässt sich gegenüber den ärmeren Menschen, die für den Klimawandel überhaupt keine Verantwortung tragen, nicht rechtfertigen.[36] Eine Anpassung für alle Menschen bei gleichzeitig steigenden Konsumniveaus hingegen lässt sich nur finanzieren, wenn die Wirtschaftsleistung weltweit entsprechend immer weiter ansteigt. Das führt jedoch unweigerlich zu einem Anstieg der Umweltschädigung und einem beschleunigten Klimawandel. Es müsste schon gezeigt werden, dass sich die Anpassungsleistung deutlich schneller beschleunigt als die Zunahme der Schädigungen und Gefährdungen. Ich sehe nicht, dass sich solch eine Annahme unter gegenwärtigen Bedingungen verteidigen ließe. Etwas Ähnliches gilt für den Versuch, das Problem durch *climate engineering* in den Griff zu bekommen.

Natürlich sollten die Möglichkeiten der technischen Anpassung und Klimakontrolle trotzdem ausgelotet und genutzt werden. Aber der einzige Weg, sowohl eine Abmilderung als auch eine Anpassung an den Klimawandel wirklich realistisch zu gestalten, scheint darin zu bestehen, neben diesen Bemühungen auch den Energieverbrauch zu reduzieren. Das ist ohne eine Veränderung des Konsumverhaltens in den reichen Ländern nicht zu haben. Denn vor dem Hintergrund der großen globalen Ungleichheit haben die Menschen der ärmeren Länder offensichtlich einen Anspruch auf eine Verbesserung ihrer ökonomischen Lage. Während diese ärmeren Menschen ihr Konsumniveau also weiter (in Maßen) steigern dürfen, müssten die reichen Menschen ihren Konsum so weit einschränken, dass sich diese beiden Bewegungen auf einem Niveau einpendeln, das mit einer hinreichend intakten Umwelt vereinbar

35 Vgl. Jackson, *Wohlstand ohne Wachstum*, S. 82-99. Anthony Giddens, *The Politics of Climate Change*, London 2009; S. 65-67.

36 Giddens, *The Politics of Climate Change*, S. 212-215.

ist.[37] Durch eine Anpassungsstrategie und verbesserte Technologien im Energieverbrauch kann diese Schnittmenge in ihrem Niveau insgesamt durchaus angehoben werden. Sie wird aber mit großer Sicherheit weit unterhalb des gegenwärtigen Konsumniveaus der meisten Menschen in den reichen Ländern liegen. Menschen, die innerhalb reicher Länder als bloß wohlhabend gelten, zeigen sich hier im globalen Kontext noch einmal ganz deutlich als reich, und zwar auf moralisch problematische Weise. Doch was folgt daraus, dass sich Reichtum auch mit Blick auf den Klimawandel als moralisches Problem erweist?

Man könnte natürlich zunächst von allen wohlhabenden Akteuren erwarten, dass sie ihr Konsumniveau individuell reduzieren. Wenn sich sehr viele Menschen daran beteiligen, dann könnte der Klimawandel durchaus abgemildert werden. Doch es ist offensichtlich sehr unsicher, ob sich tatsächlich sehr viele Menschen daran beteiligen würden. Vielmehr scheint hier ein klassisches Problem des kollektiven Handelns vorzuliegen.[38] Keiner oder so gut wie keiner will den Anfang machen, weil überhaupt nicht klar ist, ob die anderen mitziehen. Wenn die anderen nicht mitmachen, dann entstehen den Vorreitern jedoch große Kosten, aber niemandem entsteht ein Nutzen. Solch eine Aufforderung zur Übernahme kollektiver Verantwortung an eine sehr große, unstrukturierte Gruppe wie die vielen Millionen von wohlhabenden Konsumentinnen scheint eine strukturelle Überforderung zu sein.[39] Wenn der individuelle

37 Das Ziel solch einer gegenläufigen Bewegung muss nicht unbedingt relative Gleichheit sein. Es ist nicht einmal nötig, die Schlechtestgestellten so gut wie möglich zu stellen. Stattdessen reicht es aus, im Sinne einer Suffizienztheorie dafür zu sorgen, dass alle Menschen genug Einkommen haben, um in Würde zu leben (Shields, »The Prospects for Sufficientarianism«, S. 101-117). Das könnte allerdings die Überwindung relativer Armut auf globaler Ebene implizieren, was ein außerordentlich ehrgeiziges Ziel wäre.

38 Olson, *The Logic of Collective Action.*

39 Mit Überforderung ist hier gemeint, dass man von den Konsumentinnen aus normativer Perspektive nicht vernünftigerweise erwarten kann, dass sie auf den Konsum verzichten. Karl Homann argumentiert dafür, dies mit dem Prinzip »Sollen impliziert Können« zu verteidigen. Ihm zufolge können Konsumentinnen aus psychologischen Gründen gar keinen Konsumverzicht leisten (Karl Homann, »Die Bedeutung von Anreizen in der Ethik«, in: ebd., S. 187-210; ders., »Die Bedeutung von Dilemmastrukturen für die Ethik«, in: ders., *Vorteile und Anreize*, Tübingen 2002, S. 94-106). Allerdings muss das »Können« dann normativ verstanden werden.

Konsumverzicht kaum eine Wirkung entfalten kann, erscheint es geradezu moralistisch, ihn trotzdem einzufordern. Immerhin haben wohlhabende Menschen ihre Vorstellung vom gelingenden Leben auf legitime Weise erworben. Sie dürfen diese Vorstellung daher weiterverfolgen, wenn eine mühsame Abkehr davon so gut wie keine Wirkung entfaltet. Außerdem gilt wieder, dass auch für viele im globalen Kontext reiche Menschen ihre persönliche Würde auf dem Spiel stehen kann, wenn man von ihnen erwartet, sich nicht mehr am üblichen Konsumverhalten zu beteiligen, weil in Marktgesellschaften ihre Achtungswürdigkeit als gleichrangige Gesellschaftsmitglieder darunter leiden würde.

Es bedarf daher einer strukturellen Lösung im Umgang mit der Reichtumsorientierung, um dem Klimawandel gegenüber kollektiv handlungsfähig zu werden. Die Abkehr von einer Reichtumsorientierung stellt eine wichtige Voraussetzung für die Fähigkeit reicher Staaten dar, eine gegenüber zukünftigen Generationen und gegenwärtig äußerst negativ betroffenen Menschen rechtfertigbare Politik zu machen. Nur unter der Bedingung, dass die zentralen Institutionen nicht mehr auf Reichtum eingestellt sind, erhalten Regierungen die Handlungsfreiheit, die richtige Mischung aus der Förderung technologischer Effizienzsteigerung, technischer und sozialer Anpassung und Wachstumsreduktion zu entwickeln und praktisch umzusetzen. Für individuelle Akteure wird eine Reduktion des Wirtschaftswachstums dann akzeptabel, weil sie zwar über weniger Geld und Güter verfügen, sich um ihre Würde aber keine Sorgen machen müssen. Ihre Fähigkeit, auf sich selbst achtzugeben und sich als gleichrangige Gesellschaftsmitglieder zu achten, bleibt unberührt, weil der Reichtum zwar kollektiv abgebaut wird, der individuelle Wohlstand aber in seiner für die Würde entscheidenden relativen Dimension erhalten bleibt.

Ich halte diese Problematik der strukturellen Reichtumsorientierung im politischen Umgang mit dem Klimawandel für die zentrale zu überwindende Herausforderung. Auf der UN-Klimakonferenz in Paris im Jahre 2015 haben die Staaten als Weltgemeinschaft das ehrgeizige Ziel formuliert,[40] die Erderwärmung bei unter 2°C zu halten. Wenn das gelingt, dann könnten die schlimmsten Katastrophenszenarien verhindert werden; eine Anpassung an die

40 UN. FCCC, »Adoption of the Paris Agreement«, in: ⟨http://unfccc.int/resource/docs/2015/cop21/eng/l09r01.pdf⟩, letzter Zugriff 20. 6. 2017.

veränderten Klimabedingungen kann unter gleichzeitiger Berücksichtigung der Selbstachtung der Menschen gelingen. Die in Paris demonstrierte Handlungsbereitschaft ist von großer politischer Bedeutung, auch wenn die USA sich inzwischen zurückgezogen haben. Allerdings ist bisher noch nicht klar, wie die Weltgemeinschaft ihre anspruchsvollen Ziele umsetzen will. Es spricht einiges dafür, dass dabei große Hoffnungen in die zukünftige Entwicklung grüner Technologien gesetzt werden, die ein weiteres globales Wirtschaftswachstum bei gleichzeitiger Reduktion des CO_2-Ausstoßes erlauben. Jedenfalls ist auf der politisch höchsten Ebene bisher keine Rede davon, dass die reichen Länder ihren Reichtum einschränken müssen. Wenn sich jedoch die Hoffnungen auf die zukünftige Entwicklung allheilsamer grüner Technologien nicht erfüllen – und im Moment gibt es keinen Anlass, diese Entwicklung für besonders wahrscheinlich zu halten –, dann sind die ehrgeizigen Klimaziele ohne eine Reichtumsreduktion nicht zu erreichen.

Die armen Länder nämlich werden auf eine nachholende Entwicklung nicht verzichten wollen, und sie haben auch einen größeren Anspruch darauf als die Menschen der reichen Länder auf ihren Reichtum.[41] In den armen Ländern hängt die Würde der Person von der wirtschaftlichen Entwicklung ab. Sie müssen der Armut entfliehen, um ihre Personalität aufrechtzuerhalten. In den reichen Ländern hängt zwar die Würde der Persönlichkeit vom gesellschaftlichen Reichtum ab. Ihre Personalität ist aber nicht in Gefahr, sondern nur ihre Persönlichkeit als gleichermaßen respektwürdige Mitglieder ihrer Gesellschaft ist gefährdet. Für den Vorrang der nachholenden Entwicklung spricht insbesondere, dass die Würde der Persönlichkeit der Menschen in den reichen Ländern gewahrt werden kann, wenn man nicht von ihnen individuell erwartet, ihren Lebensstandard aufzugeben, sondern eine strukturelle Reichtumsreduktion anstrebt. Dann muss niemand seine relative Position als respektwürdiges Gesellschaftsmitglied aufgeben, weil niemand seinen relativen sozioökonomischen Status verliert.

Der ehrgeizige Klimakonsens von Paris löst das Klimaproblem folglich noch nicht, sondern formuliert vielmehr eine dringliche

41 Vgl. Simon Caney, »Climate Change and the Duties of the Advantaged«, in: *Critical Review of International Social and Political Philosophy* 13/1 (2010), S. 203-228; ders., »Just Emissions«, in: *Philosophy and Public Affairs* 40/4 (2012), S. 255-300.

Aufgabe. Die Tatsache, dass die USA das Pariser Klimaabkommen inzwischen gekündigt haben, lässt grundsätzliche Skepsis aufkommen. Mir erscheint es darüber hinaus vor allem aber fahrlässig, allein auf die Entwicklung neuer grüner Technologien zu setzen, die alle Probleme lösen sollen. Denn es kann gut sein, dass das nicht ausreicht, um die aufgestellten Ziele zu erreichen. Demgegenüber ist eine Reichtumsreduktion in den reichen Ländern und damit einhergehend eine Abkehr vom Paradigma des Wirtschaftswachstums eine zusätzliche Maßnahme, die sowohl zukünftigen Generationen als auch den gegenwärtig lebenden armen Menschen eine gerechte Lösung des Klimaproblems verspricht. Allerdings müsste sich dafür im achten Kapitel erst noch zeigen, dass solch eine Lösung selbst Aussicht auf Erfolg hat, um als echte Alternative gelten zu können.

Fragilität der Märkte

In den letzten Jahren sind die Gefahren der großen Kapitalbewegungen an Finanzmärkten immer deutlicher geworden. Je größer die frei beweglichen Kapitalmengen sind, desto fragiler wird das Wirtschaftssystem insgesamt, und desto negativer fallen die sozialen Konsequenzen aus. Der zentrale Grund dafür ist meiner Einschätzung nach, dass so große Kapitalmengen nur in zunehmend riskanteren Formaten angelegt werden können und rasche Kapitalbewegungen bei immer größeren Summen immer weitreichendere Auswirkungen auf die davon abhängigen Realwirtschaften haben. Das hat besonders deutlich die Immobilienblase in den USA gezeigt, bei der viel zu schnell viel zu viel Kapital in den Immobilienmarkt geflossen ist, bis plötzlich allen beteiligten Akteuren klarwurde, wie unsicher dieser Anlagebereich ist, und es zu einem Zusammenbruch kam.[42] Das hat sich aber auch in der Eurokrise gezeigt, in der plötzlich einige schon seit längerer Zeit ziemlich marode Volkswirtschaften in das Zentrum der Aufmerksamkeit der Finanzmärkte rückten. Die Abwertung durch Rating-Agenturen führte zu allerlei Spekulationen an den Börsen und stürzte die be-

42 Vgl. zu einer Analyse der Krise beispielsweise: Skidelsky, *Keynes*; Paul Krugman, *The Return of Depression Economics and the Crisis of 2008*, New York 2009; ders., *End this Depression Now!*, New York 2012; Stiglitz, *The Great Divide*, S. 49-68.

troffenen Länder, allen voran Griechenland – und mit diesem recht kleinen Land die gesamte EU –, in eine jahrlange Krise.[43] Es ist nicht zu bestreiten, dass insbesondere Griechenland aus verschiedenen Gründen schon vorher große volkswirtschaftliche Probleme hatte. Allerdings führt die hohe Beweglichkeit des Kapitals dazu, dass eine Abwertung der Kreditwürdigkeit innerhalb kürzester Zeit die Kapitalzufuhr so schnell und so stark absenkt, dass eine sozial verträgliche Reformpolitik kaum noch möglich erscheint. Vielmehr hat sich am Beispiel Griechenlands offenbart, dass die Finanzmärkte durch ihre Effizienzlogik ganze Länder zu einer radikalen Reformpolitik zwingen können, die mit außerordentlich hohen persönlichen Kosten für sehr viele Menschen einhergeht und ihre Würde grundsätzlich bedroht.[44]

Es ist wichtig zu sehen, dass die Fragilität und insbesondere die Reichtumsorientierung der Finanzmärkte zudem erhebliche Auswirkungen auf die Realwirtschaft haben. Der grundsätzliche Zusammenhang lässt sich gut an einem vereinfachten Beispiel nachvollziehen. Stellen wir uns ein Unternehmen vor, dass aufgrund einer neuen grünen Technologie enorm erfolgreich ist, die den Energieverbrauch von elektronischen Geräten stark senkt. Dadurch hilft es seinen Kunden dabei, erhebliche Kosten zu sparen und gibt ihnen auch noch das gute Gefühl, etwas für die Umwelt zu tun. Das Unternehmen wächst rasch und muss sich für seine Expansion viel Geld von den Banken leihen. Dadurch wird das Unternehmen aber auch von der Gewinnorientierung der Banken abhängig.[45] Diese werden dann ihren Einfluss geltend machen, damit das Unternehmen so gewinnbringend wie möglich wirtschaftet. Um das durchzusetzen, werden sie mit Kapitalentzug drohen, wenn sich das Unternehmen der Gewinnorientierung versperrt. Wenn die Banken selbst aufgrund der Fluktuationen an den Finanzmärkten in Bedrängnis geraten, dann werden sie diesen Druck

43 Vgl. Krugman, *End this Depression Now!*, S. 138-141. Piketty nennt dazu eine eindrückliche Zahl. Während die Inlandsproduktion von Griechenland bei etwa 200 Milliarden Dollar liegt, verfügen die zehn größten Banken über Aktiva im Wert von 2000 Milliarden Dollar. Vgl. Piketty, *Die Schlacht um den Euro*, S. 68.

44 Das stellt beispielsweise Joseph Stiglitz deutlich heraus (Stiglitz, *The Great Divide*).

45 Vgl. zu einer konzisen Darstellung dieses Zusammenhangs: Jürgen Kocka, *Geschichte des Kapitalismus*, München 2013, S. 92-99.

massiv erhöhen. Das Unternehmen selbst wollte sich ursprünglich vielleicht gar nicht dieser Logik unterwerfen, sondern sich eher für gute Bezahlung und Demokratie am Arbeitsplatz einsetzen sowie sicht- und spürbar soziale Verantwortung zeigen. Jetzt muss es jedoch dem Druck der Banken folgen und selbst reichtumsorientiert agieren, weil der angedrohte Kapitalentzug sonst viele bereits bestehende Arbeitsplätze gefährden würde. Die Banken selbst können auch kaum anders, als so zu agieren, denn es ist ihr Kerngeschäft, Gewinne über Investitionen zu erzielen. Dadurch ist eine systemische Dynamik entstanden, die nicht mehr von einzelnen Akteuren, seien es Menschen oder Unternehmen, kontrolliert wird.[46]

Doch nicht nur Finanzmärkte haben ein Volumen und eine Flexibilität erreicht, die eine politische Kontrolle durch einzelne Staaten geradezu unmöglich erscheinen lassen und zu erheblichen Schädigungen für zahlreiche Menschen führen können. Auch andere Märkte besitzen eine besorgniserregende Fragilität. Beispielsweise ist in Italien innerhalb kürzester Zeit die Textilindustrie zusammengebrochen, weil plötzlich die Produktion nach Ostasien abgewandert ist. Das hat nicht nur abstrakt einen erheblichen volkswirtschaftlichen Schaden angerichtet, sondern auch sehr viele Menschen ihren Arbeitsplatz gekostet. Hier wirkt natürlich die Idee der globalen Arbeitsteilung, der gemäß in einzelnen Volkswirtschaften nur das produziert werden soll, was einen komparativen Vorteil zur Produktion in anderen Ländern besitzt. Wenn ein Land jedoch seinen komparativen Vorteil verliert, wie im Beispiel von Italien, oder die produzierten Produkte niemand mehr haben will, wie möglicherweis zukünftig einmal bei der Automobilindustrie, dann gerät die gesamte Volkswirtschaft schnell in die Schieflage. Die globale Arbeitsteilung produziert also ebenfalls Fragilität.[47]

Trotz all dieser Problematiken spricht insgesamt dennoch eini-

46 Lester Thurow sieht darin die Hauptgefahr der Globalisierung (Thurow, *Die Zukunft der Weltwirtschaft*, Frankfurt/M. 2004.) Vgl. zu einer ähnlichen frühen Analyse und Warnung auch: Joseph Stiglitz, *Die Schatten der Globalsierung*, München 2004

47 In der Wirtschaftstheorie ist das auch anerkannt. Das für den Freihandel maßgebliche Kaldor-Hicks-Kriterium besagt nämlich nur, dass der Wohlstand insgesamt steigt, sagt aber nichts dazu, wie er verteilt sein wird. Es kann also auch Verlierer des Freihandels geben. Vgl. Stiglitz, *Die Chancen der Globalisierung*, S. 95-105, und Rodrik, *The Globalisation Paradox*.

ges dafür, Märkte grundsätzlich positiv zu bewerten. Sie besitzen im Vergleich zu anderen Steuerungsmechanismen eine hervorragende Informations- und Allokationsfähigkeit, die zur Steuerung komplexer Wirtschaftssysteme einen wesentlichen Beitrag leisten. Außerdem verhindert eine Marktwirtschaft, dass sich zu viel Macht in der Hand des Staates konzentriert. Oft wird auch angeführt, dass der Wettbewerb an Märkten zu einer effizienten Ressourcennutzung führt und zudem durch Innovation das Wachstum fördert.[48] Allerdings hatte sich im vorherigen Abschnitt gezeigt, dass Wirtschaftswachstum in bereits reichen Ländern nicht unbedingt wünschenswert ist. Eine effiziente Ressourcennutzung hingegen ist fraglos weiterhin nützlich. Diese grundsätzlich positive Beurteilung von Märkten sollte jedoch nicht darüber hinwegtäuschen, dass Märkte auch versagen und negative Ergebnisse mit sich bringen können.[49] Dafür sprechen die eingangs genannten Beispiele. Ein absoluter Marktbefürworter könnte zwar noch einwenden, dass der Fehler in Wahrheit nicht bei den Märkten, sondern bei einer schlechten Regulierung liegt. Völlig unregulierte Märkte brächten demgegenüber keine negativen Konsequenzen mit sich, so das Argument. Auch daran kann man natürlich zweifeln, aber das ist hier unerheblich.[50]

Das entscheidende Problem liegt vielmehr in dem weltfremden Idealismus der Idee, man könne perfekte Märkte schaffen. Denn Märkte sind immer in menschliche Gesellschaften eingebettet, deswegen müssen sie auch reguliert sein, beispielsweise durch Eigentumsrechte.[51] Außerdem ist diese Regulierung wie alle mensch-

48 Das haben schon Hayek und vor ihm von Mises stark betont. Vgl. Hayek, *Die Verfassung der Freiheit*, Kap. 21; Ludwig von Mises, *Liberalismus*, Sankt Augustin 2006; ders., *Vom Wert der besseren Ideen*, München 2012.

49 Vgl. Jens Beckert, »Die sittliche Einbettung der Wirtschaft. Von der Effizienz- und Differenzierungstheorie zu einer Theorie wirtschaftlicher Felder«, in: Lisa Herzog, Axel Honneth (Hg.), *Der Wert des Marktes. Ein ökonomisch-philosophischer Diskurs vom 18. Jahrhundert bis zur Gegenwart*, Berlin 2014, S. 548-576.

50 Beispielsweise hat Amartya Sen starke Argumente gegen Pareto-Optimalität formuliert (Sen, »Poor, Relatively Speaking«, S. 153-169). Auch bei John Rawls finden sich kritische Argumente (Rawls, *Eine Theorie der Gerechtigkeit*, S. 87-92).

51 Dafür hat überzeugend Karl Polanyi argumentiert. Polanyi, *The Great Transformation*; vgl. dazu auch Frank Cunningham, »Market Economies and Market Societies«, in: *Journal of Social Philosophy* 36/2 (2005), S. 129-142; Jens Beckert,

lichen Regelsysteme fehleranfällig. Das liegt einfach daran, dass Regeln immer abstrahieren und vereinfachen. Das ist ein Teil ihrer Funktion. Daher können sie notwendigerweise die Komplexität der Wirklichkeit auch in normativer Hinsicht nie vollständig erfassen. Das gilt ebenfalls für regulierte Märkte. Vor diesem Hintergrund stellt sich die Frage, ob Märkte reguliert sein sollten, gar nicht. Es ist auch irrelevant, ob man eine künstliche Unterscheidung zwischen Märkten als reinen Mechanismen und den diesen Mechanismen äußerlichen staatlichen Regulierungen vornimmt.[52] Die Idee reiner Märkte ist eine Fiktion, die sich überhaupt nicht realisieren lässt, selbst wenn man es wollte. In der sozialen Praxis sind Märkte immer imperfekte Institutionen mit unvollkommenen Regelsystemen und fehlbaren Akteuren. Bei solchen realen Märkten stellt sich stets die Frage, ob sie als soziale Institutionen zu Würdeverletzungen beitragen können. Das ist meiner Einschätzung nach aufgrund der oben dargestellten großen Fragilität realer Märkte durchaus der Fall, was die Folgefrage provoziert, wie diese Verletzungen verhindert werden können.

Wie genau kommt es zu Würdeverletzungen auf Märkten? Ziemlich offensichtlich ist der menschenwürdeverletzende Charakter nicht hinreichend regulierter Märkte bei der ersten Dimension der Selbstachtung. Menschen können aufgrund der Fragilität der Märkte selbst in grundlegenden Fragen plötzlich nicht mehr auf sich selbst achtgeben. Das Problem ist dabei nicht bereits, dass Menschen in materieller Hinsicht von Märkten abhängig sind. Solange sie über hinreichende Marktzugänge verfügen und auf Märkten hinreichende Wahlmöglichkeiten haben, sind sie auch selbstbestimmt. Weitergehende Autarkie ist, wie sich im vierten Kapitel gezeigt hat, keine vernünftige Voraussetzung für Selbstachtung. Für die Würde entsteht ein Problem vielmehr dann, wenn Menschen über keine Marktzugänge verfügen oder auf Märkten keine hinreichenden Wahlmöglichkeiten haben.[53] Dafür gibt es natürlich auch

»The Moral Embeddedness of Markets«, in: Jane Clary u. a. (Hg.), *Ethics and the Market. Insights from Social Economics*, London 2006, S. 11-25.

52 Vgl. zu einer ausführlichen Diskussion dieser unterschiedlichen Verständnisse von Märkten: Herzog, Honneth (Hg.), *Der Wert des Marktes.*; und darin insbesondere Beckert, »Die sittliche Einbettung der Wirtschaft«, S. 548-576.

53 Das lässt sich im Sinne des Fähigkeitenansatzes von Sen und Nussbaum verstehen. Ihnen fehlt die Fähigkeit, über Marktaktivitäten auf sich selbst achtzuge-

andere Gründe als die Fragilität der Märkte selbst. Beispielsweise haben in manchen Ländern viele Frauen aus politischen und kulturellen Gründen keinen Zugang zu Arbeitsmärkten.[54] Auch das verletzt ihre Selbstachtung bzw. den Anspruch darauf. Solche Fälle des fehlenden Marktzugangs oder fehlender Handlungsmöglichkeiten auf Märkten haben allerdings nicht unmittelbar etwas mit der Fragilität der betreffenden Märkte zu tun. Hier geht es jedoch nur um das Problem der Fragilität, weil diese in besonderer Weise mit Reichtum zusammenhängt.

Im Grunde läuft immer derselbe Prozess ab: Fragile Märkte führen dazu, dass bestimmte Akteure ganz von Märkten verdrängt werden oder auf diesen Märkten keine hinreichenden Handlungsmöglichkeiten mehr haben. Das verletzt die Selbstachtung dieser Menschen, wenn sie in ihrer Fähigkeit, auf sich selbst achtgeben zu können, auf diese Märkte angewiesen sind. Es geht also vor allem um Verwerfungen auf Arbeitsmärkten und Märkten, über die zentrale Güter wie Lebensmittel, Wohnung und Altersvorsorge bereitgestellt werden. Doch wie kommt es zu diesen die Würde bedrohenden Verwerfungen? Wenn aus einem Markt schnell Kapital abgezogen wird, dann kommt es zu Verknappung und Verteuerung.[55] Das kann den Menschen die Fähigkeit nehmen, auf sich selbst achtgeben zu können, und verletzt in diesen Fällen ihre Würde. Hier zeigt sich die Fragilität der Märkte als ein schwerwiegendes moralisches Problem.[56] Die Subprimekrise hat beispielsweise dazu geführt, dass viele Menschen ihre Ersparnisse für die Altersvorsorge vollständig verloren haben und damit auch die Fähigkeit, im Alter für sich selbst zu sorgen. Stattdessen wurden sie von staatlichen Versorgungssystemen oder privater Wohltätigkeit abhängig.[57] In Griechenland haben viele Menschen aufgrund der Eurokrise nicht nur ihre Einkommensquellen, sondern beispielsweise auch ihren Zugang zum Wohnungsmarkt verloren. Dasselbe

ben. Vgl. Nussbaum, *Die Grenzen der Gerechtigkeit*, S. 145; Sen, *Ökonomie für den Menschen*, S. 140-145.

54 Vgl. zu einer Diskussion dieser beispielsweise in Indien weiterhin bestehenden Lage: Drèze/Sen, *Indien*, S. 247-250.

55 Vgl. Branko Milanović, *Global Inequality. A New Approach for the Age of Globalization*, Cambridge MA 2016, S. 113 f.

56 Vgl. Anat Admati, Martin Hellwig, *The Bankers' New Clothes. What's Wrong with Banking and What to Do about It*, Princeton NJ 2013, S. 51-59.

57 Vgl. Krugman, *End this Depression Now!*

gilt für viele Menschen in den USA vor dem Hintergrund der Immobilienkrise.[58]

Die Fragilität von Märkten kann also zur Folge haben, dass von diesen Märkten abhängige Menschen ihre Fähigkeit verlieren, in grundlegenden Fragen auf sich selbst achtzugeben. Doch wie steht es mit der zweiten Dimension der Selbstachtung? Bewirken Marktverwerfungen auch, dass Menschen sich nicht mehr als gleichrangige Mitglieder der Gesellschaft achten können? Indirekt ist das natürlich immer dann der Fall, wenn Menschen in Armut oder Arbeitslosigkeit gedrängt werden. Interessanter ist demgegenüber jedoch die Frage, ob es einen unmittelbareren Zusammenhang zwischen fragilen Märkten und der Selbstachtung als gleichrangiges Gesellschaftsmitglied gibt. Ich bin nicht sicher, ob sich solch ein Zusammenhang herstellen lässt. Ein Indiz dafür liefert allerdings die Rettung von Unternehmen und insbesondere Banken, die aufgrund der Fragilität von Märkten in ihrer Funktionalität und Existenz bedroht sind. Diese Unternehmen werden durch großzügige Unterstützungsprogramme oft mit dem Hinweis gerettet, dass sie systemrelevant seien.[59]

Wo liegt hier das mögliche Problem für die Gleichrangigkeit individueller Menschen, die ebenfalls negativ von der Fragilität der Märkte betroffen sind? Diese Menschen werden oft nicht in dem Sinne gerettet, dass ihnen durch finanzielle Unterstützung ermöglicht wird, ihr bisheriges Leben weiterleben zu können. Stattdessen bekommen sie – abhängig von der Beschaffenheit des Sozialstaates – eine mehr oder weniger umfangreiche Grundversorgung. Zwar erscheint es nicht angemessen, einzelne Menschen und Unternehmen mit Blick auf ihre Systemrelevanz zu vergleichen. Für die Selbstachtung ist auch nur die soziale Gleichrangigkeit unter Menschen und nicht von Menschen und Unternehmen wichtig. Allerdings lässt sich ein anderer Zusammenhang vermuten. Es stellt sich nämlich die Frage, für wen die Rettung von Unternehmen und Banken tatsächlich so wichtig ist, dass sie als systemrelevant gelten kann. Zugleich stellt sich die Frage, welche Menschen von der Fragilität der Märkte so negativ betroffen sind, dass ihre soziale Existenz gefährdet ist. Wenn sich herausstellt, dass es sich dabei nicht um dieselben Gruppen von Menschen, sondern vielleicht um

58 Vgl. Stiglitz, *The Grate Divide*, S. 174-177.

59 Vgl. Admati, Hellwig, *The Banker's New Clothes*, S. 89, 142-145.

unterschiedliche soziale Klassen handelt, dann kann es sein, dass der Wohlstand der einen Gruppe wichtiger genommen wird als die Existenzsicherung der anderen Gruppe. Wenn diese Ungleichbehandlung die Grundlage einer Politik der Systemrelevanz ist, dann handelt es sich um eine klientelorientierte Machtpolitik, die eine Verletzung der Selbstachtung der in ihrer Existenz bedrohten Menschen darstellt.

Ich bin in diesem Punkt unsicher. Es wäre gut, mehr ökonomische Studien zu dieser Frage zur Verfügung zu haben.[60] Für das hier verfolgte grundsätzliche Argument ist eine größere Klarheit in dieser Frage allerdings nicht nötig, denn um die Fragilität der Märkte als fundamentales moralisches Problem zu beschreiben, reicht der frühere Verweis auf die andere Seite der Selbstachtung als der Fähigkeit, auf sich selbst achtgeben zu können. Allerdings stellt sich nun die Frage, was genau diese Fragilität mit Reichtum zu tun hat. Ich halte den Zusammenhang für offensichtlich. Es ist klarerweise die sehr große Menge frei beweglichen Kapitals, die die Fragilität von Finanzmärkten und in der Folge auch von anderen Märkten produziert.[61] Die Anreizmechanismen an den Finanzmärkten sind so gestaltet, dass Kapital möglichst gewinnbringend angelegt werden muss. Außerdem sind die Zeiträume der Verschiebungen von Kapital immer kürzer geworden. Das Problem ist riesig. Das zeigt sich bereits, wenn man die sehr große Zahl der ausländischen Direktinvestitionen in Ländern wie Deutschland, Österreich und der Schweiz betrachtet.

Laut dem *World Factbook* der CIA haben im Jahr 2013 Volkswirtschaften 16 360 Milliarden US-Dollar direkt in anderen Volkswirtschaften investiert.[62] In Deutschland wurden in diesem Jahr 1335 Milliarden US-Dollar, in Österreich 270 Milliarden US-Dollar und in der Schweiz 969 Milliarden US-Dollar investiert. Zum Vergleich

60 Vgl. aber: Lisa Herzog, *Just Financial Markets? Finance in a Just Society*, Oxford 2017.

61 Vgl. zu einer guten Beschreibung der systemischen Risiken: Jakob Arnoldi, *Alles Geld verdampft. Finanzkrise in der Weltrisikogesellschaft*, Frankfurt/M. 2009, S. 11-21. Vgl. zu Reformvorschlägen im Rahmen gegebener Strukturen, denen gegenüber ich skeptisch bin: Hélène Rey, »Dilemma not trilemma: the global financial cycle and monetary policy independence«, National Bureau of Economic Research Working Paper No. 21162.

62 Siehe ⟨https://www.cia.gov/library/publications/the-world-factbook/rankorder/2198rank.html⟩, letzter Zugriff 22. 6. 2017.

lässt sich das Bruttoinlandsprodukt, also der Wert der jährlich in einem Land erwirtschafteten Gütermenge, anführen. In Deutschland betrug das Bruttoinlandsprodukt laut Weltbank im Jahr 2013 3635 Milliarden US-Dollar, in Österreich 415 Milliarden US-Dollar und in der Schweiz 651 Milliarden US-Dollar.[63] Man sieht, wie nah die Beträge der Direktinvestitionen dem Bruttoinlandsprodukt kommen. Dadurch wird sehr deutlich, wie abhängig solche Staaten tatsächlich von Direktinvestitionen sind. Die volkswirtschaftlichen Auswirkungen, wenn 10, 20 oder sogar 50 Prozent der Direktinvestitionen abgezogen werden, lassen sich kaum ausmalen. Das Problem potenziert sich entsprechend bei Finanzspekulationen.[64] Die Problematik sieht man gut, wenn man die Größe des globalen Finanzmarktes mit dem weltweiten Bruttoinlandsprodukt vergleicht. Im Jahre 2014 lag das Bruttoweltprodukt bei etwas mehr als 70 000 Milliarden US-Dollar. Die globalen Kapitalmärkte hatten laut IWF jedoch ein Volumen von über 290 000 Milliarden US-Dollar.[65] Das deutet auf ziemlich viel ungebundenes Kapital hin.

Wie lässt sich diese Fragilität reduzieren? Wäre das Finanzkapital nicht so ungebunden, könnte es auch nicht so schnell und so massiv hin- und herwandern. Direktinvestitionen wären im gleichen Umfang weiterhin möglich, aber weniger beweglich. Die Bedrohung für Volkswirtschaften wäre deutlich niedriger und ihre Planungssicherheit größer. Es gibt entsprechend viele Überlegungen dazu, wie die Märkte stabilisiert und mehr Planungssicherheiten geschaffen werden können, indem man sie durch bestimmte Regulierungen entschleunigt.[66] Solange Gesellschaften jedoch strukturell auf Reichtum eingestellt sind, und das ist das zentrale Problem, kann solch eine Entschleunigung nicht gelingen. Alle implementierten Instrumente werden nicht funktionieren, weil sie gegen die

63 World Bank, »Gross Domestic Product 2013«, in: World Development Indicators Database 28. April 2017, in: ⟨http://databank.worldbank.org/data/download/GDP.pdf⟩, letzter Zugriff 22.6.2017.

64 Vgl. Kocka, *Geschichte des Kapitalismus*, S. 92-99. Darauf hat beispielsweis auch schon Ludwig von Mises (Mises, *Vom Wert der besseren Ideen*, S. 101-118) hingewiesen.

65 Vgl. IMF, *Global Financial Stability Report, October 2015. Vulnerabilities, Legacies, and Policy Challenges – Risks Rotating to Emerging Markets*, Washington DC 2015.

66 Vgl. Admati, Hellwig, *The Banker's New Clothes*, S. 192-207; Wollner, *Justice in Finance*.

Grundlogik des Finanzsystems arbeiten müssen. Wenn es weiterhin viel ungebundenes Kapital gibt und wenn es weiterhin ausschließlich darum geht, dieses Kapital so schnell und so stark wie möglich zu vermehren, dann setzen alle Regulierungsversuche einen Schritt zu spät an. Es könnte sein, dass sie der Fragilität der Märkte an der einen Stelle die Grundlage entziehen und dadurch nur an anderer Stelle eine neue schaffen. Denn irgendwo muss das Kapital hin, und Finanzmarktakteure werden unter gegebenen Bedingungen weiterhin rein zweckrational neue Instrumente entwickeln, um so schnell wie möglich maximale Gewinne zu erzielen.

Diese Macht des Kapitals zeigt sich bereits daran, dass eigentlich vernünftige Vorschläge zu einer besseren Risikoabsicherung der Finanzmärkte, beispielsweise durch eine deutliche Eigenkapitalerhöhung der Banken, keine realistische Chance darauf haben, politisch durchgesetzt zu werden.[67] Die Alternative scheint darin zu bestehen, grundlegender bei der Reichtumsorientierung anzusetzen. Man kann, zumindest in der Theorie, den Fragilität produzierenden Druck aus dem Finanzsystem nehmen, indem man die auf einer Reichtumsorientierung beruhende Gewinnmaximierung abschwächt und die frei verfügbare Kapitalmenge reduziert. Diese Alternative werde ich im letzten Kapitel weiterverfolgen.

Zuvor gilt es jedoch, die Konsequenzen aus den letzten beiden Kapiteln zu ziehen. Reichtum ist ein Problem für ein Zusammenleben in Würde, so hat sich inzwischen gezeigt. Doch wie sollte mit diesem Problem umgegangen werden? Eigentlich gibt es dafür eine ganz einfache Lösung: Moralisch problematischer Reichtum sollte schlicht verboten werden. Wenn Akteure zu reich sind, dann muss man ihren Reichtum derart beschränken, dass sie nur noch auf moralisch unproblematische Weise reich oder, anders gesagt, nur noch wohlhabend sind. Bei individuellen Menschen würde das bedeuten, dass man ihr Einkommen ab einer bestimmten Höhe zu 100 Prozent besteuern müsste. Außerdem könnte man strenge Erbschaftsregeln aufstellen, um eine allzu große Reichtumsbildung von vornherein zu verhindern. Man könnte dazu beispielsweise einen Maximalbetrag festlegen, den ein Mensch in seinem Leben erben darf. Bei korporativen Akteuren ist die Sache etwas komplizierter. Bei ihnen ist nicht ganz klar, wann sie wohlhabend sind. Denn

67 Vgl. Admati, Hellwig, *The Banker's New Clothes*, S. 192-207.

sie können ihre Gewinne entweder ausschütten oder reinvestieren. Die Ausschüttungen könnten indirekt darüber gesteuert werden, dass individuelle Akteure nunmehr in ihrem Reichtum beschränkt sind. Investitionen hingegen müssen auf andere Weise kontrolliert werden, denn auch Investitionen können problematisch sein, weil und insofern sie zu Verwerfungen an Märkten führen, als Instrumente der politischen Macht genutzt werden können und Statusunterschiede verhärten.

Doch ist ein Reichtumsverbot wirklich ein gangbarer Weg? Dazu gilt es im nächsten Kapitel zunächst noch danach zu fragen, ob die in diesem und im vorherigen Kapitel angeführten Argumente dafür, dass Reichtum ein moralisches Problem darstellt, möglicherweise durch Gegenargumente zum Schutz von Reichtum ausgehebelt werden können.

Kapitel 7: Zur Verteidigung des Reichtums

Die im letzten Kapitel angesprochene Idee, Reichtum einfach zu verbieten, scheint einerseits aus den herausgearbeiteten moralischen Problemen mit dem Reichtum zu folgen. Wenn eine soziale Einrichtung strukturell großen Schaden anrichtet, dann erscheint es angemessen, sie abzuschaffen bzw. zu verbieten. Andererseits wirkt die Idee einer Reichtumsbegrenzung auch seltsam und geradezu weltfremd. Spricht denn nicht auch etwas für Reichtum? In diesem Kapitel möchte ich mich mit drei grundsätzlichen Einwänden gegen die generelle Idee einer Reichtumsbegrenzung auseinandersetzen. Der erste Einwand beruht auf der Idee eines starken Rechts auf Eigentum. Demnach wäre das Verbot von Reichtum eine Form nicht gerechtfertigter Enteignung. Der zweite Einwand besagt, dass zumindest einige reiche Akteure ihren Reichtum auch verdient hätten und es daher ungerecht wäre, ihnen diesen wegzunehmen. Der dritte Einwand lautet, dass die kapitalistische Marktwirtschaft für ihre Funktionalität auf eine gesellschaftliche Reichtumsorientierung angewiesen sei und ohne sie kollabieren würde.

Ich halte keinen dieser drei Einwände für überzeugend und werde sie in den folgenden Abschnitten kritisch diskutieren. Erst im nächsten Kapitel wende ich mich dann einem Einwand zu, den ich für gravierender halte. Er lautet, dass es ganz unrealistisch ist, Reichtum begrenzen zu wollen. Es mag aus einer allzu idealen gerechtigkeitstheoretischen Perspektive durchaus richtig sein, wird sich in der Praxis jedoch niemals durchsetzen lassen. Meine Antwort auf diesen schwerwiegenden Einwand besteht darin, dass die Reichtumsbegrenzung in kleinen Schritten vollzogen werden muss, die langsam zu einem großen Umbau der Gesellschaft führen. Das werde ich anhand der Neustrukturierung von Steuern, Erbschaften und Schenkungen darstellen. Doch vorher gilt es noch, die anderen drei grundsätzlichen Einwände angemessen zu entkräften.

Einen vierten Einwand werde ich nicht weiterverfolgen, weil er meiner Meinung nach überhaupt nicht plausibel ist. Dieser Einwand stellt darauf ab, dass eine Begrenzung des Reichtums in einer wichtigen Hinsicht das gewünschte Ziel nicht erreicht, weil würdeverletzende Statusunterschiede dann einfach auf andere, nichtmonetäre Weise hergestellt werden. Man denke etwa an die wichtige Rolle, die körperliche Schönheit oder was dafür gehalten wird, insbesondere unter jungen Menschen spielt. Es ist zwar richtig, dass es ein großes Problem für die Würde sein kann, wenn etwa übergewichtige oder kleinwüchsige Menschen aus sozialen Kontexten und Praktiken ausgeschlossen und gedemütigt werden. Aber man kann die eine Entwürdigung natürlich nicht mit der anderen rechtfertigen. Außerdem erscheint es durchaus angemessen, ein Problem für ein Zusammenleben in Würde nach dem anderen zu beseitigen und mit dem vielleicht dringlichsten anzufangen.[1]

Reichtum und Eigentum

Der erste Einwand gegen den Gedanken, moralisch problematischen Reichtum zu verhindern und die Würde zu schützen, indem man diese Form des Reichtums einfach verbietet, beruht auf der Idee des Eigentums. Den Reichen gehört ihr Geld, es ist ihr Eigentum. Daher wäre es Diebstahl, ihnen ihr Geld beispielsweise durch extrem hohe Steuern einfach wegzunehmen.[2] Eine einfache Möglichkeit, diesem Einwand des Diebstahls zu begegnen, besteht darin, auf die große normative Bedeutung der Würde hinzuweisen. Wenn Reichtum tatsächlich mit gravierenden Würdeverletzungen einhergeht, die durch ein Verbot des Reichtums verhindert werden können, dann scheint der Schutz der Würde deutlich schwerer zu wiegen als der Schutz von Eigentum. Im Grunde halte ich dieses

1 Vor einiger Zeit gab es eine Debatte zu der Frage, ob eine Politik der Anerkennung von Fragen der Verteilungsgerechtigkeit zu lösen und vorrangig zu behandeln sei (Taylor, *Multikulturalismus und die Politik der Anerkennung*). Nancy Fraser hat insgesamt überzeugend dafür argumentiert, dass es sich dabei um zwei verbundene Aufgaben der Gerechtigkeit handelt (Nancy Fraser, Axel Honneth, *Umverteilung oder Anerkennung? Eine politisch-philosophische Kontroverse*, Berlin 2003). Doch selbst sie hat den dominanten Charakter ökonomischer Fragen in einer Marktgesellschaft meiner Ansicht nach unterschätzt.

2 Nozick, *Anarchie, Staat, Utopia*, S. 240-250; Richard A. Epstein, *Principles for a Free Society. Reconciling Individual Liberty with the Common Good*, New York 1998, S. 124-130. Vgl. zu neueren Verteidigungen der libertären Perspektive auch: Jason Brennan, *Why not Capitalism?*, New York 2014; John Tomasi, *Free Market Fairness*, Princeton NJ 2013.

Argument für richtig, allerdings wird dem Eigentum insbesondere in der vertragstheoretischen Ideengeschichte und nicht zuletzt deswegen auch im Bewusstsein sehr vieler Menschen auch eine sehr große Bedeutung beigemessen.[3] Es stellt sich daher die Frage, ob nicht doch gute normative Argumente für einen starken Schutz des Eigentums vorgebracht werden können.

Es sind vor allem drei Argumente, die für den starken Schutz des Eigentums und daher gegen ein Reichtumsverbot sprechen. Erstens ist dieser Eigentumsschutz ein wesentlicher Bestandteil der rechtlich und sogar im Grundgesetz verankerten »Spielregeln«. Diese Tatsache selbst spricht auch aus gerechtigkeitstheoretischer Perspektive für den Eigentumsschutz. Zweitens kann Eigentum selbst für die Würde eine große Bedeutung haben, insbesondere weil es wichtig ist, um die eigene Personalität schützen und die Persönlichkeit entfalten zu können. Drittens kann es ein natürliches Recht auf gerecht erworbenes Eigentum geben, das alle anderen Erwägungen übertrumpft, weil es ein unbedingt geltendes Abwehrrecht darstellt. Mir selbst erscheint dieses dritte Argument zwar besonders wenig einleuchtend, aber es erfreut sich in Theorie und Praxis sehr großer Beliebtheit und bedarf daher einiger Aufmerksamkeit. Letztlich spricht meiner Einschätzung nach keines dieser Argumente gegen ein Verbot von Reichtum. Sie dienen vielmehr nur zum Schutz vor willkürlichen Enteignungen und zum Eigentumsschutz unterhalb der Reichtumsschwelle. Dafür möchte ich zumindest argumentieren.

Das erste Argument für den Schutz des Eigentums beruht auf der zentralen Rolle, die Eigentum in unseren Gesellschaften und für unser Leben spielt. Die wirtschaftliche Tätigkeit der meisten Menschen, aber insbesondere von Unternehmern und auch von Unternehmen beruht darauf, dass sie über Eigentum verfügen und auch in Zukunft verfügen werden. Sogar in den Lebensplänen der meisten Menschen wird das Verfügen über Eigentum vorausgesetzt. Viele Gesetze, soziale Institutionen und sogar kulturelle Praktiken sind um die Institution des Eigentums herum aufgebaut. Die verbreitete Kultur des schönen Wohnens oder bestimmte Sub-

3 Der zentrale Ausgangspunkt ist sicher das Kapitel über Eigentum von John Locke, in dem er Eigentumsrechte in den Naturzustand verlagert (John Locke, *Zweite Abhandlung über die Regierung*, Berlin 2008, Kap. 6; vgl. auch Alexander/Penalver, *An Introduction to Property Theory*, S. 35-56).

kulturen, beispielsweise in der Musik, wären in ihrer gegenwärtigen Gestalt ohne Eigentum gar nicht denkbar, weil sie darauf beruhen, dass man Eigentum an Möbeln oder seltenen Schallplatten erwerben kann. Einen besonders zentralen Stellenwert besitzt Eigentum für das Abschließen von Verträgen und für wirtschaftliche Kooperationen. Viele Verträge beruhen darauf, dass die Vertragsparteien über Eigentum verfügen, mit dem sie haften können, wenn sie den vertraglichen Vereinbarungen nicht nachkommen. Ohne Eigentum als Sicherheit würden sich viele Menschen auf derzeit stattfindende, vertraglich gesicherte Kooperationen also nicht mehr einlassen.[4]

Dieses Argument der zentralen Bedeutung von Eigentum für die basalen Spielregeln unseres Zusammenlebens scheint mir im Kern richtig zu sein; es ist jedoch kein Argument gegen das Verbot von Reichtum. Der Grund dafür lautet, dass ein Reichtumsverbot nicht einer vollständigen Abschaffung von Eigentum gleichkommt. Es stellt nicht einmal einen willkürlichen Eingriff in die Eigentumsordnung dar. Wenn moralisch problematischer Reichtum verboten wird, dann können die Menschen immer noch über ihr Eigentum unterhalb dieser Reichtumsschwelle frei verfügen. Sie können an kulturellen Praktiken, die auf Eigentum angewiesen sind, weiterhin teilnehmen. Soziale Institutionen, die Eigentum voraussetzen, können problemlos bestehen bleiben. Auch Verträge, die durch den Einsatz von Eigentum abgesichert werden müssen, sind weiterhin möglich. Wenn es eine klare gesetzliche Regelung dazu gibt, ab wann die Menge an Eigentum eines Menschen zu einem moralisch problematischen Reichtum wird, dann kommt es auch nicht zu willkürlichen Enteignungen, die die Institution des Eigentums erschüttern. Alle Akteure wissen, in welchem Rahmen der Erwerb von Eigentum erlaubt ist, und innerhalb dieses Rahmens kann die Institution des Eigentums frei ihre volle Wirkung entfalten. Es ist wie mit einem Tempolimit im Straßenverkehr. Diese Regel macht die Praxis des Autofahrens auch nicht unmöglich und stellt ebenfalls keine willkürliche Einschränkung der Mobilität dar, sondern ordnet den Verkehr und rettet Menschenleben.

Der zweite auf Eigentum beruhende Einwand gegen ein Reichtumsverbot oder auch nur eine Einschränkung von Reichtum be-

4 Waldron, *The Right to Private Property*, S. 313-318; Alexander/Penalver, *An Introduction to Property Theory*, S. 91-96.

ruht auf der Annahme, dass Eigentum selbst für die Würde des Menschen wichtig ist. Das kann sowohl die Würde der Person als auch die Würde der Persönlichkeit betreffen. Dafür ist es nicht nötig zu behaupten, wie die Philosophen des Deutschen Idealismus es tun, dass Eigentum für die Konstitution als Person eine notwendige Bedingung darstellt.[5] Vielmehr reicht es hin, anzunehmen, dass es für die Selbstbestimmung der Person notwendig ist, über Eigentum zu verfügen, weil nur so ein Schutz vor willkürlichen Eingriffen in die Grundrechte gesichert werden kann. Wer überhaupt kein Eigentum besitzt, kann gezwungen sein, sich selbst oder Teile von sich selbst zu verkaufen, um sein Überleben zu sichern, so das Argument. Allerdings lässt sich dagegen einwenden, dass der Schutz der Grundrechte in einem demokratischen Rechtsstaat auch ohne Eigentum gesichert werden kann. Es ist dann nicht die Abwesenheit von Eigentum, sondern es sind die große sozioökonomische Ungleichheit und fehlende Rechtssicherheit, die den Schutz der Personalität gefährden.[6]

Auf der Ebene der Würde der Persönlichkeit lässt sich ebenfalls behaupten, dass die Selbstbestimmung der Persönlichkeit von Eigentum abhängt. Außerdem lässt sich hinzufügen, dass die Selbstachtung als gleichwürdige Persönlichkeit ebenfalls auf Eigentum beruht. Für diesen zweiten Punkt gilt wieder, dass die tatsächliche Gefahr eher auf sozioökonomische Ungleichheit in Marktgesellschaften zurückzugehen scheint. Wenn Menschen in Marktgesellschaften über kein oder nur sehr wenig Eigentum verfügen, dann kann es sein, dass sie nicht als gleichrangige Gesellschaftsmitglieder geachtet und in der Gleichwürdigkeit ihrer Persönlichkeit verletzt werden. Aber man kann sich demgegenüber sogar eine Gesellschaft ganz ohne Eigentum vorstellen, in der die Menschen sich wechselseitig als Menschen mit einer gleichermaßen zu achtenden Per-

5 Andreas Eckl, Bernd Ludwig (Hg.), *Was ist Eigentum? Philosophische Positionen von Platon bis Habermas*, München 2005; Waldron, *The Right to Private Property*, S. 343-360.

6 Es gibt allerdings unter dem Stichwort »Property-Owning Democracy« eine an John Rawls angelehnte Debatte, in der argumentiert wird, dass soziale und politische Ungleichheit nur dann verhindert werden kann, wenn alle Bürgerinnen über Eigentum verfügen (O'Neill/Williamson, *Property-Owning Democracy*). Das ist jedoch eine rein instrumentelle Verteidigung von Eigentum, die gut ohne Reichtum auskommt.

sönlichkeit würdigen.[7] Eigentum scheint daher für diese Form der Achtung nicht notwendig zu sein.

Interessanter ist der Punkt, dass Eigentum für die Selbstbestimmung der Persönlichkeit eine notwendige Bedingung darstellen kann. Das hängt natürlich von der Persönlichkeit und dem damit verbundenen Lebensentwurf ab. Wer ganz ohne Eigentum leben möchte, beispielsweise als Nonne oder als Mönch, der wird in der Entfaltung seiner Persönlichkeit auch nicht durch ein Reichtumsverbot eingeschränkt. Doch viele Menschen wollen Eigentum besitzen, und das ist für sie sogar von großer Bedeutung. Wer viele Jahre auf den Erwerb eines Hauses oder einer Eigentumswohnung spart und viel arbeitet, um den Kredit abzubezahlen, der tut dies häufig nicht nur zum Zweck der Altersvorsorge, sondern auch deswegen, weil dieser Grundbesitz zu einem äußeren und materiellen Teil seiner Persönlichkeit werden soll.[8] Dieser Ort soll nach den eigenen Wünschen gestaltet und bewohnt werden, ein Rückzugsort und Raum der Entfaltung sein. Das ist beispielsweise ein Grund dafür, warum es vielen Menschen schwerfällt, das Haus zu verkaufen, in dem sie ihre Kindheit verbracht haben.

Eigentum kann also zu einem Teil der Persönlichkeit werden. Das gilt beispielsweise auch für liebgewonnene Kleidungsstücke, den Ehering, geerbte Möbel oder ein besonderes Auto.[9] Einem Menschen solch ein Eigentum einfach wegzunehmen, wäre demnach ein Angriff auf die Persönlichkeit und die Würde dieses Menschen. Daher muss Eigentum geschützt werden. Doch folgt daraus, dass eine Einschränkung von Reichtum oder sogar sein Verbot problematisch sind? In den meisten Fällen trifft das nicht zu, weil das für die Identität und die Persönlichkeit wesentliche Eigentum der allermeisten Menschen ohnehin unterhalb der Reichtumsschwelle liegt. Aber es gibt ja auch sehr reiche Menschen, die zu ihrem Reichtum ein inniges Verhältnis aufgebaut haben. Dafür muss man keine Karikatur wie Dagobert Duck bemühen, der in seinem geliebten Geld badet. Vielmehr kann man sich vorstellen, dass reiche Menschen eine Persönlichkeit herausgebildet haben, die auf

7 Man denke nur an die Kibbuzim in Israel und eigentumslose Gemeinschaften andernorts. Vgl. Erich Fromm, *Haben oder Sein*, S. 320-325.

8 Vgl. Margaret Radin, *Reinterpreting Property*, Chicago 1993.

9 Vgl. Margaret Radin, »Property and Personhood«, in: dies., *Reinterpreting Property*, Chicago 1993, S. 35-71.

Reichtum angewiesen ist. Sie tragen erlesene Kleidung, wohnen in geschmackvoll eingerichteten und geräumigen Häusern und fahren gern schnelle Autos. Das alles ist Teil ihrer Identität, Persönlichkeit und Vorstellung vom guten Leben.[10]

Ich glaube, man muss den Gedanken normativ ernst nehmen, dass es für diese reichen Menschen einen Verlust an Würde ihrer Persönlichkeit darstellt, wenn man ihren Reichtum verbietet oder einschränkt.[11] Allerdings sind auch zwei Antworten möglich. Erstens geht es dabei um die Würde ihrer Persönlichkeit, während ein Reichtumsverbot auch die Würde der Personalität anderer Menschen schützt und befördert. Da die Personalität grundlegender ist als die Persönlichkeit, lässt sich annehmen, dass der Schutz der Personalität auch Vorrang vor dem Schutz der Persönlichkeit besitzt. Man könnte sogar noch hinzufügen, dass reiche Menschen durch ihren Reichtum selbst zur Entwürdigung anderer Menschen beitragen. Sie hätten die Würde ihrer Persönlichkeit dann auf die Entwürdigung anderer Menschen aufgebaut. Das kann den Anspruch auf den Schutz solch einer Persönlichkeit zerstören oder zumindest abschwächen. Hinzu kommt ein zweiter Punkt. Selbst wenn eine auf Reichtum beruhende Persönlichkeit weiterhin schützenswert bleibt, dann erscheint es möglich, Reichtum auf eine Art abzuschaffen, die es reichen Menschen erlaubt, ihren Lebensstil an sich allmählich verändernde Bedingungen anzupassen. Dadurch wird auch ihre Würde gewahrt. Darauf werde ich im nächsten Kapitel zurückkommen.

Jetzt gilt es noch, das dritte Argument gegen ein Reichtumsverbot zu diskutieren. Dieses Argument beruht auf der Idee, dass reiche Akteure einen aufgrund eines natürlichen Rechts unbedingten Rechtsanspruch auf ihren Reichtum besitzen. Ein Reichtumsverbot käme daher einem Diebstahl in ganz großem Stil gleich. In der philosophischen Diskussion erfreut sich die Position von Robert Nozick besonderer Beliebtheit, der dafür aus gerechtigkeitstheore-

10 Wer sich für die Lebensweise der Superreichen interessiert, kann das auf eingängige Weise nachlesen in Freeland, *Die Superreichen.*

11 In der angelsächsischen Diskussion gibt es dazu eine Debatte unter dem Stichwort »*expensive taste*«. Vgl. dazu Gerald A. Cohen, »Expensive Taste Rides Again«, in: Ronald Dworkin, Justine Burley (Hg.), *Dworkin and His Critics. With Replies by Dworkin*, New Jersey 2004, S. 3-29.

tischer Perspektive argumentiert.[12] Für ihn gibt es nur drei Gerechtigkeitsprinzipien. Erstens lässt sich Eigentum unter bestimmten, gleich noch zu erklärenden Bedingungen auf gerechte Weise aneignen. Zweitens lässt sich Eigentum auf gerechte Weise weitergeben. Das ist immer dann der Fall, wenn diese Weitergabe freiwillig ist. Drittens sind auf ungerechtem Erwerb beruhende Eigentumsverhältnisse auszugleichen. Ungerecht sind diese Eigentumsverhältnisse nur dann, wenn sie auf einem ungerechten Erwerb oder einer ungerechten, weil unfreiwilligen Weitergabe beruhen, beispielsweise Raub oder Erpressung.[13]

Wann ist bei Nozick der Erwerb von Eigentum gerecht? Den Ausgangspunkt dafür bildet die naturrechtliche Annahme, dass die Menschen in einem vorstaatlichen Urzustand sich selbst besitzen und daher ein Recht auf Unverletzlichkeit ihrer Person haben. Weil Menschen sich selbst besitzen, so argumentiert Nozick auf Locke zurückgreifend, gehört ihnen aber auch alles, was sie durch ihre Arbeit herstellen.[14] Das setzt jedoch voraus, dass ihnen auch diejenigen äußeren Ressourcen gehören, die sie bearbeiten. Auch hier geht Nozick auf Locke zurück und argumentiert, dass es dann legitim ist, sich einen Teil der Welt anzueignen, wenn zum Zeitpunkt des Erwerbs genug für andere bleibt.[15] Man sieht schnell, dass die Gerechtigkeitstheorie von Nozick sehr große Ungleichheit zulässt. Die eine Familie kann sich zu einem sehr frühen Zeitpunkt ein Stück der Welt angeeignet, erfolgreich bearbeitet und den Ertrag immer weiter vererbt haben. Viele hundert Jahre später sind die heutigen Erben traumhaft reich. Viele andere Menschen haben nicht so viel Glück und sind daher im Vergleich dazu relativ arm.

Die Theorie von Nozick soll erklären, warum es Diebstahl ist,

12 Nozick, *Anarchie, Staat,* Utopia, Kap. 7; vgl. dazu auch Barbara Fried, »Does Nozick Have a Theory of Property Rights?«, in: Ralf Bader, John Meadowcroft (Hg.), *The Cambridge Companion to Nozick's Anarchy, State, and Utopia*, Cambridge 2011, S. 230-253, und Peter Vallentyne, »Nozick's Libertarian Theory of Justice«, in: Ralf Bader, John Meadowcroft (Hg.), *The Cambridge Companion to Nozick's Anarchy, State, and Utopia*,, S. 145-167.

13 Nozick, *Anarchie, Staat, Utopia*, S. 219-222.

14 Ebd., S. 250-255, Locke, *Zweite Abhandlung über die Regierung*, Kap. 5.

15 Nozick schränkt diese Bedingung noch weiter ein, weil es für ihn auch hinreicht, wenn diese anderen entschädigt werden können. Nozick, *Anarchie, Staat, Utopia*, S. 255-261. Vgl. dazu Jeremy Waldron, »Enough and as Good Left for Others«, in: *Philosophical Quarterly* 29 (1979), S. 319-328.

Reichtum zu verbieten. Denn das würde bedeuten, ein auf gerechte Weise erworbenes Eigentum auf ungerechte Weise zu entwenden. Allerdings ist diese Theorie auch mit zahlreichen Problemen belastet, von denen ich drei nennen möchte, weil sie unmittelbar mit dem Diebstahlsvorwurf zu tun haben und auch für ähnliche Theorien gelten, die ein unverlierbares Recht auf Eigentum behaupten. Erstens ist die Annahme, dass man sich als Mensch im Naturzustand selbst besitzt, ziemlich problematisch. Zweitens lässt sich die Bedingung, bei der Aneignung von Ressourcen genug für andere zu lassen, auf sehr verschiedene Weise verstehen. Drittens ist die Theorie weltfremd, weil sich fast nie sagen lässt, wann Eigentum auf gerechte Ursprünge zurückgeht. Die drei Probleme zeigen, dass die Theorie praktisch unbrauchbar ist und sich daraus nicht ableiten lässt, dass das Verbot von Reichtum einem Diebstahl gleichkäme.[16] Dieses Ergebnis lässt sich meiner Meinung nach auch auf ähnliche Theorien übertragen, die einen ähnlich starken Schutz von Eigentum und Reichtum fordern, weil beides angeblich auf gerechte Weise erworben wurde.

Das erste Argument gegen Nozick weist die Idee eines Selbsteigentums im Naturzustand zurück. Diese Idee ist für die Gerechtigkeitstheorie von Nozick und verwandte Theorien von zentraler Bedeutung, weil sich darüber ableiten lassen soll, dass Menschen auch ein legitimes Eigentum an all denjenigen Dingen erwerben, die sie sich durch gerechtes Handeln aneignen. Problematisch an der Annahme des Selbsteigentums ist vor allem der Umstand, dass man Eigentum auch verkaufen darf. Menschen müssten also ein Recht haben, sich selbst oder Teile von sich zu verkaufen, ihre Organe beispielsweise. Wer diese Möglichkeit intuitiv ablehnt, zeigt damit, dass er gar nicht glaubt, dass der eigene Körper eine Ware ist, die man marktförmig behandeln kann.[17] Der Eigentumsbegriff bezieht sich jedoch auf solche Güter, die prinzipiell marktfähig sind. Für alle anderen Dinge herrschen andere Regeln. Die Idee des Selbsteigentums erscheint daher vielmehr wie ein Trick, um die radikal marktliberale Grundannahme Nozicks bereits in den Naturzustand zu verlagern und daher als naturrechtlich auszuwei-

16 Vgl. Waldron, *The Right to Private Property*, Kap. 7.

17 Vgl. Debra Satz, *Why Some Things Should Not Be for Sale. The Moral Limits of Markets*, Oxford 2012, S. 199-202.

sen.[18] Dieser Trick scheitert jedoch an den moralischen Intuitionen der meisten Leute.

Das zweite Problem mit der Theorie von Nozick besteht in der Interpretationsoffenheit der Idee, dass man sich ein Stück der Welt nur aneignen kann, wenn man genug für andere übrig lässt. Es ist nämlich unklar, von welchem Standpunkt aus zu beurteilen ist, ob genug für andere übrig bleibt. Vor 1000 Jahren etwa konnten sich Menschen riesige Landgebiete aneignen und sicher sein, dass genug für alle anderen übrig bleibt. Außerdem hätten sie sich alle Rohstoffe aneignen dürfen, mit denen damals niemand etwas anfangen konnte, Coltan oder seltene Erden beispielsweise. Aus heutiger Sicht wäre das jedoch problematisch, weil fruchtbares Land und Rohstoffe knapp geworden sind. Haben die Menschen vor 1000 Jahren also falsch gehandelt oder nicht? Das hängt davon ab, ob man stets nur alle gegenwärtig lebenden oder auch alle zukünftigen Menschen berücksichtigen muss.[19] Wenn man davon ausgeht, dass auch zukünftig lebenden Menschen unveräußerliche Menschenrechte zukommen, dann müssen auch sie berücksichtigt werden.

Allerdings können gegenwärtig lebende Menschen nie wissen, wie die zukünftige Lage und was für zukünftige Menschen wichtig sein wird. Sie können daher auch in ihrer Aneignung von Land nie wissen, ob sie genug für alle anderen übrig lassen. Daher kann diese Aneignung niemals endgültig sein, sondern die Verteilung von Land muss an veränderte Bedingungen angepasst werden. An dieser Stelle kann Nozick jedoch nichts dazu sagen, nach welchen Gerechtigkeitskriterien diese Anpassung stattfinden soll, weil seine Theorie dafür keine Ressourcen liefert. Dieses Problem besteht ganz allgemein.[20] Wenn das Eigentum an Land und Rohstoffen aus dem genannten Grund nicht unbegrenzt gilt, warum sollte das

18 Vgl. zu einer Auseinandersetzung mit den grundlegenden Problemen dieser Theorie: Thomas Nagel, »Libertarianism Without Foundations. Anarchy, State, and Utopia by Robert Nozick«, in: *Yale Law Journal* 85 (1975), S. 136-149; Waldron, *The Right to Private Property*, Kap. 7.

19 Für Letzteres argumentiert beispielsweise Peter Singer, *One World. The Ethics of Globalisation*, New Haven 2004, S. 28-32. Vgl. auch Jeremey Waldron, der dasselbe Argument im Falle von Reparationen für historisches Unrecht vorbringt; Jeremy Waldron, »Superseding Historic Injustice«, in: *Ethics* 103/1 (1992), S. 4-28.

20 Das ist einer der Gründe, warum John Rawls meint, dass eine Gerechtigkeitstheorie abstrakte Prinzipien formulieren muss (Rawls, *Gerechtigkeit als Fairness*, S. 40).

dann für alle anderen Eigentumsarten gelten, die ja immer mehr oder weniger davon abhängig sind? Hier zeigt sich deutlich, dass Nozicks Theorie wenig praxistauglich ist, weil sie Akteuren keine Möglichkeit gibt, zu entscheiden, wie viel sie sich gerechterweise aneignen dürfen.

Diese praktische Untauglichkeit zeigt sich auch an dem dritten Einwand. Wenn man die heutigen Eigentumsverhältnisse auf ihre Gerechtigkeit hin betrachtet, dann muss man zuerst bestimmen, welches Eigentum auf gerechte Weise durch eigene Arbeit, erste Aneignung oder freie Übertragung erworben wurde und welches Eigentum auf ungerechte Weise, also beispielsweise durch Erpressung, Raub, Diebstahl oder Schwindelei, erworben wurde. Selbst scheinbar auf freien Verträgen beruhende Arbeitsverhältnisse können sich dann als ungerecht erweisen, weil sie auf ungerechten Eigentumsverhältnissen beruhen.[21] Es lässt sich im Rückblick jedoch überhaupt nicht feststellen, welches Eigentum zu welchen Anteilen auf einen ungerechten Erwerb zurückgeht. Es lässt sich also gar nichts dazu sagen, was umverteilt werden muss und welches Eigentum bestimmte Akteure behalten dürfen. Um sich diesen Punkt klarzumachen, reicht es hin, einmal an die Königin von England zu denken und sich zu fragen, wie viele ihrer Ländereien sie der Theorie von Nozick zufolge wahrscheinlich abgeben müsste. Es scheint klar zu sein, dass ihr ganzes Eigentum auf die eine oder andere Weise ungerecht erworben wurde.

Am Beispiel der Theorie von Nozick zeigt sich, warum Theorien fehlgehen, wenn sie auf ein naturrechtlich abgesichertes, unbedingtes Eigentumsrecht setzen.[22] Wenn das zutrifft, dann stellen diese Ansätze kein Gegengewicht zu dem Argument dar, dass mit Reichtum oft Würdeverletzungen einhergehen. Reichtum aus diesem Grund zu verbieten, ist dann unproblematisch, weil dies selbst keine Verletzung naturrechtlicher Ansprüche darstellt. Das gilt vor allem deswegen, weil die Institution des Eigentums durch

21 So macht beispielsweise Gerald Cohen die marxistische Position stark (Gerald A. Cohen, *History, Labour, Freedom. Themes from Marx*, Oxford 1988).

22 Das gilt beispielsweise für die Positionen von Richard Epstein und James Buchanan (Richard Epstein, *Takings. Private Property and the Power of Eminent Domain*, Cambridge MA 1985; ders., *Skepticism and Freedom. A Modern Case for Classical Liberalism*, Chicago 2003; James Buchanan, *Die Grenzen der Freiheit*, Tübingen 2009).

ein Reichtumsverbot nicht beschädigt wird. Was ist jedoch, wenn die Reichen ihren Reichtum durch eigene Arbeit erworben haben? Wäre es dann nicht doch Diebstahl und entwürdigend, ihnen ihr Eigentum zu nehmen? Diesem Einwand wende ich mich im folgenden Abschnitt zu.

Reichtum und Verdienst

Ein zweiter zentraler Einwand gegen die Idee, moralisch problematische Formen des Reichtums einfach zu verbieten, beruht auf der verbreiteten Überzeugung, dass die Reichen ihren Reichtum verdient hätten.[23] Dafür steht beispielsweise das wirkungsmächtige Bild einer gewieften Geschäftsfrau, die es aus eigener Kraft von der Tellerwäscherin zur Millionärin gebracht hat. Solch eine Frau hat ihren Reichtum dann auch verdient, und man darf ihn ihr nicht einfach wegnehmen, so lautet das Argument. Das trifft nicht auf alle Reichen zu und wahrscheinlich nicht einmal auf die Mehrheit. Aber es gibt wohl doch sehr viele reiche Menschen, für die nach dieser Argumentationslinie gelten könnte, dass sie ihren Reichtum verdienen, weil sie ihn aus eigener Kraft erreicht haben. Doch um herauszufinden, wie überzeugend diese Argumentation tatsächlich ist, muss zunächst geklärt werden, was eigentlich mit Verdienst gemeint ist. Denn es ist alles andere als einfach, auch nur einigermaßen genau anzugeben, was jemand verdient hat und was nicht. Das liegt schon an den verschiedenen Formen des Verdienstes. Man kann Lob oder Tadel verdient haben, man kann aber auch einen sportlichen Sieg, intellektuellen Vorsprung oder ökonomischen Vorteil verdienen. Was macht hier den Unterschied, und was ist die Gemeinsamkeit?[24]

Oft gehen Verdienste auf bestimmte Arten von Leistung zurück. Ein moralisch verdientes Lob oder ein Tadel beruhen auf einer ent-

23 Michael Hartmann, *Der Mythos von den Leistungseliten. Spitzenkarrieren und soziale Herkunft in Wirtschaft, Politik, Justiz, und Wissenschaft*, Frankfurt/M. 2002, S. 15-20; Hayes, *Twilight of the Elites*, S. 56 f.

24 Vgl. zu einem Überblick zur Idee des Verdienstes Olsaretti, *Desert and Justice*. Vgl. auch zu einer gelungenen und unterhaltsamen Einführung: Walter Pfannkuche, *Wer verdient schon, was er verdient? Fünf Gespräche über Gerechtigkeit und gutes Leben*, Stuttgart 2003.

sprechenden moralischen Leistung. Ein verdienter sportlicher oder ökonomischer Erfolg geht ebenfalls auf die entsprechende sportliche oder ökonomische Leistung zurück. Unverdient ist ein moralischer Tadel beispielsweise dann, wenn sich die betroffene Person gar keinen moralischen Fehltritt geleistet hat. Wenn jemand etwa für einen entwürdigenden Kommentar getadelt wird, der gar nicht von ihm stammt, dann hat er diesen Tadel nicht verdient. Das Gleiche gilt natürlich auch, wenn jemand für eine Leistung gelobt wird, die er gar nicht erbracht hat. Positive und negative Verdienste hängen daran, dass einem identifizierbaren Akteur auch eine Leistung zugerechnet werden kann. Soweit erscheint die Idee des Verdienstes noch relativ unproblematisch. Aber man sieht bereits, dass es viele Formen des Reichtums gibt, die in diesem Sinne unverdient sind. Wenn jemand beispielsweise viele Millionen Euro erbt und auf diese Weise reich geworden ist, dann hat diese Person ihren Reichtum offensichtlich nicht in dem beschriebenen Sinne verdient, weil er nicht auf ihre eigene Leistung zurückgeht. Entsprechend kann man das Verdienstargument auch nicht gegen das Verbot solch einer Form des Reichtums vorbringen.

Demgegenüber gibt es jedoch auch Formen des Reichtums, die zumindest auf den ersten Blick verdient sein können, weil sie durch eigene Arbeit und folglich eigene Leistung erworben sind. Der Grundgedanke lautet, dass man für seine Leistung selbst verantwortlich ist und die Früchte dieser Leistung daher auch verdient hat. Ein Unternehmer, eine Fußballspielerin, eine Chirurgin, ein Sänger haben ihren Reichtum verdient, weil es ihre eigene Arbeitsleistung ist, die zu diesem Reichtum geführt hat. An dieser sehr einfachen Gleichsetzung von Verdienst und Leistung gibt es jedoch mindestens vier grundlegende Kritikpunkte. Erstens hängen Leistungen in hohem Maße von sozialen Vorteilen ab. Welche Leistungsfähigkeit Menschen besitzen, wird stark durch ihre Sozialisation, ihre Bildungszugänge und andere soziale Faktoren beeinflusst.[25] Solange die damit verbundenen Chancen nicht fair verteilt sind, haben sie einen ungerechten Einfluss auf die Leistungsfä-

25 Darauf hat bereits John Rawls hingewiesen (Rawls, *Eine Theorie der Gerechtigkeit*, S. 86 f.). Amartya Sen und Martha Nussbaum haben diese Abhängigkeit in ihrem Fähigkeitenansatz für die Gerechtigkeitstheorie systematisiert (Sen, »Equality of What?«, S. 195-220; ders., *Inequality Re-Examined*, S. 19-38; Nussbaum, *Creating Capabilities*, S. 229-235; dies., *Die Grenzen der Gerechtigkeit*, S. 20-23).

higkeit eines Menschen und sind nicht unbedingt der jeweiligen Leistungsträgerin selbst zuzurechnen. In diesem Sinne verdient sie ihre Leistung nicht, weil sie ihre Leistungsfähigkeit nicht verdient hat. Wenn beispielsweise ein Mann aufgrund seiner guten wissenschaftlichen Leistung zum Professor wird und ein hohes Gehalt bezieht, dann hat es auf seine Leistung offensichtlich einen erheblichen Einfluss, wenn er aus einer akademischen Familie kommt, die wohlhabend ist und ihn auf eine kostspielige Eliteschule geschickt hat. Er besitzt bestimmte Vorteile, wie sein Geschlecht, seine bildungsnahe Sozialisation und seine hervorragende Ausbildung, die erheblichen Einfluss auf seine Befähigung zur wissenschaftlichen Tätigkeit haben.[26] Seine Leistung als Professor ist also nur zum Teil verdient.

Zweitens haben Talente einen erheblichen Einfluss auf Leistungen, sind selbst aber ebenfalls unverdient. Wenn eine Frau besonders begabt darin ist, mathematisch zu denken, dann ist sie als Mathematikerin vielleicht außerordentlich leistungsfähig und wird Professorin. Aber diese Begabung ist nicht ihr Verdienst, sondern angeboren. Natürlich reicht die Begabung alleine nicht aus, um Mathematikprofessorin zu werden, so wie Begabungen allein selten ausreichen, um anerkannte Leistungen zu erbringen. Vielmehr muss zu der Begabung noch viel Übung hinzukommen, und andere Faktoren spielen wahrscheinlich ebenfalls eine Rolle. Trotzdem ist es so, dass bei zwei Menschen, die gleich viel geübt und sich in gleichem Maße bemüht haben, die Person mit dem größeren Talent die größere Leistung erbringt. Dieser Leistungsvorsprung ist jedoch nicht verdient, denn er geht nicht auf eigene Anstrengung zurück.[27] Das führt zu dem dritten Kritikpunkt, wonach sich

26 Dies hat Pierre Bourdieu eindringlich geschildert und darauf hingewiesen, dass der scheinbar zunehmende Bildungsstand mit einer schleichenden Entwertung der Bildungstitel einhergeht (Pierre Bourdieu, *Die verborgenen Mechanismen der Macht*, Hamburg 1992; ders., *Wie die Kultur zum Bauern kommt*; vgl. auch Hartmann, *Der Mythos von den Leistungseliten*).

27 Dieser Punkt bringt Luck-Egalitaristen dazu, zwischen *brute luck* und *option luck* zu unterscheiden (Ronald Dworkin, *Sovereign Virtue. The Theory and Practice of Equality*, Cambridge MA 2000). *Brute luck* muss ihrer Meinung nach ausgeglichen werden, *option luck* in der Wahl eines Berufs beispielsweise jedoch nicht, weil es auf die Entscheidung des Akteurs zurückgeht (vgl. auch Richard J. Arneson, »Luck and Equality«, S. 73-90; Carl Knight, Zofia Stemplowska, *Responsibility and Distributive Justice*; Tan, *Justice, Institutions, and Luck*, S. 76 f.).

Verdienst stärker an Bemühen und weniger an Leistung bemessen sollte, weil Menschen für ihr Bemühen tatsächlich selbst verantwortlich sind.[28] Doch die für Bemühungen notwendige Motivation hängt wahrscheinlich selbst von Sozialisationsprozessen ab. Außerdem ist es bei erbrachten Leistungen ganz schwer zu erfassen, wie sehr sich jemand bemüht hat und wie viel seinem Talent zu verdanken ist.

Es gibt noch eine vierte Kritik an der engen Verbindung von Leistung und Verdienst, insbesondere wenn sie zur Rechtfertigung von Einkommen herangezogen wird. Die Bewertung und die Bezahlung von Leistungen haben in der Praxis manchmal gar nichts mit der Person selbst, sondern mit äußeren sozialen Faktoren zu tun, wie beispielsweise dem Marktgeschehen. Wenn es in einem Land kaum Zahnärzte, aber sehr viele Chirurgen gibt, dann wird dem Marktprinzip zufolge die Leistung einer Zahnärztin viel höher bezahlt werden als die Leistung einer Chirurgin. Auch die Leistung einer Unternehmensberaterin wird viel höher bezahlt als die Leistung eines Altenpflegers. Das muss aber gar nicht daran liegen, dass die Unternehmensberaterin im eigentlichen Sinne viel mehr geleistet und daher verdient hat als der Altenpfleger. Vielmehr befindet sie sich nur in einer deutlich günstigeren Marktsituation.[29] Bezahlung und damit vielleicht die wichtigste Bewertung von Arbeitsleistung wird in einem hohen Maße, so zeigen diese Beispiele, über die Regeln des Angebotes und der Nachfrage in Märkten bestimmt. Das hat jedoch wenig damit zu tun, wie sehr sich einzelne Menschen bemühen oder wie viel sie unter Berücksichtigung ihrer Talente und sozial erworbenen Fähigkeiten geleistet haben.

Alle vier Kritikpunkte zusammen genommen zeigen noch einmal auf andere Weise das Problem mit der scheinbaren Rechtfertigung von Reichtum über Leistung und Verdienst. Es besteht darin, dass sich Talente, soziale Vorteile verschiedener Art, strukturelle Faktoren und das individuelle Bemühen in der Praxis kaum auseinanderhalten lassen. Ein Reichtum, der angeblich ausschließlich auf Leistung und Verdienst zurückgeht, tut dies in Wahrheit nie, weil unverdiente angeborene Talente und soziale Faktoren bei der

28 Cohen, *Rescuing Justice and Equality*, S. 97-107; ders., *History, Labour, Freedom*.

29 Selbst ein Erzliberaler wie Friedrich August von Hayek gesteht das zu (Hayek, *Der Weg zur Knechtschaft*, Kap. 4; ders., *Die Verfassung der Freiheit*, Kap. 18).

Entlohnung nicht ihrem Einfluss entsprechend abgezogen werden.[30] Gegen diese Kritik an der Idee eines verdienten Reichtums lässt sich jedoch noch anführen, dass wir in ganz vielen Kontexten den relevanten Akteuren ihre Leistung als verdient zuschreiben, obwohl äußere Faktoren, sozial erlernte Fähigkeiten und Talente eine wichtige Rolle spielen. Wenn etwa eine Tennisspielerin ein großes Turnier gewinnt, dann ist das ihre Leistung, und sie hat das Preisgeld verdient, so scheint es. Natürlich hat ihr Talent eine Rolle gespielt, ebenso ihre hervorragende Ausbildung. Außerdem können ihr die Wetterbedingungen im Finale besser gelegen haben als ihrer Gegnerin. Das alles erscheint jedoch ganz unerheblich. Sie hat aufgrund ihrer Leistung gewonnen, und das zählt.[31]

Zwar kommt es im Sport immer wieder auch einmal vor, dass gesagt wird, eigentlich hätte der Verlierer den Sieg verdient, weil seine Leistung besser war. Aber damit ist nicht wirklich gemeint, dass er den Pokal und das Preisgeld bekommen sollte. Vielmehr wird nur anerkannt, dass im Sport keine vollkommene Verfahrensgerechtigkeit herrscht, weil nicht immer die Sportlerin mit der besten Leistung siegt.[32] Davon unabhängig gilt weiterhin, dass bei der Leistungsbeurteilung gegebene Unterschiede in Talenten und sozialen Faktoren einfach akzeptiert werden. Niemand sagt, die schlechtere Läuferin sollte den Pokal bekommen, weil sie weniger Talent oder schlechtere Trainingsbedingungen hatte. In anderen sozialen Bereichen gilt ebenfalls, dass von diesen Hintergrundbedingungen bei der Leistungsbeurteilung abstrahiert wird, beispielsweise in der Kunst oder in der Unterhaltungsbranche. Doch selbst wenn derartige Beurteilungen von Leistung und Verdienst in bestimmten sozialen Praktiken richtig sind, folgt daraus natürlich

30 Vgl. Alperovitz/Daly, *Unjust Desert.*

31 David Miller, »Deserving Jobs«, S. 161-181; ders., »Distributive Justice. What the People Think«, in: *Ethics* 102/3 (1992), S. 555-593; ders., »Two Cheers for Meritocracy«, S. 277-301; ders., »Comparative and Noncomparative Desert«, in: Serena Olsaretti (Hg.), *Desert and Justice*, Oxford 2003, S. 25-44; David Miller, »Liberalism, Desert and Special Responsibilities«, in: *Philosophical Books* 44/2 (2003), S. 111-117.

32 Als Beispiel für vollkommene Verfahrensgerechtigkeit nennt John Rawls das Losverfahren im Glücksspiel (Rawls, *Eine Theorie der Gerechtigkeit*, S. 106 f.). In fast allen anderen Kontexten herrscht unvollkommene Verfahrensgerechtigkeit. So ist es beispielsweise auch bei Gerichtsverfahren, weil nicht alle Täter und nicht immer nur sie verurteilt werden.

nicht, dass dasselbe auch im Kontext von Arbeit und Reichtum gelten sollte.

Es ist nämlich kein Zufall, dass insbesondere in Bereichen wie Sport, Kunst und Kultur erbrachte Leistungen als verdient gelten, und zwar ganz unabhängig davon, welchen Einfluss Talent, Sozialisation und Rahmenbedingungen darauf hatten. Denn diese Bereiche haben allesamt einen spielerischen Charakter, im Gegensatz zum Ernst des Lebens. Das hat Auswirkungen auf die Bedeutung dieser sozialen Bereiche für die Würde der Persönlichkeit. Die eher spielerische Persönlichkeit, die man im Sport oder im Bereich der Kunst annimmt, ist nicht dieselbe Persönlichkeit, die einen Menschen im alltäglichen Leben ausmacht. Die Würde der Persönlichkeit eines Menschen hängt von dieser spielerischen Rolle kaum ab.[33] Das gilt zumindest so lange, wie man sich in diesen Bereichen tatsächlich spielerisch bewegt. Daher entstehen auch immer dann Probleme, wenn die Grenzen des Spiels überschritten werden und aus Spiel dann Ernst wird. Insofern jedoch sportliche und andere Rollen des Kulturbetriebs spielerisch sind, lässt sich der lockere Umgang mit Leistung und Verdienst dieser Bereiche nicht auf das alltägliche Leben übertragen. Der Profisport ist natürlich damit konfrontiert, dass Spiel und alltäglicher Ernst aufeinandertreffen. Das sieht man leicht am Fußball. Die bessere Mannschaft hat ihren Sieg verdient, und manchmal gewinnt unverdientermaßen die schlechtere Mannschaft. Das erscheint noch unproblematisch. Dass jedoch männliche Spitzenfußballspieler viel mehr Geld erhalten als weibliche Spitzenfußballspielerinnen, nämlich das Hundertfache, das hat offensichtlich nichts mehr mit Verdienst, sondern nur mit der ökonomischen Verwertbarkeit ihrer Leistung zu tun und ist ein offensichtliches Gerechtigkeitsproblem.

Gleichzeitig ist es jedoch so, dass auch in ernsteren Lebensbereichen, beispielsweise bei der Arbeit, die Idee des Verdienstes in der Vorstellung vieler Menschen eine wichtige Rolle einnimmt und das spielerische Moment nicht ganz verloren geht. Viele Menschen scheinen zu akzeptieren, dass jemand, der mehr Talent hat oder eine

33 Mit Harry Frankfurt kann man sagen, dass diese spielerischen Rollen kein Teil der von ganzem Herzen bejahten Identität sind (Frankfurt, *Sich selbst ernst nehmen*, S. 59-64). Vor dem Hintergrund ist es übrigens interessant, dass die dominante Rationalitätstheorie der Ökonomie als »Spieltheorie« bezeichnet wird, gerade so, als wäre das Wirtschaften ein großes Spiel.

bessere Ausbildung, auch etwas mehr verdienen sollte.[34] Gleichzeitig scheint es aber auch wichtig zu sein, dass Einsatz und Bemühen honoriert werden. Wenn es um Gehälter geht, dann scheinen außerdem auch Bedürfnisse eine Rolle dafür zu spielen, was jemand nach landläufiger Meinung verdient hat. Das Problem mit diesen verbreiteten Überzeugungen liegt darin, dass Talent, Bemühen und Bedürfnis in einem ganz unklaren Verhältnis zueinander stehen und es ganz unterschiedliche Meinungen darüber geben kann, welchen Anteil sie an einem Verdienst haben.[35] Für die hier eigentlich zentrale Frage, ob Reichtum verdient sein kann, stellt diese Unklarheit jedoch aus zwei Gründen kein besonders großes Problem dar. Erstens übertrumpft die moralische Problematik des Reichtums die Behauptung, er sei verdient. Der würdeverletzende Charakter von Reichtum ist der schwachen und offensichtlich unklaren Idee seines Verdientseins gegenüber normativ vorrangig. Wenn zweitens die Fragen der Würde geklärt sind, dann lässt sich jenseits davon auf stärker spielerische Art festlegen, in welchem Verhältnis solche Faktoren wie Talent, Einsatz und Bedürfnis zueinander stehen.[36]

Noch einmal zur Verdeutlichung: Wenn Reichtum den Effekt besitzt, dass Menschen in ihrer Selbstachtung verletzt werden oder bedroht sind, wie in den vorherigen Kapiteln dargestellt, dann liefert das einen starken Grund dafür, diesen Reichtum zu verbieten. Dagegen scheint jedoch zu gelten, dass manche Akteure ihren

34 Vgl. Miller, »Deserving Jobs«, S. 161-181; Alperovitz, »The Pluralist Commonwealth and Property-Owning Democracy«, S. 266-286.

35 Dies zeigt Amartya Sen mit seinem berühmten Flötenbeispiel. In diesem Beispiel streiten sich drei Kinder um eine Flöte und führen unterschiedliche Argumente dafür an, dass sie mehr Anspruch auf die Flöte haben als die anderen Kinder (Sen, *Die Idee der Gerechtigkeit*, S. 43 f.). Das erste Kind verweist darauf, dass es im Gegensatz zu den anderen Kindern Flöte spielen kann. Das zweite Kind argumentiert, dass es viel ärmer als die anderen Kinder sei und im Gegensatz zu ihnen sonst überhaupt kein Spielzeug besitzt. Das dritte Kind stellt heraus, dass es diese Flöte in mühsamer Kleinarbeit selbst hergestellt hat. Sen geht es bei diesem Beispiel nicht darum, für ein Kind und gegen die anderen Kinder Partei zu ergreifen oder den Streit mehr oder weniger einvernehmlich aufzulösen. Vielmehr will er deutlich machen, dass sich die drei Kinder zwar auf sehr unterschiedliche Gründe berufen, aber zugleich für alle Positionen etwas spricht.

36 Es ist nicht so, dass diese Fragen dann nicht mehr wichtig sind, aber sie betreffen nicht mehr die Würde der Menschen, und das lässt Raum für einen vernünftigen Pluralismus (Rawls *Politischer Liberalismus*, S. 138, 228). Vgl. auch Jeremy Waldron, *Law and Disagreement*, Oxford 1999, S. 266-270.

Reichtum zumindest zum Teil durch eigene Leistung erworben haben. Zwar lässt sich in konkreten Fällen immer daran zweifeln, weil externe soziale Bedingungen immer eine wichtige Rolle spielen. Außerdem hat sich der stets relevante Einfluss von Talent und Sozialisation ebenfalls bereits gezeigt. Doch selbst wenn man diese Aspekte für das Argument vernachlässigt, ist auch ein Reichtum, der auf eigener Leistung beruht, nicht verdient. Der Grund dafür lautet einfach, dass es überhaupt nicht verdient sein kann, die Möglichkeit zu besitzen, jemanden in seiner Selbstachtung zu bedrohen oder zu verletzen. Insofern Reichtum jedoch genau diesen Effekt besitzt, kann er auch nicht verdient sein, ganz egal, ob er auf einer eigenen Leistung beruht oder nicht.

Reichtum als Wirtschaftsmotor

Dem dritten grundlegenden Einwand gegen die Einschränkung oder gar das Verbot von moralisch problematischem Reichtum zufolge stellt dieser gewissermaßen ein notwendiges Übel dar, weil er für die Funktionalität der Märkte und des Wirtschaftssystems wichtig ist.[37] Dieses Argument lässt sich auf mindestens drei unterschiedliche Weisen ausbuchstabieren. Erstens mag die *Aussicht* auf Reichtum nötig sein, um die Menschen dazu zu motivieren, eine genügend große ökonomische Leistung zu erbringen. Zweitens könnte ein Land seine auf *Innovationen* beruhende Konkurrenzfähigkeit verlieren, wenn seine Bürger ihr Handeln nicht mehr auf Reichtum ausrichten. Drittens führt Reichtum zu *Investitionen*, die vielleicht für die Funktionalität der Wirtschaft von zentraler Bedeutung sind. Ich glaube, dass das Argument für die Notwendigkeit von Reichtum zur Aufrechterhaltung des Wirtschaftssystems in allen drei seiner Ausprägungen fehlgeht, und möchte das der Reihe nach zeigen. Das dritte Argument wird sich dabei als größte Herausforderung erweisen.

Das erste Argument beruht auf der Annahme, dass Menschen eine Aussicht auf Reichtum benötigen, um eine gute Leistung zu erbringen. Nur wenn sie eine Chance sehen, selbst reich zu werden, so die Idee, strengen sie sich in der Ausbildung oder im Studium

37 Vgl. Hayek, *Der Weg zur Knechtschaft*, Kap. 3; ders., *Die Verfassung der Freiheit*, Kap. 21.

und später im Beruf richtig an und erbringen ihre Bestleistung. Nur dann sind einige von ihnen bereit, das Risiko der unternehmerischen Selbstständigkeit in Kauf zu nehmen, und nur dann halten sie die oft mageren Jahre durch, die häufig am Anfang solch einer Selbstständigkeit stehen.[38] Dagegen spricht, dass nicht alle und nicht einmal besonders viele Bürgerinnen einer Gesellschaft reich werden können. Es ist also zumindest zweifelhaft, dass ein Großteil von ihnen trotzdem durch eine sehr kleine Aussicht auf Reichtum motiviert wird. Außerdem gibt es zahlreiche Menschen, die überhaupt keine Aussicht auf Reichtum besitzen und trotzdem sehr gute Arbeit machen. Dafür kann es augenscheinlich auch ganz andere Gründe geben, etwa Pflichtgefühl oder Freude an der Tätigkeit oder einfach nur der Wunsch, seine Dinge gut machen zu wollen.[39] Das alles hat mit Reichtum nichts zu tun. Es sieht daher so aus, als könnten auch ganz andere Anreize die Menschen dazu motivieren, ihre Bestleistung zu erbringen.

Dennoch ist an dem Argument mit dem Reichtum als Leistungsmotiv etwas dran. Denn es muss gar nicht so sein, dass alle Menschen eine Aussicht auf Reichtum besitzen. Vielmehr reicht es aus, wenn einige Menschen diese Chance haben. Wenn diese Gruppe von Menschen dann auch noch durch die Aussicht auf Reichtum motiviert wird und daher tatsächlich eine bessere Leistung erbringt, dann hat das zwei allgemeine Effekte, die für uns hier von Interesse sind. Erstens entsteht dadurch ein symbolischer Zusammenhang zwischen Reichtum und Leistungsbereitschaft. Zweitens tragen diese Menschen wesentlich zu einer grundlegenden Reichtumsorientierung in der Gesellschaft bei. Sie können durch ihren Reichtum symbolisch konsumieren und ihren höheren Status artikulieren. Andere werden versuchen, selbst mehr Geld zu verdienen, um ihren Status besser anzeigen zu können, indem sie den Reichen

38 Diese Überlegung liegt der ökonomischen Ethik zugrunde, wie sie von Karl Homann vertreten wird (Homann, »Die Bedeutung von Anreizen in der Ethik«, S. 187-210; ders., »Moralität und Vorteil«, in: ders., *Vorteile und Anreize*, Tübingen 2002, S. 176-186).

39 Richard Sennett hat die Qualitätsorientierung, die er als »*craftsmanship*« bezeichnet, eindringlich beschrieben (Richard Sennett, *Handwerk*, Berlin 2008; ders., *Zusammenarbeit. Was unsere Gesellschaft zusammenhält*, München 2014; ders., *Respekt im Zeitalter der Ungleichheit*, S. 244; ders., *Die Kultur des neuen Kapitalismus*, S. 153).

so nahe wie möglich kommen, auch wenn sie selbst keine Aussicht auf Reichtum haben.[40] Die im vierten Kapitel beschriebene Reichtumsorientierung kommt auf diese Weise überhaupt erst in Gang – und mit ihr auch eine allgemeine Leistungsorientierung.

Die Attraktion des Reichtums kann also auch dann zu einer umfassenden Leistungssteigerung führen, wenn nur ein kleiner Teil der Bevölkerung tatsächlich eine realistische Aussicht darauf hat, reich zu werden. Das Argument scheitert letztlich dennoch, denn es zeigt bloß, dass die Reichtumsorientierung als Instrument zur Herstellung einer allgemeinen Leistungsbereitschaft hinreichend sein kann. Es zeigt nicht, dass es zur Herstellung dieser Leistungsbereitschaft auch notwendig ist. Man kann für diese Zurückweisung der Notwendigkeit von Reichtum weiterhin davon ausgehen, dass es für eine Gesellschaft insgesamt gut ist, wenn der Großteil der Bevölkerung eine hohe Leistungsbereitschaft besitzt, weil das zu einem allgemeinen Wohlstand beitragen kann. Dafür ist eine Reichtumsorientierung jedoch nicht unbedingt nötig. Wie schon angedeutet, gibt es eine ganze Reihe anderer Motive, die gemeinsam ebenfalls eine hohe Leistungsbereitschaft produzieren können. Dazu gehören Pflichtgefühl, Freude an der Arbeit und das Bedürfnis, die Dinge gut zu machen. Wenn es zutrifft, dass Reichtum moralisch sehr problematisch ist und man Leistungsbereitschaft auch auf andere Weise befördern kann, dann ist dieser zweite Weg offensichtlich vorzuziehen.

Es spricht zudem einiges dafür, dass Reichtum als Motiv für Leistungsbereitschaft die anderen Motive wie Pflichtgefühl oder auch Kooperationswille ersetzt, weil eine Geldorientierung insgesamt andere Motive zu ersetzen scheint. Ein berühmter Versuch zeigt beispielsweise, dass Menschen weniger und nicht mehr Blut spenden, wenn sie dafür relativ viel Geld bekommen.[41] Die in vor-

40 Vgl. Williamson, »Is Property-Owning Deomcracy a Politically Viable Aspiration«, S. 287-306.

41 Richard Titmuss hat auf diesen Zusammenhang schon 1970 hingewiesen (Richard M. Titmuss, *The Gift Relationship. From Human Blood to Social Policy*, New York 1997). Inzwischen hat sich allerdings gezeigt, dass kleinere monetäre Entlohnungen im Gegensatz zu größeren die altruistische Orientierung nicht verdrängen, vgl. dazu Lorenz Götte u. a., »Prosocial Motivation and Blood Donations. A Survey of the Empirical Literature«, in: *Transfusion Medicine and Hemotherapy* 37/3 (2010), S. 149-154, und Lorenz Götte u. a., »Active Decisions

herigen Kapiteln angesprochene Verbindung von Geld und Status liefert eine indirekte Erklärung dafür. Geld ist zumindest in Marktgesellschaften an Statushierarchien und Konkurrenzdenken gekoppelt. Das verträgt sich schlecht mit dem altruistischen Gedanken der Blutspende. Wenn eine Gesellschaft jedoch von ihrer Reichtumsorientierung auf eine Wohlstandsorientierung umstellt, dann nimmt auch die Bedeutung von Geld für Statushierarchien ab. Dadurch haben Motive mit einem kooperativeren Charakter eine bessere Chance darauf, wirksam zu werden.

Das erste Teilargument kann die Existenz eines moralisch problematischen Reichtums also nicht rechtfertigen, weil es nicht zeigen kann, dass nur Geld und Reichtum leistungs- und damit wohlfahrtssteigernde Anreize setzen können. Wie steht es mit dem zweiten Teilargument? Es besagt, dass ein Land seine Innovationskraft verlieren kann, wenn seine Bevölkerung nicht mehr nach Reichtum strebt und übermäßiger Reichtum selbst für Unternehmen verboten ist. Dabei geht es nicht mehr um die allgemeine Leistungsbereitschaft des Großteils der arbeitenden Bevölkerung. Vielmehr sind explizit Unternehmen und ihre Eigentümerinnen angesprochen. Reiche Unternehmen können es sich erlauben, relativ viel Geld in Forschungen zu stecken, bei denen noch überhaupt nicht klar ist, ob daraus jemals marktfähige Produkte entstehen werden. Wenn es viele reiche Unternehmen gibt, die alle Geld in Forschung und Entwicklung stecken, dann wird dabei schon die eine oder andere Innovation entstehen, die einen erheblichen Wettbewerbsvorteil mit sich bringen und sogar ganze Branchen und ihre Märkte revolutionieren kann.[42] Ein Beispiel dafür sind sicher die reichen Internetgiganten und ihre innovativen Forschungsprojekte, etwa der Versuch von Google, ein selbstfahrendes Auto zu entwickeln.

Für einzelne Unternehmerinnen gilt erstens, dass die Aussicht auf Reichtum sie dazu bewegen kann, bestimmte Innovationen zu verfolgen, die mit hohen Risiken behaftet sind. Ohne die Aussicht auf Reichtum würden sie sich vielleicht dafür entscheiden, diese

and Prosocial Behaviour. A Field Experiment in Blood Donation«, in: *Economic Journal* 121/556 (2011), S. 476-493.

42 So argumentiert beispielsweise Joseph Schumpeter mit seinem Konzept der »schöpferischen Zerstörung« (Joseph Schumpeter, *Kapitalismus, Sozialismus und Demokratie*, Stuttgart 2005, S. Kap. 7; ders., *Theorie der wirtschaftlichen Entwicklung*, Berlin 2006, S. 157).

Risiken lieber zu meiden. Die entsprechenden Innovationen und Unternehmensgründungen blieben dann aus.[43] Bereits reiche Unternehmerinnen können aufgrund ihres Reichtums zudem Projekte verfolgen, die aufgrund ihres unsicheren Charakters sonst eher nicht in Angriff genommen werden würden. In all diesen Fällen gilt, dass die Volkswirtschaften von dem Unternehmertum und den Innovationen profitieren, weil dadurch Wirtschaftswachstum und Arbeitsplätze generiert werden. Der Reichtum der Innovatoren hat diesen Annahmen zufolge einen positiven Effekt für alle Gesellschaftsmitglieder. Es ist allerdings fraglich, ob diese Annahmen zutreffen, denn es ist nicht klar, ob es wirklich des Reichtums bedarf, damit es zu solchen Innovationen kommt. Doch selbst wenn das zutrifft, ist es mit Sicherheit nicht der Fall, dass von Reichtum abhängige Innovationen aufgrund ihrer positiven Effekte gerechtfertigt sind.

Die Annahme, dass Unternehmen oder Unternehmer reich sein bzw. darauf eine Aussicht haben müssen, um wichtige Innovationen zu produzieren, beruht wieder auf der Voraussetzung, dass Geld das zentrale Motiv für wirtschaftliche Aktivitäten darstellt. Warum kann es aber nicht sein, dass in einer Gesellschaft ohne Reichtum ganz andere Motive die Menschen ebenfalls dazu bringen, unternehmerisch und innovativ tätig zu werden? Außerdem könnte es dann viele Unternehmen geben, die selbst nicht mehr einem Imperativ der Gewinnmaximierung folgen und gerade dadurch Raum für Kreativität und Innovation gewinnen.[44] Die Tatsache, dass monetäre Anreize zu dem zentralen Steuerelement des Wirtschaftssystems geworden sind, kann sogar bewirkt haben, dass nicht nur altruistische, sondern auch kreative Kräfte verdrängt wurden. Die Reichtumsorientierung von Unternehmen führt dieser Überlegung zufolge beispielsweise zu einer Arbeitsethik und zu Managementsystemen, die Kreativität eher unterbinden als fördern.[45] Vielleicht sind Gesellschaften ohne Reichtumsorientierung

43 Wie wichtig das ist, kann man beispielsweise an der zentralen Rolle des Wachstumsziels in der Kultur und Theorie der Entrepreneurships ablesen (vgl. beispielsweise Christine Volkmann, Kim O. Tokarski, *Entrepreneurship. Gründung und Wachstum von jungen Unternehmen*, Stuttgart 2006, Kap. 7).

44 Vgl. Sukhdev, *Corporation 2020*, S. 219 ff.

45 Vgl. Luc Boltanski, Ève Chiapello, *Der neue Geist des Kapitalismus*, Konstanz 2003, S. 129-142.

daher sogar innovativer, weil mehr Menschen den Eindruck haben, sich entfalten zu können. Außerdem besteht Raum dafür, ein besseres Bildungssystem zu schaffen, wie wir im nächsten Kapitel sehen werden, was wiederum Innovationen fördern kann. Das alles ist weder theoretisch noch empirisch undenkbar, deswegen lässt sich aus dem Ausschluss dieser Möglichkeit auch kein Argument für den Reichtum gewinnen.

Doch selbst wenn man annimmt, dass Reichtum bestimmte Innovationen fördert, zu denen es ansonsten nicht käme, so stellt das noch keine Rechtfertigung des Reichtums dar. Denn es ist nicht ausgemacht, dass diese Innovationen wirklich das Wohl aller und insbesondere der insgesamt eher schlecht gestellten Gesellschaftsmitglieder fördern. Die Kosten des Reichtums, der für diese Form von Innovationskraft nötig ist, könnten insgesamt so hoch sein, dass sie die positiven Effekte übersteigen.[46] Zwar mag es zu mehr Wachstum kommen, gleichzeitig können die Preise aber aufgrund der großen Ungleichheit der Einkommen stärker ansteigen, so dass das Wirtschaftswachstum für diejenigen, die am wenigsten davon profitieren, keinen positiven Effekt bringt. Ihre Kaufkraft sinkt in Bezug auf bestimmte zentrale Güter möglicherweise sogar.[47] Entscheidend ist jedoch nicht die bloß monetäre Kosten-Nutzen-Rechnung. Zentral sind stattdessen die Kosten für die Würde der Menschen, die mit moralisch problematischen Formen des Reichtums einhergehen. Diese in den beiden letzten Kapiteln diskutierten Probleme für die Würde überwiegen aus normativer Sicht das zusätzliche Potential an Innovation und Wachstum, das durch Reichtum generiert werden kann.

Das dritte Teilargument zur Verteidigung des Reichtums führt dessen Rolle bei Investitionen an. Wenn ein Land großen Reichtum verbietet, dann hat das negative Auswirkungen auf die Investitionstätigkeit insbesondere ausländischer Unternehmen und Banken. Diese Investitionen werden nur getätigt, so die plausible Annahme, wenn die Investoren damit hohe und relativ sichere Gewinne erzie-

46 Vgl. Atkinson, *Inequality*, S. 281-299.

47 Denn ein nomineller Anstieg des Einkommens muss nicht gleich dem Anstieg des Realeinkommens und erst recht nicht des relativen Einkommens sein. Das ist die wichtige Einsicht von Fred Hirsch, *Die sozialen Grenzen des Wachstums. Eine ökonomische Analyse der Wachstumskrise*, Reinbek 1980.

len können.[48] Das gilt auf jeden Fall für korporative Akteure, die mit dem professionellen Ziel der Gewinnmaximierung arbeiten.[49] Die Gewinne müssen entweder deutlich höher oder aber deutlich sicherer als an anderen möglichen Investitionsstandorten sein, um getätigt zu werden. Es scheint aber nicht besonders attraktiv zu sein, in ein Land mit Reichtumsverbot zu investieren, weil die zu erwartenden Gewinne dort nur sehr gering ausfallen werden. Zwar ist vielleicht eine große Sicherheit dieser Gewinne gewährleistet, aber das allein dürfte Investitionen nicht hinreichend attraktiv machen.

Wenn insbesondere ausländische Investitionen ausbleiben, dann stellt das ein erhebliches Problem für eine Volkswirtschaft dar. Das sieht man leicht, wenn man sich die bereits im vorherigen Kapitel genannten Zahlen zu den ausländischen Direktinvestitionen in Ländern wie Deutschland, Österreich und der Schweiz noch einmal vergegenwärtigt. Laut *World Factbook* der CIA wurden in Deutschland 2013 etwa 1335 Milliarden US-Dollar an Direktinvestitionen getätigt, in Österreich waren es 270 Milliarden US-Dollar und in der Schweiz 969 Milliarden US-Dollar.[50] Wie gewaltig die Summen sind, sieht man leicht, wenn man sie mit dem Bruttoinlandsprodukt vergleicht: für Deutschland lag es im Jahre 2013 laut Weltbank bei 3635 Milliarden US-Dollar, für Österreich bei 415 Milliarden US-Dollar und für die Schweiz bei 651 Milliarden US-Dollar.[51] Man kann sich ausmalen, was passiert, wenn die Direktinvestitionen zu einem erheblichen Teil aus einem dieser Länder abgezogen werden, weil es nicht mehr als rentabel erscheint, dort zu investieren.[52]

Man kann das Argument der ausbleibenden Investitionen also nicht mit dem Hinweis zurückweisen, dass der Nachteil eines Reichtumsverbots durch Fleiß und Bescheidenheit ausgeglichen wird. Dafür sind die Summen der Investitionen zu hoch. Zudem muss man bedenken, dass die oben genannten Zahlen nur die ausländischen Direktinvestitionen umfassen, aber damit zu rechnen ist, dass inländische Investoren ebenfalls abwandern werden. Es

48 Ökonomen sprechen hier von Risikoverzinsung.

49 Homann, Suchanek, *Ökonomik*, S. 53-59.

50 Siehe Kap. 7, Fn. 62.

51 Siehe Kap. 7, Fn. 63.

52 Vgl. Mises, *Vom Wert der besseren Ideen*, S. 101-118.

erscheint vor diesem Hintergrund auch nicht angemessen, zu argumentieren, dass es bei dem Reichtumsverbot um Würde geht, bei dem Wohlstandsverlust durch die Abwanderung von Kapital jedoch nicht. Die Gefahr einer sehr erheblichen Kapitalflucht ist so groß, dass es in der Folge davon sehr starke Wirtschaftseinbrüche geben könnte, die ebenfalls mit Würdeverlusten einhergehen. Es ist jedoch eine offene Frage, ob das Verbot von Reichtum tatsächlich zu einer riesigen Kapitalflucht führen muss. Immerhin sind Maßnahmen denkbar, um solch eine Abwanderung zu vermeiden. Drei dieser Maßnahmen möchte ich kurz erwähnen, um zu verdeutlichen, dass ein Reichtumsverbot nicht notwendigerweise zu einer fatalen Kapitalflucht führt.

Erstens kann eine Reform hin zu einem Reichtumsverbot in kleinen Schritten erfolgen. Wenn es zu keinen radikalen Brüchen kommt, dann gibt es auch keinen kritischen Moment, der eine Massenabwanderung auslösen könnte. Zweitens sollte das Reichtumsverbot insbesondere für Individuen, jedoch nicht für korporative Akteure gelten, um die für die Würde wesentlichen negativen Konsequenzen zu verhindern. Wenn das Verbot nicht auf korporative Akteure ausgeweitet wird, können Investitionen attraktiv bleiben, weil die Gewinne an diese korporativen Akteure und darüber ins Ausland fließen können. Drittens muss das Wirtschaftssystem so umgebaut werden, dass es einerseits ohne große Kapitalflüsse selbst stabil und leistungsfähig bleibt und andererseits durch eine sehr gute Infrastruktur auch nach außen eine große Stabilität verspricht, die Investitionen auch bei geringeren Gewinnerwartungen attraktiv macht.

Ich werde diese Punkte noch ausführlicher im nächsten Kapitel besprechen, denn das Ergebnis dieser Diskussion der Frage, ob Reichtum als Wirtschaftsmotor notwendig ist, bleibt gemischt. Eine leistungsorientierte Motivation und eine auch ökonomisch verwertbare Innovationskraft werden sich auch ohne Reichtum erhalten lassen. Zudem ist der Schutz vor dem Verlust der Würde durch Reichtum und Reichtumsorientierung einer höheren Wirtschaftsleistung gegenüber grundsätzlich vorrangig. Es kann allerdings zu einer Kapitalflucht kommen, und wichtige Investitionen können ausbleiben, weil beides an Gewinnerwartungen gebunden ist, die durch ein Reichtumsverbot enttäuscht werden müssen. Das kann die Wirtschaftsleistung in einem so hohen Ausmaß beeinträchtigen, dass es selbst zu einem gravierenden Problem für ein Zusammenleben in Würde wird. Für dieses Problem muss eine Lösung gefunden werden, die einen Zusammenbruch der Wirtschaft verhindert. Das scheint mir der tatsächlich problematische Punkt zu sein, wenn es darum geht, moralisch schädlichen Reichtum zu verbieten.

Kapitel 8: Die Überwindung schädlichen Reichtums

Grundsätzlich spricht nichts dagegen, moralisch problematischen Reichtum einfach zu verbieten, solange die wirtschaftliche Leistungsfähigkeit eines Landes dadurch nicht stark geschädigt wird.[1] Das hat sich im letzten Kapitel gezeigt. Es gibt keine prinzipiellen Gründe, die ein Reichtumsverbot undenkbar machen. Allerdings erscheint es ganz unrealistisch, unter gegebenen politischen Bedingungen eine entsprechende gesetzliche Regelung erreichen zu wollen. Außerdem gibt es noch eine weitere wichtige normative Erwägung, die indirekt dagegen spricht. Die auf legitime Weise erworbenen Vorstellungen vom gelingenden Leben vieler Menschen würden dabei nämlich einfach ignoriert werden, was selbst ein Problem für den Respekt der persönlichen Würde dieser Menschen darstellt. Folgt daraus, dass sich gar nichts gegen den moralisch problematischen Reichtum machen lässt? Das ist natürlich nicht der Fall. Vielmehr können mehrere kleinere Reformschritte zusammen eine gesellschaftliche Entwicklung in Richtung einer allmählichen Abschaffung des moralisch problematischen Reichtums einleiten und Wege eröffnen, um einen humanistischeren Wohlstand ohne Reichtum zu schaffen.

In diesem abschließenden Kapitel werde ich die Möglichkeit einer langfristigen Reform in drei Schritten untersuchen. In einem ersten Schritt werde ich die normative Grundlage für solch eine Reformorientierung diskutieren. Das betrifft einmal die Berücksichtigung der legitimen Erwartungen reicher Akteure. Das betrifft darüber hinaus aber auch die angemessene Integration einer realistischen Perspektive, die nicht in einer ohnmächtigen moralischen Normativität verbleibt, sondern die tatsächlichen Interessen und Machtverhältnisse mitberücksichtigt, freilich ohne dadurch ganz konservativ zu werden und progressive Potentiale zu unterschät-

1 James Scott fasst den Gedanken so zusammen: »A society dominated by smallholders and shopkeepers comes closer to equality and to popular ownership of the means of production than any economic system yet devised.« (James Scott, *Two Cheers for Anarchism*, Princeton NJ 2012, S. 100)

zen.[2] Im zweiten Schritt werde ich dann drei mögliche Reformansätze diskutieren, nämlich erstens die Deckelung sehr hoher Gehälter, zweitens die Reform der Erbschafts- und Schenkungssteuer sowie drittens die Besteuerung von Unternehmensgewinnen und -vermögen. In einem dritten Schritt werde ich dann diskutieren, unter welchen Umständen und in welchem Ausmaß solche Reformvorschläge eine Aussicht auf Erfolg haben.

Der letzte Abschnitt besitzt einen politischeren Charakter als die eher philosophisch-abstrakten vorhergehenden Kapitel. Ich führe das Buch am Ende in eine politische Richtung, weil ich davon überzeugt bin, dass praktische Philosophie die Bedingungen der politischen Umsetzung ihrer Ergebnisse mitbedenken muss, wenn sie nicht als unrealistisch und weltfremd abgestempelt werden will. Das ist offensichtlich ein klarer Bruch mit dem Ideal der Wertfreiheit der Wissenschaft, allerdings nicht mit dem Anspruch der Wissenschaftlichkeit. Praktische Philosophinnen arbeiten immer mit normativen Annahmen und kommen zu normativen Ergebnissen, die sie für wohlbegründet halten. Diese Annahmen und Ergebnisse haben daher auch den Status des Wissens, wenn sie wahr und wohlbegründet sind. Ob sie wahr und wohlbegründet sind, ist natürlich umstritten, aber so ist es bei Wissensfragen immer. Wenn praktische Philosophinnen also davon ausgehen, dass sie eine normative Wissenschaft betreiben, dann erscheint es nur angemessen, dass sie die normativen Konsequenzen und die Umsetzungsmöglichkeiten ihrer Ergebnisse mitreflektieren.

Legitime Interessen und politische Reformmacht

Reichtum einfach zu verbieten, hätte für viele reiche Menschen äußerst negative Konsequenzen. Ihr Vermögen würde erheblich schrumpfen und ihr Einkommen ebenfalls deutlich sinken. Auch für korporative Akteure hätte solch ein Verbot weitreichende Konsequenzen. Unternehmen beispielsweise – und unter Umständen auch Kirchen oder Stiftungen – müssten einen Teil ihres Vermögens aufgeben. Allerdings hatte sich schon im vierten Kapitel ge-

2 Rawls spricht hier von einer realistischen Utopie. Vgl. John Rawls, *Das Recht der Völker*, Berlin 2002, S. 13-25.

zeigt, dass es bei korporativen Akteuren gar nicht so leicht zu bestimmen ist, wann ihr Reichtum funktional gerechtfertigt ist und wann nicht. Dazu bedürfte es einer eigenen weiter gehenden Untersuchung. Immerhin wären die legitimen Interessen dieser korporativen Akteure dann schon automatisch berücksichtigt, denn da sie keine Personen sind und damit keine eigene Würde und keine Persönlichkeit besitzen, haben sie auch keine unmittelbaren Rechte.[3] Ihre Interessen sind rein funktional zu verstehen.

Ich werde mich wegen dieser Besonderheiten korporativer Akteure auf die Problematik der legitimen Interessen individueller Menschen konzentrieren. Man kann sich leicht vorstellen, dass reiche Menschen nicht nur einen aufwendigen Lebensstil haben, sondern dieser Lebensstil zu einem zentralen Bestandteil ihrer Persönlichkeit geworden ist. Sie sind vielleicht Autoliebhaber, besitzen Freunde auf der ganzen Welt, sind leidenschaftliche Golfspieler oder Weinkenner. Wenn man ihnen ihren Reichtum wegnimmt, dann greift man damit auch ihre Persönlichkeit an. Man nimmt ihnen die Möglichkeit, in Zukunft weiterhin diejenigen zu sein, die sie in der Vergangenheit waren und die sie weiterhin sein wollen.[4] Das ist für die Würde ihrer Persönlichkeit durchaus ein Problem, weil man ihnen damit auch sagt, dass diese auf Reichtum basierende Persönlichkeit keine besondere Achtung verdient hat.

Eine Reichtumskritikerin kann das natürlich emphatisch bejahen und tatsächlich der Meinung sein, dass Menschen keine persönliche Achtung verdient haben, wenn es für sie von wesentlicher Bedeutung ist, reich zu sein. Auch religiöse Fanatiker oder intellektuelle Snobs haben für ihre Persönlichkeiten ja keine Achtung verdient. Der Grund dafür lautet, dass diese Menschen eine Persönlichkeit besitzen, die geradezu davon lebt, dass sie selbst die Persönlichkeiten anderer Menschen nicht als gleichermaßen achtungswürdig akzeptieren. Das Problem ist nicht ihre Religiosität oder Intellektualität, sondern ihr fehlender Respekt für den ganz anderen Lebensweg anderer Menschen und die fehlende Einsicht, dass deren Persönlichkeit für diese Menschen genauso wertvoll ist,

3 Vgl. Neuhäuser, *Unternehmen als moralische Akteure*, S. 119-132. Zu einer abweichenden Position: French, »The Corporation as a Moral Person«, S. 207-215; French, *Corporate Ethics*.

4 Vgl. Amartya Sen, *Die Identitätsfalle. Warum es keinen Krieg der Kulturen gibt*, München 2007, S. 46-53.

wie die eigene Persönlichkeit für einen selbst, obwohl diese anderen Menschen keiner oder einer anderen Religion angehören bzw. an intellektuellen Beschäftigungen kein Interesse haben.[5]

Religiöse Fanatiker und intellektuelle Snobs gehören also zu einer Klasse von Menschen, die ihre Selbstachtung als Persönlichkeit auf der Missachtung anderer Persönlichkeiten aufbauen. Derselbe Vorwurf ließe sich vielleicht auch reichen Menschen gegenüber machen. Sie achten sich selbst und ihresgleichen gerade deswegen, weil sie reich sind, und andere Menschen missachten sie, weil sie arm sind. Sicherlich gibt es viele reiche Menschen, auf die das zutrifft. Aber es kann auch reiche Menschen geben, und das ist der entscheidende Punkt, auf die das überhaupt nicht zutrifft. Es gibt auch religiöse Menschen und Intellektuelle, die andere Menschen in ihren ganz anderen Lebensentwürfen und Persönlichkeiten als gleichwertig achten. Deswegen trifft der Vorwurf der Missachtung nicht auf sie alle, sondern nur auf Fanatiker und Snobs zu. So wie Intellektuelle sind auch reiche Menschen möglicherweise, aber nicht unbedingt Snobs. Wenn jemand seinen Reichtum genießt, ohne anderen Menschen abzusprechen, dass deren Persönlichkeit ebenfalls achtungswürdig ist, dann ist seine Persönlichkeit nicht in ihrem Kern missachtend und daher selbst zunächst einmal auch achtungswürdig.

Allerdings hatte ich in vorherigen Kapiteln dafür argumentiert, dass Reichtum ein gravierendes moralisches Problem darstellen kann, weil er auf direkte oder indirekte Weise zu Würdeverletzungen führt. Wie kann es dann sein, dass Reichtum auf Würdeverletzungen hinausläuft, reiche Menschen in ihrer Persönlichkeit aber nicht unbedingt würdeverletzend sind? Diese reichen Menschen müssten doch sehen, was sie mit ihrem Reichtum anrichten, so ließe sich argumentieren. Doch so einfach ist das nicht. Der Grund für ihre relative Unschuld lautet, dass die würdeverletzenden Effekte ihres Reichtums von den meisten reichen Menschen üblicherweise gar nicht beabsichtigt und ihnen häufig nicht einmal vollständig bewusst sind.[6]

5 Vgl. Neuhäuser, »Selbstachtung und persönliche Identität«, S. 448-471.

6 Deswegen sind diesbezügliche Kompromisse keine faulen Kompromisse, wie Margalit sagen würde (Margalit, *Über Kompromisse – und faule Kompromisse*, Berlin 2011). Das bringt den Unterschied zu explizit rassistischen und sexistischen Haltungen auf den Punkt.

Viele reiche Menschen kommen auf unschuldige Weise zu ihren spezifischen Persönlichkeiten, für die ihr Reichtum dann eine so große Rolle spielt. Sie wurden einfach in ihren Reichtum und dessen Annehmlichkeiten hineinsozialisiert. Vielleicht geht es ihnen tatsächlich nur darum, diesen Reichtum zu genießen, und aufgrund von Gewöhnungseffekten können sie sich irgendwann nicht mehr vorstellen, anders zu leben. Sie haben ihre Vorstellung vom guten Leben allmählich um diesen Reichtum herum aufgebaut. Aber sie akzeptieren und respektieren, dass andere Menschen ebenfalls ein gutes Leben führen können. Vielleicht bewundern sie manchmal heimlich sogar die Bescheidenheit oder Leichtigkeit dieser anderen Menschen, die sie selbst aufgrund sozialer Zwänge nicht verspüren können. Weil die Dinge so liegen können, gibt es einen echten Konflikt zwischen der Würde der Persönlichkeit der reichen Menschen und dem moralischen Problem mit dem Reichtum. Weil Reichtum auf der einen Seite ein gravierendes moralisches Problem darstellt, erscheint es angemessen, ihn abzuschaffen. Dagegen spricht jedoch auf der anderen Seite, dass dieses Verbot die Würde der Persönlichkeit der reichen Menschen verletzen kann.

Dieser Konflikt ist wohl kein echtes Dilemma.[7] Am Ende dürften die moralischen Probleme mit dem Reichtum sicherlich überwiegen, immerhin geht es dabei um so schwerwiegende Fragen wie Armut, den Klimawandel, den Erhalt der Demokratie und die Funktionalität der Märkte. Dennoch besitzt der Verweis auf die persönliche Würde der reichen Menschen normatives Gewicht, und es gibt verschiedene Möglichkeiten, den moralisch problematischen Reichtum abzubauen. Man könnte ihn von heute auf morgen verbieten oder durch eine Reihe von Reformen allmählich abschaffen. Die Achtung vor der persönlichen Würde reicher Menschen spricht dafür, den zweiten Weg zu wählen. Das verschafft ihnen die Möglichkeit, ihre Lebensführung und ihre persönliche Identität in langsamen Schritten an die veränderten Verhältnisse anzupassen, gewissermaßen ohne dabei ihr Gesicht zu verlieren.

Es gibt noch einen anderen Grund dafür, den reformatorischen Weg vorzuziehen und eher keine revolutionäre Abschaffung des

7 Wenn man Dilemmata so versteht, dass beide Handlungsalternativen falsch und daher verboten sind. Vgl. Thomas E. Hill, »Moral Dilemmas, Gaps, and Residues. A Kantian Perspective«, in: H. E. Mason, (Hg.), *Moral Dilemmas and Moral Theory*, New York 1996, S. 167-198.

Reichtums zu befürworten. Die Erfolgsaussichten eines plötzlichen Verbots von Reichtum sind nämlich sehr schlecht. Selbst kleine Reformen, beispielsweise im Steuerrecht, erscheinen gegenwärtig kaum durchsetzbar, auch wenn sie moralisch richtig sein sollten. Diese Lage provoziert zwei schwer zu beantwortende Fragen. Erstens ist gar nicht so klar, warum es eigentlich so schwierig ist, egalisierende Reformen durchzusetzen, obwohl sie für den Schutz der Menschenwürde und der Selbstachtung große Vorteile bringen. Zweitens ist zu klären, welches Gewicht Fragen der Durchsetzungsmöglichkeiten für normative Überlegungen überhaupt besitzen.[8] Lässt man sich nicht zu sehr auf aus einer Gerechtigkeitsperspektive unhaltbare und vielleicht sogar unanständige Haltungen ein, wenn man sie systematisch bei der Frage berücksichtigt, was politisch aus einer philosophisch gerechtfertigten Gerechtigkeitsposition folgt?

Warum erscheinen Reformen in Richtung eines Reichtumsverbots so utopisch? Auf den ersten Blick ist es überraschend, dass die Mehrheit der Bevölkerung in Ländern wie Deutschland, Österreich und der Schweiz nicht für höhere Steuersätze beispielsweise bei der Einkommens-, Vermögens- oder Erbschaftssteuer votiert.[9] Insbesondere wäre es möglich, nur sehr hohe Einkommen und Vermögen von wirklich sehr reichen Menschen stark zu besteuern. Das betrifft dann vielleicht 5 oder sogar nur 1 Prozent der Bevölkerung.[10] Der Rest der Bevölkerung würde davon schon von einem egoistischen Standpunkt aus enorm profitieren, so scheint es, weil die Besteuerung zu einer Umverteilung der Einkommen führen würde und der Staat zahlreiche öffentliche Projekte beispielsweise im Bildungssektor realisieren könnte, die der großen Mehrheit zugutekommen. Warum also befürwortet die Mehrheit der Wahlbevölkerung kein derartiges Steuerregime? Auf diese Frage sind

8 Eine Extremposition nimmt Gerald Cohen ein, für den solche Erwägungen irrelevant sind. Vgl. Cohen, *Rescuing Justice and Equality*. Auf der anderen Seite stehen Autoren wie Bernard Williams und Raymond Geuss, die auf unterschiedliche Weise für einen Vorrang der Politik vor der Moral argumentieren. Vgl. Bernard Williams, *In the Beginning was the Deed. Realism and Moralism in Political Argument*, Princeton NJ 2007; Geuss, *Kritik der politischen Philosophie*.

9 Für Österreich hat dies Helmut Gaisbauer herausgearbeitet. Vgl. Helmut P. Gaisbauer, »›Option für die Vermögenden‹. Analyse und Kritik österreichischer Steuerpolitik zur Vermögensübertragung«, in: ders. u. a. (Hg.), *Erbschaftssteuer im Kontext*, Wiesbaden 2013, S. 165-184.

10 Piketty, *Die Schlacht um den Euro*; Stiglitz, *The Great Divide*.

zahlreiche Antworten denkbar. Vielleicht schätzen die Menschen ihre eigene Lage falsch ein und denken, dass sie davon nicht profitieren würden. Vielleicht hängen sie auch einer Ideologie an, die zu hohen Steuern gegenüber skeptisch ist und sie für eine Art von Diebstahl hält. Vielleicht haben die Menschen auch den Eindruck, dass sie ihre Position politisch nicht durchsetzen können, weil im politischen System tatsächlich die Reichen die Macht in den Händen halten.

Ich halte jedoch eine andere Erklärung für wahrscheinlich, die der Mehrheit der Bevölkerung mehr sozialtheoretisches Problembewusstsein zugesteht. In einer globalisierten und weitgehend unregulierten Wirtschaftsordnung stehen einzelne Volkswirtschaften unter einem starken Konkurrenzdruck.[11] Wenn reiche Akteure zu stark besteuert werden, dann verlagern sie ihren Reichtum so schnell wie möglich ins Ausland. Auch die Finanzmärkte werden nicht mehr in ein Land investieren, wenn sie dort aufgrund hoher Steuern deutlich geringere Renditeerwartungen haben als in anderen Ländern. Der heimischen Wirtschaft wird so allmählich das Kapital entzogen, das sie aber weiterhin benötigt, um dauerhaft funktionieren zu können. Dieser Kapitalentzug führt zu einem Verlust von Arbeitsplätzen und zu einem allgemeinen Wohlstandsverlust. Ich glaube, die meisten Menschen haben diese Problematik verstanden und sind deshalb bereit, auch wirtschaftspolitische Maßnahmen zu akzeptieren, die sie eigentlich für ungerecht halten.[12]

Aus diesem Grund ist es ganz unrealistisch, Reichtum direkt und sofort verbieten zu wollen. Die Konsequenzen für die Volkswirtschaft wären aller Voraussicht nach zumindest kurzfristig verheerend und die Bürgerinnen sicher nicht bereit, diese Konsequenzen zu tragen. Folgt daraus jedoch auch, dass selbst langfristig angelegte Reformen in kleinen Schritten undenkbar sind? Im vorherigen Ka-

11 Ulrich, *Integrative Wirtschaftsethik*; ders., »Ist die Weltwirtschaft gnadenlos?«, S. 130-154; ders., *Zivilisierte Marktwirtschaft*, S. 146 f., 162 f.

12 So ist es beispielsweise bei der Diskussion um TTIP. Die Kritik richtet sich vor allem gegen die Senkung von Verbraucher- und Umweltstandards und gegen private Schiedsgerichte. Dass TTIP auch ein Instrument der Umverteilung von unten nach oben sein kann, wird kaum öffentlich diskutiert. Vgl. Valentin Beck (Hg.), »Schwerpunkt ›Gefährdungen der Menschenrechte und Demokratie am Beispiel von TTIP‹«, in: *MenschenRechtsMagazin* 21/2 (2016), S. 95-128.

pitel hatte ich diese Befürchtung indirekt bereits zurückgewiesen. Ein Wirtschaftssystem kann auch dann stabil und leistungsfähig sein, wenn das Investitionskapital nicht von wenigen reichen, sondern von vielen wohlhabenden Akteuren stammt, so hatte ich argumentiert. Die Herausforderung scheint dann darin zu liegen, dass das Kapital allmählich von wenigen reichen auf viele wohlhabende Akteure umverteilt werden muss, ohne dass sich die reichen Akteure zu irgendeinem Zeitpunkt in diesem Prozess entscheiden können, sehr viel Kapital auf legale Weise aus dem Land zu schaffen und damit diesen Umverteilungsprozess zu unterwandern.[13] Die entscheidende Frage lautet daher, ob und wie das gelingen kann. Denn davon hängt meiner Einschätzung nach die Antwort auf die oben gestellte Frage ab, wie sich Reformen praktisch kommunizieren und politisch durchsetzen lassen.

Drei grundsätzliche Überlegungen können einen Teil dazu beitragen, diesen schwierigen Fragenkomplex zu klären. Erstens bedeutet es für reiche Akteure immer auch hohe Transaktionskosten, wenn sie ihr Kapital verlagern. Sie müssen andere und besser geeignete Investitionsorte finden, die sie vielleicht nicht so gut kennen und die für sie daher weniger berechenbar sind. Wenn sie selbst ihren Wohnsitz ins Ausland verlagern müssen, beispielsweise um dort einer Arbeit nachzugehen oder dem heimischen Fiskus zu entkommen, dann geht das häufig mit kulturellen und sozialen Einbußen einher. Hier gibt es sicherlich für einen Staat auch Möglichkeiten, diese Transaktionskosten zu erhöhen, beispielsweise durch einen besonderen bürokratischen Aufwand oder spezielle Steuern. Aus meiner Sicht spricht nichts dagegen, wenn ein Staat solche Maßnahmen ergreift, um dasjenige Kapital, das auf seinem Territorium erwirtschaftet wurde, auch auf diesem Gebiet zu halten.

Zweitens ist der zentrale wertschaffende Faktor neben der Technologie nicht Geld, sondern nach wie vor die Arbeit.[14] Wenn davon gesprochen wird, dass viel Kapital auf einmal ein Land ver-

13 Vgl. Streeck, »A Crisis of Democratic Capitalism«, S. 1-25; ders., *Gekaufte Zeit*, S. 94, 102, 133.

14 Man muss für diese These kein Marxist sein und auch nicht behaupten, dass nur (körperliche) Arbeit einen Mehrwert schafft. Vielmehr reicht ein Verständnis dafür, dass die Finanzwirtschaft letztlich an die Realwirtschaft gekoppelt ist und diese aus Güterproduktion und Dienstleistungen besteht. Vgl. z. B. Piketty, *Die Schlacht um den Euro*, S. 31 f.

lässt, dann ist jedoch zumeist das Geld und nicht die Arbeitskraft gemeint. Natürlich gibt es auch einige hochprofessionalisierte Arbeitnehmerinnen, die ein Land verlassen, wenn sie dort nicht mehr reich werden können. Aber für die meisten gut ausgebildeten Menschen gilt vielleicht, dass es ihnen eher darum geht, wohlhabend zu werden, und sie es gar nicht auf Reichtum abgesehen haben. Die Arbeitskraft dieser Menschen stünde auch dann weiterhin zur Verfügung, wenn es in der gesellschaftlichen und staatlichen Orientierung einen schrittweisen Wandel von Reichtum hin zu Wohlstand gäbe. Allerdings bedarf es natürlich auch des Geldes, um den Wirtschaftskreislauf am Leben zu erhalten, weil Geld hier seine typische informationsvermittelnde und impulssetzende Funktion entfaltet.[15]

Allerdings ist es drittens durchaus möglich, die Produktion unabhängiger von großen Kapitalmengen zu machen. Zwar wird Geld weiterhin schon allein deswegen benötigt, um ermitteln zu können, wo sich Investitionen lohnen und welche Güter nachgefragt werden.[16] Aber das ist nicht zwingend davon abhängig, dass wenige reiche Akteure über große Kapitalmengen verfügen. Viele im Vergleich dazu nur wohlhabende Akteure können ihre Investitionen bündeln. Ihre Konsumption gibt sogar besser an, welche Güter von vielen Menschen nachgefragt werden, so dass es auf diese Weise zu einer stärker egalitären Interessenberücksichtigung durch die Märkte kommt.[17] Wohlhabende Akteure werden im Gegensatz

15 Vgl. Christoph Deutschmann, »Geld und kapitalistische Dynamik«, in: Sylke Nissen, Georg Vobruba (Hg.), *Die Ökonomie der Gesellschaft*, Wiesbaden 2009, S. 57-71; Christoph Deutschmann, »Geld als universales Inklusionsmedium moderner Gesellschaften«, in: Rudolf Stichweh, Paul Windolf (Hg.), *Inklusion und Exklusion. Analysen zur Sozialstruktur und sozialen Ungleichheit*, Wiesbaden 2009, S. 223-239.

16 Joseph Carens hat einen Vorschlag gemacht, wie die Informationsbeschaffung und unterschiedlich hohe Gehälter entkoppelt werden können. Arbeitgeber bieten bestimmte Geldsummen für Jobs, ohne dass die Arbeitnehmer dieses Geld dann netto erhalten (Joseph Carens, *Equality, Moral Incentives, and the Market. An Essay in Utopian Politico-Economic Theory*, Chicago 1981; ders., »Rights and Duties in an Egalitarian Society«, S. 31-49). Allerdings krankt dieser Vorschlag daran, dass er unterschätzt, wie stark dabei verzerrende Effekte ausfallen werden, wenn das Geld für die Arbeitnehmer faktisch entwertet ist.

17 Diese Idee der durch Kaufakte offenbarten Präferenzen (»*revealed preferences*«) spielt in der ökonomischen Theorie eine wichtige Rolle und geht auf Paul Samuelson zurück. Paul A. Samuelson, »A Note on the Pure Theory of Consumers' Behaviour«, in: *Economica* 5 (1938), S. 61-71; vgl. zu einer Kritik: Amartya Sen,

zu reichen Akteuren weniger stark geneigt sein, ihr Kapital, ihren Wohnsitz und ihren Lebensmittelpunkt ins Ausland zu transferieren, da sie von den Steuergesetzen gegen Reichtum kaum betroffen sind.

Trotz dieser Vorschläge kann es gut sein, dass ein Wechsel von einer Reichtums- zu einer Wohlstandsgesellschaft sehr kostspielig sein wird, wenn nicht zugleich eine Anpassung internationaler Regeln stattfindet, die schnelle Kapitalabwanderungen selbst wiederum sehr teuer machen.[18] Die Reformschritte hin zu einem allmählichen Abbau von moralisch problematischem Reichtum setzen dann eine internationale Kooperation voraus, die die einzelnen Länder von den Zwängen des globalen Wirtschafts- und Finanzsystems unabhängiger macht. Nur dann ist ein Rahmen dafür geschaffen, dass sich ein hinreichend großer Teil der Wahlbevölkerung für weitreichende Reformen in der Besteuerung entscheiden wird, die den moralisch problematischen Reichtum tatsächlich effektiv verhindern können. Doch folgt daraus, dass es überhaupt keinen Handlungsspielraum gibt, bis solche internationalen oder sogar globalen Reformen greifen? Oder kann eine Politik der ganz kleinen Reformschritte mit dieser Herausforderung umgehen? Dieser Frage wende ich mich im nächsten Abschnitt zu.

Steuer- und Wirtschaftsreformen zur Abschaffung des Reichtums

Im vorherigen Abschnitt hatte sich gezeigt, dass es bei einer Abschaffung moralisch problematischen Reichtums die legitimen Interessen reicher Akteure zu beachten gilt. Es ist problematisch, ihnen von heute auf morgen die Möglichkeit zu nehmen, ihre auf le-

»Choice Functions and Revealed Preference«, in: *Review of Economic Studies* 38/3 (1971), S. 307-317; ders., »Behaviour and the Concept of Preference«, in: *Economics* 40 (1973), S. 241- 259.

18 Aus diesem Grund fordern Gerechtigkeitstheoretiker verschiedene globale Steuern. Gillian Brock, »Taxation and Global Justice. Closing the Gap Between Theory and Practice«, in: *Journal of Social Philosophy* 39/2 (2008), S. 161-184; Paula Casal, »Global Taxes on Natural Resources«, in: *Journal of Moral Philosophy* 8/3 (2011), S. 307-327; Wollner, »Justice in Finance«, S. 458-485. Wie realistisch diese Forderungen sind, ist allerdings eine andere Frage, um die sich die Autoren kaum kümmern.

gitime Weise erworbene Vorstellung vom gelingenden Leben zu verwirklichen. Das wäre der Würde ihrer Persönlichkeit gegenüber respektlos. Außerdem hatte sich gezeigt, dass reiche Akteure über viel ökonomische Macht und ein entsprechendes Drohpotential verfügen. Sie können ihr Kapital ins Ausland transferieren, wenn ihnen die Steuergesetze allzu unvorteilhaft erscheinen, und mit der Drohung des Transfers einen erheblichen Druck auf die Volkswirtschaft ausüben. Aufgrund dieses Drohpotentials und der Angst vor einem allgemeinen Wohlstandsverlust werden auch viele andere Bürgerinnen entsprechende Steuergesetze nicht mittragen. Dennoch befinden wir uns in keiner unausweichlichen Zwangslage. Denn es sind weiterhin kleinere Reformschritte denkbar. Dafür möchte ich in diesem Abschnitt argumentieren. Die Grundidee lautet, dass der Erwerb von Reichtum durch schrittweise Reformen der Steuergesetzgebung im Lauf der Zeit immer unattraktiver gemacht wird.[19] Dabei müssen die einzelnen Reformschritte so klein ausfallen, dass sie den Aufwand einer Verlagerung von Kapital ins Ausland und die damit verbundenen Kosten zu keinem Zeitpunkt überwiegen.

Dagegen lässt sich noch einwenden, dass irgendwann einfach der Punkt erreicht sein wird, an dem es für reiche Einkommensbezieher und Unternehmen im direkten Vergleich klarerweise vorteilhaft ist, ihre wirtschaftlichen Aktivitäten und vor allem ihr Geld ins Ausland zu verlagern. Das ist einerseits richtig, andererseits besteht auch die Hoffnung, dass eine Gesellschaft durch die bis zu diesem Zeitpunkt bereits eingeleiteten Reformen nicht mehr so stark von den großen Kapitalmengen in den Händen dieser wenigen Akteure abhängig sein wird. Die Steuerreformen zum allmählichen Abbau eines moralisch problematischen Reichtums müssten also mit bestimmten Reformen des Wirtschaftssystems einhergehen, die eine statischere und weniger finanzkapitalabhängige Wirtschaftsweise stabil, produktiv und international konkurrenzfähig machen.[20] Einige Ideen, wie solch eine Politik aussehen könnte, möchte ich

19 Diesen reformerischen Ansatz haben schon sozialliberale Denker wie John Stuart Mill oder auch Karl Popper vertreten. Vgl. Mill, *Principles of Political Economy*; Karl Popper, *Die offene Gesellschaft und ihre Feinde. Band II. Falsche Propheten. Hegel, Marx und die Folgen*, Tübingen 2003, S. 316-328.

20 Für die Möglichkeit und Wünschbarkeit eine statischen im Gegensatz zu einer wachstumsorientierten Wirtschaft hat beispielsweise schon John Stuart Mill argumentiert (Mill, *Principles of Political Economy*, S. 124-130).

nun andeuten. Mir geht es nicht darum, konkrete Vorschläge zu machen, die bereits alle ökonomischen und politischen Randbedingungen und Kontingenzen berücksichtigen. Vielmehr geht es mir darum zu zeigen, dass ein konkurrenzfähiges Wirtschaftssystem ohne Reichtumsdiktat keine bloße Utopie ist, sondern eine *realistische* Utopie.[21] Sie ist in dem Sinne realistisch, dass sie langfristig tatsächlich umsetzbar wäre, wenn der politische Wille dazu bestünde. Solch eine Politik der kleinen Reformschritte achtet zudem die Würde reicher Menschen, weil sie ihnen genug Freiraum gewährt, ihre Vorstellung vom guten Leben allmählich an die veränderten und insgesamt deutlich gerechteren Bedingungen anzupassen, ohne dabei ihre Persönlichkeit von heute auf morgen aufgeben zu müssen.[22]

Es sind meiner Einschätzung nach vier Steuerreformen, die einen wichtigen Beitrag zu einem Abbau des problematischen Reichtums leisten können. Zum ersten betrifft dies die Einkommenssteuer. Hier ist es derzeit so, dass der Steuersatz mehr oder weniger linear ansteigt, bis der Spitzensteuersatz erreicht ist.[23] Ein erster Schritt könnte darin bestehen, den Steuersatz auch über den gegenwärtigen Spitzensteuersatz hinaus sanft anzuheben. Das langfristige Ziel besteht dann darin, einen exponentiell ansteigenden Steuersatz zu erreichen, der ab einem gewissen Punkt gegen 100 Prozent strebt. Im Sinne einer Politik der kleinen Schritte müsste das jedoch durch eine langsame Anpassung der Kurve des Steuersatzes wahrscheinlich über mehrere Generationen hinweg erreicht werden. Auf diese Weise würden sehr hohe Einkommen wegen der hohen steuerlichen Belastung immer unattraktiver werden und die Reichtumsorientierung abnehmen. Mittlere Einkommen hingegen, beispielsweise bis zu einer Reichtumsgrenze von 300 Prozent des Durchschnittseinkommens, könnten sogar etwas entlastet wer-

21 Vgl. Rawls, *Das Recht der Völker*, S. 13-25.

22 Natürlich verändern sich Persönlichkeiten ohnehin ständig. Man kann mit Harry Frankfurt jedoch annehmen, dass es einen bestimmten Kern gibt, der einen Menschen ausmacht und ihm besonders am Herzen liegt (vgl. Frankfurt, »Identifikation und freier Wille«, S. 116-137; ders., *Sich selbst ernst nehmen*, S. 15-43, und dazu Christman, *The Politics of Persons*.

23 Es ist daher so, dass Menschen mit wenig Einkommen einen höheren Anteil ihres Lohnes an Steuern bezahlen (vgl. Donald Nichols, William Wempe, »Regressive Tax Rates and the Unethical Taxation of Salaried Income«, in: *Journal of Business Ethics* 91/4 (2010), S. 553-566).

den, um sie und damit eine Wohlstandsorientierung attraktiver zu machen.

Wenn solch eine Einkommenssteuer umgesetzt wird, stellt sich die Frage, ob es parallel zweitens noch einer Vermögenssteuer bedarf.[24] Dagegen spricht, dass ja auch die Einkommen aus Vermögen entsprechend stark besteuert werden würden. Es wird dadurch bereits unattraktiv gemacht, Geldvermögen in Einkommen umzuwandeln, und demgegenüber deutlich attraktiver, sie beispielsweise zu investieren oder zu stiften. Für eine Vermögenssteuer spricht jedoch, dass sehr große Vermögen auch dann, wenn sie nicht in Einkommen umgewandelt werden, eine problematische Form von Reichtum darstellen. Akteure können damit weiterhin politische Macht ausüben. Große Vermögen können als Drohmittel in politischen Verhandlungen verwendet werden, was die politische Gleichheit in Frage stellt. Vermögende Akteure werden weiterhin danach streben, ihren Reichtum beispielsweise auf Kosten der Umwelt zu mehren, oder gar mithilfe ihrer politischen Macht versuchen, die Einkommenssteuer für Reiche wieder zu reduzieren.[25] Auch für eine progressive Vermögenssteuer gilt, dass sie sehr sanft eingeführt werden müsste, um sie dann in kleinen Schritten allmählich anzuheben, bis sie eine exponentielle Gestalt annimmt, die der Kurve der Einkommenssteuer gleicht. Dann wird es für einzelne Akteure unattraktiv, allzu große Vermögen anzuhäufen. Die Wertschöpfung verteilt sich dadurch auf viel mehr kleinere Vermögen.

Drittens gilt für Erbschaften und Schenkungen etwas Ähnliches wie für die Besteuerung von Einkommen und Vermögen.[26] Sie sind allmählich anzuheben, bis sie eine exponentielle Struktur annehmen und irgendwann nahezu 100 Prozent erreichen. Wieder gilt,

24 Vgl. Peter Koller, »Plädoyer für progressive Erbschaftssteuern«, in: Helmut P. Gaisbauer u. a. (Hg.), *Erbschaftssteuer im Kontext*, Wiesbaden 2013, S. 59-79.

25 Vgl. Alan Thomas, »Property-Owning Democracy, Liberal Republicanism, and the Idea of an Egalitarian Ethos«, in Martin O'Neill, Thad Williamson (Hg.), *Property-Owning Democracy. Rawls and Beyond*, New Jersey 2014, S. 101-128.

26 Vgl. zu einer differenzierten Beschreibung der sozioökonomischen Relevanz von Erbschaften: Beckert, *Erben in der Leistungsgesellschaft*. Vgl. zu einem kurzen Überblick: Jens Beckert, »Besteuert die Erben!«, in: Steffen Mau, Nadine M. Schöneck (Hg.), *(Un-)Gerechte (Un-)Gleichheiten*, Berlin 2015, S. 145-153. Und zu einer abweichenden Meinung: Thomas Straubhaar, »Hände weg vom Erbe!«, in: Steffen Mau, Nadine M. Schöneck (Hg.), *(Un-)Gerechte (Un-)Gleichheiten*, Berlin 2015, S. 154-164.

dass diese Steuer bis zu einem bestimmten Betrag flacher ansteigen kann, als das bisher der Fall ist. Dafür spricht, dass auch ein sozial gerechter Staat deutlich schlanker sein kann und deutlich weniger Ausgaben hat, als es gegenwärtig der Fall ist, wenn schädlicher Reichtum effektiv bekämpft wird. Es wäre nämlich zu erwarten, dass die Einkommen der unteren sozialen Schichten ansteigen, weil es durch die Abschaffung von Reichtum insgesamt zu einem Umverteilungseffekt kommt. Außerdem ist damit zu rechnen, dass ein Bildungssystem mit fairer Chancengleichheit durchsetzbar wird, weil es dagegen keine Opposition aus der Mittelschicht mehr gibt, die bisher ihren eigenen Kindern Bildungsvorteile sichern wollte. Wenn diese Effekte einträten, könnte die Mittelschicht steuerlich sogar entlastet werden. Die Steuerkurve bleibt dann länger sehr flach, bis sie ab einem gewissen Punkt stark ansteigt.

Bei der Besteuerung von Erbschaften und Schenkungen könnte das sogar noch stärker ausgeprägt sein als bei den anderen beiden genannten Steuerformen. Bis zu einem recht hohen Betrag könnten die Steuern sehr niedrig sein, so dass beispielsweise Eltern ihren Kindern weiterhin ein ordentliches Erbe hinterlassen können. Bereits John Stuart Mill befand, dieses Erbe müsse so groß sein dürfen, dass die Erben ihr Leben lang ein bequemes Einkommen davon hätten, aber auch nicht mehr.[27] Um in Deutschland solch ein sehr gutes Einkommen von etwa 80 000 Euro pro Jahr zu erreichen, wäre eine Erbschaft von vielleicht drei bis vier Millionen Euro nötig. Darüber hinaus, so die Idee von Mill, darf man sein Leben lang nichts mehr erben, wodurch sich übermäßiger Reichtum verhindern lässt. Das Erbschaftskonto ist dann gewissermaßen voll. Übrigens wollte Mill zugleich verhindern, dass sich der Staat auf ungerechtfertigte Weise an Erbschaften bereichert. Deswegen soll es einer Person möglich bleiben, ihr Vermögen auf mehrere Erben zu verteilen, die alle unter der Grenze von drei oder vier Millionen Euro bleiben.

Mill macht diesen Vorschlag, weil er einerseits möchte, dass die sozioökonomischen Unterschiede in einem Land nicht zu groß werden. Andererseits will er auch keinen übermächtigen Staatsapparat, der von riesigen Steuereinnahmen lebt.[28] Auch das ist eine

27 Vgl. Mill, *Principles of Political Economy*, S. 35 f.

28 Eucken, *Grundsätze der Wirtschaftspolitik*, S. 155-179.

Gefahr für die Demokratie, weil sich solch ein Staatsapparat und mit ihm die politische Klasse immer weiter von den Bürgerinnen entfernen kann.[29] Ein anderes Argument gegen eine Beschränkung von Erbschaften, das für Mill noch keine Rolle gespielt hat, beruht auf der Vererbung von Unternehmen. Wenn man sein Unternehmen nicht mehr vererben kann bzw. die Erben dafür hohe Steuern zahlen müssen, dann gehen mittelständische Familienunternehmen zugrunde, was der gesamten Wirtschaft schadet, so das Argument.[30] Es gibt jedoch Möglichkeiten, mit diesem Problem umzugehen. So ist es beispielsweise denkbar, dass Erben den Wert eines Unternehmens über den vererbbaren Betrag hinaus als zinsloses und unbeschränktes Darlehen erhalten. Sie müssen dann allerdings ihren Unternehmensgewinn ab einem gewissen Betrag zur Rückzahlung dieses Darlehens abführen.

Das leitet über zu einer vierten Steuerform, nämlich derjenigen der Unternehmenssteuer.[31] Wie sich in den vorherigen Kapiteln immer wieder gezeigt hat, kann es problematisch sein, wenn korporative Akteure wie etwa Unternehmen zu reich sind. Sie können dann schädlichen Einfluss auf die Politik nehmen, müssen sich nicht um Umweltprobleme kümmern und verhindern möglicherweise eine gerechtere Verteilung von Einkommen. Man könnte versuchen, auch diesen problematischen Reichtum durch eine hohe Steuer in den Griff zu bekommen. Doch so leicht ist das aus zwei Gründen nicht. Erstens greift solch eine Steuer üblicherweise erst bei Gewinnen, weil sonst Reinvestition und Innovation erheblich gestört werden könnten. Unternehmen können ihre finanziellen Mittel jedoch bereits vor Gewinnen für politische Einflussnahmen nutzen. Zweitens würden hohe Unternehmenssteuern ein Land als Unternehmenssitz unattraktiv machen und internationale Kapitalgeber aufgrund sinkender Gewinnerwartungen davon abhalten, dort zu investieren.

Beide Gründe sprechen dafür, den problematischen Reichtum

29 Streeck, *Gekaufte Zeit*, S. 88, 112, und Offe, *Europa in der Falle*, S. 113-125.

30 Vgl. Beckert, *Erben in der Leistungsgesellschaft*, S. 166-169; vgl. Hans-Jürgen Bieling (Hg.), *Steuerpolitik. Analysen, Konzeptionen, Herausforderungen*, Schwalbach 2015.

31 Vgl. Thomas Rixen, »Internationale Steuerflucht und schädlicher Steuerwettbewerb«, in: Hans-Jürgen Bieling (Hg.), *Steuerpolitik. Analysen, Konzeptionen, Herausforderungen*, Schwalbach 2015, S. 38-64.

von Unternehmen nicht über eine Steuer zu bekämpfen. Das erscheint ohnehin nicht mehr ganz so wichtig, wenn Unternehmen ihre Gewinne nicht mehr gut in Form von Reichtum an einen kleinen Kreis individueller Personen weitergeben können bzw. diese Personen ihre Macht in Unternehmen nicht mehr dazu missbrauchen können, sich selbst zu bereichern.[32] Allerdings hängt dies davon ab, dass die Topmanager und Eigentümer tatsächlich in einem Land mit Reichtumsverbot leben. Das ist bei weltumspannenden Konzernen alles andere als selbstverständlich. Angehörige und Eigentümer dieser Unternehmen mit Wohnsitz in Ländern ohne entsprechende Steuern könnten sich weiterhin bereichern. Die Unternehmen werden ihre Hauptquartiere dann ins Ausland verlagern, damit das höhere Management weiterhin sehr hohe Gehälter beziehen kann. Hier scheint sich anzudeuten, dass eine veränderte Steuergesetzgebung allein das Problem des Reichtums nicht in den Griff bekommen wird, weil damit inakzeptable negative Konsequenzen einhergehen.

Es könnte also noch anderer grundsätzlicher Umbauten der sozialen Ordnung und insbesondere der Wirtschaftsordnung bedürfen, die solch eine Transformation weg von einer Reichtums- und hin zu einer Wohlstandsgesellschaft möglich machen. Fünf solcher Maßnahmen erscheinen mir besonders erwägenswert. Das sind erstens die Stärkung des Mittelstandes, zweitens eine funktionale Finanzwirtschaft jenseits von Großbanken, drittens ein leistungsgerechtes Bildungssystem mit fairer Chancengleichheit, viertens ein bedingtes Grundeinkommen und fünftens eine hervorragende Infrastruktur. Ich möchte zumindest andeuten, warum diese Maßnahmen die Reichtumsunabhängigkeit einer Volkswirtschaft erhöhen können. Es geht mir nicht darum, konkrete Politikvorschläge zu machen, sondern nur darum, die Richtung aufzuzeigen, in der solche Vorschläge ausgearbeitet werden sollten, um einen Beitrag dazu leisten zu können, eine Reichtumsorientierung durch eine Wohlstandsorientierung zu ersetzen.

32 Es spricht einiges dafür, dass Unternehmensführungen mit bestimmten Aktionärsgruppen eine Allianz eingehen, um für sich selbst so viel Einkommen wie möglich zu generieren. Inzwischen hat sich die Einsicht durchgesetzt, dass diese Form der Gewinnmaximierung keineswegs auch das Gemeinwohl fördert. Vgl. Joseph Heath, *Morality, Competition, and the Firm. The Market Failures Approach to Business Ethics*, Oxford 2014.

Die Stärkung mittelständischer Unternehmen führt dazu, dass das Wirtschaftssystem insgesamt unabhängiger von den Gewinninteressen sehr großer Konzerne wird, die sich inzwischen fast vollständig globalisiert haben.[33] Diese multinationalen Konzerne folgen einer Logik der Gewinnmaximierung und sind schnell bereit, Standorte in einem Land zu schließen, wenn die Produktion dort die Gewinnerwartungen schmälert. Mittelständische Unternehmen hingegen sind in der Regel stärker in lokale Strukturen eingebettet. Das gilt auch in sozialer und kultureller Hinsicht und hat üblicherweise den Vorteil, dass die Leistungsbereitschaft der Belegschaft wegen einer entsprechenden Unternehmenskultur höher ist. Zentral ist dabei, dass mittelständische Unternehmen aufgrund ihrer geringeren Größe in ihrer Liquidität nicht so stark von globalen Finanzmärkten und großen Banken abhängen, die selbst reinen Profitmaximierungsinteressen folgen.

Das leitet über zu dem zweiten Punkt einer von globalen Großbanken unabhängigen Finanzwirtschaft. Das lässt sich durch stärker regulierte Sparkassen, umd Volks- und Genossenschaftsbanken leisten.[34] Diese Banken können so organisiert und reguliert werden, dass sie Unternehmen auch dann Geld geben, wenn diese nicht vollständig auf Gewinnmaximierung ausgerichtet sind. Das liegt einfach daran, dass solche kleineren Banken selbst nicht vollständig auf Gewinnmaximierung ausgerichtet sein müssen, um funktionieren zu können. Für größere Investitionen könnte es gemeinsame Finanzierungen mehrerer kleiner Banken geben. Ein Problem besteht allerdings darin, dass solche regionalen Banken möglicherweise nicht konkurrenzfähig bleiben könnten, zumindest nicht im großen Investitionsgeschäft. Ob das zutrifft oder nicht, hängt auch davon ab, wie viele Menschen und Unternehmen bereit sind, mit solchen Banken zusammenzuarbeiten. Immerhin hat sich in der Subprime-Finanzkrise gezeigt, dass diese Banken in Krisen stabiler sein können als Großbanken, was ein wichtiges Qualitätsmerkmal darstellt und durch politische Regulierungen noch unterstützt werden könnte.

Ein dritter und meiner Einschätzung nach besonders wichtiger Punkt besteht in der Stärkung eines Bildungssystems, das für faire

33 Vgl. Bourdieu, »Principles of an Economic Anthropology«, S. 75-89; Streeck, *Gekaufte Zeit*, S. 133, 166 f.

34 Vgl. Admati, Hellwig, *The Bankers' New Clothes*, S. 169-191.

Chancengleichheit sorgt. Faire Chancengleichheit unterscheidet sich von bloß formaler Chancengleichheit dadurch, dass soziale Nachteile im Bildungssystem ausgeglichen werden.[35] Das hat natürlich etwas mit der gleichen Achtung der Würde der Persönlichkeit der Menschen zu tun. Darüber hinaus ist es jedoch auch von strategischer Bedeutung dafür, eine Gesellschaft von Reichtum unabhängiger zu machen. Zwar erfordert faire Chancengleichheit hohe Investitionen in das Bildungssystem. Aber das führt dazu, dass der Bildungsstand in der Bevölkerung insgesamt gleichmäßiger wird und dennoch erheblich steigt. Ein besonders hoher Bildungsstand in einem Land ist natürlich ein wichtiger Investitionsgrund für Unternehmen, denn das zentrale Kapital der meisten globalen Konzerne sind keine Produkte, Netzwerke oder Maschinen, sondern Mitarbeiterinnen. Das zeigt sich schon daran, wie sehr Unternehmen um hervorragende Mitarbeiterinnen buhlen. Eine an Wohlstand und nicht an Reichtum orientierte Gesellschaft schafft ein Bildungssystem, das statt weniger Spitzenverdiener viele sehr gut ausgebildete Menschen für leistungsorientierte Unternehmen mit flachen Hierarchien hervorbringt. Unternehmen werden in eine Gesellschaft mit solch einem Bildungssystem auch investieren.

Eine weitere Maßnahme, die Investitionen sicherstellt und dadurch die Umstellung von Reichtum auf Wohlstand erleichtert, besteht in der Einführung eines Grundeinkommens, das allerdings nicht bedingungslos ist.[36] Vielmehr bleibt die Grundidee bestehen, dass Menschen einen Anspruch auf eine hinreichend gut bezahlte Arbeit haben. Damit geht aber auch eine entsprechende Pflicht einher. Erst wenn der Anspruch auf Arbeit nicht erfüllt werden kann, erhält man als Ersatz ein Grundeinkommen. Dieses ist aber nicht mit dem klassischen Verständnis des Arbeitslosengeldes zu verwechseln, denn es handelt sich nicht um eine wohltätige Ver-

35 Die Unterscheidung von fairer und formaler Chancengleichheit geht auf John Rawls zurück (Rawls, *Gerechtigkeit als Fairness*, S. 79 f.). Pierre Bourdieu hat die Bedeutung des sozialen Hintergrundes für das Ausmaß der Chancenungleichheit analysiert und auf die Bedeutung subtiler Sitten und Konventionen hingewiesen (Bourdieu, *Wie die Kultur zum Bauern kommt*).

36 Vgl. zu einer Weiterführung dieses Gedankens: Christian Neuhäuser, »Das Bedingungslose Grundeinkommen aus sozialliberaler Sicht«, in: Thomas Meyer, Udo Vorholt (Hg.), *Bedingungsloses Grundeinkommen in Deutschland und Europa*, Bochum 2016, S. 41-61.

sorgungsleistung, sondern um eine Art Schadensersatz. Außerdem sollte dieses bedingte Grundeinkommen so hoch ausfallen, dass es von relativer Armut befreit. Der Grund für diese Regelung ist natürlich, dass die Würde der Menschen es verlangt, ihnen zuerst die Möglichkeit zu geben, durch eigene Arbeit für sich selbst zu sorgen. Wenn das aus strukturellen Gründen nicht möglich ist, haben die betroffenen Menschen einen Anspruch auf eine Ersatzleistung, die ebenfalls ihre Würde schützt. Allerdings haben sie diesen Anspruch nicht, wenn sie auch unter vernünftigen Bedingungen nicht bereit sind, einer Arbeit und damit Kooperationsanforderungen nachzukommen.[37]

Diese Idee des Grundeinkommens als Schadensersatz unterscheidet sich also deutlich von dem sogenannten bedingungslosen Grundeinkommen, das jedem Menschen zusteht und in vielen Entwürfen deutlich unterhalb der relativen Armutsgrenze liegt. Der Zweck des Grundeinkommens als Schadensersatz ist es, die Würde der Menschen zu schützen und nicht das angebliche Ende der Arbeitsgesellschaft sozial verträglich zu managen. Allerdings kann auch ein Grundeinkommen als Schadensersatz die Form einer negativen Einkommenssteuer annehmen.[38] Wenn es immer weniger Arbeit gäbe und die Menschen immer weniger Geld verdienen würden, dann müssten immer mehr Menschen keine Steuern mehr zahlen, sondern bekämen umgekehrt vom Finanzamt zu ihrem geringen Einkommen monatlich eine staatliche Leistung hinzu. Dieses Instrument könnte Standortvorteile besitzen, weil dann Unternehmen weniger für den Faktor Arbeit ausgeben müssten. Da solch eine negative Einkommenssteuer solidarisch zu finanzieren ist, gilt es stets abzuwägen, unter welchen Bedingungen die Bevölkerung bereit ist, Unternehmen auf diese Weise mitzufinanzieren, um ihnen einen Anreiz zu bieten, nicht ins Ausland abzuwandern.

Schließlich sind fünftens viele weitere Infrastrukturmaßnahmen denkbar, die auch für Unternehmen vorteilhaft sind. Dazu zählen gute Straßen und Häfen, eine öffentliche Energie- und Gesund-

37 Vgl. Zofia Stemplowska, »Responsibility and Respect«, in: Carl Knight, Zofia Stemplowska (Hg.), *Responsibility and Distributive Justice*, Oxford, New York 2011, S. 115-135.

38 Das hat beispielsweise schon Milton Friedman gefordert, obwohl die Untergrenze bei ihm wohl zu niedrig ausfallen würde (Friedman, *Kapitalismus und Freiheit*, S. 227-231).

heitsversorgung höchster Qualität und vieles mehr. Eine an Wohlstand orientierte Gesellschaft kann diese Dinge finanzieren, weil weniger Geld für einen unproduktiven Statuskonsum aufgewendet werden muss. Mit einer guten Infrastruktur lockt solch eine Gesellschaft auch dann Unternehmen und individuelle Arbeitnehmerinnen an, wenn sie innerhalb dieser Gesellschaft keine Aussicht auf Reichtum haben. All die genannten flankierenden Maßnahmen können diese Effekt haben und dadurch dazu beitragen, dass eine Gesellschaft die Umstellung von Reichtum auf Wohlstand durch eine veränderte Steuergesetzgebung erreichen kann, ohne den Zusammenbruch ihres Wirtschaftssystems zu riskieren.

Die Wohlstandsgesellschaft als realistische Utopie

Die allmähliche Abschaffung eines moralisch problematischen Reichtums kann als realistische Utopie in dem Sinne verstanden werden, dass die Umsetzung der Reformen der Steuergesetze und die zentralen Umbaumaßnahmen des Wirtschaftssystems, die nötig sind, um diesen Prozess in Gang zu setzen, als praktisch durchführbar erscheinen. Ganz unklar ist allerdings noch, ob die Bürger sich auf solch einen Prozess einlassen. John Stuart Mill hat vor etwa 150 Jahren noch geglaubt, dass die Mehrheit der Menschen aus bloßem Eigeninteresse für solche Steuergesetze stimmen wird.[39] Er hatte dabei vor allem die Arbeiterklasse und ihr Interesse an einer den Erbreichtum verhindernden Erbschaftssteuer im Blick. Niemand sollte mehr erben dürfen, als für ein auskömmliches Leben nötig ist.[40] Doch tatsächlich wurde eine so radikale Erbschaftssteuer, wie Mill sie sich vorgestellt hat, niemals eingeführt. Es war nie so, dass man ab einem bestimmten Betrag einfach nicht mehr erben durfte. Aus irgendeinem Grund hat die Wahlbevölkerung der Länder in Europa nicht den von Mill prophezeiten Weg eingeschlagen. Dasselbe gilt auch für die anderen im vorherigen Abschnitt diskutierten Reformen, die nirgends in dem nötigen Umfang in Angriff genommen wurden.[41]

39 Vgl. Mill, *Principles of Political Economy*, S. 69 f., 138 f.

40 Ebd., S. 35 f., 127.

41 Vgl. Beckert, *Erben in der Leistungsgesellschaft*, S. 217-227.

Für diese Zurückhaltung sind unterschiedliche Gründe denkbar, von denen ich die drei plausibelsten kurz diskutieren werde.[42] (Abhängig davon ergibt sich die Notwendigkeit der Formulierung neuer sozialliberaler Ideale für ein humanistisches Europa, wie ich abschließend argumentieren möchte.[43]) 1. Die Mehrheit der Wahlbevölkerung hatte an solch einer Entwicklung nie ein Interesse. 2. Die Wahlbevölkerung hat sich zu schnell in verschiedene soziale Schichten mit sehr heterogenen Interessen aufgelöst. 3. Die Menschen sind trotz demokratischer Beteiligung politisch machtlos geblieben.

Der erste Punkt lässt sich entweder so verstehen, dass die Menschen auch nach eingehender Reflexion kein Interesse an einer Abschaffung des Reichtums haben. Oder er lässt sich so verstehen, dass sie deswegen fälschlicherweise glauben, kein solches Interesse zu haben, weil sie nicht gut darüber nachgedacht haben oder mit einer für sie schwer zu durchschauenden Ideologie konfrontiert sind. Die letzten Kapitel sollten gezeigt haben, dass die erste Möglichkeit falsch ist. Immerhin geht es um den Schutz der Würde, die durch bestimmte Formen des Reichtums gefährdet ist. Dieser Schutz ihrer Würde und der Würde anderer liegt im reflektierten Interesse der Menschen. Es könnte aber sein, dass sich die Menschen über ihre wahren Interessen täuschen. Wenn das zutrifft, dann wäre es eine Aufgabe der Ideologiekritik, diese systematische Täuschung zu überwinden. Beispielsweise ließe sich die Theorie adaptiver Präferenzen nutzen, um solch eine Täuschung zu erklären:[44] Aufgrund beschränkter Kenntnisse der tatsächlichen Verhältnisse und aufgrund beschränkter Handlungsmöglichkeiten passen Akteure ihre Präferenzen den ihnen objektiv erscheinenden Umständen an, um sich möglichst gut in ihrer Lebenswelt einrichten zu können. Da

42 Kenneth Galbraith notiert, dass es als »Geschmacklosigkeit« gilt, wenn jemand den Reichtum der Reichen kritisiert (Galbraith, *The Affluent Society*, S. 71). Die Frage ist allerdings, wie es dazu kommen konnte. Dabei spielt sicher die im ersten Kapitel angesprochene Neidfrage eine Rolle. Aber auch hier gilt, dass es erklärungsbedürftig ist, warum diese Deutung von Reichtumskritik so wirkungsmächtig werden konnte.

43 Vgl. auch Claus Offe, *Europa in der Falle*, Berlin 2016, S. 166-180.

44 Vgl. Jon Elster, *Sour Grapes. Studies in the Subversion of Rationality*, Cambridge 1985, S. 109-140, und Sen, *Commodities and Capabilities*; ders., *Inequality Re-Examined*.

sie selbst nie reich werden können und ihr Leben nicht in Neid verbringen wollen, leugnen die Menschen die Probleme des Reichtums einfach.[45]

Die zweite Erklärungsmöglichkeit geht davon aus, dass sich die Wahlbevölkerung in verschiedene soziale Schichten mit sehr heterogenen Interessen aufgelöst hat. Für Mill macht die Arbeiterklasse den Großteil der Bevölkerung aus und stellt eine einheitliche Gruppe mit einer hinreichend identischen politischen Grundhaltung dar, um politische Mehrheiten zu garantieren. In diesem Punkt unterscheidet er sich nicht besonders von Marx.[46] Die politische Einheit der Arbeiterklasse bildet die Grundlage für seinen Optimismus bezüglich der Reformen des Erbschaftsrechts. Es könnte jedoch sein, dass die Arbeiterklasse diese Mehrheit nie besessen bzw. mit zunehmender politischer Ermächtigung durch eine Diffusion in verschiedene Interessengruppen verloren hat, bevor sie hinreichend handlungsfähig wurde. Diese Erklärung erscheint auf den ersten Blick wahrscheinlich, denn dafür spricht, dass sich in Ländern wie Deutschland, Österreich und der Schweiz eine Mittelschicht herausgebildet hat, die möglicherweise ganz andere Interessen besitzt als die traditionelle Arbeiterklasse.

Genau diese Argumentationslinie wird implizit auch von Thomas Piketty vertreten, der die Bevölkerung in eine Unterschicht, eine Mittelschicht und eine Oberschicht einteilt. Für Europa sieht die Lage seiner Einschätzung nach im Jahre 2010 so aus: Die Unterschicht besteht bei ihm aus 50 Prozent der Bevölkerung, erhält aber nur 25 Prozent des Einkommens aus Arbeit und Kapital. Die Mittelschicht besteht aus 40 Prozent der Bevölkerung und erhält auch 40 Prozent des Einkommens. Die Oberschicht hingegen besteht aus 10 Prozent der Bevölkerung, erhält aber 35 Prozent des

45 Neid gilt gemeinhin als Untugend. Allerdings argumentiert Marguerite La Caze, dass Neid durchaus eine Tugend sein kann, wenn er auf Ungerechtigkeit hindeutet. La Caze, »Envy and Resentment«, S. 31-45; vgl. auch Krista K. Thomason, »The Moral Value of Envy«, in: *Southern Journal of Philosophy* 53/1 (2015), S. 36-53. Ich selbst würde zwischen Neid und verletztem Gerechtigkeitsempfinden unterscheiden. Es gibt eine Tendenz, Letzteres ebenfalls schnell für Neid zu halten und zu verurteilen.

46 Das ist auch das Ergebnis der meiner Kenntnis nach einzigen umfangreichen vergleichenden Studie zu Marx und Mill (vgl. Graeme Duncan, *Marx and Mill. Two Views of Social Conflict and Social Harmony*, Cambridge 1973).

Einkommens. (Das oberste Prozent bezieht in Europa 10 Prozent und in den USA sogar 20 Prozent des Einkommens.[47])

Allerdings sind diese Zahlen nicht besonders aussagekräftig bezüglich der Frage, ob es zu einer Interessendifferenz zwischen der Unterschicht und der Mittelschicht gekommen ist. Denn tatsächlich würde die Mittelschicht ja gar nicht verlieren, wenn es zu mehr Umverteilung käme. Das wäre zumindest dann nicht der Fall, wenn durch die oben beschriebene Steuerstruktur von der Oberschicht direkt hin zur Unterschicht umverteilt wird. Das ließe sich durch einen entsprechenden einkommensabhängigen Anstieg der Steuersätze durchaus erreichen. Natürlich wäre es denkbar und es ist auch plausibel anzunehmen, dass die Mittelschicht einfach subjektiv befürchtet, doch etwas zu verlieren. Es könnte aber auch sein, dass die Mittelschicht den Abstand zur Unterschicht für wichtiger hält als eine gleichmäßigere Verteilung, weil sie dadurch einen relativ höheren sozialen Status besitzt. Dann wäre aufgrund der großen Bedeutung des Geltungskonsums tatsächlich keine Interessenhomogenität mehr gegeben.

Die dritte Erklärung für das Ausbleiben der Reformen behauptet, dass die Mehrheit der Bürger trotz demokratischer Beteiligung politisch machtlos geblieben ist. Selbst wenn Geringverdiener und die Mittelschicht zusammen die politische Mehrheiten bilden und sich ihres Interesses an einer Reform des Steuersystems durchaus bewusst sind, brauchen sie trotzdem nicht über die politische Macht zu verfügen, dies auch durchsetzen zu können. Zwar gibt es immer wieder Parteien, die entsprechende Steuergesetze im Wahlprogramm haben. Aber es lässt sich daran zweifeln, dass sich solche Gesetze überhaupt langfristig umsetzen lassen. Oder wie oben diskutiert, lässt sich die Befürchtung schüren, dass dies massive Nachteile für die nationale Wirtschaft und damit auch für die Lebenslage der Arbeiterklasse selbst mit sich bringt. Wenn die Aussichten so negativ eingeschätzt werden, dann werden die entsprechenden Parteien möglicherweise gar nicht erst gewählt.[48]

47 Piketty, *Das Kapital im 21. Jahrhundert*, S. 249.

48 Vgl. Crouch, *Postdemokratie*; ders., *Das befremdliche Überleben des Neoliberalismus*. Ähnlich beispielsweise Gar Alperovitz, *What then Must We Do? Straight Talk About the Next American Revolution*, Chelsea 2013; Reich, *Beyond Outrage*; Jürgen Habermas, »Euroskepsis, Markteuropa oder Europa der (Welt-)bürger«, in: ders., *Zeit der Übergänge*, Frankfurt/M. 2001, S. 87. Letzterer plädiert daher

Für diese Position spricht auch, dass im komplexen politischen Gefüge oft Zweidrittel-Mehrheiten nötig sind, um grundsätzliche Änderungen durchzusetzen. Allerdings sind Parteien, die auf hinreichend progressive Steueränderungen setzen, derart weit von politischen Mehrheiten entfernt, dass sich nur sehr wenig darüber sagen lässt, ob sie dann ihr Programm auch umsetzen können oder nicht. Der zentrale Grund für diese Lage ist wohl historisch wie gegenwärtig die Drohung von Kapitaleigentümern, ihr Geld so schnell wie möglich ins Ausland zu schaffen, und die immer wieder geschürte Angst davor, dass die heimische Wirtschaft ihre globale Konkurrenzfähigkeit verliert.[49] Höhere Steuern versprechen unmittelbar eine bessere Entlohnung der Arbeiterinnen und eine entsprechend geringere Kapitalrendite. Arbeitskraft wird weniger effizient ausgebeutet, und Investitionen sind weniger lukrativ. Das wirkt sich klarerweise auf die globale Konkurrenzfähigkeit in der Attraktion von Kapital sowohl auf betriebswirtschaftlicher als auch auf volkswirtschaftlicher Ebene aus.

Es erscheint für Wählerinnen also plausibel, davon auszugehen, dass Änderungen der Steuergesetze zumindest mittelfristig zu einer massiven Schrumpfung der Wirtschaftsleistung mit entsprechenden Auswirkungen auf Staatshaushalt, Arbeitsplätze, Einkommen und Lebensqualität führen. Entsprechend lässt sich annehmen, dass die Angst vor solch einer Transformation auch das politische Handeln der Arbeiterklasse und der progressiven Mittelschicht bestimmt. Doch eine mögliche Antwort auf diese Problematik habe ich schon im letzten Abschnitt diskutiert. Es zeigt sich noch einmal deutlich, dass problematischen Reichtum verhindernde Steueränderungen mit einem umfassenden Reformprogramm der Wirtschaftsstruktur in einem sozialliberalen Sinne einhergehen und langfristig angelegt sein müssen. Parteien mit entsprechenden Programmen gibt es faktisch jedoch nicht.[50] Offenbar fehlt es dazu aufgrund des politischen Tagesgeschäfts an visionärer Kraft. Um das moralische Problem des Reichtums als Gefährdung der Selbstachtung in den Griff zu bekommen und die Möglichkeit eines Zusammenlebens in Würde zu schaffen, bedarf es jedoch solch einer umfassenden

für ein politisch integriertes Europa, das der Macht der Finanzmärkte trotzen kann. Vgl. Jürgen Habermas, *Zur Verfassung Europas. Ein Essay*, Berlin 2011, S. 51.

49 Ulrich, *Zivilisierte Marktwirtschaft*, S. 162 f.

50 Vgl. Offe, *Europa in der Falle*, S. 71-80.

Vorstellung eines ganz anderen Steuersystems, das tatsächlich für mehr Gerechtigkeit sorgt, und eines anderen Wirtschaftssystems, das damit kompatibel ist. Nur dann werden die Menschen es wagen, sich auf dieses Experiment einzulassen.

Je stärker sich solch eine sozialliberale Vorstellung eines auf Wohlstand ohne Reichtum ausgerichteten Wirtschaftssystems verdichtet, desto wahrscheinlicher ist es, dass politische Parteien sie zu ihrem Programm machen. Davon wiederum hängt es ab, dass sich ein hinreichend großer Teil der Wahlbevölkerung hinter solche Programme stellt. Ich möchte abschließend anmerken, dass solch ein sozialliberales Wirtschaftsprogramm meiner Überzeugung nach weder einzelstaatlich noch global, sondern europäisch ausgerichtet sein muss. Eine globale Perspektive ist vollkommen unrealistisch, während einzelstaatliche Initiativen an der Macht reicher Akteure scheitern, die immer damit drohen können, ihr Kapital einfach ins Ausland zu verlagern. Außerdem wären sie nur um den Preis einer Rücknahme der europäischen Integration möglich.[51] Auf europäischer Ebene hingegen hat solch eine sozialliberale Idee das Potential, als wirklich realistische Utopie zu wirken. Der Grund dafür ist einfach: Europa ist groß und wohlhabend genug, um hinreichend Kapital zu binden. Die Drohung der Verlagerung ins Ausland läuft dann ins Leere.[52]

Es stellt sich die Frage, ob Europa in der Lage ist, solch ein sozialliberales Programm zu entwickeln und umzusetzen.[53] Dagegen

51 Wolfgang Streeck sieht diesen Punkt und ist bereit, den Preis zu bezahlen (Streeck, *Gekaufte Zeit*, S. 240-256). Allerdings diskutiert er gar nicht all die anderen wichtigen Gründe, die für ein Festhalten an der europäischen Idee sprechen, zum Beispiel die Unmöglichkeit einer autonomen Fiskalpolitik. Vgl. Piketty, *Die Schlacht um den Euro*, S. 108; Offe, *Europa in der Falle*, S. 87-112. Vgl. zu einer expliziten Kritik an Streeck: Jürgen Habermas, »Demokratie oder Kapitalismus?«, in: ders., *Im Sog der Technokratie*, Berlin 2013, S. 138-157.

52 Vgl. Habermas, *Zur Verfassung Europas*, S. 77-82; ders., »Im Sog der Technokratie. Ein Plädoyer für europäische Solidarität«, in: ders., *Im Sog der Technokratie*, Berlin 2013, S. 100-104.

53 David Held war vor etwas über zehn Jahren noch optimistisch, dass solch ein Programm auf globaler Ebene möglich ist (Held, *Models of Democracy*, S. 147-259). Davon sind wir inzwischen jedoch deutlich weiter entfernt. Selbst auf europäischer Ebene ist nicht klar, ob sich dafür in den relevanten Staaten politische Mehrheiten finden lassen. Wenn es aber einen größeren politischen Raum gibt, in dem das denkbar ist, dann ist es der europäische. Vgl. Piketty, *Die Schlacht um den Euro*, S. 167, 175.

sprechen die einzelstaatliche Struktur der europäischen Union, die auf Einstimmigkeit beruht, und die vielen sehr unterschiedlichen einzelstaatlichen Interessen. Das Problem scheint dann zu sein, dass doch erst auf einzelstaatlicher Ebene eine Zustimmung erfolgen muss und nur so auf europäischer Ebene eine Einigung erreicht werden kann. Sobald nur ein einziger Staat nicht zustimmt, scheint das Projekt schon hinfällig zu sein. Folglich ist fraglich, ob sich unter diesen Bedingungen überhaupt ein einzelner Staat für solch eine sozialliberale Perspektive stark macht. Das klingt dann doch wieder so, als ob die sozialliberale Idee eines Wohlstands ohne schädlichen Reichtum auch in Europa ganz unrealistisch wäre. Allerdings hat die sehr wechselhafte europäische Ereignisgeschichte auch zu einer Ideengeschichte geführt, in der die Idee der gleichen Würde und Würdigkeit aller Menschen eine zunehmend wichtigere Rolle gespielt hat und immer expansiver interpretiert wurde.[54] Hier liegt meiner Ansicht nach der Kern einer möglichen Entwicklung hin zu einem wohlhabenden Europa ohne schädlichen Reichtum.[55]

Ein sozialliberales Wirtschaftssystem auf europäischer Ebene scheint vor diesem Hintergrund einer progressiven Ideengeschichte durchaus denkbar. Damit diese Idee jedoch tatsächlich zu einer realistischen Utopie werden kann, müssten sich zwei Bewegungen verstärken. Erstens müsste das Ideal der gleichen Würde und Selbstachtung aller Menschen noch stärker in einer gesamteuropäischen Ideengeschichte verortet werden und in einer gegenwärtigen europäischen philosophischen Diskussion als geteiltes Leitideal herausgearbeitet werden. Es bedürfte dafür einer sich als sozialliberal und europäisch verstehenden Gruppe von Denkerinnen, die an diesem Ideal gemeinsam arbeiten.[56] Zweitens müsste der Gedanke einer sozialliberalen Wirtschaftsordnung stärker vertieft und operationa-

54 Neuhäuser/Stoecker, »Human Dignity as Universal Nobility«, S. 298-310, und viel umfassender: Axel Honneth, *Die Idee des Sozialismus. Versuch einer Aktualisierung*, Berlin 2015.

55 Vgl. Jürgen Habermas, »Braucht Europa eine Verfassung?«, in: ders., *Zeit der Übergänge*, Frankfurt/M. 2001, S. 118; und ders., »Im Sog der Technokratie«, S. 91.

56 Vgl. dazu auch den vielleicht nicht weit genug gehenden Vorschlag von Jürgen Habermas, »Ist die Herausbildung einer europäischen Identität nötig, und ist sie möglich?«, in: ders., *Der gespaltene Westen*, Frankfurt/M. 2004, S. 80-82; ders., »Europapolitik in der Sackgasse. Plädoyer für eine Politik der abgestuften Integration«, in: ders., *Ach, Europa*, Frankfurt/M. 2008, S. 98 f.

lisiert werden, um für politische Programme brauchbar zu werden. Solch eine europäische Philosophie der Menschenwürde und europäische Theorie eines sozialliberalen Wirtschaftssystems müsste folglich politischer, ja parteiischer werden, als es in der gegenwärtigen akademischen Philosophie und politischen Theorie üblich ist.

Literaturverzeichnis

Acemoglu, Daron, James Robinson, *Warum Nationen scheitern. Die Ursprünge von Macht, Wohlstand und Armut*, Frankfurt/M. 2013.

Admati, Anat, Martin Hellwig, *The Bankers' New Clothes. What's Wrong with Banking and What to Do about It*, Princeton NJ 2013.

Alexander, Gregory S., Eduardo M. Penalver, *An Introduction to Property Theory*, Cambridge 2012.

Alkire, Sabina, Paola Ballon, James Foster, José Manuel Roche, Maria Emma Santos, Suman Seth, *Multidimensional Poverty Measurement and Analysis*, Oxford 2015.

Allmendinger, Jutta, »Mehr Bildung, größere Gleichheit. Bildung ist mehr als eine Magd der Wirtschaft«, in: Steffen Mau, Nadine M. Schöneck (Hg.), *(Un-)Gerechte (Un-)Gleichheiten*, Berlin 2015, S. 74-82.

Alperovitz, Gar, Lew Daly, *Unjust Desert. How the Rich Are Taking Our Common Heritage*, New York 2008.

Alperovitz, Gar, *What Then Must We Do? Straight Talk About the Next American Revolution*, Chelsea 2013.

Alperovitz, Gar, »The Pluralist Commonwealth and Property-Owning Democracy«, in: Martin O'Neill, Thad Williamson (Hg.), *Property-Owning Democracy. Rawls and Beyond*, New Jersey 2014, S. 266-286.

Amt für Statistik Berlin-Brandenburg, »Regionaler Sozialbericht Berlin-Brandenburg 2013«, in: ⟨https://www.statistik-berlin-brandenburg.de/produkte/pdf/SP_Sozialbericht-000-000_DE_2013_BBB.pdf⟩, letzter Zugriff 20. 5. 2017.

Anderson, Elisabeth, *Value in Ethics and Economics*, Cambridge MA 1993.

Anderson, Elisabeth, »Warum eigentlich Gleichheit?«, in: Angelika Krebs (Hg.), *Gleichheit oder Gerechtigkeit. Texte der neuen Egalitarismuskritik*, Frankfurt/M. 2000, S. 117-171.

Annas, Julia, *The Morality of Happiness*, Oxford 1993.

Anter, Andreas, *Theorien der Macht. Zur Einführung*, Hamburg 2012.

Appiah, Kwame Anthony, *The Honor Code. How Moral Revolutions Happen*, New York 2010.

Arendt, Hannah, *Macht und Gewalt*, München 2013.

Arneson, Richard, »Luck Egalitarianism and Prioritarianism«, in: *Ethics* 110/2 (2000), S. 339-349.

Arneson, Richard J., »Luck and Equality«, in: *Aristotelian Society Supplementary Volume* 75/1 (2001), S. 73-79.

Arnoldi, Jakob, *Alles Geld verdampft. Finanzkrise in der Weltrisikogesellschaft*, Frankfurt/M. 2009, S. 11-21.

Arvan, Marcus, »First Steps Toward a Nonideal Theory of Justice«, in: *Ethics and Global Politics* 7/3 (2014), S. 95-117.
Atkinson, Anthony, *Inequality. What Can be Done?*, Cambridge MA 2015.

Barber, Benjamin R., *Consumed! Wie der Markt Kinder verführt, Erwachsene infantilisiert und die Demokratie untergräbt*, München 2008.
Barry, Christian, Sanjay G. Reddy, *International Trade and Labor Standards. A Proposal for Linkage*, New York 2008.
Baughn, Christopher, Nancy L. Bodie, Mark A. Buchanan, Michael B. Bixby, »Bribery in International Business Transactions«, in: *Journal of Business Ethics* 92/1 (2010), S. 15-32.
Baumann, Zygmunt, *Flüchtige Zeiten. Leben in der Ungewissheit*, Hamburg 2008.
Beck, Valentin, »Theorizing Fairtrade From a Justice-Related Standpoint«, in: *Global Justice. Theory, Practice, Rhetoric* 3 (2010), S. 1-21.
Beck, Valentin, *Eine Theorie der globalen Verantwortung. Was wir Menschen in extremer Armut schulden*, Berlin 2016.
Beck, Valentin (Hg.), »Schwerpunkt ›Gefährdungen der Menschenrechte und Demokratie am Beispiel von TTIP‹«, in: *MenschenRechtsMagazin* 21/2 (2016), S. 95-128.
Beckert, Jens, »The Moral Embeddedness of Markets«, in: Jane Clary, Wilfred Dolfsma, Deborah M. Figart (Hg.), *Ethics and the Market. Insights from Social Economics*, London 2006, S. 11-25.
Beckert, Jens, *Erben in der Leistungsgesellschaft*, Frankfurt/M. 2013.
Beckert, Jens, »Die sittliche Einbettung der Wirtschaft. Von der Effizienz- und Differenzierungstheorie zu einer Theorie wirtschaftlicher Felder«, in: Lisa Herzog, Axel Honneth (Hg.), *Der Wert des Marktes. Ein ökonomisch-philosophischer Diskurs vom 18. Jahrhundert bis zur Gegenwart*, Berlin 2014, S. 548-576.
Beckert, Jens, »Besteuert die Erben!«, in: Steffen Mau, Nadine M. Schöneck (Hg.), *(Un-)Gerechte (Un-)Gleichheiten*, Berlin 2015, S. 145-153.
Bieling, Hans-Jürgen (Hg.), *Steuerpolitik: Analysen, Konzeptionen, Herausforderungen*, Schwalbach 2015.
Bird, Colin, »Self-respect and the Respect of Others, in: *European Journal of Philosophy* 18/1, S. 17-40.
Birnbacher, Dieter, »Kann die Menschenwürde die Menschenrechte begründen?«, in: Bernward Gesang, Julius Schälike (Hg.), *Die großen Kontroversen der Rechtsphilosophie*, Paderborn 2011, S. 77-98.
Bleisch, Barbara, Peter Schaber (Hg.), *Weltarmut und Ethik*, Paderborn 2007.
Bleisch, Barbara, *Pflichten auf Distanz. Weltarmut und individuelle Verantwortung*, Berlin 2010.

Bluhm, Harald, Skadi Krause (Hg.), *Robert Michels' Soziologie des Parteiwesens. Oligarchien und Eliten. Die Kehrseiten Moderner Demokratie*, Berlin 2012.

Böhnke, Petra, »Ungleiche Verteilung politischer Partizipation«, in: *Aus Politik und Zeitgeschichte* 1-2/2011, S. 18-25.

Bourdieu, Pierre, *Die feinen Unterschiede. Kritik der gesellschaftlichen Urteilskraft*, Frankfurt/M. 1987.

Bourdieu, Pierre, *Die verborgenen Mechanismen der Macht*, Hamburg 1992.

Bourdieu, Pierre, *Sozialer Sinn. Kritik der theoretischen Vernunft*, Frankfurt/M. 1993.

Bourdieu, Pierre, *Praktische Vernunft. Zur Theorie des Handelns*, Frankfurt/M. 1998.

Bourdieu, Pierre, *Meditationen. Zur Kritik der scholastischen Vernunft*, Frankfurt/M. 2001.

Bourdieu, Pierre, *Wie die Kultur zum Bauern kommt. Über Bildung, Klassen und Erziehung*, Hamburg 2001.

Bourdieu, Pierre, »Principles of an Economic Anthropology«, in: Neil J. Smelser, Richard Swedberg (Hg.), *The Handbook of Economic Sociology*, New Jersey 2005, S. 75-89.

Bourdieu, Pierre, *Das Elend der Welt*, München 2009.

Bovens, Luc, »The Ethics of Nudge«, in: Till Grüne-Yanoff, Sven Ove Hansson (Hg.), *Preference Change. Approaches from Philosophy, Economics and Psychology*, Luxemburg 2009, S. 207-219.

Brennan, Jason, *Why not Capitalism?*, New York 2014.

Brock, Gillian, »Taxation and Global Justice. Closing the Gap Between Theory and Practice«, in: *Journal of Social Philosophy* 39/2 (2008), S. 161-184.

Broome, John, *Climate Matters. Ethics in a Warming World*, New York 2012.

Buchanan, James, *Die Grenzen der Freiheit*, Tübingen 2009.

Boltanski, Luc, Ève Chiapello, *Der neue Geist des Kapitalismus*, Konstanz 2003,

Bundesagentur für Arbeit (BA), »Arbeitslosigkeit im Zeitverlauf«, in: *Amtliche Nachrichten der Bundesagentur für Arbeit* 64/1 (2016), in: ⟨https://statistik.arbeitsagentur.de/Statistikdaten/Detail/201601/anba/anba/anba-d-0-201601-pdf.pdf⟩, letzter Zugriff 30. 5. 2017.

Bürgerliches Gesetzbuch (BGB), »§ 903 Befugnisse des Eigentümers«, *BGB III Sachenrecht*, in: ⟨http://www.buergerliches-gesetzbuch.info/bgb/903.html⟩, letzter Zugriff 28. 6. 2017

Butterwegge, Christoph, *Armut in einem reichen Land. Wie das Problem verharmlost und verdrängt wird*, Frankfurt/M. 2012.

Byravan, Sujatha, Sudhir Chella Rajan, »The Ethical Implications of Sea-Level Rise Due to Climate Change«, *Ethics and International Affairs* 24/3 (2010), S. 239-260.

Calhoun, Craig, »The Class Consciousness of Frequent Travelers: Toward a Critique of Actually Existing Cosmopolitanism«, in: *The South Atlantic Quarterly* 101/4 (2002), S. 869-897.

Caney, Simon, *Justice Beyond Borders. A Global Political Theory*, Oxford 2005.

Caney, Simon, »Climate Change and the Duties of the Advantaged«, in: *Critical Review of International Social and Political Philosophy* 13/1 (2010), S. 203-228.

Caney, Simon, »Just Emissions«, in: *Philosophy and Public Affairs* 40/4 (2012), S. 255-300.

Carens, Joseph, *Equality, Moral Incentives, and the Market. An Essay in Utopian Politico-Economic Theory*, Chicago 1981.

Carens, Joseph, »Rights and Duties in an Egalitarian Society«, in: *Political Theory* 14 (1986), S. 31-49.

Casal, Paula, »Global Taxes on Natural Resources«, in: *Journal of Moral Philosophy* 8/3 (2011), S. 307-327.

Christman, John, *The Politics of Persons: Individual Autonomy and Sociohistorical Selves*, Cambridge 2011.

Celikates, Robin, *Kritik als soziale Praxis*, Frankfurt/M. 2009.

Celikates, Robin, Stefan Gosepath, *Grundkurs Philosophie. Band 6: Politische Philosophie*, Ditzingen 2013.

Chen, Shaohua, Martin Ravaillon, »The Developing World Is Poorer Than We Thought, But No Less Successful in the Fight Against Poverty«, in: *Quarterly Journal of Economics* 125/4 (2010), S. 1577-1625.

Central Intelligence Agency (CIA), *The World Factbook 2012-2016. Country Comparison. Stock of Direct Foreign Investment – at home*, in: ⟨https://www.cia.gov/library/publications/the-world-factbook/rankorder/2198rank.html⟩, letzter Zugriff 22. 6. 2017.

Cohen, Gerald A., »Capitalism, Freedom and the Proletariat«, in: Alan Ryan (Hg.), *The Idea of Freedom. Essays in Honor of Isaiah Berlin*, Oxford 1979, S. 9-25.

Cohen, Gerald A., *History, Labour, Freedom. Themes from Marx*, Oxford 1988.

Cohen, Gerald A., »Where the Action Is«, in: *Philosophy and Public Affairs* 26/1 (1997), S. 3-30.

Cohen, Gerald A., *If You're an Egalitarian, How Come You're So Rich?* Cambridge MA 2000.

Cohen, Gerald A., »Facts and Principles«, in: *Philosophy and Public Affairs* 31/3 (2003), S. 211-245.

Cohen, Gerald A., »Expensive Taste Rides Again«, in: Ronald Dworkin and Justine Burley (Hg.), *Dworkin and His Critics. With Replies by Dworkin*, New Jersey 2004, S. 3-29.

Cohen, Gerald A., *Rescuing Justice and Equality*, Cambridge MA 2008.
Cohen, Gerald A., »Freedom and Money«, in ders., *On the Currency of egalitarian Justice – and Other Essays in Political Philosophy*, Princeton NJ 2011, S. 166-192.
Crane, Andrew, Dirk Matten, *Business Ethics*, Oxford 2007.
Creighton, Adam, »Greece's Debt Crisis. The Price of Cheap Loans«, in: *A Journal of Public Policy and Ideas* 27/3 (2011), S. 10-14.
Crocker, David A., *Ethics of Global Development. Agency, Capability, and Deliberative Democracy*, Cambridge 2008.
Crouch, Colin, *Postdemokratie*, Frankfurt/M. 2008.
Crouch, Colin, *Das befremdliche Überleben des Neoliberalismus*, Berlin 2011.
Cunningham, Frank, »Market Economies and Market Societies«, *Journal of Social Philosophy*, 36/2 (2005), S. 129-142.

Dahl, Robert A., *A Preface to Economic Democracy*, Berkeley 1985.
Dahl, Robert A., *On Democracy*, New Haven 2000.
Daniels, Norman, »Merit and Meritocracy«, in: *Philosophy and Public Affairs* 7/3 (1978), S. 206-223.
Dennett, Daniel, »Can Machines Think?«, in: ders. (Hg.), *Brainchildren*, Cambridge MA 1998, S. 3-30.
Deranty, Jean-Philippe, Craug MacMillan, »The ILO's Decent Work Initiative: Suggestions for an Extension of the Notion of ›Decent Work‹«, in: *Journal of Social Philosophy* 43/4 (2012), S. 386-405.
Deutscher Bundestag, »Fakten. Der Bundestag auf einen Blick«, Berlin 2015, in: ⟨https://www.btg-bestellservice.de/pdf/40410000.pdf⟩, letzter Zugriff 9. 6. 2017.
Deutscher Bundestag, *Grundgesetz für die Bundesrepublik Deutschland* vom 23. Mai 1949 (BGBl. S. 1), zuletzt geändert durch Artikel 1 des Gesetzes vom 23. 12. 2014 (BGBl. I S. 2438), in: ⟨https://www.bundestag.de/gg⟩, letzter Zugriff 29. 5. 2017.
Deutschmann, Christoph, »Geld als universales Inklusionsmedium moderner Gesellschaften«, in: Rudolf Stichweh, Paul Windolf (Hg.), *Inklusion und Exklusion. Analysen zur Sozialstruktur und sozialen Ungleichheit*, Wiesbaden 2009, S. 223-239.
Deutschmann, Christoph, »Geld und kapitalistische Dynamik«, in: Sylke Nissen, Georg Vobruba (Hg.), *Die Ökonomie der Gesellschaft*, Wiesbaden 2009, S. 57-71.
Dodd, Nigel, *The Social Life of Money*, New Jersey 2014.
Douglas, Mary, *Ritual, Tabu und Körpersymbolik. Sozialanthropologische Studien in Industriegesellschaft und Stammeskultur*, Frankfurt/M. 1986.
Drèze, Jean, Amartya Sen, *Hunger and Public Action*, Oxford 1989.
Drèze, Jean, Amartya Sen, *India. Development and Participation*, Oxford 1996.

Drèze, Jean, Amartya Sen, *Indien. Ein Land und seine Widersprüche*, München 2014.
Druyen, Thomas, *Goldkinder. Die Welt des Vermögens*, Hamburg 2007.
Druyen, Thomas, Matthias Grundmann, Wolfgang Lauterbach (Hg.), *Reichtum und Vermögen. Zur gesellschaftlichen Bedeutung der Reichtums- und Vermögensforschung*, Wiesbaden 2009.
Duncan, Graeme, *Marx and Mill. Two Views of Social Conflict and Social Harmony*, Cambridge 1973.
Dworkin, Ronald, »What Is Equality? Part 1: Equality of Welfare«, in: *Philosophy and Public Affairs* 10/3 (1981), S. 185-246.
Dworkin, Ronald: »What Is Equality? Part 2: Equality of Resources«, in: *Philosophy and Public Affairs* 10/4 (1981), S. 283-345.
Dworkin, Ronald, *Sovereign Virtue. The Theory and Practice of Equality*, Cambridge MA, London 2002.
Dworkin, Ronald, *Is Democracy Possible Here? Principles for a New Political Debate*, New Jersey 2008.

Easterly, William, *The White Man's Burden. Why the West's Efforts to Aid the Rest Have Done So Much Ill and So Little Good*, London 2007.
Easterly, William, *The Tyranny of Experts. Economists, Dictators, and the Forgotten Rights of the Poor*, New York 2015.
Eckl, Andreas, Bernd Ludwig (Hg.), *Was ist Eigentum? Philosophische Positionen von Platon bis Habermas*, München 2005.
Edenhofer, Ottmar, Johannes Wallacher, Michael Reder, Hermann Lotze-Campen (Hg.), *Global, aber gerecht. Klimawandel bekämpfen, Entwicklung ermöglichen*, München 2010.
Elster, Jon, *Sour Grapes. Studies in the Subversion of Rationality*, Cambridge 1985.
Epstein, Richard A., *Takings. Private Property and the Power of Eminent Domain*, Cambridge MA 1985.
Epstein, Richard A., *Principles for a Free Society. Reconciling Individual Liberty with the Common Good*, New York 1998.
Epstein, Richard A., *Skepticism and Freedom. A Modern Case for Classical Liberalism*, Chicago 2003.
Eribon, Didier, *Rückkehr nach Reims*, Berlin 2016.
Eucken, Walter, *Grundsätze der Wirtschaftspolitik*, Tübingen 2004.

Felbermayr, Gabriel, Mario Larch, »Das Transatlantische Freihandelsabkommen. Zehn Beobachtungen aus der Sicht der Außenhandelslehre«, in: *Wirtschaftspolitische Blätter* 2 (2013), S. 353-366.
Felbermayr, Gabriel, Wilhelm Kohler, Rahel Aichele, Günther Klee, Erdal Yalcin, *Mögliche Auswirkungen der Transatlantischen Handels- und Inves-*

titionspartnerschaft (TTIP) auf Entwicklungs- und Schwellenländer, ifo-Forschungsberichte 67, München 2015.
Fenner, Dagmar, *Das gute Leben*, Berlin 2007.
Festinger, Leon, *A Theory of Cognitive Dissonance*, Redwood City 1957.
Foucault, Michel, »Subjekt und Macht«, in: ders., *Analytik der Macht*, Berlin 2013, S. 240-263.
Fourie, Carina, »What Is Social Equality? An Analysis of Status Equality as a Strongly Egalitarian Ideal«, in: *Res Publica* 18/2 (2012), S. 107-126.
Fourie, Carina, Fabian Schuppert, Ivo Wallimann-Helmer (Hg.), *Social Equality. On What It Means to Be Equals*, Oxford 2015.
Frankfurt, Harry G., »Gleichheit und Achtung«, in: Angelika Krebs (Hg.), *Gleichheit oder Gerechtigkeit. Texte der neuen Egalitarismuskritik*, Frankfurt/M. 2000, S. 38-49.
Frankfurt, Harry G., »Identifikation und freier Wille«, in: ders., *Freiheit und Selbstbestimmung*, hg. von Monika Betzler und Barbara Guckes, Berlin 2001, S. 116-137.
Frankfurt, Harry G., »Über die Bedeutsamkeit des Sich-Sorgens«, in: ders., *Freiheit und Selbstbestimmung*, hg. von Monika Betzler und Barbara Guckes, Berlin 2001, S. 98-115.
Frankfurt, Harry G., *Sich selbst ernst nehmen*, Berlin 2007.
Frankfurt, Harry G., *Ungleichheit. Warum wir nicht alle gleich viel haben müssen*, Berlin 2016.
Fraser, Nancy, Axel Honneth, *Umverteilung oder Anerkennung? Eine politisch-philosophische Kontroverse*, Berlin 2003.
Freeland, Chrystia, *Die Superreichen. Aufstieg und Herrschaft einer neuen globalen Geldelite*, Frankfurt/M. 2013.
French, Peter, »The Corporation as a Moral Person«, in: *American Philosophical Quarterly* 16 (1979), S. 207-215.
French, Peter, *Corporate Ethics*, San Diego CA 1995.
Freud, Sigmund, *Totem und Tabu. Einige Übereinstimmungen im Seelenleben der Wilden und der Neurotiker*, Studienausgabe Bd. IX, Frankfurt/M. 2000, S. 287-444.
Frey, Bruno S., Alois Stutzer, »Happiness, Economy and Institutions«, in: *The Economic Journal* 110/466 (2000), S. 918-938.
Fried, Barbara, »Does Nozick Have a Theory of Property Rights?«, in: Ralf Bader, John Meadowcroft (Hg.), *The Cambridge Companion to Nozick's Anarchy, State, and Utopia*, Cambridge 2011, S. 230-253.
Friedman, Milton, »The Social Responsibility of Business Is to Increase Its Profits«, in: *New York Times Magazine*, September 13, 1970, S. SM17.
Friedman, Milton, Rose Friedman, *Chancen, die ich meine. Ein persönliches Bekenntnis*, Berlin 1985.
Friedman, Milton, *Kapitalismus und Freiheit*, München 2004.

Fromm, Erich, »Haben oder Sein«, in: ders. (Hg.), *Analytische Charaktertheorie*. Gesamtausgabe Bd. 2, München 1980, S. 269-414.
Fücks, Ralf, *Intelligent wachsen. Die grüne Revolution*, München 2013.
Fülleborn, Ulrich, *Besitzen, als besäße man nicht*, Frankfurt/M. 1995.

Gabriel, Gottfried, »Explikation«, in: Jürgen Mittelstraß (Hg.), *Enzyklopädie Philosophie und Wissenschaftstheorie*, Stuttgart 2005, S. 459.
Gaisbauer, Helmut P., »›Option für die Vermögenden‹. Analyse und Kritik österreichischer Steuerpolitik zur Vermögensübertragung«, in: Helmut P. Gaisbauer u. a. (Hg.), *Erbschaftssteuer im Kontext*, Wiesbaden 2013, S. 165-184.
Galbraith, John Kenneth, *The Affluent Society*, New York 1998.
Gesang, Bernward, *Klimaethik*, Berlin 2011.
Geuss, Raymond, *Kritik der politischen Philosophie. Eine Streitschrift*, Hamburg 2011.
Giddens, Anthony, *Die Konstitution der Gesellschaft*, Frankfurt/M. 1997.
Giddens, Anthony, *The Politics of Climate Change*, London 2009.
Gilabert, Pablo, »Comparative Assessments of Justice, Political Feasibility, and Ideal Theory«, in: *Ethical Theory and Moral Practice* 15/1 (2012), S. 39-56.
Gilbert, Margaret, »A Real Unity of Them All?«, in: *The Monist* 92 (2009), S. 268-285.
Gilbert, Margaret, *Joint Commitment. How We Make the Social World*, Oxford 2014.
Gilens, Martin, Benjamin I. Page, »Testing Theories of American Politics. Elites, Interest Groups, and Average Citizens«, in: American Political Science Association (Hg.), *Perspectives on Politics*, 12/3 (2014), S. 564-581.
Goffmann, Erving, *Stigma. Über Techniken der Bewältigung beschädigter Identität*, Frankfurt/M. 1975.
Goffmann, Erving, *Interaktionsrituale. Über Verhalten in direkter Kommunikation*, Frankfurt/M. 1986.
Goffmann, Erving, *Wir alle spielen Theater. Die Selbstdarstellung im Alltag*, München 2000.
Gorz, André, *Wege ins Paradies. Thesen zur Krise, Automation und Zukunft der Arbeit*, Berlin 1983.
Gorz, André, *Arbeit zwischen Misere und Utopie*, Frankfurt/M. 2000.
Gosepath, Stefan, *Gleiche Gerechtigkeit. Grundlagen eines liberalen Egalitarismus*, Frankfurt/M. 2004.
Götte, Lorenz, Alois Stutzer, Michael Zehnder, »Active Decisions and Prosocial Behaviour. A Field Experiment in Blood Donation«, in: *Economic Journal* 121/556 (2011), S. 476-493.
Götte, Lorenz, Beat Frey, Alois Stutzer, »Prosocial Motivation and Blood

Donations. A Survey of the Empirical Literature«, in: *Transfusion Medicine and Hemotherapy* 37/3 (2010), S. 149-154.

Graeber, David, *Schulden. Die ersten 5000 Jahre*, Stuttgart 2012.

Habermas, Jürgen, *Strukturwandel der Öffentlichkeit*, Frankfurt/M. 1990.

Habermas, Jürgen, »Euroskepsis, Markteuropa oder Europa der (Welt-)bürger«, in: ders., *Zeit der Übergänge*, Frankfurt/M. 2001, S. 85-103.

Habermas, Jürgen, »Braucht Europa eine Verfassung?«, in: ders., *Zeit der Übergänge*, Frankfurt/M. 2001, S. 104-129.

Habermas, Jürgen, »Ist die Herausbildung einer europäischen Identität nötig, und ist sie möglich?«, in ders., *Der gespaltene Westen*, Frankfurt/M. 2004, S. 68-82.

Habermas, Jürgen, »Europapolitik in der Sackgasse. Plädoyer für eine Politik der abgestuften Integration«, in: ders., *Ach, Europa*, Frankfurt/M. 2008, S. 96-127.

Habermas, Jürgen, »Das Konzept der Menschenwürde und realistische Utopie der Menschenrechte«, in: *Deutsche Zeitschrift für Philosophie* 58 (2010), S. 343-357.

Habermas, Jürgen, *Zur Verfassung Europas*. Ein Essay, Berlin 2011.

Habermas, Jürgen, »Im Sog der Technokratie. Ein Plädoyer für europäische Solidarität«, in: ders., *Im Sog der Technokratie*, Berlin 2013, S. 82-111.

Habermas, Jürgen, »Demokratie oder Kapitalismus?«, in: ders., *Im Sog der Technokratie*, Berlin 2013, S. 138-157.

Häring, Norbert, Niall Douglas, *Economists and the Powerful. Convenient Theories, Distorted Facts, Ample Rewards*, London 2012.

Hahn, Henning, *Moralische Selbstachtung. Zur Grundfigur einer sozialliberalen Gerechtigkeitstheorie*, Berlin 2008.

Hartmann, Michael, *Der Mythos von den Leistungseliten. Spitzenkarrieren und soziale Herkunft in Wirtschaft, Politik, Justiz, und Wissenschaft*, Frankfurt/M. 2002.

Hartmann, Michael, »Eliten in Deutschland. Rekrutierungswege und Karrierepfade«, in: *Aus Politik und Zeitgeschichte* 10 (2004), S. 17-21.

Hartmann, Michael, *Eliten und Macht in Europa. Ein internationaler Vergleich*, Frankfurt/M. 2007.

Hartmut Böhme, *Fetischismus und Kultur. Eine andere Theorie der Moderne*, Reinbek 2006.

Hassoun, Nicole, »Free Trade, Poverty, and Inequality«, in: *Journal of Moral Philosophy* 8/1 (2011), S. 5-44.

Hausman, Daniel, *Preferences, Value, Choice, and Welfare*, Cambridge 2012.

Hausman, Daniel, Michael McPherson (Hg.), *Economic Analysis, Moral Philosophy, and Public Policy*, Cambridge 2006.

Hayek, Friedrich A. von, *Der Weg zur Knechtschaft*, hg. von Manfred E. Streit u. übers. von Eva Röpke, Tübingen 2004.

Hayek, Friedrich A. von, *Die Verfassung der Freiheit*, Tübingen 2005.
Hayes, Christopher, *Twilight of the Elites. America After Meritocracy*, New York 2012.
Heath, Joseph, »Liberal Autonomy and Consumer Sovereignty«, in: John Christman, Joel Anderson (Hg.), *Autonomy and the Challenges to Liberalism. New Essays*, New York 2005, S. 204-225.
Heath, Joseph, *Morality, Competition, and the Firm. The Market Failures Approach to Business Ethics*, Oxford 2014
Heidbrink, Ludger, Imke Schmidt, »Das Prinzip der Konsumentenverantwortung. Grundlagen, Bedingungen und Umsetzungen verantwortlichen Konsums«, in: Ludger Heidbrink, Imke Schmidt, Björn Ahaus (Hg.), *Die Verantwortung des Konsumenten. Über das Verhältnis von Markt, Moral und Konsum*, Frankfurt/M. 2011, S. 25-56.
Held, David, *Models of Democracy*, Redwood City 2006.
Henning, Christoph, »Gibt es eine Pflicht zur Übernahme der geteilten Verantwortung? Über Komplikationen im Anschluss an Iris Marion Young«, in: *Zeitschrift für Praktische Philosophie* 2/2 (2015), S. 61-86.
Herzog, Lisa, Axel Honneth, *Der Wert des Marktes. Ein ökonomisch-philosophischer Diskurs vom 18. Jahrhundert bis zur Gegenwart*, Berlin 2014.
Herzog, Lisa, *Just Financial Markets? Finance in a Just Society*, Oxford 2017.
Hill, Thomas E., »Moral Dilemmas, Gaps, and Residues. A Kantian Perspective«, in: H. E. Mason, H. (Hg.), *Moral Dilemmas and Moral Theory*, New York 1996, S. 167-198.
Hillebrandt, Frank, *Soziologische Praxistheorien. Eine Einführung*, Berlin 2014.
Hirsch, Fred, *Die sozialen Grenzen des Wachstums. Eine ökonomische Analyse der Wachstumskrise*, Reinbek 1980.
Hirschman, Albert O., »The Changing Tolerance for Income Inequality in the Course of Economic Development«, in: *The Quarterly Journal of Economics* 87/4 (1973), S. 544-566.
Hobbes, Thomas, *Leviathan. Oder Stoff, Form und Gewalt eines kirchlichen und bürgerlichen Staates*, hg. und eingeleitet von Iring Fetscher, Berlin 1966.
Homann, Karl, »Die Bedeutung von Anreizen in der Ethik«, in: ders., *Vorteile und Anreize*, hg. von Christoph Lütge, Tübingen 2002, S. 187-210.
Homann, Karl, »Moralität und Vorteil«, in: ders., *Vorteile und Anreize*, hg. von Christoph Lütge, Tübingen 2002, S. 176-186.
Homann, Karl, »Die Bedeutung von Dilemmastrukturen für die Ethik«, in: ders., *Vorteile und Anreize*, hg. von Christoph Lütge, Tübingen 2002, S. 94-106.
Homann, Karl, »Ökonomik. Fortsetzung der Ethik mit anderen Mitteln«, in: ders., *Vorteile und Anreize*, hg. von Christoph Lütge, Tübingen 2002, S. 243-266.

Homann, Karl, »Ordnungsethik«, in: ders., *Anreize und Moral*, hg. von Christoph Lütge, Münster, Berlin u. a. 2003, S. 137-165.
Homann, Karl, »Was kann Gerechtigkeit für die Beziehungen zur Dritten Welt heißen?«, in: ders. (Hg.), *Anreize und Moral*, Münster, Berlin u. a. 2003, S. 217-231.
Homann, Karl, Andreas Suchanek, *Ökonomik. Eine Einführung*, Tübingen 2005.
Honneth, Axel, *Verdinglichung. Eine anerkennungstheoretische Studie*, Berlin 2015.
Honneth, Axel, *Die Idee des Sozialismus: Versuch einer Aktualisierung*, Berlin 2015.
Horkheimer, Max, Theodor W. Adorno, *Dialektik der Aufklärung. Philosophische Fragmente*, Frankfurt/M. 1988.
Hradil, Stefan, *Soziale Ungleichheit in Deutschland*, Wiesbaden 2005.
Huster, Ernst-Ulrich, »Reiche und Superreiche in Deutschland. Begriffe und soziale Bewertung«, in: Thomas Duyen, Wolfgang Lauterbach, Matthias Grundmann (Hg.), *Reichtum und Vermögen. Zur gesellschaftlichen Bedeutung der Reichtums- und Vermögensforschung*, Wiesbaden 2009, S. 45-53.
Huster, Stefan, *Soziale Gesundheitsgerechtigkeit. Sparen, umverteilen, vorsorgen?*, Berlin 2011.
Huster, Stefan, »Selbstbestimmung, Gerechtigkeit und Gesundheit. Normative Aspekte von Public Health«, in: *Würzburger Vorträge zur Rechtsphilosophie, Rechtstheorie und Rechtssoziologie Heft 49*, Baden-Baden 2015.

Ikäheimo, Heikki, *Anerkennung*, Berlin 2014.
Illouz, Eva, »Emotions, Consumption, Imagination. A New Research Agenda«, in: *Journal of Consumer Culture* 9/3 (2009), S. 377-413.
Ingham, Geoffrey, *The Nature of Money*, Cambridge 2004.
Ingham, Geoffrey, *Capitalism. With a New Postscript on the Financial Crisis and Its Aftermath*, Cambridge 2008.
Institut der deutschen Wirtschaft Köln (IW Köln), »Einkommensranking. Hohe Wirtschaftskraft reicht nicht immer«, in: ⟨https://www.iwkoeln.de/presse/iw-nachrichten/beitrag/einkommensranking-hohe-wirtschafts kraft-reicht-nicht-immer-123518⟩, letzter Zugriff 28. 6. 2017.
International Labour Office (ILO), »World of Work Report 2014. Developing with Jobs«, in: ⟨http://ilo.org/global/research/global-reports/world-of-work/2014/lang--en/index.htm⟩, letzter Zugriff 8. 6. 2017.
International Labour Office (ILO), »Global unemployment projected to rise in both 2016 and 2017«, in: ⟨http://www.ilo.org/global/about-the-ilo/newsroom/news/WCMS_443500/lang--en/index.htm⟩, letzter Zugriff 8. 6. 2017.

Intergovernmental Penal on Climate Change (IPCC), *Climate Change 2014. Synthesis Report. Contribution of Working Groups I, II and III to the Fifth Assessment Report of the Intergovernmental Panel on Climate Change* [Core Writing Team, R. K. Pachauri and L.A. Meyer (Hg.)], Genf 2014, in: ⟨https://www.ipcc.ch/report/ar5/syr/⟩, letzter Zugriff 17. 6. 2017.

Jackson, Tim, *Wohlstand ohne Wachstum. Leben und Wirtschaften in einer endlichen Welt*, München 2013.

Jacques, Martin, *When China Rules the World*, London 2009.

Jaeggi, Rahel, »Was (wenn überhaupt etwas) ist falsch am Kapitalismus? Drei Wege der Kapitalismuskritik«, in: *Working Paper der DFG-Kolleg-forscherInnengruppe Postwachstumsgesellschaften* 01/2013, S. 1-20.

Jaeggi, Rahel, *Kritik von Lebensformen*, Berlin 2014.

Jänicke, Martin, »Wir brauchen radikale Lösungen«, in: *Ökologisches Wirtschaften* 4 (2012), S. 20-23.

Joas, Hans, *Praktische Intersubjektivität. Die Entwicklung des Werkes von G. H. Mead*, Frankfurt/M. 1989.

Joas, Hans, *Die Kreativität des Handelns*, Frankfurt/M. 1996.

Joas, Hans, Wolfgang Knöbl, *Sozialtheorie. Zwanzig einführende Vorlesungen*, Frankfurt/M. 2004.

Jörke, Dirk, »Auf dem Weg in die Postdemokratie«, in: *Leviathan* 33/4 (2005), S. 482-491.

Jörke, Dirk, »Bürgerbeteiligung in der Postdemokratie«, in: *Aus Politik und Zeitgeschichte* 1-2/2011, S. 13-18.

Kallis, Giorgos, »In Defence of Degrowth«, in: *Ecological Economics* 70/5 (2011), S. 873-880.

Kazez, Jean, *The Weight of Things. Philosophy and the Good Life*, New Jersey 2007.

Keller, Simon, »Expensive Tastes and Distributive Justice«, in: *Social Theory and Practice* 28/4 (2002), S. 529-552.

Kersting, Wolfgang, »Transzendentalphilosophische Eigentumsbegründungen«, in: ders., *Recht, Gerechtigkeit und demokratische Tugend. Abhandlungen zur praktischen Philosophie der Gegenwart*, Berlin 1991.

Klingholz, Rainer, *Sklaven des Wachstums. Die Geschichte einer Befreiung*, Frankfurt/M. 2014.

Knight, Carl, Zofia Stemplowska, *Responsibility and Distributive Justice*, Oxford 2011.

Knight, Carl, »Responsibility, Desert and Justice«, in: Carl Knight, Zofia Stemplowska (Hg.), *Responsibility and Distributive Justice*, Oxford 2011, S. 152-173.

Kocka, Jürgen, *Geschichte des Kapitalismus*, München 2013.

Koller, Peter, »Plädoyer für progressive Erbschaftssteuern«, in: Helmut P. Gaisbauer u. a. (Hg.), *Erbschaftssteuer im Kontext*, Wiesbaden 2013, S. 59-79.

Kolnai, Aurel, »Dignity«, in: Robin S. Dillon (Hg.), *Dignity, Character, and Self-Respect*, New York, London 1995, S. 53-75.

Korsgaard, Christine, *Creating the Kingdom of Ends*, Cambridge 1996.

Korsgaard, Christine, *Self-Constitution. Agency, Identity, and Integrity*, Oxford 2009.

Krugman, Paul, Maurice Obstfeld, *Internationale Wirtschaft. Theorie und Politik der Außenwirtschaft*, Hallbergmoos 2006.

Krugman, Paul, *The Return of Depression Economics and the Crisis of 2008*, New York 2009.

Krugman, Paul, *End This Depression Now!*, New York 2012.

Kuper, Andrew, »Global Poverty Relief. More Than Charity«, in: ders. (Hg.), *Global Responsibility. Who Must Deliver on Human Rights?* New York, London 2005, S. 155-172.

La Caze, Marguerite, »Envy and Resentment«, in: *Philosophical Explorations* 4/1 (2001), S. 31-45.

Laborde, Cécile, John Maynor, »The Republican Contribution to Contemporary Political Theory«, in: Cécile Laborde, John Maynor (Hg.), *Republicanism and Political Theory*, Hoboken, New Jersey 2008, S. 1-28.

Landes, David, *Die Macht der Familie. Wirtschaftsdynastien in der Weltgeschichte*, München 2008.

Landes, David, *Wohlstand und Armut der Nationen: Warum die einen reich und die anderen arm sind*, München 2009.

Latouche, Serge, *Es reicht! Abrechnung mit dem Wachstumswahn*, München 2015.

Lau, D. C., *Confucius. The Analects*, Hongkong 1992.

Lawry, Edward, »In Praise of Moral Saints«, in: *Southwest Philosophy Review* 18/1 (2002), S. 1-11.

Lea, Stephen E. G., Paul Webley, »Money as Tool, Money as Drug. The Biological Psychology of a Strong Incentive«, in: *Behavioral and Brain Sciences* 29/2 (2006), S. 161-209.

Lenger, Alexander, »Ökonomie der Praxis, ökonomische Anthropologie und ökonomisches Feld. Bedeutung und Potenziale des Habituskonzepts in den Wirtschaftswissenschaften«, in: Alexander Lenger, Christian Schneickert, Florian Schumacher (Hg.), *Pierre Bourdieus Konzeption des Habitus. Grundlagen, Zugänge, Forschungsperspektiven*, Berlin 2013, S. 221-246.

Lessenich, Stephan, *Neben uns die Sintflut*, Berlin 2016.

Lichtenberg, Judith, »What is Charity?«, in: *Philosophy & Public Policy Quarterly* 29/3 (2009), S. 16-20.

Lichtenberg, Judith, »Negative Duties, Positive Duties, and the New Harms«, in: *Ethics* 120 (2010), S. 557-578.
Linnenluecke, Martina, Andrew Griffiths, »Beyond Adaptation. Resilience for Business in Light of Climate Change and Weather Extremes«, in: *Business and Society* 49/3 (2010), S. 477-511.
List, Christian, Philip Pettit, *Group Agency. The Possibility, Design, and Status of Corporate Agents*, Oxford 2011.
Lister, Ruth, *Poverty*, Cambridge 2004.
Locke, John, *Zweite Abhandlung über die Regierung*, Kommentar von Ludwig Siep, Berlin 2008.
Lomborg, Bjørn, *Cool it! Warum wir trotz Klimawandels einen kühlen Kopf bewahren sollten*, München 2008.
Lucas, Robert E. Jr., »The History and Future of Economic Growth«, in: Brendan Miniter (Hg.), *The 4 % Solution. Unleashing the Economic Growth America Needs*, New York 2012, S. 27-41.
Lukes, Steven, *Power. A Radical View*, Basingstoke 2005.

MacAskill, William, *Gutes besser tun. Wie wir mit effektivem Altruismus die Welt verändern können*, Berlin 2016.
MacIntyre, Alasdair C., *Der Verlust der Tugend. Zur moralischen Krise der Gegenwart*, Frankfurt/M. 1995.
Macpherson, C. B., *Die politische Theorie des Besitzindividualismus*, Frankfurt/M. 1973.
Malthus, Thomas, *An Essay on the Principle of Population*, Oxford 1999.
Mandeville, Bernard, *Die Bienenfabel oder Private Laster, öffentliche Vorteile*, Berlin 1980.
Marcuse, Herbert, *Der eindimensionale Mensch. Studien zur Ideologie der fortgeschrittenen Industriegesellschaft*, München 2008.
Margalit, Avishai, *The Ethics of Memory*, Cambridge MA 2004.
Margalit, Avishai, *Über Kompromisse – und faule Kompromisse*, Berlin 2011.
Margalit, Avishai, *Politik der Würde. Über Achtung und Verachtung*, Berlin 2012.
Margaronis, Maria, »Greece in Debt, Eurozone in Crisis«, in: *The Nation*, July 18/25 (2011), S. 11-15.
Marx, Karl, *Ökonomisch-philosophische Manuskripte*, in: *Marx-Engels-Werke* (*MEW*) Bd. 40, Berlin 2009.
Marx, Karl, »Das Kapital I. Band I. Kritik der politischen Ökonomie«, in: *Marx-Engels-Werke* (*MEW*) Bd. 23, Berlin 1962.
Mason, Michelle, »Contempt as a Moral Attitude«, in: *Ethics* 113/2 (2003), S. 234-272.
Mason, Paul, *Postkapitalismus*, Berlin 2016.
Mayer, Jane, *Dark Money. The Hidden History of the Billionaires Behind the Rise of the Radical Right*, New York 2016.

Mead, Lawrence, »From Welfare to Work«, in: Alan Deacon (Hg.), *From Welfare to Work. Lessons from America*, London 1997, S. 1-55.
Menke, Christoph, »Neither Rawls Nor Adorno. Raymond Geuss' Programme for a ›Realist‹ Political Philosophy«, in: *European Journal of Philosophy* 18/1 (2010), S. 139-147.
Merkel, Wolfgang, »Ungleichheit als Krankheit der Demokratie«, in: Steffen Mau, Nadine M. Schöneck (Hg.), *(Un-)Gerechte (Un-)Gleichheiten*, Berlin 2015, S. 185-194.
Meyer, Kirsten, *Bildung*, Berlin 2011.
Michels, Robert, *Zur Soziologie des Parteiwesens in der Demokratie*, Stuttgart 1989.
Mieth, Corinna, »World Poverty as a Problem of Justice? A Critical Comparison of Three Approaches«, in: *Ethical Theory and Moral Practice* 11 (2008), S. 15-36.
Mieth, Corinna, *Positive Pflichten*, Berlin 2012.
Mieth, Corinna, »Hard Cases Make Bad Law. Über tickende Bomben und das Menschenrecht, nicht gefoltert zu werden«, in: Michael Reder, Maria-Daria Cojocaru (Hg.), *Zur Praxis der Menschenrechte. Formen, Potenziale und Widersprüche*, Stuttgart 2015, S. 85-104.
Milanović, Branko, *Global Inequality. A New Approach for the Age of Globalization*, Cambridge MA 2016.
Mill, John Stuart, *Principles of Political Economy. And Chapters on Socialism*, Oxford 1998.
Mill, John Stuart, *On Liberty. Über die Freiheit*, Ditzingen 2009.
Miller, David, »Deserving Jobs«, in: *Philosophical Quarterly* 42/167 (1992), S. 161-181.
Miller, David, »Distributive Justice. What the People Think«, in: *Ethics* 102/3 (1992), S. 555-593.
Miller, David, »Two Cheers for Meritocracy«, in: *Journal of Political Philosophy* 4/4 (1996), S. 277-301.
Miller, David, »Comparative and Noncomparative Desert«, in: Serena Olsaretti (Hg.), *Desert and Justice*, Oxford 2003, S. 25-44.
Miller, David, »Liberalism, Desert and Special Responsibilities«, in: *Philosophical Books* 44/2 (2003), S. 111-117.
Mises, Ludwig, von, *Liberalismus*, Sankt Augustin 2006.
Mises, Ludwig von, *Vom Wert der besseren Ideen*, München 2012.
Münch, Richard, *Globale Eliten, lokale Autoritäten. Bildung und Wissenschaft unter dem Regime von PISA, McKinsey & Co.*, Frankfurt/M. 2009.
Münch, Richard, *Akademischer Kapitalismus. Über die politische Ökonomie der Hochschulreform*, Berlin 2011.
Monbiot, George, *Heat. How We Can Stop the Planet Burning*, London 2007.

Nagel, Thomas, »Libertarianism Without Foundations. Anarchy, State, and Utopia by Robert Nozick«, in: *Yale Law Journal* 85 (1975), S. 136-149.

Neckel, Sighard, *Flucht nach vorn. Die Erfolgskultur in der Marktgesellschaft*, Frankfurt/M. 2008.

Neuenhaus-Luciano, Petra, »Amorphe Macht und Herrschaftsgehäuse. Max Weber«, in: Peter Imbusch (Hg.), *Macht und Herrschaft. Sozialwissenschaftliche Theorien und Konzeptionen*, Berlin 2012, S. 97-114.

Neuhäuser, Christian, »Zwei Formen der Entwürdigung. Relative und absolute Armut«, in: *Archiv für Rechts- und Sozialphilosophie* 4 (2010), S. 542-556.

Neuhäuser, Christian, »Das narrative Konzept der Menschenwürde und seine Relevanz für die Medizinethik«, in: Jan C. Joerden, Eric Hilgendorf (Hg.), *Menschenwürde und Medizinethik*, Baden-Baden 2011, S. 223-248.

Neuhäuser, Christian, »Humiliation. The Collective Dimension«, in: Paulus Kaufmann, Hannes Kuch, Christian Neuhäuser, Elaine Webster (Hg.), *Humiliation, Degradation, Dehumanization. Human Dignity Violated*, Berlin 2011, S. 21-36.

Neuhäuser, Christian, *Unternehmen als moralische Akteure*, Berlin 2011.

Neuhäuser, Christian, »In Verteidigung der anständigen Gesellschaft«, in: Eric Hilgendorf, Tatjana Hörnle (Hg.), *Menschenwürde und Demütigung. Die Menschenwürdekonzeption Avishai Margalits*, Baden-Baden 2013, S. 109-126.

Neuhäuser, Christian, Ralf Stoecker, »Human Dignity as Universal Nobility«, in: Marcus Düwell, Jens Braarvig, Roger Brownsword, Dietmar Mieth (Hg.), *The Cambridge Handbook on Human Dignity*, Cambridge 2014, S. 298-310.

Neuhäuser, Christian, »Selbstachtung und persönliche Identität«, in: *Deutsche Zeitschrift für Philosophie* 63/3 (2015), S. 448-471.

Neuhäuser, Christian, »Das bedingungslose Grundeinkommen aus sozialliberaler Sicht«, in: Thomas Meyer, Udo Vorholt (Hg.), *Bedingungsloses Grundeinkommen in Deutschland und Europa*, Bochum 2016, S. 41-61.

Neuhouser, Frederick, *Rousseau's Theodicy of Self-Love: Evil, Rationality, and the Drive for Recognition*, Oxford 2008.

Nichols, Donald, William Wempe, »Regressive Tax Rates and the Unethical Taxation of Salaried Income«, in: *Journal of Business Ethics* 91/4 (2010), S. 553-566.

Nordhaus, William D., Paul A. Samuelson, *Volkswirtschaftslehre. Das internationale Standardwerk der Makro- und Mikroökonomie*, München 2010.

Nozick, Robert, *Anarchie, Staat, Utopia*, München 2011.

Nussbaum, Martha, *Women and Development. The Capabilities Approach*, Chicago 2000.

Nussbaum, Martha, *Die Grenzen der Gerechtigkeit. Behinderung, Nationalität und Spezieszugehörigkeit*, Frankfurt/M. 2010.
Nussbaum, Martha (Hg.), *Creating Capabilities. The Human Development Approach*, Cambridge MA, London 2011.

Offe, Claus, *Europa in der Falle*, Berlin 2016.
Olsaretti, Serena (Hg.), *Desert and Justice*, Oxford 2003.
Olson, Mancur, *The Logic of Collective Action. Public Goods and the Theory of Groups*, Cambridge MA 1971.
O'Neill, Martin, Thad Williamson, *Property-Owning Democracy. Rawls and Beyond*, New Jersey 2014.

Paech, Nico, *Befreiung vom Überfluss.. Auf dem Weg in die Postwachstumsökonomie*, München 2012.
Paqué, Karl-Heinz, *Wachstum! Die Zukunft des globalen Kapitalismus*, München 2010.
Parfit, Derek, »Equality and Priority«, in: *Ratio* 10/3 (1997), S. 202-221.
Parfit, Derek, »Gleichheit und Vorrangigkeit«, in: Angelika Krebs (Hg.), *Gleichheit oder Gerechtigkeit. Texte der neuen Egalitarismuskritik*, Frankfurt/M. 2000, S. 81-106.
Parfit, Derek, »Another Defence of the Priority View«, in: *Utilitas* 24/03 (2012), S. 399-440.
Pen, Jan, *Income Distribution. Facts, Theories, Policies*, New York 1971.
Peters, Bernhard, *Der Sinn von Öffentlichkeit*, Frankfurt/M. 2007.
Pettit, Philip, »Groups with Minds of Their Own«, in: Frederick F. Schmitt (Hg.), *Socializing Metaphysics. The Nature of Social Reality*, Lanham 2003, S. 167-193.
Pfannkuche, Walter, *Wer verdient schon, was er verdient? Fünf Gespräche über Gerechtigkeit und gutes Leben*, Stuttgart 2003.
Pies, Ingo, »Karl Homanns Programm einer ökonomischen Ethik. ›A View from Inside‹ in zehn Thesen«, in: *Zeitschrift für Wirtschafts- und Unternehmensethik* 11/3 (2010), S. 249-261.
Pies, Ingo, »Die zwei Pathologien der Moderne. Eine ordonomische Argumentationsskizze«, in: *Diskussionspapier* Nr. 2011-14, Lehrstuhl für Wirtschaftsethik an der Martin-Luther-Universität Halle-Wittenberg, Halle 2011, ⟨http://wcms.itz.uni-halle.de/download.php?down=22171&elem=2528330⟩, letzter Zugriff 9. 6. 2017.
Pies, Ingo, »Wie kommt die Normativität ins Spiel? Eine ordonomische Argumentationsskizze«, in: Ingo Pies (Hg.), *Regelkonsens statt Wertekonsens. Ordonomische Schriften zum politischen Liberalismus*, Berlin 2012, S. 3-53.
Piketty, Thomas, Emmanuel Saez, Stefanie Stantcheva, »Optimal Taxation

of Top Labor Incomes. A Tale of Three Elasticities«, in: The National Bureau of Economic Research, *Working Paper* No. 17 616, November 2011, ⟨http://www.nber.org/papers/w17616⟩, letzter Zugriff 11. 5. 2017.

Piketty, Thomas, *Das Kapital im 21. Jahrhundert*, München 2014.

Piketty, Thomas, *Die Schlacht um den Euro. Interventionen*, München 2015.

Piketty, Thomas, Emmanuel Saez, Gabriel Zucman, ».Distributional National Accounts. Methods and Estimates for the United States«, *NBER Working Paper* No. 22 945 (2016), S. 1-55.

Pinzler, Petra, *Der Unfreihandel. Die heimliche Herrschaft von Konzernen und Kanzleien*, Reinbek 2015.

Pogge, Thomas, *John Rawls. His Life and Theory of Justice*, Oxford 2009.

Pogge, Thomas, »Allowing the Poor to Share the Earth«, in: *Journal of Moral Philosophy* 8/3 (2011), S. 335-352.

Pogge, Thomas, *Weltarmut und Menschenrechte. Kosmopolitische Verantwortung und Reformen*, Berlin 2011.

Polanyi, Karl, *The Great Transformation. Politische und ökonomische Ursprünge von Gesellschaften und Wirtschaftssystemen*, Frankfurt/M. 1978.

Pollmann, Arnd, »Würde nach Maß«, in: *Deutsche Zeitschrift für Philosophie* 53 (2005), S. 611-619.

Popitz, Heinrich, *Phänomene der Macht*, Tübingen 1992.

Popper, Karl, *Die offene Gesellschaft und ihre Feinde. Band II. Falsche Propheten. Hegel, Marx und die Folgen*, Tübingen 2003.

Putnam, Hillary, *The Collapse of the Fact/Value Dichotomy and Other Essays*, Cambridge MA 2002.

Radin, Margaret, »Property and Personhood«, in: dies., *Reinterpreting Property*, Chicago 1993, S. 35-71.

Radin, Margaret, *Reinterpreting Property*, University of Chicago Press: Chicago 1993.

Randers, Jorgen, *2052. Der neue Bericht an den Club of Rome. Eine globale Prognose für die nächsten 40 Jahre*, München 2012.

Martin Ravallion, *The Economics of Poverty. History, Measurement and Policy*, Oxford 2016, S. 191-218.

Rawls, John, *Eine Theorie der Gerechtigkeit*, Berlin 1979.

Rawls, John, *Das Recht der Völker*, Berlin 2002.

Rawls, John, *Politischer Liberalismus*, Berlin 2003.

Rawls, John, *Gerechtigkeit als Fairness*, Berlin 2006.

Reich, Robert B., *Beyond Outrage. What Has Gone Wrong with Our Economy and Our Democracy, and How to Fix It*, New York 2012.

Reiss, Julian, Jan Sprenger, »Scientific Objectivity«, 25. 8. 2014, in: Edward N. Zalta (Hg.), *The Stanford Encyclopedia of Philosophy*, ⟨http://plato.stanford.edu/archives/fall2014/entries/scientific-objectivity⟩, letzter Zugriff 20. 5. 2017.

Rey, Hélène, »Dilemma not trilemma. the global financial cycle and monetary policy independence«, *National Bureau of Economic Research Working Paper* No. 21162.

Ricardo, David, *On the Principles of Political Economy and Taxation*, New York 2004.

Rifkin, Jeremy, *Das Ende der Arbeit*, Frankfurt/M. 2005.

Rinderle, Peter, *Demokratie*, Berlin 2014.

Rixen, Thomas, »Internationale Steuerflucht und schädlicher Steuerwettbewerb«, in: Hans-Jürgen Bieling (Hg.), *Steuerpolitik. Analysen, Konzeptionen, Herausforderungen*, Schwalbach 2015, S. 38-64.

Roberts, Debbie, »Thick Concepts«, in: *Philosophy Compass* 8/8 (2013), S. 677-688.

Rodrik, Dani, *The Globalization Paradox. Democracy and the Future of the World Economy*, New York 2011.

Rosenberg, Nathan, L. E. Birdzell, *How the West Grew Rich. The Economic Transformation of the Industrial World*, New York 1986.

Roser, Dominic, Christian Seidel, *Ethik des Klimawandels. Eine Einführung*, Darmstadt 2013.

Rossi, Enzo, Matt Sleat, »Realism in Normative Political Theory«, in: *Philosophy Compass* 9/10 (2014), S. 689-701.

Rothhaar, Markus, *Die Menschenwürde als Prinzip des Rechts. Eine rechtsphilosophische Rekonstruktion*, Tübingen 2015.

Roughley, Neil, »The Double Failure of ›Double Effect‹«, in: Christoph Lumer, Sandro Nannini (Hg.), *Intentionality, Deliberation, and Autonomy*, Farnham 2007, S. 91-116.

Samuelson, Paul A., »A Note on the Pure Theory of Consumers' Behaviour«, in: *Economica* 5 (1938), S. 61-71.

Sandel, Michael, *Was man für Geld nicht kaufen kann. Die moralischen Grenzen des Marktes*, Berlin 2012.

Satz, Debra, *Why Some Things Should Not Be for Sale. The Moral Limits of Markets*, Oxford 2012.

Saunders, Ben, »Parfit's Leveling Down Argument Against Egalitarianism«, in: Michael Bruce, Steven Barbone (Hg.), *Just the Arguments. 100 of the Most Important Arguments in Western Philosophy*, New Jersey 2011.

Sayer, Andrew, *Warum wir uns die Reichen nicht leisten können*, München 2017.

Scanlon, Thomas, *Being Realistic About Reasons*, Oxford 2014.

Schaber, Peter, »Menschenwürde und Selbstachtung. Ein Vorschlag zum Verständnis der Menschenwürde«, in: *Studia Philosophica* 63 (2004), S. 93-119.

Schaber, Peter, »Achtung vor Personen«, in: *Zeitschrift für philosophische Forschung* 61/4 (2007), S. 423-438.

Schaber, Peter, »Globale Hilfspflichten«, in: Barbara Bleisch, Peter Schaber (Hg.), *Weltarmut und Ethik*, Münster 2007, S. 159-167.
Schaber, Peter, »Der Anspruch auf Selbstachtung«, in: Wilfried Härle, Bernhard Vogel (Hg.), *Begründung von Menschenwürde und Menschenrechten*, Freiburg im Breisgau 2008, S. 188-201.
Schaber, Peter, *Instrumentalisierung und Würde*, Münster 2010.
Schaber, Peter, »Absolute Armut«, in: Paulus Kaufmann, Hannes Kuch, Christian Neuhäuser, Elaine Webster (Hg.), *Humiliation, Degradation, Dehumanization. Human Dignity Violated*, Berlin 2011, S. 151-158.
Schaber, Peter, *Menschenwürde*, Ditzingen 2012.
Schäfer, Armin, *Der Verlust politischer Gleichheit. Warum die sinkende Wahlbeteiligung der Demokratie schadet*, Frankfurt/M. 2015.
Schatzki, Theodore, *Social Practices. A Wittgensteinian Approach to Human Activity and the Social*, Cambridge 1996.
Scherer, Andreas, Guido Palazzo, »Towards a political conception of corporate responsibility«, in: *Academy of Management Review* 32 (2007), S. 1096-1120.
Schmidtz, David, »Nonideal Theory. What It Is and What It Needs to Be«, in: *Ethics* 121/4 (2011), S. 772-796.
Schriefl, Anna, *Platons Kritik an Geld und Reichtum*, Berlin, Boston 2013.
Schuler, Thomas, *Bertelsmannrepublik Deutschland. Eine Stiftung macht Politik*, Frankfurt/M. 2010.
Schumpeter, Joseph, *Theorie der wirtschaftlichen Entwicklung*, Nachdr. der ersten Aufl. von 1912, Berlin 2006.
Schumpeter, Joseph, *Kapitalismus, Sozialismus und Demokratie* [1942], Stuttgart 2005.
Schwartz, Adina, »Meaningful Work«, in: *Ethics* 92 (1982), S. 634-646.
Schweiger, Gottfried, Gunter Graf, *A Philosophical Examination of Social Justice and Child Poverty*, Basingstoke 2015.
Schweickart, David, *After Capitalism*, Lanham 2002.
Schweikard, David P., *Der Mythos des Singulären. Eine Untersuchung zur Struktur kollektiven Handelns*, Münster 2011.
Scott, James, *Two Cheers for Anarchism*, Princeton NJ 2012.
Searle, John, *The Construction of Social Reality*, London 1995.
Searle, John, *Wie wir die soziale Welt machen. Die Struktur der menschlichen Zivilisation*, Berlin 2012.
Sedlácek, Tomás, *Die Ökonomie von Gut und Böse*, München 2013.
Sen, Amartya, »Choice Functions and Revealed Preference«, in: *Review of Economic Studies* 38/3 (1971), S. 307-317.
Sen, Amartya, »Behaviour and the Concept of Preference«, in: *Economics* 40 (1973), S. 241- 259.
Sen, Amartya, *On Economic Inequality*, Oxford 1973.

Sen, Amartya, »Equality of What?«, in: Sterling McMurrin (Hg.), *Tanner Lectures on Human Values*, Cambridge 1980, S. 195-220.

Sen, Amartya, »Ethical Issues in Income Distribution. National and International«, in: Sven Grassman, Eric Lundberg (Hg.), *The World Economic Order. Past and Prospects*, London 1981, S. 464-494.

Sen, Amartya, *Poverty and Famines. An Essay on Entitlement and Deprivation*, Oxford 1981.

Sen, Amartya, »Liberty and Social Choice«, in: *Journal of Philosophy* 80/1 (1983), S. 5-28.

Sen, Amartya, »Poor, Relatively Speaking«, in: *Oxford Economic Papers* 35/2 (1983), S. 153-169.

Sen Amartya, »A Sociological Approach to the Measurement of Poverty. A Reply to Professor Peter Townsend«, in: *Oxford Economic Papers* 37/4 (1985), S. 669-676.

Sen, Amartya, *Commodities and Capabilities*, Amsterdam 1985.

Sen, Amartya, *On Ethics and Economics*, New Jersey 1987.

Sen Amartya, »The Standard of Living«, in: Geoffrey Hawthorn (Hg.), *The Standard of Living. Tanner Lectures on Human Values*, Cambridge 1987, S. 1-38.

Sen, Amartya, *Inequality Re-Examined*, Cambridge MA 1992.

Sen, Amartya, *Ökonomie für den Menschen. Wege zu Gerechtigkeit und Solidarität in der Marktwirtschaft*, München 2002.

Sen, Amartya, *Rationality and Freedom*, Cambridge MA 2002.

Sen, Amartya, »What Do We Want from a Theory of Justice?«, in: *Journal of Philosophy* 103/5 (2006), S. 215-238.

Sen, Amartya, *Die Identitätsfalle. Warum es keinen Krieg der Kulturen gibt*, München 2007.

Sen, Amartya, *Die Idee der Gerechtigkeit*, München 2010.

Seneca, *Vom glückseligen Leben und andere Schriften*, übers. von Ludwig Rumpel, Stuttgart 1984, S. 45.

Sennett, Richard, *Respekt im Zeitalter der Ungleichheit*, Berlin 2004.

Sennett, Richard, *Die Kultur des neuen Kapitalismus*, Berlin 2007

Sennett, Richard, *Handwerk*, Berlin 2008.

Sennett, Richard, *Zusammenarbeit. Was unsere Gesellschaft zusammenhält*, München 2014.

Shaefer, H. Luke, Kathryn J. Edin, »Rising Extreme Poverty in the United States and the Response of Federal Means-Tested Transfers«, in: *Social Service Review* 87/2 (2013), S. 250-268.

Sharma, Ruchir, *The Rise and Fall of Nations. Forces of Change in the Post-Crisis World*, New York 2016

Shields, Liam, »The Prospects for Sufficientarianism«, in: *Utilitas* 24/1 (2012), S. 101-117.

Shklar, Judith, *The Faces of Injustice*, Connecticut 1990.
Simmons, John A., »Ideal and Nonideal Theory«, in: *Philosophy and Public Affairs* 38/1 (2010), S. 5-36.
Singer, Peter, »Famine, Affluence, and Morality«, in: *Philosophy and Public Affairs* 1/3 (1972), S. 229-243.
Singer, Peter, *Praktische Ethik*, Ditzingen 1984.
Singer, Peter, *One World. The Ethics of Globalization*, New Haven 2004.
Singer, Peter, »Hunger, Wohlstand und Moral«, in: Barbara Bleisch, Peter Schaber (Hg.), *Weltarmut und Ethik*, Paderborn 2007, S. 37-51.
Singer, Peter, *Effektiver Altruismus. Eine Anleitung zum ethischen Leben*, Berlin 2016.
Skidelsky, Robert, *Keynes. The Return of the Master*, New York 2009.
Skidelsky, Robert, Edward Skidelsky, *Wie viel ist genug? Vom Wachstumswahn zu einer Ökonomie des guten Lebens*, München 2013.
Smiley, Tavis, Cornel West, *The Rich and Rest of Us. A Poverty Manifesto*, New York 2012.
Smith, Adam, *Der Wohlstand der Nationen. Eine Untersuchung seiner Natur und seiner Ursachen*. München 2005.
Smith, Barry, John Searle, »An Illuminating Exchange. The Construction of Social Reality«, in: *American Journal of Economics and Sociology* 62/2 (2003), S. 285-309.
Statista. Das Statistik-Portal, »Europäische Union. Arbeitslosenquoten in den Mitgliedsstaaten im März 2017«, in: ⟨http://de.statista.com/statistik/daten/studie/160142/umfrage/arbeitslosenquote-in-den-eu-laendern/⟩, letzter Zugriff 25. 5. 2017.
Statista. Das Statistik-Portal, »Weltweite Ausgaben für Werbung von 2008 bis 2011«, in: ⟨https://de.statista.com/statistik/daten/studie/160585/umfrage/weltweite-ausgaben-fuer-werbung-seit-2008/⟩, letzter Zugriff 25. 5. 2017.
Statistisches Bundesamt (D-Statis), »Arbeitszeit von Frauen. Ein Drittel Erwerbsarbeit, zwei Drittel unbezahlte Arbeit«, in: *Pressemitteilung* Nr. 179 vom 18. 5. 2015, in: ⟨https://www.destatis.de/DE/PresseService/Presse/Pressemitteilungen/2015/05/PD15_179_63931.html⟩, letzter Zugriff 9. 6. 2017.
Statistisches Bundesamt (D-Statis), »Frauen und Männer auf dem Arbeitsmarkt. Deutschland und Europa«, in: ⟨https://www.destatis.de/DE/Publikationen/Thematisch/Arbeitsmarkt/Erwerbstaetige/BroeschuereFrauenMaennerArbeitsmarkt0010018129004.pdf?__blob=publicationFile⟩, letzter Zugriff 9. 6. 2017.
Statman, Daniel, »Humiliation, dignity and self-respect«, in: *Philosophical Psychology* 13/4, S. 523-540.
Steinfath, Holmer, »Selbstbejahung, Selbstreflexion und Sinnbedürfnis«, in: ders. (Hg.), *Was ist ein gutes Leben?*, Berlin 1998, S. 73-93.

Steinfth, Holmer (Hg.), *Was ist ein gutes Leben? Philosophische Reflexionen*, Berlin 1998.

Steinfath, Holmer, *Orientierung am Guten. Praktisches Überlegen und die Konstitution von Personen*, Berlin 2001.

Stemplowska, Zofia, »Responsibility and Respect«, in: Carl Knight, Zofia Stemplowska (Hg.), *Responsibility and Distributive Justice*, Oxford, New York 2011, S. 115-135.

Stern, Nicholas, *The Economics of Climate Change. The Stern Review*, Cambridge 2007.

Stiglitz, Joseph, *Die Schatten der Globalisierung*, München 2004.

Stiglitz, Joseph, *Die Chancen der Globalisierung*, München 2006.

Stiglitz, Joseph, *Im freien Fall. Vom Versagen der Märkte und zur Neuordnung der Weltwirtschaft*, München 2011.

Stiglitz, Joseph, *The Price of Inequality. How Today's Divided Society Endangers our Future*, New York 2012.

Stiglitz, Joseph, *The Great Divide*, New York 2016.

Stoecker, Ralf, »Menschenwürde und das Paradox der Entwürdigung«, in: ders. (Hg.), *Menschenwürde. Annäherung an einen Begriff*, Wien 2003, S. 133-151.

Stoecker, Ralf, »Die philosophischen Schwierigkeiten mit der Menschenwürde – und wie sie sich vielleicht lösen lassen«, in: *Information Philosophie* 1 (2011), S. 8-20.

Stoecker, Ralf, »Three Crucial Turns on the Road to an Adequate Understanding of Human Dignity«, in: Paulus Kaufmann, Hannes Kuch, Christian Neuhäuser, Elaine Webster (Hg.), *Humiliation, Degradation, Dehumanization*, Berlin 2011, S. 7-17.

Straubhaar, Thomas, »Hände weg vom Erbe!«, in: Steffen Mau, Nadine M. Schöneck (Hg.), *(Un-)Gerechte (Un-)Gleichheiten*, Berlin 2015, S. 154-164.

Streeck, Wolfgang, »A Crisis of Democratic Capitalism«, in: *New Left Review* 71 (2011), S. 1-25.

Streeck, Wolfgang, *Gekaufte Zeit. Die vertagte Krise des demokratischen Kapitalismus*, Berlin 2013.

Sukhdev, Pavan, *Corporation 2020. Warum wir Wirtschaft neu denken müssen*, München 2013.

Tan, Kok-Chor, *Justice, Institutions, and Luck*, Oxford 2012.

Taylor, Charles, *Multikulturalismus und die Politik der Anerkennung*, Berlin 2009.

Temkin, Larry, *Inequality*, Oxford 1993.

Therborn, Göran, *The Killing Fields of Inequality*, Cambridge 2013.

Thomas, Alan »Property-Owning Democracy, Liberal Republicanism, and the Idea of an Egalitarian Ethos«, in: Martin O'Neill, Thad Williamson (Hg.), *Property-Owning Democracy. Rawls and Beyond*, New Jersey 2014, S. 101-128.

Thomason, Krista K., »The Moral Value of Envy«, in: *Southern Journal of Philosophy* 53/1 (2015), S. 36-53.

Thompson, Paul B., »From World Hunger to Food Sovereignty. Food Ethics and Human Development«, in: *Journal of Global Ethics* 11/3 (2015), S. 336-350.

Thurow, Lester, *Die Zukunft der Weltwirtschaft*, Frankfurt/M. 2004.

Titmuss, Richard M., *The Gift Relationship. From Human Blood to Social Policy*, New York 1977.

Tomasi, John, *Free Market Fairness*, Princeton NJ 2013.

Townsend, Peter, *Poverty in the United Kingdom*, London 1979.

Townsend, Peter, *The International Analysis of Poverty*, London, New York 1993.

Tugendhat, Ernst, *Vorlesungen über Ethik*, Berlin 1993.

Tuomela, Reimo, *The Philosophy of Sociality. The Shared Point of View*, Oxford 2010.

Ullrich, Wolfgang, *Habenwollen. Wie funktioniert die Konsumkultur?*, Frankfurt/M. 2009.

Ulrich, Peter, *Integrative Wirtschaftsethik. Grundlagen einer lebensdienlichen Ökonomie*, Bern 1997.

Ulrich, Peter, »Ist die Weltwirtschaft gnadenlos? Ist sie es ›zwingend‹? Wie sind Weichen zu stellen für eine lebensdienliche Wirtschaft?«, in: Annette Dietschy, Beat Dietschy (Hg.), *Kein Raum für Gnade?*, Münster, Berlin u. a. 2002, S. 130-154.

Ulrich, Peter, *Zivilisierte Marktwirtschaft. Eine wirtschaftsethische Orientierung*, Bern 2010.

United Nations (UN), Department of Economic and Social Affairs (DESA), »The Millennium Development Goals Report 2013«, 2013, in: ⟨https://www.un.org/development/desa/publications/mdgs-report-2013.html⟩, letzter Zugriff 20. 5. 2017.

United Nations (UN), Framework Convention on Climate Change (FCCC), »Adoption of the Paris Agreement«, 2015, in: ⟨http://unfccc.int/resource/docs/2015/cop21/eng/l09r01.pdf⟩, letzter Zugriff 20. 6. 2017.

Valentini, Laura, »Ideal vs. Non-Ideal Theory. A Conceptual Map«, in: *Philosophy Compass* 7/9 (2012), S. 654-664.

Vallentyne, Peter, »Equality, Efficiency, and Priority of the Worst Off«, in: *Economics and Philosophy* 16 (2000), S. 1-19.

Vallentyne, Peter, »Nozick's Libertarian Theory of Justice«, in: Ralf Bader,

John Meadowcroft (Hg.), *The Cambridge Companion to Nozick's Anarchy, State, and Utopia*, Cambridge 2011, S. 145-167.

Veblen, Thorstein, *Theorie der feinen Leute. Eine ökonomische Untersuchung der Institutionen* [1899], Frankfurt/M. 1997.

Vlastos, Gregory, »Justice and Equality«, in: Louis P. Pojman, Robert Westmoreland (Hg.), *Equality. Selected Readings*, Oxford 1997, S. 120-136.

Volkmann, Christine, Kim O. Tokarski, *Entrepreneurship. Gründung und Wachstum von jungen Unternehmen*, Stuttgart 2006.

Waldron, Jeremy, »Enough and as Good Left for Others«, in: *Philosophical Quarterly* 29 (1979), S. 319-328.

Waldron, Jeremy, *The Right to Private Property*, Oxford 1991.

Waldron, Jeremy, *Law and Disagreement*, Oxford 1999.

Waldron, Jeremy, »Superseding Historic Injustice«, in: *Ethics* 103/1 (1992), S. 4-28.

Waldron, Jeremy, »Dignity and Rank«, in: *European Journal of Sociology* 48/2 (2007), S. 201-237.

Waldron, Jeremy, *Dignity, Rank, and Rights*, Oxford 2012.

Walker, Robert, *The Shame of Poverty*, Oxford 2014.

Wallace, R. Jay, »Konzeptionen der Normativität. Einige grundlegende philosophische Fragen«, in: Rainer Forst, Klaus Günther (Hg.), *Die Herausbildung normativer Ordnungen*, Frankfurt/M. 2011, S. 33-56.

Wallace, R. Jay., »Normativität, Verpflichtung und instrumentelle Vernunft«, in: Christoph Halbig, Tim Henning (Hg.), *Die neue Kritik der instrumentellen Vernunft*, Berlin 2012, S. 103-152.

Walsh, Vivian, »Sen after Putnam«, in: *Review of Political Economy* 15/3 (2003), S. 315-394.

Walzer, Michael, *Sphären der Gerechtigkeit. Ein Plädoyer für Pluralität und Gleichheit* [1983], Frankfurt/M. 2008.

Weber, Max, *Wirtschaft und Gesellschaft. Grundriss der verstehenden Soziologie* [1921/1922], Tübingen 1976.

Weber, Max, *Die Wirtschaftsethik der Weltreligionen. Konfuzianismus und Taoismus*, Schriften 1915-1920, Studienausgabe der Max-Weber-Gesamtausgabe, Abt. I, Bd. 19 (MWS I 19), hg. von Helwig Schmidt-Glintzer in Zusammenarbeit mit Petra Kolonko, Tübingen 1991.

Weber, Michael, »Prioritarianism«, in: *Philosophy Compass* 9/11 (2014), S. 756-768.

Wehler, Hans-Ulrich, *Die neue Umverteilung. Soziale Ungleichheit in Deutschland*, München 2013.

Weinrich, Harald, *Über das Haben*, München 2012.

Weizsäcker, Carl Christian v., »Vorsicht vor dem ›gestaltenden Staat‹! Reaktion auf R. Schubert et al. 2011. Klar zur Wende! Warum eine ›Große Transformation‹ notwendig ist«, in: *GAIA* 20/4 (2011), S. 243-245.

Wenar, Leif, »Property Rights and the Resource Curse«, in: *Philosophy and Public Affairs* 36/1 (2008), S. 2-32.
Wenar, Leif, *Blood Oil. Tyrants, Violence, and the Rules that Run the World*, Oxford 2016.
West, Darrell M., *Billionaires. Reflections on the Upper Crust*, Washington D.C. 2014.
Wiens David, Paul Poast, William Roberts Clark, »The Political Resource Curse. An Empirical Re-Evaluation«, in: *Political Research Quarterly* 67/4 (2014), S. 783-794.
Williams, Bernard, »A Critique of Utilitarianism«, in: John J. C. Smart, Bernard Williams (Hg.), *Utilitarianism. For and Against*, Cambridge 1973, S. 124-132.
Williams, Bernard, »Persons, Character and Morality«, in: ders. (Hg.), *Moral Luck*, Cambridge 1981, S. 1-19.
Williams, Bernard, »Utilitarianism and Moral Self-Indulgence«, in: ders. (Hg.), *Moral Luck*, Cambridge 1981, S. 40-53.
Williams, Bernard, *Ethics and the Limits of Philosophy*, Cambridge MA 1985.
Williams, Bernard, »Muss Sorge um die Umwelt vom Menschen ausgehen?«, in: Angelika Krebs (Hg.), *Naturethik*, Berlin 1997, S. 296-306.
Williams, Bernard, *In the Beginning Was the Deed. Realism and Moralism in Political Argument*, Princeton NJ 2007.
Williams, Bernard, *Wahrheit und Wahrhaftigkeit*, Berlin 2013.
Williamson, Thad, »Is Property-Owning Democracy a Politically Viable Aspiration?«, in: Martin O'Neill, Thad Williamson (Hg.), *Property-Owning Democracy. Rawls and Beyond*, New Jersey 2014, S. 287-306.
Winch, Peter, *The Idea of a Social Science and Its Relation to Philosophy*, Abingdon 2008.
Wolf, Susan, »Moral Saints«, in: *Journal of Philosophy* 79/8 (1982), S. 419-439.
Wolf, Susan, »Happiness and Meaning. Two Aspects of the Good Life«, in: *Social Philosophy and Policy* 14/01 (1997), S. 207-225.
Wolf, Susan, »Morality and the View from Here«, in: *Journal of Ethics*, 3/3 (1999), S. 203-223.
Wolf, Susan, *Meaning in Life and Why It Matters*, New Jersey 2010.
Wolf, Ursula, *Die Philosophie und die Frage nach dem guten Leben*, Reinbek 1999.
Wolff, Jonathan, *An Introduction to Political Philosophy*, Oxford 1996.
Wollner, Gabriel, »Justice in Finance. The Normative Case for an International Financial Transaction Tax«, in: *Journal of Political Philosophy* 22/4 (2014), S. 458-485.
World Bank, »Gross Domestic Product 2015«, in: *World Development Indicators Database* 28. April 2017, 〈http://databank.worldbank.org/data/download/GDP.pdf〉, letzter Zugriff 22. 6. 2017.

Young, Iris M., *Justice and the Politics of Difference*, New Jersey 1990.
Young, Iris M., *Inclusion and Democracy*, Oxford 2000.
Young, Iris M., »Responsibility and Global Labor Justice, in: *Journal of Political Philosophy* 12/4 (2004), S. 365-388.
Young, Iris M., *Responsibility for Justice*, Oxford 2011.

Soziologie und Ökonomie
im Suhrkamp Verlag
Eine Auswahl

Dirk Baecker
- Organisation und Management. Aufsätze. stw 1614. 352 Seiten
- Die Form des Unternehmens. stw 1453. 288 Seiten
- Organisation als System. Aufsätze. stw 1434. 377 Seiten

Ulrich Bröckling. Das unternehmerische Selbst. Soziologie einer Subjektivierungsform. stw 1832. 327 Seiten

Exklusion. Die Debatte über die »Überflüssigen«. Herausgegeben von Heinz Bude und Andreas Willisch. stw 1819. 335 Seiten

Eva Illouz
- Gefühle in Zeiten des Kapitalismus. Adorno-Vorlesungen 2004. Aus dem Englischen von Michael Hartmann. stw 1857. 170 Seiten
- Der Konsum der Romantik. Liebe und die kulturellen Widersprüche des Kapitalismus. Aus dem Englischen von Andreas Wirthensohn. Mit einem Vorwort von Axel Honneth. stw 1858. 352 Seiten

Georg Simmel. Philosophie des Geldes. stw 806. 787 Seiten

Urs Stäheli. Spektakuläre Spekulation. Das Populäre der Ökonomie. stw 1810. 401 Seiten

Nico Stehr
- Die Moralisierung der Märkte. Eine Gesellschaftstheorie. stw 1831. 379 Seiten
- Wissen und Wirtschaften. Die gesellschaftlichen Grundlagen der modernen Ökonomie. stw 1507. 451 Seiten

NF 163/1/6.16

Wolfgang Streeck. Gekaufte Zeit. Die vertagte Krise des demokratischen Kapitalismus. stw 2133. 351 Seiten

Hartmut Winkler. Diskursökonomie. Versuch über die innere Ökonomie der Medien. stw 1683. 258 Seiten

NF 163/2/6.16

- Von Person zu Person. Zur Moralität persönlicher Beziehungen. Herausgegeben zus. mit Beate Rössler. stw 1756. 361 Seiten
- Der Wert des Marktes. Ein ökonomisch-philosophischer Diskurs vom 18. Jahrhundert bis zur Gegenwart. Herausgegeben zus. mit Lisa Herzog. stw 2065. 670 Seiten
- Die zerrissene Welt des Sozialen. Sozialphilosophische Aufsätze. Erweiterte Ausgabe. stw 849. 279 Seiten

Axel Honneth/Nancy Fraser. Umverteilung oder Anerkennung? Eine politisch-philosophische Kontroverse. stw 1460. 320 Seiten

Rahel Jaeggi
- Entfremdung. stw 2185. 337 Seiten
- Kritik von Lebensformen. stw 1987. 451 Seiten
- Nach Marx. Philosophie, Kritik, Praxis. Herausgegeben zus. mit Daniel Loick. stw 2066. 518 Seiten
- Sozialphilosophie und Kritik. Herausgegeben zus. mit Rainer Forst, Martin Hartmann und Martin Saar. stw 1960. 743 Seiten
- Was ist Kritik? Herausgegeben zus. mit Tilo Wesche. stw 1885. 375 Seiten

Hans Joas
- Die Entstehung der Werte. stw 1416. 321 Seiten
- Die Kreativität des Handelns. stw 1248. 415 Seiten

Angelika Krebs. Arbeit und Liebe. Die philosophischen Grundlagen sozialer Gerechtigkeit. stw 1564. 336 Seiten

George Herbert Mead. Geist, Identität und Gesellschaft. Aus der Sicht des Sozialbehaviorismus. Einleitung von Charles W. Morris. Übersetzt von Ulf Pacher. stw 28. 456 Seiten

NF 123/2/6.16

Bernhard Peters. Der Sinn von Öffentlichkeit. Herausgegeben von Hartmut Weßler. Mit einem Nachwort von Jürgen Habermas. stw 1836. 410 Seiten

Beate Rössler. Der Wert des Privaten. stw 1530. 384 Seiten

NF 123/3/6.16